JN428834

여행과 행복의 인문학

신동주 저

(주)백산출판사

머리말

이 책의 목적은 여행과 행복을 인문학적으로 말하려는 것이다.

인문학은 쉽게 답을 제시해 주는 것이 아니라 질문을 제기하는 것이다.

그래서 멀리 돌아가는 것 같지만 궁극적으로 생각하는 힘을 갖는 일이다. 생각하는 것은 인간의 본질이다. 본질에 충실해야 제대로 살 수 있다.

흔히 인문학을 문 · 사 · 철이라고 한다. 이들은 인류의 오랜 삶 속에서의 지혜, 상상력 및 통찰력과 관계되는 것들이어서 생각하기, 행동하기가 점점 어려워지는 세상에서 잘 살기 위해서는 반드시 필요하다.

그리고 인문학은 나와 타자가 모두 행복한 세상을 꿈꾸는 것이기 때문에 우리가 여행에 나서는 이유와 일치한다. 우리가 여행을 하든 사랑을 하든 모두 행복하기 위해서이다. 따라서 행복을 염두에 두지 않는 어떤 것도 목적 없는 수단에 불과하다.

그러나 우리 대학의 현실에서 인문학적 성찰을 마주하기는 쉽지 않다. 그래서 전공학문의 무게가 떨어진다. 공부가 재미없고 의미 없고 아름답지 않은 이유이다. 학생들의 입장에서는 뭘 많이 배우고 열심히 한 것 같은데 남는 것이 없다.

이 책을 쓰는 이유가 이 때문이다. 여행의 의미와 가치, 철학을 빼고, 그 궁극의 목적인 행복을 생각하지 않는다면 도대체 남는 것이 무엇인가?

「여행편」은 기존의 관광학술서적과는 많이 다르다. 그리고 여행정보지가 다루지 않는 것들을 말해준다. 관광지, 맛집, 숙소, 교통편 등 하부구조와는 차원이 다른 그 이상의 무엇인가가 여행에 존재한다는 사실 말이다.

「행복편」은 자기계발서들이 보여주려고 애쓰는 성공, 승진, 재테크, 인맥관리 등과는 다른 행복이라는 너무나 익숙하지만 검증하기 쉽지 않은 개념을 우리 옆으로 호명하였다. 여행의 목적인 행복이 주관적 개념이기에 가능한 한 유명인들의 영감을 불러일으키는 말들을 많이 인용하였다.

글을 쓰고 책으로 묶는 일은 자기를 재발견하고 치유하고 변화시킬 수 있는 한 방편이다.

글은 다른 사람과 소통하고자 하는 일종의 프로포즈이기도 하다. 글은 지은이가 지금까지 오고 앞으로 갈 길이기도 하다. 아직은 갈 길이 멀다. 하지만 다행히도 나는 더 이상 과거의 내가 아닌 것처럼, 앞으로의 나는 현재의 내가 아닐 것이다. 다시 활기차게 달릴 생각이 없다면 마땅히 사라져야 하기에…

책을 만들기 위해서 쓰일 종이 때문에 살아 있는 나무와 숲이 떠오른다.

지식은 전달할 수 있지만, 지혜는 전달할 수 없는 법이다. 지식은 책에서, 지혜는 자연에서 얻을 수 있다. 이 책을 읽기보다는 자연 속에서 더 많은 시간을 보내기를 부탁드린다.

2020. 2.

저자 신동주 드림

차례

여행편

행복편

여행편

여행과 행복의 인문학

여행편

있는 가장 적절한 말일 것이다. 호모 파베르는 일의 효율성을 높이기 위해 모든 것을 계산하려고 한다.

사물은 물론 인간도 모두 계산과 예측의 대상으로 만든다. 우리에게 잘 알려진 개미와 베짱이에 관한 이솝 우화가 있다. 이 우화는 고대 그리스 시대에 만들어진 것이지만 현대에도 적용되는 호모 파베르가 지배하는 시대의 상식을 반영한다.

만일 당신이 인생의 어느 시기에 여행을 몹시 갈망하고 있다면, 이는 어쩌면 단순한 휴식이 아니라 삶의 변화가 필요하다는 신호일지도 모른다. 많은 여행은 일상에서 벗어나 다시 일상으로 돌아오는 귀환의 여행이다. 그러나 어떤 여행은 익숙한 삶의 궤도를 이탈해서 새로운 삶으로 이동하는 전환의 여행이다. 이 세계에서 출발해서 이 세계로 돌아오는 여행이 아니라 이 세계에서 출발해서 저 세계로 넘어가는 초월의 여행이 된다.

물론 귀환을 목적으로 떠났던 여행이 얼마든지 전환의 여행이 돼 돌아올 수 있다. 어느 날 어떤 여행을 통해 당신도 이전의 자리를 박차고 새로운 삶으로의 여행을 계속 이어갈지 알 수 없는 일이다. 세상은 고정돼 있는 것이 아니라 시시각각 변화하고 있다.

우리는 누구인가?

다윈(Charles Darwin)은 진화론을 통해 인간이 어디에서 왔는가?를 밝혀냈다.

프로이트(Sigmund Freud)는 내가 누구인가?를 알기 위해 무의식의 세계에 처음으로 발을 디뎠다.

종교는 우리가 어디로 갈 것인가? 다시 말해, 우리가 가진 죽음의 두려움과 불안을 위로하고 이용하여 번성해 왔다. 우리는 누구인가?

폴 고갱의 우리는 어디에서 왔는가? 우리는 누구인가? 우리는 어디로 갈 것인가?

우리 인간에 대하여 다양한 정의가 존재하는데, 많은 공감을 얻는 내용은 다음과 같다.

Homo Faber(工作人)

『창조적 진화』를 쓰고, 노벨문학상을 받은 프랑스 철학자 베르그송(Henri Bergson)이 인간에게 붙인 노동자로서의 인간이다. 다시 말해, 사람의 본질은 무엇인가 유용한 것을 만들어내는 능력이라는 것이다. 동물은 직접 사냥을 하거나 자연에서 먹을 것을 채집한다. 오로지 인간만이 도구를 만들어 사냥을 하고, 도구를 사용하여 농사를 짓는다. 이렇게 무언가를 만들어낼 수 있는 사람을 표현하는 단어가 호모 파베르, 즉 '만드는 사람'이다.

니체(F. W. Nietzshe)는 "철학은 망치로 하는 것"이라고 말하기도 했지만, Homo Faber는 종로의 흥국생명 빌딩 앞에도 서 있는 조나단 보로프스키(Jonathan Borofsky)의 〈망치질하는 사람(Hammering Man)〉으로 표상된다고 하겠다.

망치질하는 거대한 조각은 끊임없이 무언가 유용한 것을 만들어내는 우리들의 초상인 듯하다. 호모 파베르는 현대인을 규정할 수 있는 가장 적절한 말일 것이다. 호모 파베르는 일의 효율성을 높이기 위해 모든 것을 계산하려고 한다. 사물은 물론 인간도 모두 계산과 예측의 대상으로 만든다. 우리에게 잘 알려진 개미와 베짱이에 관한 이솝 우화가 있다. 이 우화는 고대 그리스시대에 만들어진 것이지만 현대에도 적용되는 호모 파베르가 지배하는 시대의 상식을 반영한다. 부지런한 개미는 호모 파베르다(『호모 루덴스, 놀이하는 인간을 꿈꾸다』, 노명우, 사계절, 2011).

조나단 보로프스키의 망치질하는 사람(Hammering Man)

세이어즈(Sayers)는 노동이 달성하는 세 가지의 기본적인 인간욕구를 다음과 같이 말한다.(Sayers, D.(1987), "The need to work", Radical Philosophy 46: 17~26).

① 활동: 노동은 활동적이고자 하는 인간욕구를 만족시킨다. 비활동적인 개인은 일반적으로 불행하고 좌절하게 된다.

② 생산: 인간은 외부세계를 형성하고자 하는 통합적인 종의 욕구를 가지고 있다. 노동은 우리 자신과 환경을 만드는 수단이다.

③ 사회성: 노동은 우리가 우리의 사회관계를 발전시킬 수 있도록 한다. 노동을 통하여 우리는 정체성과 지위를 발전시키고, 타인과의 접촉을 증대시킨다.

Homo Ludens(놀이하는 인간)

인간을 놀이하는 존재(Homo Ludens)로 보는 호이징하(Johan Huizinga)나 그 비판적 계승자라고 할 수 있는 카이요와(Roger Caillois)에 따르면, 놀이는 인간의 본질이며 동시에 문화의 근원이다. 이들의 견해에 따르면, 문화가 놀이의 성격을 상실하게 되면 마침내 문화는 붕괴의 길을 걷게 된다고 한다. 특히, 호이징하는 놀이를 인간의 본질,

나아가 문화의 근원으로 파악하고 놀이의 본질과 그 표현형태를 인류역사의 전 과정 속에서 파악한 후 놀이가 문화를 만들어내며 또한 그것을 지속시킨다고 결론짓고 있다.

호이징하는 놀이의 특성으로서 다음 네 가지를 들고 있다.

① 자발적 자유의사에 의해 행해진다.

② 일상생활의 막간에 이용되며 탈일상적이고 사심이 없다.

③ 전통화 · 반복화라는 지속성을 가지며, 놀이공간으로 미리 구획된 공간에서 행해진다.

④ 질서가 지배하며 따라서 규칙이 놀이집단의 존재를 위해 중요한 의미를 갖는다. (Johan Huizinga, 1955, *Homo Ludens : A Study of the Play Element in Culture,* Boston: The Beacon Press).

카이요와는 놀이의 기준 또는 특성으로서, 참가의 자유, 일상생활로부터 격리, 과정과 결과의 불확실성, 생산성을 목적으로 하지 않음, 규칙의 지배, 가상성 등의 6가지를 들고 있다. 이와 같은 놀이의 특성을 볼 때, 그것이 곧 여가의 한 형태로서 자유의사에 근거한 활동인 것은 틀림없지만 질서, 규칙, 전통화 등의 관점에서 보면 위락 또는 관광과 개념적으로 구분됨을 알 수 있다. 그러나 놀이는 또한 관광과 여러 가지 공통적인 측면도 지니고 있다. 그레번(Arnold Graburn)은 그 공통속성을 다음과 같이 지적한다.

"인간의 놀이는, 관광에서 말하는 여행이라는 요소를 갖고 있지는 않지만, 관광이 지닌 여러 속성을 공유한다. 즉 놀이가 지닌 정상규칙으로부터 이탈, 제한된 지속성, 독특한 사회관계, 그리고 몰입과 열중감을 지닌다. 관광과 마찬가지로 놀이로서 게임은 일상생활의 구조 및 가치관과는 다르면서도 그것을 강화시켜 주는 의례(rituals)인 것이다."(Graburn, 1983, "The Anthropology of Tourism", Annals of Tourism Reaserch X)

호모 루덴스를 관통하는 가장 강력하고 창조적인 메시지는 바로 노동이 아니라 놀이를 통해 인류가 문명을 발전시켜 왔다는 주장이다. 근면을 강조한 프로테스탄트 노동윤리가 희생시킨 놀이의 원리를 탐색하고 그 원리를 통해 근대사회를 비판하기 때문이다. 노동과 놀이가 인간활동의 두 날개를 구성하는 한, 현대인의 삶을 제대로 조명하기 위해서는 노동과 놀이를 모두 아우르는 관점이 필요하다.

호모 루덴스 대 호모 파베르

노동	↔	놀이
노예의 행동 목적 지향 유용성 지향 의무의 행동		자유민의 행동 무목적 무용성 지향 자유의 행동

Homo Sapiens(지혜로운 인간)

식물학자 칼 폰 린네(Carl von Linne)는 인간을 '지혜로운 유인원'이라는 의미이 '호모 사피엔스'라고 불렀다. 호모 사피엔스는 네안데르탈인과 공존하였고 여러 가지 비교를 하는데 그 중요한 차이를 정리하면 다음과 같다.

호모 사피엔스와 네안데르탈인 비교

호모 사피엔스	↔	네안데르탈인
– 마음, 영혼, 종교 있음 – 차원 전환, 생존, 진화		– 마음, 영혼, 종교 없음 – 차원 전환 못함, 소멸

출처: 『Mind Set』, John Naisbitt, Harper Collins, 2009.

Homo Planus(계획하는 인간)

사람의 생각이란 과거에 대한 반성과 미래에 대한 계획이 그 근간을 이룬다. 즉, 과거에 대한 생각이 반성이라면, 그 경험을 통해서 우리는 미래를 준비하는 것이다. 이는 인간만의 전유물이다. 동물들의 계획이나 준비는 그 자체가 본능의 프로그램이나 정해진 생존방식에 묶인 제한된 행동일 뿐이다. 꿈을 꾸고 계획을 세우고 미래를 위해 뭔가 준비를 한다는 것, 그것이 바로 인간만이 갖고 있는 고유한 특성이다.

Homo Economicus(경제인)

기독교가 노동을 삶의 조건으로 설교한 19세기 이후부터, 호모 루덴스에 대조되는 이름이다. 경제적인 이유(합리성)에 의해서만 움직여지는 인간의 개념으로서, 고전학파 경제학에 의해 고안된 개념이다. 경제인은 경제적 의미에 있어서 인간의 장점을 완벽하게 구비한 평균적 인간의 대표이다. 그의 모든 특징은 경제적인 것이다. 그러나 인간은 반드시 경제적인 것만은 아니다. 개인적 신념과 문화, 가족, 사회, 국가를 위한 이타적 행동을 보이기도 한다.

Homo Deus(신이 된 인간)

유발 하라리(Yuval Harari)의 저작명이다. 신이 된 인간, 미래의 인간, 지적 설계자, 피조물이 아니라 조물주가 된 영생하는 인간을 뜻한다. 미켈란젤로의 아담의 창조를 보면, 신보다 거만한 자세의 인간을 볼 수 있는데 신을 넘어서는 인간의 모습을 예견한 그림이라는 생각이 든다.

미켈란젤로의 아담의 창조

Homo Viator(여행하는 인간)

철학자 가브리엘 마르셀(Gabriel Marcel)은 인류를 호모 비아토르로 정의했다. 인간은 끝없이 이동해 왔고 그런 본능은 우리 몸에 새겨져 있다. 인류는 대형 유인원과 97% 이상 유전자를 공유하지만 그들과 결정적으로 다른 점이 있다. 고릴라, 오랑우탄, 침팬지 등은 인간에 비해 활동량이 현저히 적다. 그들의 서식처 주변을 떠나지 않는다. 그러나 인류는 걸었다. 끝도 없이 걷거나 뛰었고, 그게 다른 포유류와 다른 인류의 강점이었다(『여행의 이유』, 김영하, 문학동네, 2019).

유전자에 새겨진 이동의 본능, 여행은 어디로든 움직여야 생존을 도모할 수 있었던 인류가 현대에 남긴 진화의 흔적이고 문화일지도 모른다.

지구는 은하계를 여행하는 우주선이다. 이 순간에도 지구는 시속 11만 킬로미터로 우주를 항해한다. 지구인이라면 누구나 여행가의 삶을 타고난 것이다.

그래서 도마복음에 보면 이런 구절이 나온다.

Jesus said, "Be passers by."(도마 42)

인간은 본래 끊임없이 무엇인가를 찾아 헤매고 창조의 비밀을 알고 싶어 한다. 바로 이것이 시대를 초월한 목표이자 동기이다(『여행의 역사』, 빈프리트 뢰쉬부르크, 효형출판, 2003).

인간은 원래 거의 대부분의 시간을 떠돌며 수렵 · 채집인으로 지낸 유목민이다. 정착 이후에도 나타나는 유목민적 충동의 발현이 여행이다. 아프가니스탄 속담에, "세상은 여행자들의 주막"이라는 말이 있다.

고대 그리스 · 로마시대에는 여행하는 사람을 신성한 사람으로 우대하는 관습이 있었다. 세계의 모든 나라 사람들은 손님을 친절하게 대하고 잘 대접하려는 인류의 미풍양속을 공유한다. 나를 포함하여 누구나 잠재적, 현재적 여행자이기 때문이다.

동양에서는 인생을 바꾸는 5가지 힘이 있다고 한다. 운명, 풍수, 적선, 독서, 여행이 그것이다. 여행이 산업화, 대중화된 것이 지금의 관광이다.

야스퍼스(Karl Jaspers)는, "세상은 초월자의 암호로 가득찬 곳이다. 그래서 여행자는 땅을 읽는 독서가이다. 책과 책 사이에도 길이 있고 산맥이 있으며 바다가 있다. 그러므로 책을 읽는 사람은 정적이지만 진지한 여행자이기도 하다"라고 말하였다. 여행과 독서는 달려들수록 욕망이 줄기는커녕 더 많은 갈증이 생긴다는 점에서도 비슷하다. 여행은 주로 공간에 관한 것이지만, 호모 비아토르는 독서를 통한 것이기도 하므로 시간 여행자이기도 하다.

여행자란 본질적으로 낙관주의자, 긍정주의자이다. 개방주의자이고 관계중심주의자다. 그렇지 않다면 아무 데도 가지 않을 테니까 말이다(『여행자의 책』, 폴 서루, 책읽는 수요일, 2015). 아니면 여행을 했기 때문에 결과적으로 낙관주의자, 긍정주의자, 개방주의자, 관계중심주의자가 되는 것인지도 모른다. 어쨌든 여행은 행복과 밀접한 관련이 있다. 낙관, 긍정, 개방, 관계는 행복의 다른 이름이기 때문이다.

우리의 고향은 에덴동산이고 타향은 에덴동산에서 추방된 상태로 사는 세상이다. 고향을 잃고 타향에서만 사는 사람은 불행하다. 이때의 해결책은 오직 하나뿐이다. 그것은 타향에 있으면서 고향을 찾아 왔다갔다하는 것이다(『진리란 무엇인가』, 이기동, 21세기북스, 2015).

우리는 과거의 떠나온 익숙한 것에 대한 그리움과 낯설고 이국적인 것에 대한 호기심 충족의 욕구 사이에서 방황한다. 그리고 가끔 우리가 전혀 모르는 곳에 대한 향수병을 앓는 것은 그런 이유 때문인지도 모른다.

사실 지금은 여행이 생활의 일부가 되었지만 먼 옛날의 인류에게는 삶 자체가 여행이었다. 인류 대부분의 역사는 끊임없이 새로운 땅을 찾아 떠나는 이동의 역사였다. 그러한 이동성을 우리는 뼛속 깊이 물려받았다. 우리에게 여행은 본능인 것이다.

『월든』의 저자 헨리 데이비드 소로(Henry David Thoreau)는 이렇게 말한다. "여행자. 나는 그 이름을 사랑한다. 여행자는 여행자로서 존경받아야 한다. 그의 직업은 우리 삶의 가장 훌륭한 상징이다. 왔다가 가는 것—그것은 우리들 각자의 역사이다."

여행의 궁극적 목적은 현실과 단절되는 것이다(Urry, *The Tourist Gaze*, Sage, 1990, p. 2). 현실에서 벗어날수록, 현실의 흔적을 많이 지울수록 만족은 커진다.

여행은 떠남과 만남이고 혹은 기다림이고 돌아옴이다. 떠남은 타성에 젖은, 자기중심에서 탈피하려는 것이다. 내가 남과 다를 바 없는 삶을 살고 있는 게 아닌지 반성하는 일이고 전혀 뜻밖의 놀라운 것들과 조우하는 것이며, 세상의 멋진 것들과의 만남을 기다리는 것이며 결국에는 진정한 자기로 돌아오는 일이다. 단지 남 따라가는 눈먼 여행이라면 시간 낭비의 의미 없는 여행이다.

'성을 쌓고 사는 자는 반드시 망할 것이고 끊임없이 이동하는 자만이 살아남을 것이다.'라는 돌궐족 장군 톤유쿠크의 비문처럼, 만남은 바깥에서 이루어진다. 각자의 성에서 나와야 한다. 다시 말해 떠나야 한다(『처음처럼』, 신영복, 랜덤하우스, 2007).

"우리가 떠나서 진정으로 만나야 할 사람은 그리운 사람이다. 그리워하면서 만날 수 없으면 삶에 그늘이 진다"는 법정의 말도 여행해야 할 중요한 이유이다(『살아있는 것은 다 행복하라』, 법정 · 류시화, 조화로운삶, 2006).

만남은 전략이 아니라 삶의 철학이다. 산다는 것은 사람과의 만남이다(『담론』, 신영복, 돌베개, 2015). 만나야 내가 산다. 그러므로 낯선 것과의 만남을 즐겨라. 이는 나를 풍성하게 만들어준다. 낯선 것은 언제나 내게 새로운 질문을 던지고 문제의 해답을 찾는 힘을 준다(『인문의 숲에서 경영을 만나다』, 정진홍, 21세기북스, 2007). 만났으면, 혹 기다리다 만나지 못했다 해도 돌아와야 한다. 만나지 못함은 그 나름대로 의미가 있다. 다음의 여행을 기약하는 것이다.

『예언자』에는 이런 구절이 있다. "머문다는 것은 얼어붙는 것이고 굳어버리는 것이고 틀 속에 갇히는 것이다. 그대들은 걷고 죽은 자가 산 자를 위하여 파놓은 무덤에서 살지 마라"(『예언자』, 칼릴 지브란, 소담출판사, 2005).

체로키족 인디언들이 아이의 탄생을 축복하는 기도에 있는 "이제 또 한 사람의 여행자가 우리 곁에 왔네"라는 구절도 우리가 여행자(Homo Viator)로 운명지어져 태어났음을 보여준다.

정착한다면 여행이 아니다. 아니, 정착한다는 것은 또 다른 여행을 준비하는 기간이어야 한다. 다시 말해 목적지보다 여행 자체가 중요하다는 사실을 기억해야 한다.

여행자로서의 우리가 곰곰이 생각해 보아야 할 말이 있다.

> "고향 땅이 달콤하다고 생각하는 사람은 아직 햇병아리다.
> 모든 나라를 자신의 조국처럼 느끼는 사람은 이미 강인하다.
> 하지만 세계 전체를 타향으로 여기는 사람이야말로 완벽한 인간이다."
> – 성 빅토르의 휴고(Hugo of St. Victor)

호모 노마드(Homo Nomad)

유목민의 정의에 대한 학자들의 견해는 크게 두 가지로 압축된다. 하나는 경제활동과 관계없이 이동생활하는 모든 사람을 유목민이라고 규정하는 것이고, 다른 하나는 정착하는 농경생활에 의존하지 않고 이동하는 목축민만을 유목민으로 보는 것이다. 왜냐하면 유랑하는 수렵·채집인들과 이동하는 유목민들을 하나의 범주에 포함시키기에는 양자 간의 공통점이 너무 적기 때문이다. 하나는 식량 채집이고 다른 하나는 식량 생산이라는 면에서 경제적 기반이 다르고, 이동의 이유나 성격도 같지 않다(『유목민 이야기』, 김종래, 자우출판, 2002).

여기서 우리가 생각하고자 하는 것은, 이런 건조한, 1차산업적 관점에서의 유목민에 대한 이야기는 아니다. 그것보다 훨씬 큰 이야기이다.

앞으로 올 사회는 유목사회이고 자동차, 휴대폰, 노트북, 컴퓨터, 비행기, 주유소, 호텔, 항구 등이 우리 주변에 널린, 그런 현상들이다. 유목주의가 국가주의보다 더 파국적인 시장제국주의를 부추기고 조장하는 또 하나의 침략과 파괴주의일 뿐, 지속 가능한 생태주의와는 결코 양립할 수 없다는 반감도 있다. 어떤 비판적인 이들의 주장은, 오늘날의 유목주의란 초원에서 가축을 방목하는 고전적 유목이 아니라 새로운 식민주의, 곧 세계화라는 신제국주의로 가자는 말과 같다는 것이다(『유목주의는 침략주의다』, 천규석, 실천문학사, 2006).

'노마디즘(유목주의)'이란 특정한 가치와 삶의 방식에 얽매이지 않고 끊임없이 자기를 부정하면서 새로운 자아를 찾아가는 것을 의미하는 철학적 개념에서 유래한다. 이 개념에서는 고정된 중심에서 탈피하여 이동하는 것이 강조되고 있는데, 이때 '이동'이란 물리적 이동만을 의미하는 것이 아니라 기존 영역을 횡단해 새로운 가치를 창조하는 정신적 이동을 함께 지칭한다.

영원히 길 위에 있는 것이 어쩌면 우리의 진정한 운명이 아닐까?

어디라도 지금 여기만 아니라면, 다른 시대나 장소 또는 다른 생활양식이 우리 것보다 행복하다고 우리는 믿는다.

노마디즘은 보이지 않는 것, 지금 여기(hic et nunc)보다 나은 것을 찾아 나서기 위한 일종의 운명이다. 결코 머무르지 않는 것이다. 노마디즘은 생명력, 나아지려는, 나아가려는 본능, 차이를 가로지르는 힘, 초월하려는 의지이다. 노마디즘의 역동성과 자발성은 국가적, 문화적, 이데올로기적, 종교적인 것들 간에 존재하는 경계를 혐오하며, 대신 특정의 보편적 가치 속에서 살고자 하는, 인류애적 가치라고도 할 수 있다.

노마드적이라 함은 타자성에 열려 있는 존재의 형태, 사고의 방식을 의미한다.

그것은 인간이 존재하는 한 절대로 사라지지 않는다. 대신 다양한 방식으로 그 모습이 나타난다. 인간의 역사가 노마드적인 것이 되기 훨씬 전에, 빅뱅에서 최초의 생명의 탄생으로, 단세포에서 고등생물로 진화한 생명의 역사 자체가 이미 노마드적이다.

약 500만 년 전 인류의 조상이 아프리카의 어느 나무에서 내려와 주변을 둘러보다가 돌아다니게 된 것을 시작으로 하여 60억 인구 중 10억 명 이상이 출장, 관광, 구직, 이민, 유학 등을 이유로 이동하게 된 오늘날에 이르기까지 노마디즘은 인간 진보의 주요 동인이다.

인간은 침팬지의 조상과 갈라지면서 줄곧 수렵 · 채집생활을 해왔다. 농경생활을 하며 정착하게 된 시기는 불과 1만 년 전에 불과하다. 다시 말해 우리 몸속에는 수렵과 방랑의 유전자가 각인되어 있는 타고난 방랑자인 셈이다. 진화의 결과, 우리의 마음과 신체는 수렵 · 채집인의 삶에 맞도록 되었다. 그러나 우리가 삶의 모습을 농업으로, 그 다음에 공업으로 이행한 탓에, 우리는 부자연스러운 삶을 살 수밖에 없게 되었다.

인간은 고정된 계급 혹은 확고부동한 위치로 존재하는 정착민이 아니라 새로운 삶의 풍요로움과 사랑과 우정의 삶을 찾아서 끊임없이 떠나는 노마드이다. 인간을 포함한 대부분의 동물은 사랑과 우정이 맺는 관계의 상황과 조건에 따라서 각기 다른 이동루트나 길을 만들어 나간다. 모든 존재는 그 무엇과 만나는 생성을 찾아서 끊임없이 이동하는 노마드이다. 모든 존재의 노마드적 특질을 가장 뚜렷이 드러내는 것이 물과 바람이다. 따라서 '물이 흐른다, 바람이 분다'라는 표현은 모든 존재의 노마드적 특질을 가장 잘 보여주는 것이다. 우리의 풍류도 노마드의 한 표현일 뿐이다. 다시 말해서 모든 존재는 명사적이라기보다는 동사적인 것이다. 인류 최초의 철학자 중 한 명인 헤라클레이토스(Herakleitos)는 "만물은 흐른다(panta rhei)"고 했다.

인류의 역사는 노마드의 물리적 이동과 탈주의 역사이다. 이러한 노마드의 물리적 이동과 탈주가 이 세계의 새로운 문명을 끊임없이 생성시킨다(『노자와 들뢰즈의 노마돌로지』, 장시기, 당대, 2005).

질 들뢰즈(Gilles Deleuze)는 "유목민은 탈영토화 그 자체에 의해 재영토화된다"고 설명하고 있다(『천 개의 고원』, 들뢰즈, 새물결, 2001).

프랑크 미셸(Frank Michel)은 "유목민들은 무엇보다 자유의 의미와 독립성을 실천하는 사람들이며, 따라서 미래 정착민들의 희망"이라고 얘기한다. "유목민들은 방랑함으로써 정착민들의 잃어버린 자유에 대한 소멸하지 않는 흔적을 남기고 있으며, '타인'과 '다른 곳'으로의 지향성을 보여준다"고 한다(Michel, Frank, *Autonomadie: Essai sur le nomadisme et l'autonomie*, Paris: Homnisphere, 2005).

6백만 년에 이르는 인류 진화의 역사 전체로 볼 때 1만 년에서 5천 년 동안의 '정주'는 역사의 극히 일부분에 지나지 않는다.

아탈리(Jacques Attali)에 따르면 '여행'은 "유목민의 본질이자 모든 인류 진화의 근원이 된다. 인간은 여행에 의해 태어나며, 오랜 여행에서 살아남은 종이 유랑생활에 가장 잘 적응한 종"들이다(『호모 노마드: 유목하는 인간』, 자크 아탈리, 웅진닷컴, 2005).

마페졸리(Michel Maffesoli)는 "정착민은 출생지와 근원지에 의해 자신의 사회적 정체성을 부여받게 된다고 한다. 그들에게 집과 부동산은 사적이고 독립적인 소유물이 된다. 반면 유목민들에게 있어 유일한 사적 소유물은 그들의 장비일 뿐이다. 정착민의 영토가 주어진 공간이라면, 유목민의 영토는 만들어가는 공간이다. 이와 더불어 정착민과 유목민의 시간의 대비는 지속성과 순간성으로 유형화할 수 있다"(『노마디즘』, 미셸 마페졸리, 일신사, 2008)고 한다.

정착민과 유목민은 공간적 분류이지만, 시간적인 것으로 접근해 보면, 농사를 짓고 한곳에 머물러 살아가는 정착민에게 시간과 계절의 흐름에 순응하는 것은 중요하다. 아침, 점심, 저녁이라는 시간, 봄 · 여름 · 가을 · 겨울이라는 계절의 순환에 맞춰 정착민들은 씨를 뿌리고, 동 · 식물을 기르고, 수확하며 시간의 반복 속에서 살아간다. 반면 삶의 모든 것에 집착하지 않는 유목민들은 시간의 개념에서 자유롭다. 그들에게 있어 시간은 단편화된 현재의 연속일 뿐이다. 항상 새롭게 경신되는 현재를 사는 것, 이것이 영원성의 한 형태를 사는 것이라고 유목민들은 무의식적으로 생각한다.

성서에 따르면 농부인 카인이 목동인 동생 아벨의 머리를 돌로 쳐서 살해했다. 이 행위가 농부와 유목민들 사이에 놓인 적대감의 기원이다. 이후 세계 질서는 정착민인 농부의 권력에 기반을 두었다(『신의 위대한 질문』, 배철현, 21세기북스, 2015).

"노마드는 좋아서 움직이는 게 아니다. 그들은 사라져버리는 것을 거부하기 때문에 노마드가 된 것이다"라는 토인비(Arnold Toynbee)의 말처럼, 유목민의 '방랑'의 사유는 편안한 길을 버리고 도전하는 삶이야말로 자기 안에 숨은 '가능성'과 '창조성'을 끊임없이 발견할 수 있는 계기가 됨을 알려준다.

노마디즘은 항상 변화에서 삶의 의미를 찾게 해준다.

늑대가 정착하면 개가 된다. 대초원을 누빌 때만 야생의 늑대이다. 야생은 길들여지지 않는다.

여행이란 무엇인가?

여행의 참뜻

알베르 카뮈(Albert Camus)는 "고귀하고 진지한 학문인 여행은 우리를 우리 자신에게 이끈다"라고 하였다. 여행은 학문이고 그냥 학문이 아니라 고귀하고 진지하다고 하여 흔하고 가벼운 여행관광이라는 우리의 통념을 깨트려버린다. 그러나 전제가 있다. 그것은 우리를 우리 자신에게 이끌어야 한다는 것이다. 그렇지 않으면 우리가 생각하는 흔하고 가벼운 여행으로 전락하고 만다는 것이다.

오스트리아 작가 모리츠 하르트만(Moriz Hartmann)은 "여행, 그것은 더할 나위 없이 아름답고 순수한 정열이고, 떠나고 싶은 즐거움"이라고 그의 일기에 적고 있다. 참 쉬운 직설적 표현이다.

"많이 읽어라. 그러나 많은 책을 읽지 말라"는 말로 유명한 폴리니우스(C. Polinius)는 "인간은 본래 여행을 즐거워하고 새로운 것을 갈망하는 존재"라고 말했다. 과거에 사람들은 여행을 위해 여행을 했다. 사람들은 먼 곳에 대한 동경과 미지의 것을 알고자 하는 욕구로 점점 더 먼 곳으로 여행을 떠났다.

일상의 상투화로부터 결별하는 것이 여행이다. 낯선 세계 속으로 들어간다는 것은 상투성 속에 갇히기 쉬운 삶을 긴장 속으로 밀어넣는 일이다. "여행이란 세상이 나를 팽개칠 때 나도 세상을 팽개치는 것"이라고 안도현 시인은 말했다.

임어당은 "여행한다는 것은 방랑한다는 뜻이다. 방랑이 아닌 것은 여행이라고 할 수 없다. 여행의 본질은 의무도 없고, 정해진 시간도 없고, 소식도 전하지 않고, 호기심 많은 이웃도 없고, 이렇다 할 목적지도 없는 나그넷길인 것이다. 좋은 나그네는 자기가 어디로 갈지를 모르는 법이다"라고 했다(『여행의 역사』, 빈프리트 뢰쉬부르크, 효형출판, 2003).

프로이트(Sigmund Freud)는 "모든 여행의 정신적 근거는 어머니와의 최초의 분리를 비롯한 어머니로부터의 이탈"이라고 한다. "여기에는 죽음으로 가는 마지막 여행이 포함된다"고 하여 여행을 우리 인생의 시작과 끝 전부를 포함하는 과정으로 보았다.

폴 서루(Paul Theroux)의 『여행자의 책』에는 다음과 같은 글이 나온다. "나는 여행에 대한 갈망을 사람이 사람이고 싶어 하는 열망이라고 정의한다. 여행은 이동하고 싶은 욕망과 호기심을 만족시키고 더 이상 두려움에 떨지 않고 현재의 상태를 바꾸고 새로운 사람이 되어 친구를 사귀고 낯선 도시를 체험하고 미지의 세계를 모험하는 일이다."

그리고 정말 중요한 것은 우리는 어딘가로 떠난다. 왜? 자신을 만나기 위해서다. 너무 오랫동안 나를 만나지 못했다. 일상의 풍경 속에서는 자신을 마주하기가 어렵다. 사회적인 관계 속에서 나 이외의 것들을 끊임없이 신경써야 하고 주어진 의무를 다해야 한다. 그렇지만 여행을 떠나면 나만을 좀 더 바라볼 수 있다(『인생을 바꾸는 여행의 힘』, 채지형, 상상출판, 2013).

그동안 고생했다고 스스로를 다독이는 시간. 내가 나를 위로하는 시간. 여행은 그 시간과 기회를 준다. 여행은 뭐니 뭐니 해도 즐겁고 행복한 활동이다.

여행가방을 쌀 때, 공항 벤치에서 커피를 마실 때, 도착지 공항의 출국 심사대를 통과했을 때 우리는 해방감과 자유를, 두근거림을 느낀다(『여행의 심리학』, 김명철, 어크로스, 2016).

여행은 온전히 내가 원해서 하는 것이며 내 기대를 충족하려 하는 활동이지, 남이 시키거나 불가피한 이유 때문에 강제로 해야 하는 활동이 아니다. 그렇기에 여행은 가히 기분 좋은 흥분과 기대감을 느끼는 데 특화된 활동이다.

행동주의 심리학자인 이소 아홀라(Iso Ahola)의 접근, 회피 동기 개념으로 여행을 본다면, 세상 모든 일에는 A를 얻는 것과 B를 회피하는 측면이 전부 있다. 마찬가지로, 여행은 무엇인가를 피하려는 회피활동인 동시에 무엇인가를 얻으려 하는 접근활동이다. 여행은 도피이자 탐색이며 탈출이자 추구이다.

베티나 셀비(Bettina Selby)는 『순례자의 길(Pilgrim's Road)』에서 "여행은 시간과 현실을 벗어난 것이 아니었다. 그러나 같은 현실을 다른 각도와 다른 관점에서 바라볼 수 있는 기회였다"고 한다. 이 말은 마르셀 프루스트(Marcel Proust)가 그 유명한 『잃어버린 시간을 찾아서』에서 "여행은 새로운 풍경을 보는 것이 아니라 새로운 시각을 얻는 것이다"라고 한 말과 유사하다.

경제적인 관점으로 말하자면, 소비라는 측면에서, 우리가 일상에서 소유를 위한 소비를 한다면, 일상을 떠나, 일상에서는 얻기 어려운 의미와 감동을 체험하는 특별한 소비가 여행이다. 행복한 사람들은 공연이나 여행 같은 경험을 사기 위한 지출을 많이 하고 불행한 이들은 옷이나 물건 같은 물질구매가 많은 것으로 나타난다(Van Boven & Gilovich, T.(2003), "To do or to have? That is the question", *Journal of personality and social psychology*, 85: 1193).

여행은 낯선 길에서 온몸으로 하는 구체적인 체험이다. 이런 체험은 정신을 확장한다. 여행을 거듭하면서 몸과 정신은 상호작용하며 심화와 상승을 거듭한다(『위대한 멈춤』, 박승오 · 홍승완, 열린책들, 2016).

여행은 인간의 호기심과 창의성을 촉진하는 자극제이자 지적 엔터테인먼트이고 세상의 숨겨진 아름다움을 체험하는 것이다.

여행은 다른 이들이 귀로 듣는 것에 만족하는 것을 자신의 눈으로 확인하는 것이기도 하다. 카비르(Kabir, 힌두교와 이슬람교를 통합하려 한 인도의 신비주의자, 시인)는 다음과 같이 적었다. "경험하지 못했다면 그것은 참된 것이 아니다."

앙드레 지드(Andre Gide)의 『지상의 양식』은, 고뇌하는 젊은이에게 생에 좀 더 과감해질 것을 충고한다. 여행을 통해 자신을 변화시키라고 한다. 정신보다는 육체를, 미래보다는 현재를, 남이 아닌 자신의 삶에 충실하기를 단호하고도 시적인 어조로 충고하고 있다.

위대한 여행은 거리가 아니라 태도와 열정에 의해 결정된다. 프랑스 철학자 베르그송(Bergson)이 말하는 '생명의 열정(elan vital)'을 마음껏 발산하는 여행이 위대한 여행이다. 우리는 최고의 여행지에서 최악의 여행을 하기도 하고 최악의 여행지에서 최고의 여행을 하기도 한다. 최고의 여행은 여행지가 결정하는 것이 아니라 각 여행지가 제공하는 여행요소와 우리 자신과의 궁합에 따라 결정되고 우리의 열린 마음과 자신감에 따라 결정된다(『여행의 심리학』, 김명철, 어크로스, 2016). 어떤 여행지에서 우리가 정말 담아 와야 할 것은 그곳만의 분위기이다. 다른 곳이 아닌 바로 그 여행지에서만 느끼거나 만날 수 있는 분위기, 그것은 그곳의 날씨, 자연과 사회환경으로만 설명될 수 있는 것이 아니다. 그런 것에 덧붙여지는 촉감이자 온도이고 맛이자 향기이며 모든 것이 한데 어우러진 그 무엇이다. 벤야민(Walter Benjamin)이 말하는 진품의 아우라(Aura)이다.

많은 사람들에게 여행은 하늘의 계시를 찾는 여정과 같다. 여행은 아름다운 경험이다. 아름다운 경험들은 대부분 생명의 가장 깊고 신비로운 감동과 연관되어 있다.(『여행자』, 후청팡, 북노마드, 2014).

진정한 여행은 차이를 가로질러야 한다. 차이를 가로지를 때만이 자신의 삶을 반성할 수 있는 계기를 만들어준다. 너무나 친숙한 곳으로의 이동은 겉보기는 여행처럼 보이지만 결코 여행일 수 없다.

우리는 어디로 가야 할진 몰라도 떠나야 한다는 것은 안다.

지금까지 다닌 모든 여행은 앞으로 떠날 여행의 답사에 불과한 것인지도 모른다. 최고의 여행이 우리를 기다리고 있다.

그런 의미에서 시간자원과 관련해서 인생의 전환기를 놓치지 말고 여행해야 한다. 졸업, 방학, 군에서 제대 후, 직장을 옮기거나 그만둘 때, 은퇴한 직후 등 여행갈 수 있을 때 여행해야 한다.

터키 시인 나짐 히크메트(Nazim Hikmet)의, '진정한 여행'이란 시이다. 단순히 여행뿐만 아니라 인생이란 여행에 대한 영감을 주는 시이다.

가장 훌륭한 시는 아직 씌어지지 않았다.
최고의 날들은 아직 살지 않은 날들.
가장 빛나는 별은 아직 발견되지 않은 별,
무엇을 해야 할지 더 이상 알 수 없을 때
그때 비로소 진정한 무엇인가를 할 수 있다.
어느 길로 가야 할지 더 이상 알 수 없을 때
그때가 비로소 진정한 여행의 시작이다.

여행의 역사

수십만 년에 걸친 여행의 역사는 사냥꾼과 채집가의 행렬부터 중세의 성지순례, 계몽주의와 낭만주의시대의 교양여행, 현재의 대중 · 대량관광과 대안관광에까지 이른다.

기원전 4000년, 인간의 가장 위대한 업적 가운데 하나인 바퀴가 발명되었다. 최초의 여행에 관한 기록으로 BC 1500년경 이집트에서 관광여행, 즉 단순한 호기심이나 즐거움을 위한 여행이 존재했다는 분명한 증거를 확인할 수 있다(『고대의 여행 이야기』, 라이오넬 카슨, 가람기획, 2001).

그리스인들은 경기에 참여하고자 올림피아 여행길에 올랐고, 신탁을 듣기 위해 델피로 순례여행을 떠났다. 신성한 장소를 찾아가고, 신비한 축제의식에 참여하기 위해 사람들은 순례여행을 떠났다.

로마인들은 그리스인들과 달리 활발하게 관광여행을 했다. 교양 있는 로마인들이 선호한 여행지는 델피의 신전과 아테네, 코린트, 스파르타 등 지금까지도 깊은 인상을 주는 기념비적 건축물이 있는 그리스였다. 목욕하기를 좋아한 로마인들은 온천지를 즐겨 찾았다.

로마인들은 군사 및 행정상의 이유로 9만 킬로미터에 달하는 가로수가 심어진 2차선 도로인 아피아 가도(Via Appia)를 건설해서 군사적 목적에 부수적으로 여행을 촉진케 하였다.

여행자들은 유프라테스강에서 영국과 스코틀랜드의 경계선까지, 국경선을 넘지 않고 한 국가의 법 아래서 여행할 수 있었다. 로마의 화폐만 지갑 속에 넣고 있으면 그것은 어디서나 통용되거나 쉽게 환전할 수 있었다.

순례란 본래 "교회에 관련되거나 그에 준하는 사명, 혹은 좀 더 명확하게는 교회의 허가하에 수행되는 여행이나 사명"(G. H. Jones, *Celtic Britain and the Pilgrim Movement,* New York: AMS Press, 1980)을 뜻한다. 로마제국 말기부터 사람들이 순례를 떠나기 시작하면서 크고 작은 성소들이 순례지로서 명성을 떨치게 되었다. 대다수의 중세 사람들에게 순례는 일상에서 벗어날 수 있는 거의 유일하고 합법적인 제도였다. 그 때문에 경건한 여행임에도 그 안에 여흥의 요소가 숨어 있을 수밖에 없었다. 이런 측면에서 보면 순례는 고대에 생겨난, 기분 전환을 위한 휴가나 소풍을 계승하고 있는 것이다. 즉 순례는 각박한 일상에서 탈피해서 새로운 시간과 공간을 경험할 기회였던 셈이다. 이것은 말하자면 중세시대의 관광이었다. 그 후 순례여행은 십자군 원정과 연결하여 이교도의 위협으로부터 성지를 해방시키는 데 진력했다. 중세의 순례여행은 유럽 · 아라비아와 이슬람 세계를 문화, 경제적으로 가까워지도록 했고 지식의 확장에 기여했다. 오늘날도 많은 종교 순례자들이 성지를 찾는다. 힌두교도는 성스러운 강의 잿빛 물결에 죄를 깨끗하게 씻기 위해서 갠지스강 유역의 바라나시 등으로 간다.

당시 사람들은 대부분 시골에 거주했다. 봉건제라는 무거운 짐을 지고 있던 농부는 경작지에 메여 있었다. 그들은 순례여행을 떠나거나 가축시장, 혹은 민속축제를 방문할 때 말고는 그들의 마을이나 교외지역을 떠나는 일은 드물었다. 농부들에게는 여행자가 세계와 연결될 수 있는 유일한 끈이었다. 여행자는 농부에게 신문 즉, 새로운 소식을 전해주었다.

조직여행의 역사는 1400년경 초기형태의 여행사가 베네치아에서 예루살렘 순례자들에게 여행편의를 제공했다(『여행의 역사』, 빈프리트 뢰쉬부르크, 효형출판, 2003). 사실

순례자가 반쯤은 관광객이라면 일반 대중 관광객도 반쯤은 순례자이다.

스위스 출신의 근위병인 한스 호흐는 1606년부터 1659년까지 약 1천3백 명의 방문객에게 로마의 볼거리를 보여주었다. 이것은 최초의 관광사업이었고 곧이어 그것을 생업으로 삼는 사람들이 생겨났다.

이탈리아만큼 환상과 꿈과 동경을 채워주는 나라도 없을 것이다. 1690년 어느 연대기 작가는 "유럽이 반지라면, 이탈리아는 반지에 박힌 다이아몬드"라고 했다. 많은 사람들이 이탈리아를 시대의 아르카디아(Arcadia: 이상향)로 생각하였다.

해외에서 여행경비 지출이 불안할 정도로 불어났음을 짐작하게 하는 목소리도 커졌다. 여행자들이 많은 현금을 국경을 넘어 외국으로 유출하지 못하도록 확실한 여행세를 부과하라는 보고도 있었고, 1686년 브란덴부르크 선제후는 대량화되는 여행과 관련하여 강력한 칙령을 내렸다. 그것에 따르면 향후 30세 이하는 선제후의 허락 없이 국외로 나갈 수 없었다.

그러나 여행은 상당히 늘어났지만 여행은 즐거움과는 거리가 멀었다. 다리와 목이 부러지지 않기를 바라는 여행의 축복과 소원은 불행 앞에서 여행자들을 보호하려고 하였다. 사람들은 여행을 떠나기 앞서 가족을 불러놓고 유언을 남겼다. 여행 중 숙식은 열악했고 노상강도를 만나고 자연재해는 빈번했으며 여행길에 늑대나 곰이 쫓아오면 땅바닥에 죽은 듯 누워 숨을 멈추어야 했다.

"여행 잘 하세요!" 즉 불어로 "봉 보야지(Bon voyage)!"라고 말할 때 여행이 위험하고 궁핍하고 힘들고 고생스러웠다는 것을 알 수 있다. 하지만 모든 기대를 이루기 바라는 소망 역시 그런 인사말에 들어 있다.

계몽의 시대는 사람들을 떠나게 했다. 여행은 '알려고 하는 용기를 가져라!'라는 계몽주의 시대의 모토와 일치했고 지식과 더 나은 정보를 찾으려는 사람들의 일반적인 바람에 부합했다.

17~19세기 유럽여행의 가장 큰 특징은 교양여행이었다. 교양이란 역사, 철학, 문학, 미술 등에 대한 이해이며, 사회를 자기의 내면에 비춤으로써 사회를 결속시키는 도덕을 생성해 내는 유연하고 지성적인 정신을 갖추는 일이다. 이 시기 교양여행은 일종의 체험여행이었다. 여행지의 사람과 문화, 풍습과 풍경을 체험하고자 당시의 지배자와 귀족, 또 그들의 자제들은 그랑투르(grand tour)를 했다.

폴 퍼셀(Paul Fussell) 같은 학자는 "르네상스 시기에 탐험이 있었고 부르주아 시대에 여행이 있었다면 관광은 프롤레타리아의 시대에 속한다"면서 여행을 여러 뭉치로 구별지으려고 했다.(Paul Fussell, *Abroad: British Literary Traveling between the Wars,* Oxford: Oxford UP, 1980).

투어리스트(tourist, 관광객)라는 말은 1800년경에 처음 나타났다. 곧이어 1811년 영국에서 발행된 『스포팅 매거진(The Sporting Magazine)』에 최초로 관광(tourism)이라는 단어가 등장했다고 『옥스퍼드 영어사전』(*Oxford English Dictionary*)은 밝히고 있다. 그 말을 프랑스 소설가 스탕달(Stendhal)이 『관광객의 회상기(Memoires D'Un touriste)』(1838)에 제목으로 쓰면서 관광객이라는 말이 널리 사용되었다(『여행의 역사』, 빈프리트 뢰쉬부르크, 효형출판, 2003). 오늘날의 그것과 같은 의미의 '투어리즘(tourism)'이란 용어가 정착된 것은 교통수단의 눈부신 발달로 대륙 간 여행이 빈번해진 19세기 이후부터였다. 이때부터 여행과 관광은 약간 다른 것으로 인식되었다. 여행이 크게는 '회귀를 전제로 한 인간의 공간적 이동'으로, 다양한 목적을 지니고 길을 떠나는 행위를 광범위하게 지칭한다면, 관광은 '일상생활권을 떠나 다시 돌아올 것을 목적으로 하는 즐거움을 위한 여행'으로 정의된다. 오롯이 즐거움을 목적으로 한다는 점이 이전에는 볼 수 없었던 특징이다. 토마스 쿡(Thomas Cook)이 1841년 7월 5일 레스터(Lester)에서 가까운 러프버러(Loughborough)까지 철도여행을 조직한 것이 근대 대중여행, 즉 관광의 본격적인 시작인지도 모른다. 금주운동의 일환으로 시행한 이 여행은 대중들의 폭발적인 지지와 관심을 초래하였다. 이후 1845년 '토마스 쿡 앤 선'이라는 세계 최초의 여행사가 설립되었다. 토마스 쿡이 관광여행 형성에 큰 기폭제가 되었던 것은 1851년 런던에서 개최된 제1회 만국박람회였다. 5년마다 열리는 만국박람회는 산업화와 기술진보의 척도였다. 벤야민은 만국박람회를 '물신(物神)에게 가는 순례 여행지'라고 불렀다. 지구 곳곳에서 온 방문객들은 최신 기계와 매력적인 구경거리를 관람했다.

동양에서는 일본이 유일하게 대중관광의 모습을 보인다. 그렇다면, 유일하게 동양에서 산업화, 제국화한 일본에서 여행이 대중화될 수 있었던 초기조건은 무엇일까?

그것은 에도막부가 실시한 산킨코다이(參勤交代) 제도에서 찾을 수 있다. 산킨코다이 제도란 막부가 전국에 흩어져 있는 지방실력자들인 다이묘(大名)들을 통제하고 감시하기 위하여 제도화한 것으로, 원칙적으로 각 다이묘는 격년에 한 번씩 에도에 거주할 것을 의무화한 것이다. 따라서 막부는 이들의 에도행 편의를 위해 도로망을 확충하였고,

거의 매년 에도로 가는 길은 이들 다이묘의 행차로 북적거렸다. 이로 인해 다이묘의 행렬이 지나다니는 길목에는 이들 일행이 묵을 여관이나 식당 등이 생겼고, 이러한 시설들이 일반 민중의 참배여행에도 이용되어 여행의 대중화에 기여하였다. 1702년에 도카이도(東海道)를 여행한 사람의 수가 100만을 넘었다는 기록은 일본의 국내여행이 이미 대중화되었음을 보여준다(『여행과 관광으로 본 근대』, 국사편찬위원회, 두산동아, 2008).

현재의 관광현상인 매스 투어리즘(mass tourism: 대중 · 대량 관광)은 관광이 대중화되어 소규모 관광에서 대량의 관광객이 발생하는 현상을 일컫는 것이다. 도대체 언제부터 매스 투어리즘이 시작되었는지에 대해서는 의견이 분분하다. 많은 이들은 제2차 세계대전 종결 후에야 매스 투어리즘이 시작되었으며 미국과 영국 등 소수의 선진국들이 이 새로운 움직임을 주도했다고 주장한다. 특히 1950년대 미국에서 출현하기 시작한 대중 소비사회가 패키지 투어를 발전시켰다고 본다(Valene Smith ed., *Hosts and Guests, The Anthropology of Tourism,* Philadelphia. U. of Pennsylvania Press, 1977).

매스 투어리즘의 행태와 효과에 대한 회의와 자연환경의 훼손 등에 대한 반성으로 그린투어리즘, 에코투어, 공정여행같이 최근에는 관광이 여행으로 회귀하는 대안관광이 대두되고 있다. 자세한 내용은 뒤에서 설명한다.

공간, 장소 그리고 여행

"공간과 시간은 인간의 기본 범주들이다. 그래서 동양사상은 인간, 시간, 공간을 삼재(三才)라 한다. 서양철학도 19세기를 기준으로 공간중심의 철학과 시간중심의 철학으로 구분할 수 있는데, 바슐라르는 기억을 생생하게 하는 것은 시간이 아니라 공간이라고 한다(『도시공간의 이해』, 김철수, 기문당, 2001).

근대는 공간을 압축하고, 거리를 발소하며, 장소를 파괴하였다. 그리하여 얼마 전 베스트셀러의 제목을 빌리자면 지구를 평평하게 만든다. 평평하다는 말은 여기서 두 가지 의미로 이해 가능하다. 하나는 울퉁불퉁하지 않다는 것, 즉 모든 장소가 균질적이며 따라서 단일한 척도로 평가될 수 있다는 것이고 다른 하나는 저 너머가 없다는 것, 모든 정보가 시평선 안에 들어와 있다는 것이다(지구가 둥글다면 언제나 보이지 않는 저 너머가 있기 마련이다). 이 평평한 지구 위에서 사람들은 장기판 위의 말처럼 가볍게 들어 올려져서 한 지점에서 다른 지점으로 옮겨진다. 그들과 이 장소들 사이에는 본래 아무런 연관도 존재하지 않는다는 듯이 말이다(『사람, 장소, 환대』, 김현경, 문학과지성사, 2015).

공간이란 비었다는 의미의 空과 사이라는 의미의 間의 합성어로 우리 주변에 비어 있는 모든 것을 칭한다. 현대과학에 따르면 시간과 공간은 뗄 수 없이 서로 뒤엉켜 있다. 공간은 그 속에 사람이 살기 시작하면서 비로소 참된 의미를 지닌다. 삶과 한데 어우러져 자연스럽게 흘러온 시간의 무게가 느껴질 때 공간은 아름답다. 시간과 조화를 이루는 공간, 삶과 시간이 퇴적한 공간에는 고유한 아우라(aura)가 있다.

'공간의 인간화(humanization)'란 공간이 인간적인 의미를 갖는 것을 말하며, 그것은 공간이 단순히 공간으로서만 존재하는 것이 아니라 인간에게 진정한 의미에서 생태적 '환경(milieu)'이 될 때 가능한 것이다. 인간과 실질적으로 관계하는 공간이란 땅(대지)이다. 현대 도시인들이 느끼는 권태란 대지의 생명으로부터 분리되어 있기 때문이다(『행복의 정복』, 버트런드 러셀, 문예출판사, 2009).

아래의 시는 이런 대지의 힘을 잘 표현하고 있다.

한 숟가락 흙 속에

정현종

한 숟가락 흙 속에
미생물이 1억 5천 마리래!
알겠네. 내가 더러 개미도 밟으며 흙길을 갈 때
발바닥에 기막히게 오는 그 탄력이 실은
수십억 마리의 미생물이 밀어 올리는
바로 그 힘이었다는 걸!

땅은 우리로부터 독립된 실체이지만 우리의 육체는 대지를 구성하고 있는 화학적 혼합물로 구성되어 있으며 그것에 의존하고 있다. 그러므로 우리는 대지의 일부이며 대지는 또한 우리 존재의 한 부분이다. 하늘과 땅은 다른 것이 아니고, 모든 존재와 사물은 다른 것이 아니었다. 같은 뿌리와 근원을 가진 것이었다. 이 원리를 고대 그리스의 철학자 파르메니데스(Parmenides)는 영원부동불멸의 일자라고 하였다. 시간과 공간이라는 것도 메비우스의 띠처럼 서로 연결되어 있고 실은 존재의 드러난 일면일 따름이다. 인간은 땅에서 자연과 더불어 살면서 항상 하늘과 호흡을 같이하고 노래를 불렀다. 노래는 놀이에서 나온 말이다. 이것은 자연의 바람과 함께하는 일이다.

그러나 이성, 과학, 고등종교의 등장으로 일순간 바뀌어버렸다. 하늘과 땅은 갈라져 거리가 생기고 사람도 그 사이에 존재하는 인간이 되었다. 사람들은 더 이상 사물에 생명이 있다고 생각하지 않게 되었다. 사물은 이용하는 대상으로서 존재하면 그만이었다. 결국 나 이외의 다른 사람은 사물처럼 타인이 되고 서로 경쟁하는 타자가 되었다. 남을 타자로 만든다는 것은 실은 자신을 소외시키는 일이었다. 내가 남을 타자로 만드니까 나도 남으로부터 소외되는 것은 당연한 이치였다.

서양의 철학과 미학은 가부장적이고 인위적이다. 이에 비해 동양의 철학과 미학은 모성적이고 무위적이다. 인간은 자연(어머니)의 자궁에서 솟아난 생명(존재), 죽음은 생명의 다른 이면일 뿐이다. 존재는 잡을 수 있는 것이 아니다. 죽음은 다른 것으로 옮겨 타는 것이 아니고 본래의 자리로 돌아가는 것이다. 언제나 여행에서 집으로 돌아가는 것처럼.

인간과 대지의 이러한 연관은 우리의 조상들이 대지를 어머니이자 위대한 여신, 가이아(Gaia)로 이해한 데서 잘 설명되고 있다. 고대 문명은 인간 존재를 지탱시켜 주는 대지와 자연의 운행을 숭배했다. 하지만 대지에 초점을 맞춘 이런 영적인 관습들은 부족 종교들이 등장하면서 단절되었다.

현대를 사는 우리는, 제임스 러브록(James Lovelock)의 '가이아 가설(Gaia Hypothesis)'이 나오기 전까지는, 지구를 살아 있는 거대한 유기체로 보는 사상을 받아들이지 못했다(『땅의 치유력』, 리즈 심슨, 이광조 옮김, 생각의나무, 2006). 1972년 과학철학자인 러브록은 지구가 자기조절능력이 있는 거대한 생명체이며, 질병에 걸릴 수도 있다는 가설을 세우고 이 가설에 '가이아 이론'이라는 이름을 붙였다. 가이아 이론은 지구가 살아 있는 생명체의 공통된 특징을 공유하고 있다고 주장한다. 다시 말해서 포유동물과 같은 생명체가 지닌 신진대사와 진화, 자기치유, 온도조절능력을 지구도 갖고 있다는 것이다. 땅은 어머니고 고향이고 결국은 나 자신이다.

자연과 멀어진 인간은 고향(본능)에서 너무 많이 멀어졌다고 판단하여 자신도 모르게 위기의식을 느끼고 다시 거리를 좁히려고 자연으로 돌아오고 있는지도 모른다.

영어에서 행위와 사건이 일어나는 것을 'take place'라고 하는데, 사실상 장소성(場所性)을 전제하지 않은 사건발생은 있을 수 없기 때문이다. 즉 인간과 행위 그리고 장소의 상호관계가 곧 장소성의 기반인 것이다. 각각의 장소는 그 땅의 물리적 특성, 그리고 그 곳의 독특한 분위기, 그 안에서 일어나는 활동과 기능, 그곳에 부여된 의미와 가치 등을 지니고 있다. 우리의 일상공간인 도시에도 공간과 시간이 압축되어 있다. 도시의 어느 곳이든 그곳에 사는 사람들에게는 도시의 하나하나가 매우 소중하고 의미있는 장소가 되어야 하는데, 현대 도시가 가진 공간상의 문제는 바로 장소성을 잃어버렸다는 것에 있다. 여기가 거기 같고 거기가 저기 같아 장소성의 고유한 특질을 상실하였다. 이를 공간의 교란이라고 한다(『현대 도시환경 디자인』, 한영호 · 안진근, 기문당, 2006).

도시공간을 거닐다 보면 편안히 쉬고 사색하며, 사람들과 함께 마음을 터놓고 대화할 수 있는 공간은 거의 없고, 그나마 돈을 지불해야만 제한된 휴식의 장을 일시적으로 점유할 수 있다.

한국 도시만의 풍경인지는 모르지만, 지하에는 노래방, 1층은 편의점, 2층은 피시방, 3층은 성형외과, 4층은 학원, 5층은 교회 등 가장 세속적인 공간과 가장 성스러운 공간이 층층이 쌓이고 압축되어 있다(『도시건축의 새로운 상상력』, 김성홍, 현암사, 2009). 성(sacred)과 속(secular)의 혼재이다. 지옥과 천국이 뒤섞여 있다. 이런 도시 이곳저곳에서 보여지는 방들은 여러 다른 행위와 결합되어 공적인 공간이면서도 사적인 공간을 만들어낸다. 다방, 여관방, 노래방, 독서실, 룸살롱 등등, 개인 주거공간에서 부족하거나 더는 불가능한 것, 그러나 (채워지지 않는 헛된) 욕망을 채워줄 이 공간들을 몰아낸다면 우리의 도시는 위험에 처할 것이다. 이렇게 도시공간은 도시적 해체를 가져와 진정한 삶의 영역은 소멸하고 오브제화하고 상품화되었다.

진정 거주할 줄 모르는 우리는 집에서도 진정한 평안, at home을 얻지 못한다. 현대인들은 육체적으로는 집에 있어도 정신적으로는 집 없음(homeless)을 경험한다(『사람 건축 도시』, 정기용, 현실문화, 2008). 그래서 사람들은 집을 떠나야만 집 같은 편안함을 느끼는 이율배반적 상황에 이르렀는지 모른다. 길이 집이고 여행이 진짜 집을 찾는 일인 것이다.

동화 〈욕심쟁이 거인〉을 모두 알고 있다.

자기 정원에서 아이들이 즐겁게 뛰노는 것이 시끄럽고 귀찮았던
거인은 아이들을 내쫓고 담을 쌓아버렸다.
아이들을 쫓아버린 뒤로 정원은 공허하고 삭막하여
'북풍과 우박과 서리와 눈이 나무 사이를 돌아다니는' 겨울만 계속되었고
더는 꽃이 피지 않게 되었다.
이윽고 잘못을 뉘우친 거인은 담을 헐어버린다.
그러자 정원에 다시 봄이 왔고 거인은 아이들과 아름다운 정원에서
함께 놀며 행복하게 지내게 된다.

아이가 만들어내는 활력이 공간의 주인이 된 것이다. 추상적이던 공간이 일상적이고 사실적인 풍경으로 바뀌었다. 이 이야기의 예처럼, 반 아이크(Van Eyck)는 공간과 시간이 무엇이든 간에 장소와 사건이 더 중요하다고 하였다. 그는 중성적으로 그냥 빈 공간과 시간은 우리에게 의미가 없다고 했다. 여기서 그가 말하는 공간은 마치 물리학에서의 진공상태와 비슷하다. 반 아이크는 빈 공간과 시간이 우리의 삶과 만나면 특정한 공간, 특정한 시간이 된다고 보았다. 그것을 그는 장소와 사건이라고 칭한다.

공간의 경험은 엄마의 뱃속에서 시작되어 엄마의 품을 거쳐 평생 이어진다(『공간 공감』, 김종진, 효형출판, 2011). 공간은 장소를 만들기 위한 전제조건이다. 공간이 추상적이라면 장소는 구체적이다. 수많은 도시의 집은 공간이지만 나의 집은 장소다. 인간적인 흔적이 존재하는 것은 장소이다(『건축이란 무엇인가?』, 승효상 외, 열화당, 2007).

공간은 개방이며, 자유이며, 위협이다. 장소는 개인들이 부여하는 가치들의 안식처이며, 안전과 애정을 느낄 수 있는 고요한 중심이다. 인간은 직접적으로, 그리고 간접적으로 다양한 경험(여행)을 하며, 이러한 경험을 통하여 미지의 공간은 친밀한 장소로 바뀐다.

즉 낯선 추상적 공간(abstract space)은 의미로 가득찬 구체적 장소(concrete place)가 된다. 그리고 어떤 지역이 친밀한 장소로서 우리에게 다가올 때 우리는 비로소 그 지역에 대한 느낌(또는 의식), 즉 장소감(sense of place)을 가지게 된다.

공간에 비해 장소는 기존 가치들의 깊고 진한 중심이다. 인간은 공간과 장소를 필요로 한다. 인간의 삶은 보금자리와 모험, 애착과 자유 사이의 변증법적 운동이다. 개방공

간에서는 장소를 강렬하게 인식하게 된다. 그리고 안전한 장소에 고립되어 있으면 그 너머에 있는 광대한 공간은 동경의 대상이 된다. 우리는 알 수 없는 호출을 당해 여행을 떠나게 되는 것이다.

시간은 공간에 그 흔적을 남기고 공간은 명확한 뜻과 의미를 획득함에 따라 장소로 전환된다(『공간과 장소』, 이-푸 투안, 대윤, 1995).

장소화된 공간은 인간에게 심리적 욕구이고 사회적 특권이며, 심지어는 영적인 속성이다. 장소는 사람의 머리와 가슴, 근육과 뼈에 기록된다. 시각 · 청각 · 후각 등의 혼합물이다.

공간개념에서 또 중요한 것은 겹(layer)의 문제이다. 공간을 공유하고 있지만 거주자와 관광객이 전혀 다른 경험을 한다는 것에서 이런 개념들을 이해할 수 있을 것이다. 단체관광객과 진중한 개별 여행자의 겹도 다를 수 있다. 서울을 예로 들면 관광객이 이용하는 겹은 강북의 고궁들, 인사동, 박물관, 서울타워, 한강 유람선, 호텔, 식당, 시티투어버스 노선 등의 대상과 정보를 포함하고 있다. 반면 거주자의 겹은 주거지, 학교, 직장, 마트, 지하철과 버스 노선 등 일상적인 내용을 주로 담고 있을 것이다.

도시가 시골에 비해 많은 사건이 벌어지는 이유는 도시가 제공하는 겹의 종류가 월등히 많아 그 두께가 두껍기 때문이다.

여행자들이 찾는 곳은 좋은 장소이다. 좋은 장소가 갖추어야 할 특성은 다음과 같다.

첫째, 단체활동의 비율이 높다. 좋은 장소는 사람들이 오고 싶은 곳이고 모이는 곳이다. 사람구경만큼 좋은 구경이 없어 이런 곳에 여행자와 관광객들도 모인다.

둘째, 여성의 이용률이 높다. 여성들은 그들이 이용하는 공간을 선별한다. 여성들의 선택에는 합당한 이유가 있는데, 이는 앉을 곳이 있으며 장소가 안전하다고 느낄 때, 그 장소를 이용한다.

관광객들만큼 안전에 민감한 사람들도 없다.

셋째, 다양한 연령층이 이용한다. 다양한 연령층은 대개 시간대별로 장소를 이용하는 연령층이 다름을 뜻한다. 예를 들어, 취학 전 어린이와 보호자들은 노인이나 퇴직자들의 이용과 마찬가지로, 다른 연령층이 직장에서 일할 때 근린공원을 이용한다.

넷째, 다양한 활동이 전개된다. 좋은 장소란 많은 사람들이 자주 찾아 활력이 넘치는 곳이다. 보기에만 좋은 장소보다 이용하기 편한 곳이 좋다. 그리고 활동에는 특수한 장비나 시설이 필요하지 않다. 그래서 여행자들이 모일 수 있다.

마지막으로, 애정표현이 자유롭다. 일반적으로 문제가 있는 장소보다는 좋은 장소에서 사람들은 긴장을 풀기 때문에 웃고, 키스하며, 포옹하고, 만지고, 악수하는 행동 등이 더 많이 일어난다(『좋은 장소를 만드는 방법』, 김봉원, 태림문화사, 2008).

『논어』에 '知者樂水 仁者樂山(지자요수, 인자요산)'이라는 말이 있다. 건강한 지성을 갖추고 어진 마음을 지닌 사람이라면 자연과의 진정한 만남을 중요시해야 하고 실제로 중시한다. 우뚝하게 서서 흔들림 없이 고요한 것이 산의 본질임을 알고 옛 선비들의 산행은 마음 수양의 과정이었던 것이다(『조선 선비들의 행복 콘서트』, 김봉규, 행복한 미래, 2014).

좋은 공간을 자주 접해야 한다.

땅이란 사람의 기질을 만들고 영혼에도 변형을 가하는데 이로써 운명이 만들어진다.

어디에 사느냐, 어디에 있느냐에 따라 운명이 달라진다. 장소의 힘이다. 여행은 손쉽게 장소를 바꿔볼 수 있는 기회이다. 더 이상 사랑할 수 없는 곳은 스쳐지나가야 한다. 그래서 여행이 좋은 것이다.

불가에서는 '카르마(業)'라 하고 기독교에서는 '원죄'라 하는 것에서 탈출하는 방법에는 장소를 바꾸는 것도 포함된다. 장소를 바꾸면 운명이 바뀐다. 여행은 운명개선을 위한 장소치료이다. 햇볕이 잘 드는 밝은 거리에서 바람을 맞으면 좋다.

『도덕경』에 보면, 거선지(居善地), 심선연(心善淵), 여선인(與善仁), 언선신(言善信), 정선치(正善治), 사선능(事善能), 동선시(動善時)라 했다(『도덕경』 제8장). 좋은 곳에 살아야 한다. 그리고 너무 늦지 않게 좋은 곳을 찾아가야 한다. 자리를 바꾸면 운도 따라 자리를 바꾼다. 발로 걷는다는 것은 곧 땅에 의지해 그 기운을 받아들이는 것이다. 여행은 내게 좋은 곳을 찾기 위한 노력이다.

1960년대 말 남진이 부른 노래인 '님과 함께'는 이렇게 시작한다. "저 푸른 초원 위에 그림 같은 집을 짓고, 사랑하는 우리 님과 한 백년 살고 싶어…" 이 노래는 우리 모두가 바라는 공간의 장소화에 관한 재미있고 쉬운 설명일 것이다.

여행과 공감각적 어메니티

산업혁명의 격변이 철도와 공장 같은 거대한 기계문명과 함께 도래했다면, 지금 이 혁신(4차 산업혁명)의 주역은 스마트폰과 인터넷이다. 스마트폰은 신체와 근육을 해방시킨 만큼 영혼과 삶을 잠식해 버렸다. 이것은 과연 천국일까? 지옥일까?

무엇보다 인공 빛의 폭주로 인해 우리의 눈은 도무지 안식처가 없다. 거리 곳곳에선 휘황찬란한 전광판이 번쩍거리고 지하철이나 버스에서도 압도적인 스케일을 자랑하는 대형 화면들로 넘쳐난다. 눈의 피곤함과 시력의 손상도 문제이지만 더 무서운 건 스펙터클이 아닌, 곧 일상의 평범한 장면들은 눈에 들어오지도 않는다는 점이다. 화려하고 특별하지 않은 것들에 대한 무관심을 유발한다. 정서적인 안정, 생명존중 그리고 자연에 대한 이해가 떨어지게 된다. 자연은 그저 아무런 의미와 중요성이 없는 배경일 뿐이다(『고미숙의 로드클래식, 길 위에서 길 찾기』, 고미숙, 북드라망, 2015).

아리스토텔레스는 청각과 후각, 시각, 촉각, 미각의 다섯 가지 감각을 처음으로 분류했다(『크리에이티브 시티 메이킹』, 찰스 랜드리, 역사넷, 2009).

인간에게 있어서 시각은 처음부터 생존의 도구였고 여행관광에 있어서도 가장 중요한 정보수용도구이다. 다른 동물에 비하여 후각이나 청각이 약한 인간은 우선 시각에 의지할 수밖에 없다.

기원전 4세기경 플라톤은 시각을 제1감각(primary sense)이라 하였다. 플라톤에게 있어 시각은 철학의 토대이고 미(美)를 전달할 수 있는 감각으로 그에 따라 진리와 신에 이르는 감각으로서 기능했다.

문자가 일반화되기 이전 시기, 입에서 입으로 지식이 전달되던 시기에 플라톤은 듣는 것을 지식, 그리고 이해와 동일시했다. 청각은 인간의 제2감각으로 중요한 의미를 갖는다.

'소리(sound)'로 인식되는 청각 경관(aural landscape)은, '조망(sight)'으로 인식되는 시각 경관(visual landscape)과 함께 공간 지각과정에서 인위적인 제한이 가해지지 않는 한 자연스럽게 인지되는 경관이다. 그러나 현대사회에 있어서 일상공간인 도시의 소리는 정말이지 소리가 아닌 소음이다. 잡음이다. 하나로 뭉개지기 때문에 개별적으로는 잘 구분되지 않는다. 그래서 소음을 벗어날 수 있는 장소는 더 중요해진다. 도시 내이지만 박물관이나 화랑은 비교적 조용하다. 도시를 떠나 농촌의 소리는 풍경보다 단순하다. 숲속은 바람소리 이외에는 진공이고 여백이다. 고요함이 감돌며 긴장을 풀어준다. 원치 않는 소음은 기운을 빼앗아가지만 침묵은 원기를 회복시키고 충전해 준다. 얼마 지나면 몸과 마음이 편안해진다. 많은 사람들이 이런 공간을 찾아 복잡한 머릿속을 깨끗이 비운다. 피서, 피한에 이어 도시의 층간소음을 포함한 각종 소음을 피한 '피음'이 중요한 여행지 선택의 기준이 될 것이다.

아리스토텔레스는 "시각은 촉각보다 훨씬 순수하며 청각과 후각은 미각보다 순수하다"고 말했다. 게다가 아리스토텔레스는 촉각은 가장 기초적이고 근원적인 감각으로, 동물에게 속하는 것이며 미각처럼 직접적인 물리적 접촉을 한다고 주장했다. 또 촉각과 미각은 동물적 쾌감과 밀접하게 연동돼 있다고 여겼다. 반대로 시각, 청각, 후각에 관해서 그는 이 감각들을 '인간의 감각'이라 정하고 순위를 매겼다.

성 토마스 아퀴나스(Saint Thomas Aquinas)는 시선에 대해 금욕적이고 종교적인 권위를 부여함으로써 시선에 관한 플라톤적이고 아리스토텔레스적인 경향을 재확인했다. 아퀴나스가 볼 때 '최고로 완벽한 지적 본질의 기쁨은 신의 시각으로 보는 데 있는 것'이지 세속적인 인간의 '후각, 촉각, 미각이나 청각'에 있는 게 아니었다. 그리고 글이 실질적인 역할을 거의 (혹은 전혀) 하지 못하는 전근대사회에서는 소리와 청각의 문화가 지배력을 가졌다.

헤겔은 미 · 후(嗅) · 촉각의 세 가지 저급감각은 내용(Idee)을 표현할 수 없는 것이라 하여 예술감각에서 배제하고, 시각예술 · 청각예술 · 표상(또는 상상) 예술만을 용인한다. 시각예술과 청각예술의 종합(Syntheses)은 표상(상상)의 예술인 시(문예)이다(『조경 · 미학 · 디자인』, 조정송 외, 조경, 2006).

마샬 맥루한(Marshall McLuhan)은 '눈' 중심적인 르네상스와 계몽주의의 영향력 때문에 시각은 서양인들의 사고를 지배했다고 지적한다. 시각이 진실의 보증인이자 이성의 안내인 그리고 지성의 관리인 역할을 한 반면, 미각과 촉각 그리고 특히 후각은 주변으로 밀려날 수밖에 없었다. 눈의 영역을 확대시킨 망원경, 안경, 현미경, 내시경 같은 시각적 혁신기술의 발명과 확산은 시각을 더욱 강화했다. 맥루한이 볼 때, 아프리카의 부족사회를 비롯해 문자를 사용하기 이전의 사회는 모두 귀가 지배적인 역할을 했지만 본질적으로는 공감각 지각을 활용했다.

시각은 믿음, 진리와 관련된 반면, 다른 감각은 직감, 감정, 직관 등 검증이 불가한 주관적 정서와 관련되어 있었다.

그러나 이와 달리 수많은 '전근대'사회가 여러 가지 중요한 점에서 시각을 경시한 것은 확실하다. 예를 들어, 초기 그리스 문화는 눈에 대한 의심을 드러내곤 했다. 지혜에는 눈이 없으며 현자들(호메로스, 오이디푸스)은 선천적인 맹인이거나, 나중에 시력을 잃는 걸로 묘사되는 경우가 많았다. 이와 비슷하게 북유럽 신화에서도 오딘은 자신의 눈과 지혜를 맞바꾸었다. 이는 통찰력이 모두 '시각적'인 것은 아니라는 점을 시사한다(『감각의 역사』, 마크 스미스, 성균관대학교출판부, 2010).

정의의 여신인 디케(Dike)는 장님이었다. 눈이 보이면 욕심이 생기니까. 남자가 이룩하는 문명은 눈의 문명이다. 여자가 이룩하는 문명은 귀의 문명이다. 눈의 문명은 항상 만족하지 못한다. 욕망의 대상이 밖에 있으니까. 귀의 문명은 쉽게 감동한다. 우주의 리듬이 안팎으로 울리니까. 보이지 않는 세계에 대한 인정과 그것에 대해 귀 기울이는 것은 샤먼의 특징이다. 샤머니즘은 인류 종교의 원형이다. 자연의 소리를 들을 수 있는 것이 철학의 종점인지도 모른다(『빛의 철학, 소리 철학』, 박정진, 소나무, 2013).

박지원의 『열하일기』에도 비슷한 깨달음이 나온다. "나는 이제야 도를 알았다. 명심(冥心)이 깊고 지극한 마음이 있는 사람은 귀와 눈이 마음의 누가 되지 않고, 귀와 눈만을 믿는 자는 보고 듣는 것이 더욱 섬세해져서 갈수록 병이 된다."(『세계 최고의 여행기 열하일기』(하), 「일야구도하기」, 박지원, 북드라망, 2013, p. 185)

우리는 일상에서 그리고 비일상의 여행에서 너무 시각에 의존하고 있는 것은 아닌가? 그리고 어떤 공간이 기억에 생생하게 남는 이유는 단지 시각적인 장면뿐 아니라 당시 상황 속에서 자신의 감각, 즉 후각, 촉각, 청각 등 몸 전체로 그 공간을 경험했기 때문이다(『건축콘서트』, 이영수 외, 효형출판, 2010). 특히 냄새는 아주 오래전 일어난 특정한 순간의 기억을 정확히 되살리기도 한다. 냄새는 기분을 쉽게 좌우해서 편안함을 느끼게 하거나 감각을 무뎌지게 만든다. 숲에서는 나무내음이, 갯가에서는 갯내음이 난다. 특정의 장소에는 특정의 향이 있다. 아침 풍경에는 아침 특유의 맑은 공기향이 있다. 자연의 좋은 향기처럼 사람을 기분 좋게 하는 것은 없다. 악취 풍기는 도시를 떠나 숲속으로 산속으로 자주 들어가야 한다.

최근 방송에는 온통 먹방천지이다. 미각 체험은 뭐니 뭐니 해도 제철음식을 맛볼 때 절정에 이른다. 제철음식이란 음식과 계절이 결합된 문화적 양식이다. 제철음식을 먹는 것은 그 계절의 풍경을 신체의 한 부분으로 육화(肉化)하는 행위이다. 음식이 계절을 전제하고 있다면, 지방의 토속음식은 그 지역의 풍토가 빚어내는 풍경을 함축하고 있다. 따라서 지방의 토속음식을 먹는 것은 그 지방의 바람과 물과 태양과 기름진 흙과 사투리를 온몸으로 느껴 흡수하는 행위다. 토속의 풍경이 음식에 녹아 있다. 음식에는 고향 산하의 풍경과 추억이 투영되어 있다(『풍경에 다가서기』, 강영조, 효형출판, 2003). 우리의 오감을 충족한다.

태양이 내리쬐는 해변, 한여름에도 시원함을 느낄 수 있는 자연환경과 한겨울에 포근한 실내공간이 있다면 그것은 오늘날 관광에서 가장 중요한 개념인 어메니티(amenity)를 확보한 공간이 될 것이다. 관광지는 그러한 조건을 계획에 의해 특정 공간 내의 실내외공간에 구현한 것이다. 여행자와 관광객을 위한 공간디자인은 오늘날 갈수록 세분화되는 추세이며, 그 대상과 영역 또한 갈수록 확대되고 있다. 즉 빛과 소리, 맛, 향기까지도 공간디자인의 대상으로 포함되고 있으며, 인간의 오감에 호소하고 있다. 인간의 오감은 색, 빛, 소리, 맛, 향기 등이 감관(感官)을 자극할 때 감관이 상호 연관되어 작용한다는 사실이 밝혀졌고, 그러한 현상을 공감각(共感覺)이라고 부르게 되었다. 하나의 감관이 자극을 받게 되면 다른 감각기관도 연동되어 자극에 반응한다는 것이다. 이와 같이 '공감각'이 공간디자인의 또 다른 목표가 되고 있는 것이다.

대표적인 인공적 관광지로서, 테마파크(theme park)의 현대적 선례가 된 디즈니랜드로부터, 일본의 하우스텐보스(Huis Ten Bosch)에 이르기까지 이제는 세계 도처에서 주제공원을 볼 수 있게 되었다. 그들은 한결같이 인간의 놀이본능과 감성을 대상으로 한 설계를 전제하고 있으며, 비일상적 체험이나 이국적인 경험 등을 목표로 하고 있다. 공간이용자의 공감각[全感覺]적 데이터를 기본으로 하여, 결과적으로 어메니티를 산출할 수 있도록 설계하는 것이다(『공간디자인 16강』, 권영걸, 국제, 2001).

자연 속에서 한가함을 즐기는 사람보고 신선놀음한다고 한다. 어쩌면 관광지는 낙원을 만드는 일이고 여행자는 신선이 되고 싶은 사람인지도 모른다. 신선은 상상이 아니라 동물에서 진화한 인간이 다시 동물로 돌아가면서 여진화(퇴화)하는 편안함, 어메니티이다. 그렇다고 동물로 후퇴나 후진하는 것이 아니다. 말로 깨닫는 것이 아니라 오감, 즉 공감각적으로 몸을 통해서 깨닫는 것이다(『빛의 철학, 소리철학』, 박정진, 소나무, 2013). 우주 삼라만상은 하나의 몸이다. 마음이 보이지 않는 몸이라면, 몸은 보이는 마음이다. 우리의 여행은 우주의 리듬에 맞추어 소우주인 몸을 통해 최고의 공감각을 충족하는 것이어야 한다.

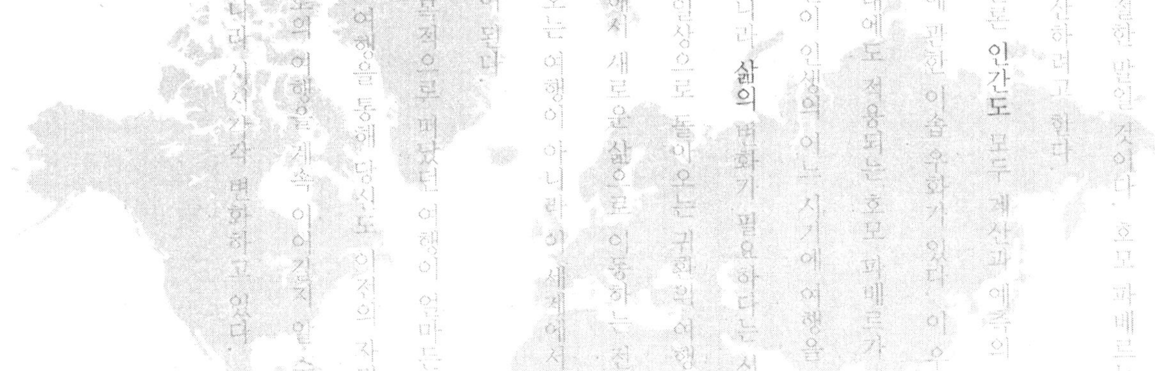

있는 가장 적절한 방법일 것이다. 호모 파베르는 일의 효율성을 높이기 위해 모든 것을 계산하려고 한다.

사물은 물론 인간도 모두 계산과 예측의 대상으로 만든다. 우리에게 잘 알려진 개미와 베짱이에 관한 이솝 우화가 있다. 이 우화는 고대 그리스 시대에 만들어진 것이지만 현대에도 적용되는 호모 파베르가 지배하는 시대의 상식을 반영한다.

만일 당신이 인생의 어느 시기에 여행을 꿈꾸며 갈망하고 있다면, 이는 어쩌면 단순한 휴식이 아니라 삶의 변화가 필요하다는 신호인지도 모른다. 많은 여행은 일상에서 벗어나 다시 일상으로 돌아오는 귀환의 여행이다. 그러나 어떤 여행은 익숙한 삶의 궤도를 이탈해서 새로운 삶으로 이동하는 전환의 여행이다. 이 세계에서 출발해서 이 세계로 돌아오는 여행이 아니라 이 세계에서 출발해서 저 세계로 넘어가는 초월의 여행이 된다.

물론 귀환을 목적으로 떠났던 여행이 얼마든지 전환의 여행이 돼 돌아올 수 있다. 어느 날 어떤 여행을 통해 당신도 이전의 자리를 박차고 새로운 삶으로의 여행을 계속 이어갈지 알 수 없는 일이다. 세상은 고정돼 있는 것이 아니라 시시각각 변화하고 있다.

여행의 유익

여행은 인간과 세계에 대한 인문학적 성찰의 계기를 제공한다.

여행을 꿈꾸고, 계획을 세우고, 여행지에 대해 공부하고 준비하는 순간 이미 여정은 시작된 것이며, 우리는 새로운 만남, 새로운 관계 맺음을 향해, 자기성찰과 변화와 성장을 향해 작은 첫걸음을 내디딘 것이다(『여행의 숲을 여행하다』, 김재기, 향연, 2010).

다시 말해서, 집을 떠나 여행을 한다는 것은 물리적, 지리적 이동만을 의미하는 것이 아니다. 우리의 의례적이고 습관적인 생활방식이나 사유방식을 뒤로 하고 새로운 차원의 삶, 해방과 자유의 삶을 향해 출발함을 의미한다.

공간을 바꾼다는 것은 생각을 바꾸는 것이고 생각을 바꾼다는 것은 운명을 바꾼다는 것이다. 큰 부담 없이 공간을 바꿔볼 수 있다는 것이 바로 여행의 매력이다. 그러나 적지 않은 시간과 금전적 비용을 지불해야 한다. 백수이자 재벌이 아니라면 여행은 후순위가 될 수도 있다. 기회비용이라는 측면에서는 우선순위가 더 높은 것들도 존재할 수 있다. 어쩌면 마음의 심각한 동요와 운명의 코페르니쿠스적 전환까지 각오해야 할지도 모른다.

그렇다면 여행한다는 것은 무슨 유익이 있는가?

부어스틴(Boorstin)은 "인류는 굶주리고 위협받고 억압당했기 때문에 이동하는 사람들은 새로운 곳에서 더 안전하고 잘 먹고 보다 자유롭기를 원한다"고 한다. 안전하고, 부유하고, 좋은 사회에 살고 있는 사람들은 지겨움에서 벗어나기 위해서, 친숙한 것에서 탈피하기 위해서, 이국적인 것을 발견하기 위해서 여행을 한다고 한다(Broostin, D. *The Image: A Guide to Pseudo-events in America,* New York: Harper & Row, 1964).

레오나르도 다빈치의 자화상

인도의 신비철학자인 라즈니쉬(Osho Rajneesh)는 "여행은 당신에게 적어도 세 가지의 유익을 줄 것"이라고 한다. 세상에 대한 지식, 집에 대한 애정, 자신에 대한 발견이 그것이다. 세상에 대한 지식은 당연한 것이고 역설적으로 떠나온, 그리고 다시 돌아올 집에 대한 아끼는 마음, 사랑이 생긴다는 것이다. 그리고 타인의 시선에만 신경쓰던 내가 온전히 자신을 들여다볼 기회를 갖게 해주는 것이다. 16~17

세기 르네상스, 근대의 시작은 거울(유리)의 발견에서 비롯되었다. 자기를 보게 됨으로써, 나는 누구인가를 생각하게 된 것이고 자화상을 그리게 되었다.

여행은 또 하나의 거울이다. 반성이고 계획이다. 여행은 삶을 숙제에서 축제로 바꾸어준다. 일상의 지루함과 스트레스에서 여행을 통한 짜릿함과 재미, 편안함, 휴식을 얻을 수 있다. 일상의 의무적이고 피상적인 인간관계에 지친 사람은 여행을 통해 진솔하고 깊은 인간관계를 만들 수 있다.

장기를 직접 둘 때는 보이지 않던 묘수가 훈수 둘 때는 잘 보이는 경우가 많다. 한 걸음 떨어져서 큰 그림을 파악하며 객관적으로 볼 수 있기 때문이다. 여행은 내가 나에게 두는 훈수와 같다. 떠나 보면 내가 머물던 자리가 안팎으로 잘 보인다.

여행은 낯선 길에서 온몸으로 하는 구체적인 체험이다. 이런 체험은 정신을 확장한다. 여행을 거듭하며 몸과 정신은 상호작용하며 심화와 상승을 거듭한다(『위대한 멈춤』, 홍승완 · 박승오, 열린책들, 2016).

더 많이 움직일수록 더 많이 존재한다.

여행에도 목표가 있나?

도전이 없는 여행은 의미가 없고 목적이 없는 여행에는 정신이 없다(『성스러운 여행 순례 이야기』, 필 쿠지노, 문학동네, 2003).

인생에 삶의 목표가 필요한 것처럼 여행에도 목표가 필요하다. 그런데 우리는 종종 여행을 떠날 때 여행, 그 자체를 목표로 한다. 여행의 목표는 여행을 가서 무엇을 하고 싶다로 설정해야 한다. 나의 버킷리스트 달성하기, 인생의 영화 촬영지나 노래 배경 찾아가보기, 스쿠버다이빙 자격증 따기, 사막에서 별 보기 등이 모두 여행의 목표가 될 수 있다. 목표를 설정하는 것만으로도 여행의 자세는 수동적인 것에서 능동적인 것으로 바뀐다. 여행의 목표는 우리 여행에 의미를 더해주고 여행을 떠남으로써 놓쳐야 했던 기회비용들을 보상해 주며, 나아가 여행기간 동안 우리를 도전하게 만든다. 필수여행 코스를 돌아다니는 백화점식 여행(이른바 패키지 관광)에서 벗어나 설정한 목표를 달성하고 돌아오는 여행은 자아실현의 수단이기도 하다.

사진밖에 남는 것이 없는 여행 말고 자신에게 변화를 주는 여행을 하려면 짧은 시간 동안 최대한 많이 보는 것보다 그곳에 왜 가고 무엇을 얻을 것인가를 보다 중요하게 여겨야 한다. 여행을 떠나는 이유, 즉 여행의 목표를 세워야 한다는 말이다.

'숨겨진 중심' 찾기

1600년, 17세기 근대의 시작과 더불어 중세의 종말을 알린 역사적 사건인 브루노(Giordano Bruno)의 화형 순간, 브루노는 "화형당하는 나보다 나를 화형시키는 당신들이 더 무서울 것이다"라는 유명한 말을 하였다. 그는 우주는 무한하다고 하였는데, 그러면 유일한 무한자인 창조주 신과 우주는 동격이 되는 것이어서 신성모독죄로 화형을 당한 것이다. 그의 말처럼 우주가 무한하다면 중심은 없다. 그러나 인간의 인문세계는 당연히 중심을 갖고 있다. 단 한 번도 집을 떠나지 않았던 사람에게는 집이 중심이 된다. 연인에게 받는 사랑으로 즐거운 사람에게는 애인이 중심이 된다. 태어난 지 얼마 되지 않은 아이에게는 엄마가 중심이 된다. 세계의 중심을 보기 위해 눈을 반짝이며, 즐거움 속에서 살고 싶다는 기대를 품는 것이 인류가 여행을 하는 주된 목적이자 동기이다(『여행자』, 후칭팡, 북노마드, 2014). 여행에서 중심이 먼 어떤 곳인지, 떠나온 집인지, 스스로의 나인지는 각자가 찾아야 할 숙제이다.

'메타노이아(metanoia)'로서의 여행

적게 가졌지만 자족하면서 자기 삶의 주인이 된 사람은 결코 가난하지 않다는 깨달음과 물질과 욕망에서 자유로운 삶을 꿈꾸며 공부하고, 그것을 삶에서 하나하나 실천하려고 노력하는 것도 새로운 삶으로의 여행이다.

여행에서 어디에서 왔고 어디로 가는지는 중요하지 않다. 중요한 것은 여행을 통해 스스로 변하고 더 만족스러운 사람이 되는 것이다(『여행이 나에게 가르쳐 준 것들』, 추스잉, 책세상, 2017).

자기 주도적인 삶이란 어쩔 수 없이 변화하는 수동적 전환이 아니라 스스로 원하는 삶을 위해 적극적으로 나서는 능동적 전환에 의해 이뤄진다. 그런 의미에서 보면 여행은 능동적 전환의 결정적 계기가 되기도 한다. 여행에서 '메타노이아'를 겪었기 때문이다.

여행은 몸속에 흐르는 피를 바꾸는 과정이다. 겉모습은 변하지 않지만 모든 말초신경에 서린 생명의 본질이 변해서 굳이 여행하지 않아도 늘 새롭고 즐거운 존재가 된다.

그러면 여행자는 그저 장소를 바꿔가며 자유롭게 일상을 살아간다. 여행은 다시 태어날 수 있는(resurrection) 기회를 준다(『여행이 나에게 가르쳐 준 것들』, 추스잉, 책세상, 2017).

여행자에게 새로운 세상을 만들어갈 수도 있다는 어떤 희망을 갖게 하는 것이 여행의 의미이다. 이런 여행의 의미를 통해서 다시 태어나고, 새로운 진짜 삶이 시작된다. 삶의 기쁨은 새로운 경험을 만나는 데서 온다. 그러므로 한곳에 그대로 머물지 말아야 한다(『인투더 와일드』, 존 크라카우어, 바오밥, 2010).

떠남과 만남에도 뜻이 있나?

여행은 기본적으로 떠남과 만남이다. 만나기 위한 떠남이다.

'떠남'은 보다 나은 곳을 꿈꾸는 우리의 몽상과 이상 속에서 시작된다. 여행은 심장 뛰게 하는 이상을 일상으로 만드는 일이다.

그런가 하면 우리는 만남을 위해, 다른 사람들과 뒤섞여 그들의 어려움을 접하고 그들의 기대와 열망을 이해하기 위해 떠나기도 한다.

우리는 다른 곳에 가는 것과 동시에, 나 아닌 또 다른 존재가 된다.

우리에게는 개개인의 머릿수에 해당하는 수만큼의 떠나야 할 이유와 목적이 있다.

삶은 우리를 어느 한 장소, 어느 한 관심사, 어느 한 신분, 어느 고정된 관계 속에 가두고 붙잡아둔다. 이것들은 우리가 사는 환경이자, 스스로 만들어낸 산물이다. 이것들은 우리를 얽맨다. 자유는 속박과 의무, 관습의 무게에 짓눌린다.

우리가 떠날 때 내려놓고 가는 것은 부정적이고 행복하지 못한 삶의 파편들이다.

우리는 떠날 때 그런 우리 자신과 헤어지는 셈이며, 그럼으로써 변신을 꾀하고 또 우리 자신과 세상을 향한 자유를 되찾는다. 길을 떠날 때, 불안과 기쁨이 한데 섞인 듯한 짜릿함을 느끼는 것은 바로 이런 이유 때문이다.

떠남은 매번 부활을 예고한다. 도로며 기차역, 사람들이 들끓는 공항은 떠나기 위해 반드시 거쳐야 할 자궁 입구와도 같은 곳들이다(『휴가지에서 읽는 철학책』, 장루이 시아니, 쌤앤파커스, 2017).

종합선물세트인 여행

여행이야말로 우리의 정체성을 깨닫게 하고, 자아를 성장시키며, 어른이 되게 하고, 리더십과 추진력의 중요한 원료가 되며, 꿈을 찾고 성공하는 인생을 사는 데 핵심적인 경험이다. 멋있는 풍광과 예술을 접하고 맛있는 현지음식을 먹고 새로운 사람을 만나 대화를 하고 자연 속에서 많이 걷는 등 그야말로 종합선물세트인 것이다. 우리는 특정한 여행지에, 정확히 말해 그 '여행지의 이미지'에 완벽한 만족이 있을 거라는 환상을 가진다. 그 이미지는 자유, 낭만, 쾌락, 꿈, 희망, 관능, 행복, 열정, 성장, 드라마, 성공, 여유, 휴식, 모험 등 모든 '매력적인' 어휘들의 최종 집합소가 되었다. 다 얻을 수 있을 것인가, 하나라도 얻을 수 있을 것인가, 아무것도 얻지 못하고 피곤과 기념품, 사진만 챙겨올지는 여행자에 달려 있다. 모든 가치가 상대화되고, 무엇이 가장 좋은 것인지는 각자 취향에 맡겨져 있다고 말해지는 이 현대사회에서도, 여행 정도의 지위를 부여받고 있는 것은 돈과 사랑 외에는 없을 것이다(『당신의 여행에게 묻습니다』, 정지우, 우연의 바다, 2015).

그리고 여행을 다니다 보면 가장 중요한 것이 무엇인지 알게 된다. 가족과 집이 얼마나 소중한지 깨닫게 된다. 그것을 느끼는 순간, 마치 보물을 찾은 기분이 든다.

어리석은 사람은 방황하고 현명한 사람은 여행을 한다.

자기독해로서의 여행

여행은 자기 것이 아닌 것들을 털어내고 아직 부각되지 못한 '다른 나'를 찾아내는 과정일 수 있다. 그 다른 나는 아직까지 잠자고 있었을 뿐이지 실은 다른 내가 아닌 원래의 수많은 나 중의 하나이다. 아직 발견하지 않았던 것뿐이다(『트래블 알라까르트』, 이종은, 캘리포니아, 2007).

일상의 중력 속에서는 자신을 마주하기가 어렵다. 사회적인 관계 속에서 나 이외의 것들을 끊임없이 신경써야 하고 주어진 의무를 다해야 한다. 그렇지만 여행을 떠나면 나만을 좀 더 바라볼 수 있다. 남인 듯 나를 쳐다보기, 객관화, 타자화가 가능하다. 나로의 무한퇴행인 반성이 가능하고 그래야 실존으로서의 제대로 된 나를 발견하고 발전과 변화가 가능하다. 막혔던 숨구멍이 열리는, 물속에서 제 숨을 못 쉬다, 물 밖으로 솟구쳐서 시원하게 제 숨쉬기, 그게 여행이다.

자기 자신이 곧 여행의 목적지다. 우리는 자기를 되찾기 위해, 숨겨진 자기와 조우하기 위해 여행한다. 여행은 새로운 나로 나를 가득 채우는 것이다. 여행을 하다 보면 자신의 새로운 모습을 발견할 때가 있다. 왜 이런 일이 일어나는 걸까? 우선 타인의 시선에서 비교적 자유롭기 때문이다. 또한 여행은 경계의 무너짐, '안과 밖의 만남'이라는 점에서 자신을 발견하기에 좋은 조건을 형성한다. 여행자는 외부의 익숙하지 않은 것들과 부딪힘으로써 낯선 것에 반응하는 내면의 새로운 나와 마주하게 된다. 새로운 환경이 새로운 나를 소환하는 것이다. 그러니까 여행은 사람을 변하게 하는 것이 아니라 가라앉아 있던 나의 여러 모습을 수면 위로 떠올리는 과정인 것이다. 잃어버렸던 나를 다시 찾는 과정이다.(『위대한 멈춤』, 박승오 · 홍승완, 열린책들, 2017).

집을 떠나 여행한다는 것은 물리적, 지리적 이동만을 의미하는 것이 아니다. 우리의 인습적이고 관습적인 생활방식이나 사유방시을 뒤로 하고 새로운 치인의 삶, 해방과 자유의 삶을 향해 출발함을 의미한다. 외적 공간만이 아니라 내적 공간(inner space)에서 자유롭게 노(니)는 것이다. 우리는 여행을 통해 일상의 시시콜콜한 현미경적 시각에서 벗어나 여행을 통해 얻게 되는 망원경적 시각뿐 아니라 내시경적 시각을 획득하는 것이다.

여행은 무엇인가를 피하려는 회피활동인 동시에 무엇인가를 얻으려는 접근활동이다. 여행은 도피이자 탐색이며 탈출이자 추구이다.

여행에는 삶을 바꿔놓는 마술적 가능성이 있다. 어떤 장소에 홀딱 빠져 그곳에서 새 삶을 시작하고 다시는 집으로 돌아가지 않을 수도 있기 때문이다. 내가 지금까지 알던 내가 아닐 때 말이다.

살아 있는 공부, 여행

예로부터 여행은 책보다 견문을 더 넓혀주는 '진짜 공부'로 칭송됐다.

불교의 고유한 동아시아 전통인 선가(禪家)의 3단계 공부법이라는 게 있다. 10년 경전공부, 10년 여행(만행), 10년 참선이 그것이다. 괴테(Goethe)는 "내가 아는 대부분의 지식은 여행에서 배웠다"고 했고, 안데르센(Andersen)은 "여행은 나의 학교"라고 했다.

"세계는 한 권의 책이다. 그리고 여행을 하지 않는 사람은 단 한 페이지만 읽는다"는 기독교의 교부 아우구스티누스(Augustinus)의 말도 여행은 독서이며 공부라는 뜻이다.

서양뿐 아니라, 중국 속담에 "만 권의 책을 읽는 것보다 만 리를 다니는 것이 낫다"고 하였다.

왜 '만 권의 책을 읽는 것보다 만 리 길을 걷는 것이 낫다'라는 숭고한 평가를 여행에 부여하는 것일까? 보이는 모든 것이, 살아 있는 모든 것이 스승이기 때문이다. 도서관에는 케케묵은 지식들이 있지만 이 세계는 생생한 체험으로 가득차 있다. 책에서 간접적으로, 기호학적으로 읽는 것이 아니라 길에서 살아 있는 경험을 통해 깨닫는 것이 진짜 공부이다.

여행은 우리가 이미 알고 있는 것을 더욱 깊이 알아가는 학교이기도 하다. 여행은 대학이자 선생이자 생동(elan)하는 도서관이다. 모든 진리는 체득하지 않으면 진리의 자격이 없다. 아름다운 말도 삶의 체험을 거치지 않으면 공허한 관념의 메아리일 뿐이다.

여행이란 세상을 근본적으로 바꿔놓지도 못하고 삶의 문제를 궁극적으로 해결해 주지도 못할 가능성이 높지만, 제대로만 한다면 우린 여행하는 동안 새로운 영감과 따뜻한 위안과 예리한 통찰을 얻을 수 있다(『여행의 숲을 여행하다』, 김재기, 향연, 2010).

앉은 자리에서 손가락과 눈으로 하는 여행인 독서보다 두 다리로 직접 만나고 가슴으로 느끼는 경험이야말로 여전히 가장 의미 있는 배움과 깨달음일 것이다.

不立文字, 즉 궁극적인 실재는 말을 넘어서는 것이기에, 문자나 책으로 아는 것이 아니라 몸소 체험해야 한다는 것이다. 아는 것이 힘이 아니라 하는 것이 힘이다.

여행 중 좋은 일은 기쁜 추억이 되고 나쁜 일은 귀중한 배움의 기회가 된다.

여행은 결론적으로 공간과 시간의 동시체험이자 무엇인가를 느끼게 해주는 또 다른 공부이다.

그러나 우리가 아무 때고 여행을 떠날 수는 없다.

자기의 경험을 통해 배우는 것은 현명한 일이지만 다른 사람들의 경험을 통해서 배우는 것은 더 현명한 일이다. 시행착오를 통해 인생의 모든 것을 직접 배울 만한 시간은 없다. "경험자가 해주는 경고는 가장 좋은 금으로 만든 보석보다 귀하다."(잠언 25:12)

겸손과 자신감을 주는 여행

여행이 우리에게 가르쳐주는 또 하나의 좋은 교훈이 있다면, 그건 바로 "삶에서 정말 필요한 것은 그렇게 많지 않다"는 소유, 경쟁, 비교, 부담에서 벗어나기를 배울 수 있다는 것이다. 여행은 배움의 공간이지만 비움의 시간이기도 한 것이다. 주머니뿐 아니라 머리를 비우고 마음을 텅 비우는 것 역시 우리가 진정 배워야 할 소양이 아닐까? "여행은 이 세계에서 자기 자신이 차지하고 있는 공간이 얼마나 작은지를 보여줌으로써 인간을 겸손하게 만든다"는 『보바리 부인』의 저자 플로베르(Flaubert)의 말이 생각난다.

일상을 튼튼하게 살게 해줄 자신감은 어디서 찾아야 할까? 작은 성공을 여러 번 하면 된다. 여행은 이런 면에서 훌륭한 훈련장이다. 생전 처음 보는 도시의 터미널에 내려서 숙소를 성공적으로 찾아가는 것, 백지였던 하루를 자신만의 멋진 스케줄로 채우는 것 등 스스로의 힘으로 무엇인가 해냈다는 성취감을 직접 느낄 수 있다. 작지만 여러 번, 재미있게 성취해 가는 그 느낌이야말로 자신감을 키우는 중요한, 손쉬운 접근법이다(『인생을 바꾸는 여행의 힘』, 채지형, 상상출판, 2012).

이기적이어서 내가 손해를 볼까봐, 내가 다칠까봐 남들과 잘 어울리지 못하고 쉽게 성내는 사람들도 일단 여행을 다녀오면 사람들과의 소통과 상호작용을 통해 친화력과 협동심이 향상된다.

잘 할 수 있다는 자기 효능감은 사람을 더욱 능동적 · 열정적으로 만들고 더 어렵지만 그만큼 가치 있는 목표에 도전하도록 만들고 일하면서 긍정적인 정서를 많이 경험하게 해주고 실패와 역경에도 굴하지 않고 꾸준한 노력을 기울이게 만든다.

인생을 변화시키는 여행

마크 트웨인(Mark Twain)은 그의 여행기에서, "여행은 편견, 완고함, 편협함에 치명타를 날린다. 그래서 많은 사람들은 단지 이런 이유 때문이라도 여행이 몹시 필요하다. 인간과 사물에 대한 광범위하고 건전하며 너그러운 견해는 일생 동안 지구의 한 작은 구석에서 무기력하게 지내는 것으로는 얻을 수 없다"라고 하였다.

부유한 집안의 심약한 모범생이자 의대생이었던 체 게바라(Che Guevara)는, 모터사이클을 타고 떠난 남미여행 이후 이렇게 선언한다. "더 이상 예전의 내가 아니다. 여행하는 동안 나는 생각보다 더 많이 변했다." 그는 남미의 혁명영웅이 되었다.

다양한 긍정 정서와 몇 번의 행복체험을 가능케 한 만족스러운 여행을 하고 나면 내 몸에 대한 나름대로의 자신감, 내 직장은 행복한 여행을 하게 해주는 고마운 직장이 되고 내 경제적 상황은 나름의 훌륭한 수준이 된다. 종합하여 나는 여행의 행복을 경험할 수 있는 여러모로 만족스러운 사람이 된다.

심지어 휴가여행의 경우 휴가를 다녀온 사람들이 전보다 직무를 더 잘 수행하게 되는 모습도 관찰할 수 있다. 휴가여행은 일하며 쌓인 스트레스를 해소해 주고 직무로 인한 감정적 소진(burn-out)을 막아준다.

문화지능의 향상 수단으로서의 여행의 유익도 중요하다. 다름-낯섬에 대한 수용능력과 반응능력을 향상시켜 주는 여행, 어떤 차이가 틀린 게 아니고 그냥 다른 것임을 체험하게 하는 게 여행이다.

"여행하며 가지각색의 삶의 방식을 눈으로 직접 확인하고 하나의 방식만을 고집했던 나를 반성했다. 나는 여행을 통하여 다양성을 포용하는 자세를 갖게 되었다"는 어느 여행자의 독백이 정확하다(『내가 혼자 여행하는 이유』, 카트린 지타, 걷는나무, 2015).

여행의 자유와 행복

여행하는 동안 자유로웠고 행복했다. 왜 그랬을까?

첫 번째 이유는 내가 원해서 여행을 떠났고, 내가 원할 때 여행을 끝낼 수 있었다. 우리가 두려워하는 것은 혼자 있는 게 아니라 혼자 남겨지는 것이다.

두 번째 이유는 새로운 사람들과의 연결 덕분이었다. 사람 만나는 것보다 사람을 기쁘게 하고 즐겁게 하는 일은 없다. 술을 마셔도 같이 마시면 덜 취한다. 같이해야 가치 있다.

세 번째 이유는 나와 함께하는 여행이기 때문이었다. 나 자신과 더 깊게 만날 수 있었고, 나의 또 다른 면을 발견할 수 있었으며, 지난 삶을 돌아보며 앞으로의 삶을 그려보기도 했다.

네 번째 이유는 여행지 특히 자연과의 연결감 때문이었다.

여행을 좋아하는 사람과 함께 있으면 언제 어디서나 여행하는 기분이다.

서로 다른 시공간의 존재를 바라보는 것은 대단한 일이다. 그러나 더 중요한 것은 이런 경험을 통해 '무엇을 할 것인가'이다. 그 안에서 인생의 순수함과 시적(詩的)인 아름다움, 사상의 정화를 '어떻게 이끌어낼 것인가' 하는 것이다.

여행 때문에 생겨난 시공간은 마치 짧은 순간 피었다 사라지는 우담바라 같다.(Udumbara는 인도 전설에 나오는 꽃으로, 3천 년에 한 번씩 꽃이 피며, 이 꽃이 필 때는 금륜명왕(金輪明王)이 나타난다고 한다)(『여행자』, 후청팡, 북노마드, 2014).

루소의 여행유익

위에서 언급된 아우구스티누스와 쌍벽을 이루는 고백록(Confession)인, 유명한 『고백』 4권에서 루소(Jean Jacques Rousseau)는 이렇게 말한다.

"나는 자유롭게 걷다가 마음에 드는 장소에서 체류하기를 좋아한다. (…) 많은 삶의 방식 가운데 내가 가장 좋아하는 것은 화창한 날 아름다운 도시를 내 멋대로 서누르지 않고 걷는 것이다."

여행은 사고의 단련이, 육체의 단련과 조화롭게 작동하는 일종의 확장된 영적 훈련으로서 영감과 성찰의 원천일 뿐만 아니라 철학적 탐구의 수단이 된다. 루소는 위의 책에서 "나는 걷지 않고는 사색할 수 없다"고 단언한다. "감히 말하지만, 혼자 걸어서 여행할 때를 제외하고는 많이 생각해 본 적도 없고, 열심히 살아본 적도 없으며, 스스로 존재한 적도, 나 자신을 넘어선 무엇이 되어본 적도 없다. 걷는 행위 속에서 이루어지는 지적 형성은 생리적인 수준에서도 긍정적이며 명상의 흐름을 자연스럽게 만들어준다. 도보여행은 내 생각들에 영혼을 주고 생명을 불어넣는 뭔가를 가지고 있다. 나는 멈춰 있을 때에는 거의 아무것도 생각할 수 없다. 내 육체는 나의 정신에 힘을 주기 위해 작동할 필요가 있다. 반면 자연 요소와의 접촉은 감각의 중재를 통해 자유와 내면의 창의력을 자극한다." 즉 "들판의 풍경, 스쳐 지날 때의 아름다운 경치, 상쾌한 공기, 엄청난 식욕, 걷다 보면 얻어지는 건강, 선술집의 자유로운 분위기, 나를 구속한다고 느끼게 하는 모든 것과 내가 처한 상황을 떠올리게 만드는 모든 것들로부터의 이탈은 내 영혼을 자유롭게 하고 생각의 대담성을 준다. 또한 이것들은 어떤 의미에서 불쾌감이나 두려움 없이 한없이 즐기고 선택하고 누릴 수 있는 수많은 방법들을 제공해 준다. 또 여행은 행복을 보장한다. 나는 자연의 지배로부터 벗어나고, 내 마음은 어떤 대상에서 다른 대상으로 떠돌아다니면서 마음을 유혹하는 것들과 결합되고 동일시되어 매혹적인 이미지들에 둘러싸여 기쁨의 감정에 취한다."

『에밀』의 마지막 5권인 「새로운 인간」의 교육에 관한 부분에서 "여행에 관하여"라는 부분이 있다. 여기에서 루소는 책을 통한 간접적 문화체험을 거부하고 직접경험, 즉 여행의 '생생한' 문화체험의 가치를 옹호한다. 사실 교육의 목적에 있어서 세상의 위대한 책에서 얻는 지식이 잡다한 글들에서 얻는 것보다 더 선호되어야 하며, 직접 눈으로 '보는' 능력은 '읽는' 능력보다 우선시되어야 한다. 따라서 그는 교육과정에 학생들이 장기간 유럽을 여행하는 규정을 넣었다. 이렇게 해서 그는 부유한 귀족들의 전통인 '그랜드 투어(Grand Tour)'를 대중적으로 재해석했다. 루소의 기여 덕분에 교육여행은 1800년대에, 유럽, 특히 영국을 중심으로 문화의 중심 테마로 자리 잡게 된다.

여행의 대가

위에서 본 바와 같이 여행은 우리에게 많은 유익을 준다. 그러나 여행은 미소짓는 천사의 모습만을 갖는 것은 아니다. 시간, 비용, 안전, 여행의 후유증 등 심리적 타격, 여행목적지, 즉 대부분의 관광지에서의 일탈행위, 그곳에 사는 사람들과의 불협화음, 자연훼손 등 많은 대가를 요구한다.

非여행 혹은 탈여행(devoyage)의 문제

플라톤은 감각으로 인한 지식은 참된 지식이 아니라고 한다. 이런 감각을 통해 얻은 지식을 속견(俗見), doxa라 하여 참된 지식인 episteme(푸코가 말하는 에피스테메와는 뉘앙스가 다르다)와 구분한다.

우리가 감각으로 파악할 수 있는 세계는 사실 우주의 극히 작은 일부분일 뿐이다. 자외선, 적외과 엑스선도 우리 눈에는 보이지 않지만 실재한다. 소리도 마찬가지이다. 사람은 20~20,000헤르츠 범위 안의 소리만 들을 수 있다. 그런데 우리가 무엇을 얼마나 여행을 통해서 더 볼 수 있고 들을 수 있단 말인가?

이 세계는 결코 예전보다 더 안전하지 않으며, 비교적 안전한 장소에서 살 수 있는 행운을 지녔는데 무엇 때문에 내가 그런 장소를 떠나 종교적 · 정치적으로 적대적이거나 자연재해가 걱정스러운 낯선 땅에서 생고생의 위험을 감수해야 하는지 납득하기 어렵다.

과연 여행이 내가 모르는 어떤 것을 제대로 발견하는 최고의 방법인가 하는 것도 의문이다.

보들레르(Charles Baudelaire)의 유명한 시 〈여행〉의 "여행에서 얻는 앎은 쓰라린 앎이어라!" 이 시에서 보들레르는 낯선 나라들과의 만남은 단지 권태만 낳을 뿐이요 여행이 끝났을 때 여행자는 자기 자신에 대한 심한 공허감에 직면하게 된다는 주장을 편다.

꼭 신체적으로 이동해야만 이 세계에 대한 정확한 관념을 품을 수 있는 건 결코 아닐 수도 있다.

칸트(Kant)는 한 번도 자신의 고향 쾨니히스베르크를 떠난 적이 없다. 그는 자신이 여행할 시간을 내지 못한 것은 다름이 아니라 그만큼 더 많은 나라들을 알고 싶었기 때문이라고 말하곤 했다.

마르코 폴로(Marco Polo)의 책은 수십 쪽에 걸쳐 중국을 묘사하였지만, 마르크 폴로가 중국에 실제로 갔는지에 대하여 의문을 제기하는 사람들이 많다.

불가피하게 여행을 하더라도 급한 용무만 보고 호텔에만 머무는 사람들이 있다. 여행하는 동안 내내 호텔에 머문다는 생각은 우리가 어떤 장소에 접근할 때 중요한 것은 상상력과 성찰이라는 점을 부각시킨다. 자신이 통과하는 나라들에 대해 그곳의 일부분을 방문하여 귀중한 시간을 낭비하지 않기 때문에 그만큼 더 강력하게 바로 그런 활동들에 완전히 전념할 수 있는 것이다.

자기 속에 타자의 관점을 지니는 것, 그 대상이 장소일 경우 그것은 전통적으로 여행과 결합된 경험에 대립되는 경험을 하는 것이다. 정신을 풍요롭게 해주는 이 경험을 우리는 脫여행(devoyage)이라고 할 수 있다(『여행하지 않은 곳에 대해 말하는 법』, 피에르 바야르, 여름언덕, 2012).

가보았지만 잊어버린 어떤 장소, 분명히 우리가 실제로 방문을 하기는 했으니 체류의 흔적이 기억에서 모두 사라져버린 장소도 여전히 우리가 여행한 장소라고 할 수 있을까?

철학을 중도에 그만두고 인류학을 개척한 구조주의의 선구자 레비스트로스(Cloude Levi-Strauss)는『슬픈 열대』를 매우 선동전인 문구, "나는 여행과 탐험가들을 싫어한다."로 시작한다.

눈으로 보고 이해하기 위해 현장에 있어야 한다는 것은 유치한 생각이다. 육체의 눈이 아니라 정신의 눈으로 보는 것이 바람직함은 두말할 나위도 없다.

장소──지리학적 담론의 지시대상으로서의──가 아니라 어떤 다른 차원의 것, 장소의 영혼이라 일컬을 수 있는 것에 관심을 가져야 한다. 다시 말하면 여행에서 그 자신이 직접 볼 수 있는 것──실재의 흩어진 파편들 혹은 흥미롭지 않은 진부한 것들──이 아니라 보이지 않는 어떤 것에 관심을 가져야 하는데, 그것은 오직 문학적 글쓰기만이 언어를 통해 펼치는 점진적인 변화들을 통해 포착하여 그 정확한 형상화를 희구할 수 있을 것이다.

지리학적 공간과 역사적 연속성으로 환원될 수 없는, 그럼에도 불구하고 그것들의 심오한 진실을 구성하는 것이 시공간을 초월하면서 동시에 내재된 장소의 영혼이다.

우리 문화 바깥에 있는 다른 문화들에 대한 인식은 결코 물리적인 이동을 전제하지 않으며 오히려 정반대다. 물리적인 여행은 방문하는 장소를 보게──단순 시각적인 의미에서——해주지만, 그러나 그것을 심층적으로 보게 해주지는 않는다. 그 방문지는 광대한 비장소적 공간의 제한된 한 요소일 뿐이다. 가본들 제대로 보지 못한다는 것이다. 장소를 진정으로 이해하고 장소의 영혼이 지닌 보편적 가치를 표현하고자 하는 시도는 그 장소의 전체적인 역동성을 파악할 것을 전제한다.

눈먼 세계일주는 몸만 피곤하고 돈만 들지, 눈 뜬 동네 한 바퀴만 못하다.

여행관광의 불편한 진실

여행은 행복을 연상시키며 자신을 재창조할 수 있는 기회이고 지금은 여행을 천부인권(天賦人權)처럼 받아들이고 있다. 흔히 영악한 여행업자들과 일부의 관광관련 전문가들은 여행관광산업이야말로 사회적, 경제적, 환경적, 정치적 문제를 다 해결해 줄 만병통치약이고 황금알을 낳는 거위라고 관광의 신화를 말하고 있다.

사실, 우리의 여행이란 과욕, 과속, 과음, 과식으로 점철된다. 그래서 여행 후 더 피곤하고 살이 찌고 일상에 부담이 된다. 우리의 여행에는 한가함을 확보해야 한다. 유흥과 오락보다는 사유와 성찰을 여행의 화두로 생각하는 여행인식의 전환이 필요하다. 여행의 주체로서 여행자 측면의 문제는 여행의 이유와 시간과 비용의 산정, 안전 정도일 것이다. 그러나 여행자의 눈에는 잘 안 보일 수 있지만 관광산업이 여행대상지에 사는 지역주민들에 미치는 영향은 긍정적인 부분도 있지만 부정적인 부분이 상당하다. 최초의 영어사전을 만든 작가 새무얼 존슨(Samuel Johnson)은 1773년 이렇게 말했다. “나는 여행에서 무언가 발견하게 되기를 바라지 않는다. 새로운 발견이 정복과 강탈로 끝나지나 않을까 늘 두렵기 때문이다.” 약탈적 여행공급자의 시선을 예견하는 말이다.

전통적 소수, 소규모 여행의 현대 자본주의·산업사회의 변형물인 대량, 대규모 관광의 긍정적인 부분은 기존의 관련서적에서 많이 부각시켰으므로 생략하고 부정적인 부분을 이 책의 주제에 부합하는 부분들만 다뤄본다.

여행의 공급 관점인 관광사업과 관광개발은 양날의 검이다. 관광사업이 돈을 벌 수 있는 쉬운 방법으로 보일 수도 있지만, 그 때문에 자연이 망가지기도 하며, 토착문화는 패키지관광에 맞춰지는 과정에서 쉽게 변질된다.

유엔세계관광기구(UN World Tourism Organization : UNWTO)는 “국제 관광객의 증가는 지난 세기에 일어난 일 중 가장 주목할 만한 경제적·사회적 현상”이라고 말한다.

지난 50년간, 세계 인구가 두 배로 늘어나는 동안 여행의 폭발적인 대중화 현상으로 세계 관광인구는 36배 증가했다. UNWTO에 의하면 1950년, 2천5백만 명이었던 세계 관광인구는 현재 10억 명을 넘어섰다. 관광산업은 세계 GDP의 10.3%를 차지하며, 세계 노동의 8.7%를 고용하는 거대한 산업으로 성장해서, 관광산업은 20017년 세계 경제에 10조 달러를 기여했으며, 최대의 고용산업으로서 거의 2억 5,000만 개의 관련 일자리를 보유하고 있다.

국제노동기구(International Labor Organization: ILO)에 따르면 세계 인구 열 명 중 적어도 한 명이 관광산업에 고용되어 있다. 그러다 보니 영국의 여행 감시 시민단체인 투어리즘 컨선(Tourism Concern)의 발표에 따르면 '개발도상국가'들 가운데 3분의 1이 여행산업을 주요 돈벌이 수단으로 삼고 있다고 한다.

오늘날 대부분의 가난한 나라는 가난에서 벗어나기 위한 최선의 선택이 관광이라고 생각한다. 태국은 세계 최대의 쌀 수출국이다. 그렇지만 최고의 돈줄은 관광이다. 코스타리카는 자국의 고수익 생태관광(ecotourism) 현장으로 원시림을 활용한다.

만약 세계가 100명의 마을이라면 여전히 세상을 여행할 수 있는 사람은 단 14명뿐이다. 해외여행의 80%를 차지한 것은 단 20개 국가의 국민들이다. 그중 8명은 유럽인이고, 2.8명은 아시아와 호주 사람이고 나머지 2.2명은 북미(미국, 캐나다)인이다. 나머지 86명의 사람에게 여행이란 평생을 두고 갈망하는 이룰 수 없는 소원 같은 것이다.

만약 우리가 쓰는 돈이 100만 원이라면 그중 40만 원은 비행기에, 그중 20만 원은 여행사에, 나머지 20만 원은 우리가 머무는 호텔에서 먹고 마시고 쓰는 수입품을 들여오기 위해 다시 선진국으로 유입된다(『희망을 여행하라』, 임영신 · 이혜영, 이매진피스, 소나무, 2009).

관광산업의 비중이 높고 비교적 아시아 국가 중 관광산업이 발전한 태국관광에 관한 지속가능한 생활네트워크(Sustainable living network)의 조사는 관광객들이 사용한 돈의 70%가 외국 소유의 여행업자, 항공사, 호텔, 수입 음료와 음식 등을 통해 태국을 떠난다고 추정한다. 다른 제3세계 국가들에 대한 추정치는 카리브해의 경우 누출 정도가 무려 80%에 이른다. 관광현지의 공동체에 돌아가는 것은 단지 1~2%뿐이다(『공정여행』, 파멜라 노위카, 이후, 2013).

관광개발은 전통적인 삶의 방식으로 자신들의 땅에서 살아오던 수많은 원주민 공동체와 그 삶들을 파괴해 왔다. 정부 혹은 관광개발 기업들은 '자연보호와 생태적 관광개발'이라는 명목으로 원주민들을 강제로 그들의 땅에서 쫓아냈다. 어떤 예고나 대체 주거지가 주어지지 않은 경우도 허다하다. 그들이 잃어버린 땅에는 '생태관광'이란 이름으로 리조트나 국립공원이 세워졌고, 더 이상 그들이 수천 년 동안 살아온 숲과 들에 들어갈 수 없다. 무엇보다 큰 문제는 그들이 사냥과 목축 등을 통해 자급자족하며 살아왔던 삶의 양식이 파괴되면서 구호 물품에 의존해 살아야 하는 신세가 되었다는 것이다. 그때 관광기업들은 이들에게 손을 내민다. 그들의 전통춤이나 의례를 관광객들을 위한 쇼로 무대에 올릴 기회를, 그들의 아내와 딸에게 매춘의 기회를, 그들의 아들과 아버지에게 웨이터나 청소부가 될 기회를 내미는 것이다. 한 마사이족은 말한다. "백인들이 처음 아프리카에 왔을 때, 그들은 우리를 인간이 아닌 동물로 취급하며, 사냥하듯 우릴 잡아갔죠. 지금 그 일이 그대로 다시 일어나고 있는 것 같습니다. 관광업자들은 우리를 살던 집에서 내쫓고 우리를 다시 잡으려고 합니다. 전통문화라는 이름의 쇼를 위해, 동물원 원숭이처럼 구경시키기 위해, 호텔의 일꾼으로 부리기 위해서"(Polly Pattullo with Orely Minelli, The Ethical Travel Guide, earthscan, 2006).

관광이 가져다준 일자리는 새로운 것이 아니라 잃어버린 것을 대신하는 것뿐이다. 잃어버린 일자리가 농업, 어업, 목축업 같은 전통사회를 이어온 자급과 자립의 뿌리였다면, 관광이 가져다준 일자리는 관광자본에 의존한 비정규직이라는 불안정함 위에 위태롭게 서 있다. 결국 관광을 통해 잃는 가장 큰 손실은 그들이 본래 지니고 있던 더불어 사는 전통적인 삶의 양식이며, 얻는 것은 파편적이고 의존적인 도시빈민으로서의 삶이다.

몰디브 인구의 83%가 관광업에 종사하고 있다. 그러나 「유엔 인권보고서」에 의하면 몰디브 인구의 42%는 1달러도 안 되는 돈으로 하루를 살아가고 있다. 그들이 어부였던 시절, 1달러는 작은 돈이 아니었다. 그러나 몰디브 사람의 대부분이 그물을 포기하고 관광객을 맞이해야 하는 지금, 수도 말레(Male)의 모든 물가가 관광객에 맞추어져 있어서, 시장에서 그들의 먹을 것과 입을 것을 해결해야 하는 몰디브 사람들에게 1달러는 절망의 언어가 되어버렸다. 돈이 있다고 하더라도 선택할 수 있는 것이 늘어나는 건 아니다. 신선한 과일, 야채와 생선은 리조트가 그날 쓸 음식 재료로 다 쓸어가고, 남겨진 게 있다면 그것을 겨우 구할 수 있을 뿐이니까 말이다. 아름답고 좋은 것은 모두 관광자본의 손에 들어가 있는 몰디브의 불행한 현실은 끝나지 않았다. 몰디브 어린이 중 30% 이상이 영양실조로 고통받고 있다는 유엔의 보고가 그것이다. 이는 절대적 기아상태에 있는 사하라 이남 아프리카 지역과 정확하게 같은 수준이다(www.tourismconcern.org).

유람선산업은 세계 관광산업에서 가장 빠르게 성장하는 분야이다. 육지의 리조트와 호텔은 하수도와 하수 처리시설 설치가 강제되지만 유람선은 각 국가 국내법의 규제 대상이 아니었다. 그 결과, 승객들이 배변하고 샤워한 더러운 오수가 유람선의 항적을 따라 공해상에 그대로 버려졌다. 유람선이 항구도시의 경제에 별다른 보탬이 되지도 않는다. 새로운 바다 위 호텔(유람선)은 어떤 경우에는 리조트, 다른 경우에는 배라고 주장하며 세금과 임금 수십억 달러를 줄였으며, 환경 규정이 요구하는 오염 방지 설비도 설치하지 않았다. 유황 함량이 높은 저질 디젤유를 연료로 사용하는 유람선이 일으키는 공기 오염은 또 다른 문제다. 유람선은 발암물질로 확인된 일산화탄소, 이산화황, 질소산화물 등이 섞인 매연을 내뿜는다. 부두에서 배 한 척이 디젤 엔진을 공회전하며 매일 공기 중으로 배출하는 배기가스의 양은 자동차 1만 2,000대분과 맞먹는다.

미국이나 영국, 일본 같은 부유한 해양 국가에 본사가 있지만 성삭 배들은 '자유등록(open registry)'으로 이름도 생소한 외국에서 등록하고 그 나라 깃발을 단다. 그럼으로써 최저임금, 근로기준, 법인세, 환경 규제 등으로부터 사실상 해방된다. 국적을 빌려준 나라들이 해운사에 요구하는 것은 등록비가 전부다(『여행을 팝니다』, 엘리자베스 베커, 명랑한 지성, 2013).

파타야는 매춘의 도시이다. 주민 20만 명 중 어떤 식으로든 섹스 관광에 관련된 인구를 10만 명 정도로 추산한다. 겨울이 되면 파타야의 따뜻한 기후와 쾌락을 위해 찾아오는 유럽과 미국의 부유한 관광객 때문에 이 도시의 인구는 두 배로 늘어난다. 50년 전만 해도 파타야는 잘 알려지지 않은 어촌이었다. 그러다가 베트남 전쟁이 일어나면서 인근 베트남에 주둔하는 미국 해병들이 휴가를 즐기기 위해 파타야를 찾기 시작했다. 섹스 관광이 막대한 돈을 끌어 모으자 겨우 10대에 불과한 수천 명의 젊은 여성과 여자 아이들이 쉬운 돈벌이를 찾아 태국 북부의 가난한 마을을 떠나왔다. 이제는 이웃 나라인 미얀마, 캄보디아, 베트남에서까지 여성과 여자 아이들을 성 매매 업소로 끌고 온다. 유혹적인 쾌락의 뒤편에서는 끝없는 폭력이 벌어지고 있다(『크리에이티브 시티 메이킹』, 찰스 랜드리, 역사넷, 2009).

있는 가장 적절한 말인 것이다. 호모 파베르는 일의 효율성을 높이기 위해 모든 것을 계산하려고 한다.

사물은 물론 인간도 모두 계산과 예측의 대상으로 만든다. 우리에게 잘 알려진 개미와 베짱이에 관한 이솝 우화가 있다. 이 우화는 고대 그리스 시대에 만들어진 것이지만 현대에도 적용되는 호모 파베르가 지배하는 시대의 상식을 반영한다.

만일 당신이 인생의 어느 시기에 여행을 몹시 갈망하고 있다면, 이는 어쩌면 단순한 휴식이 아니라 삶의 변화가 필요하다는 신호일지도 모른다. 많은 여행은 일상에서 벗어나 다시 일상으로 돌아오는 귀환의 여행이다. 그러나 어떤 여행은 익숙한 삶의 궤도를 이탈해서 새로운 삶으로 이동하는 전환의 여행이다. 이 세계에서 출발해서 이 세계로 돌아오는 여행이 아니라 이 세계에서 출발해서 저 세계로 넘어가는 초월의 여행이 된다.

물론 귀환을 목적으로 떠났던 여행이 언제든지 전환의 여행이 될 수 있다.

어느 날 어떤 여행을 통해 당신도 이전의 자리를 박차고 새로운 삶으로의 여행을 계속 이어갈지 알 수 없는 일이다. 세상은 고정돼 있는 것이 아니라 시시각각 변화하고 있다.

여행의 특성

새로운 시선으로 보는 여행

대개의 경우, 우리는 행복하지 않아서가 아니라 행복을 발견하지 못해서 불행하다.

물론 영국 경험론은 감각을 중요시했고 특히 버클리(Berkeley)는 "볼 수 있는 것은 믿을 수 있다"고 했지만, 『어린왕자』에는 "중요한 것은 눈으로 볼 수 없다"는 말이 나온다. 그것은 마음으로 느껴지는 것이다. 그래서 많은 철학자들과 시인들은 '마음의 눈'으로 사물을 볼 것을 그렇게 애써 설득하고 있는지도 모른다.

겉으로 보이는 모습, 현상뿐만 아니라 그 안에 숨어 있는 관계와 의미들, 과정들, 맥락들이 더 중요하다는 것, 그리고 그것은 발견하려는 사람에게만 보인다. 우리가 즐거운 인생을 살기 위해서 꼭 기억해야 할 것은 보이지 않는 것을 발견하는 일이다(『인생을 바꾸는 여행의 힘』, 채지형, 상상출판, 2012). 그런데 일상에서 반복되는 익숙한 삶 속에서는 새로이 발견할 수 있는 것들이 별로 없다. 예를 들어, 우리가 산에 오르는 이유는 산 정상에서 우리가 지금까지 너무나 익숙하게 보았던 것들을 낯설게 바라볼 수 있는 거리를 제공받기 때문이다

여행의 본질도 '발견'하는 것이다. 가장 중요한 발견은 새로운 외적 사물이 아니라 전혀 새로운 것 앞에서 변화하는 나 자신, 새로운 나를 발견하는 것이다(『사색 기행, 나는 이런 여행을 해왔다』, 다치바나 다카시, 청어람, 2005).

여행자는 자신만의 좁고 유한한 시야로 세상을 본다. 여행의 성과는 편견을 발견하는 데 있다. 여행자는 자신의 편견을 지니고 길을 떠난다. 어떤 편견은 증명되어 진리가 되고, 어떤 편견은 수정되어 새로운 편견이 된다.

"사람은 현상 자체보다 현상을 보는 시각에 더 영향을 받는다." 철학자 쇼펜하우어(Schopenhauer)의 말이다. 시각과 관점의 변화는 사물을 다르게 볼 수 있는 능력을 준다. 세상을 다르게 볼 수 있으면 발상이 달라진다. 한때 각광받았던 일본 북해도의 아사히야마(旭山) 동물원 등 선진국들의 생태중시 동물원이나 수족관이 아주 다르게 느껴지는 것도 같은 이유이다. 동물들이 인간에게 잡혀온 것이 아니다. 인간이 그들이 사는 곳으로 찾아간 것이다. 등과 옆모습만 보여주는 것이 아니라 우리가 보지 못한 배도 보여준다. 배는 은밀하며 가장 동물적인 부위이다. 배설과 생식과 생명이 숨 쉬는 곳이다. 그런 곳은 구태의연한 인공문화의 틀이 깨어지고 자연과 하나가 된다. 그래서 감동이 있는 것이다(『낯선 곳에서의 아침』, 구본형, 생각의나무, 1999).

여행을 통해서 키울 수 있는 깊고 넓게 보고 다른 입장에서 상황을 바라보는 능력은 삶의 문제에 대처하는 가장 강력하고 효과적인 수단이다. 노력한다면 한 사건에서 여러 가지 관점을 가질 수 있다. 삶을 입체적으로 사는 것이다. 유한한 인생을 무한 확장하는 신나는 일이다. 나아가 삶에서 무엇이 중요하고 그렇지 않은지를 구별하게 해준다.

여행을 하면서 내가 좋아하는 것과 싫어하는 것을 알게 되는데, 여행을 하다 보면 전에는 몰랐던 자신의 모습과, 자기가 좋아하는 것이 무엇인지에 대해 알게 된다. 간혹 싫어했던 것, 막연히 싫을 것이라고 여겨졌던 것을 좋아하게 되기도 한다.

여행을 할수록 세상을 보는 눈은 커진다. 밝아진다. 깊어진다. 그리고 그 단계가 지나면 자신만의 세계관이 생긴다. 어떻게 살아야 하고, 내 인생의 의미가 무엇인지 생각하게 된다.

우리 인생은 살아 있는 모든 것과 외면적으로 분리되어 있는 것 같지만 내면적으로는 하나로 이어진 통로를 갖고 있다. 정신계의 어떤 파동을 우리가 확연히 감지하지만, 어떤 것은 아직 우리에게 도달하지 않고 있다. 그러나 그 파동은 우리가 모르는 별에서 빛이 전해지고 있듯이 분명 우리를 향해 오고 있다(『인생론』, 톨스토이, 학지사, 2012).

여행자는 그 빛을 발견해야 한다. 테레사 수녀(Mother Teresa)는 "하나님께서 당신을 어느 곳에 데려다 놓든, 그곳이 바로 당신이 있어야 할 곳이다"라고 했다. 우리가 여행하는 이유이다. 아는 만큼 보인다. 내가 인식하는 만큼이 내 세상의 크기인 것이다. 여행과정에서 스스로 깨달은 사실은 여행이란 대상이 된 사물을 보는 게 아니라 스스로를 보는 것 아닌가? 세상은 내가 초대하는 것이다. 새로운 발견을 하기 위하여 살아 있는 경험을 하기 위해 여행을 떠나야 한다.

여행은 변화와 부활을 가능케 한다

우리는 너무나도 철저하게 현재의 생활을 신봉하고 살면서 변화의 가능성을 부인하고 있다. "이 길밖에는 다른 도리가 없어." 하고 우리는 말한다. 또는 그런 세뇌의 과정 없이 습관적으로 살고 있다. 마치 레일 위만을 가야 하는 기차처럼. 좀비는 living dead이다. 죽은 존재가 자기가 죽은지 모르고 어슬렁거리는 것이다. 아무 생각 없이 습관적으로 살아가는 우리의 일상이 아닌가?

'인간을 죽일 수는 있어도 결코 인간을 변화시킬 수는 없다'는 말이 있다. 변화에 대한 두려움과 변화의 어려움을 보여주는 말이다.

뉴질랜드에 사는 키위라는 새는 앞도 못 보고 날지도 못한다. 키위가 서식하는 지역이 화산지대라 뱀이나 파충류 따위의 천적이 없고 먹이가 풍부하다 보니 굳이 날아다닐 필요가 없어져 날개와 눈의 기능이 퇴화한 것이다.

'변화와 혁신' 하면 즐거움과 행복 대신 스트레스, 어쩔 수 없이 끌려가기 같은 부정적 이미지가 먼저 떠오른다. 그러나 미래의 어느 순간에도 지금 이 순간보다 변화의 속도나 폭이 줄어들 시기는 결코 오지 않을 것이다. 피할 수 없으면 즐겨야 한다. 소극적으로 변화에 끌려가기보다 차라리 변화 속에 몸을 던져 남보다 빨리 변화를 즐겨야 한다. 모두가 싫어하는 변화를 즐김으로써 그 속에서 행복을 찾는 것이 승리로 가는 지름길이다(『행복경영』, 조영탁 · 정향숙, 김영사, 2007).

열역학 제2법칙은 엔트로피(entropy)법칙이라고 하는데 요점은 물질은 가만히 놔두면 자연발생적으로 와해된다는 것이다. 그래서 베르그송은 "생명은 엔트로피의 비탈길을 거슬러 올라가는 투쟁이다"라고 말한다. '저 강을 거꾸로 거슬러 오르는 연어' 같은 것이다. 힘차고 아름답지만 눈물겹게 힘든 것이다.

우리는 자기동일성(identity)을 잃지 않기 위해서도 스스로의 동일성을 바꿔나가야 한다. 그것이 변화이다. 변화란 익숙한 것들과의 작별이다. 변화는 불편, 불안을 야기한다. 우리를 둘러싸고 있는 환경은 계속 변화해서, 현상유지는 곧 퇴화를 의미한다. 삶의 핵심이 움직임과 변화인데 그래야 생존이 가능하다. 그러나 사람은 쉽게 변하지 않는다.

변화는 삶의 원칙이다. '완전한 변화라는 것은 본래의 자기로 되돌아가는 과정'이라지만 본래의 자기를 정확히 알고 행동할 수 있는 사람이 얼마나 될까?

현상이 시시각각 변하는 것은 현상의 고유한 성질이다.

오늘날 삶의 특징은 예기치 않은 변화가 갑자기 폭력적으로 생긴다는 것이다.

오직 죽은 것만이 변하지 않는다. 자기다움을 상실함으로써 불행한 최후를 맞게 되는 것이다. 고인 물은 썩는다. 썩지 않기 위해 개인과 조직 모두 항상 새로움을 추구해야 한다. 동아시아의 고전인 『주역』의 기본원리는 "궁즉변, 변즉통, 통즉구(窮則變 變則通 通則久)"라는 구절에 모두 녹아 있다. '궁하면 변하고 변하면 통하며, 통하면 영원하다'는 뜻이다.

변화의 시작은 있는 그대로 받아들이는 것이다. 변화는 인간과 세상이 다양하다는 것을 인정하는 것으로부터 시작한다.

변화를 이해하기 위해서는 변하지 않는 본질을 이해해야 한다. 변하는 것은 변하지 않는 것을 얻고 지키기 위함이다.

인간은 본질의 지배를 받는 존재가 아니라 자신의 본질을 새롭게 만들 수 있고 또 만들어야 하는 존재이다.

볼 수도 없고 말할 수도 없고 듣지도 못한 헬렌 켈러(Helen Keler)가 "난 너무나 아름다운 인생을 살았습니다"라고 말할 때, 모든 것이 멀쩡한 우리는 많은 돈을 벌지 못해서 불행하고, 약간의 손해를 보아 억울하고, 직업이 마음에 들지 않아 화가 나고, 남이 알아주지 않아 불운하다. 자신에 대하여 실망하고 그리하여 세상을 원망한다.

다른 사람이 느끼지 못한 것을 느끼고 다른 사람이 보지 못한 것을 보아야 한다. 오직 이럴 때만 나의 나됨, 즉 아무도 흉내 낼 수 없는 나반의 나다움이 획보된다.

우리는 그저 청중이나 관객으로 객석에 앉아 있을 수도 있다. 그래서 자신이 한 번도 주인공이 된 적이 없다면 슬픈 일이다. 주인공으로 살아야 변화와 부활이 가능하다.

자신만의 삶을 살아내려고 하는 사람은 예술가일 수밖에 없다.

예술적 창조는 변화의 부활이 없다면 불가능하다.

괴테는 『파우스트』에서, "사람은 노력하는 한 방황하기 마련"이라 했다. 노력으로서의 변화란 세상과 자신 사이의 균형을 잡아가는 끊임없는 과정이다(『낯선 곳에서의 아침』, 구본형, 생각의나무, 1999).

자기혁명은 하루 속에서 자신이 지배하는 시간을 넓혀가는 것이다. 내가 있고 싶은 곳으로 가서 낯선 아침을 맞이해야 한다. 해방감과 자유가 있는 곳, 그곳에서 나는 나와 마주해야 한다. 장자의 우물 안 개구리의 비유인, 우물 안 개구리는 바다를 이야기할 수 없고 여름벌레는 겨울 얼음을 말할 수 없다(井蛙不可以語海 夏蟲不可以語氷)가 되어서는 안 된다. 수치감과 무기력, 슬픔과 분노의 색깔로 뒤엉킨 곳을 떠나, 밝고 빛나는 곳을 향해 한 걸음만 옮겨라. 그리하여 스스로 밝고 빛나는 하나의 빛이 되어라. 변화는 바로 빛이 되는 과정이다. 혁신이나 창조는 익숙하고 편한 과거의 모든 것을 과감히 버리는 용기에서 시작된다. 자기가, 혹은 세상이 설정한 제한구역을 넘어서야 한다. 자신의 단점과 열등감을 직시하는 것은 하나의 쇄신이고 변형이고 부활이다. 사람은 나기는 어머니 뱃속에서 나왔지만 오기는 하늘에서 왔다. 몸과 본능 중심에서 마음과 목적 중심으로의 변화가 부활이다(위의 책).

헤밍웨이(Hemingway)가 지은 『노인과 바다』의 산티아고는 단순한 생존을 위해서가 아니라 아름답고 의미 있는 인생을 살고 싶었다. 그래서 그는 자신의 한계를 넘어 넓은 바다로 나가 커다란 청새치를 마주할 수 있는 인간이 되었으며 그 과정을 통해 영적이고 위대한 존재로 다시 태어날 수 있었다.

용기 있는 사람만이 이런 일상의 '나'에서 풀려나기 위해 '부활의 도약'을 감행할 수 있다. 이런 본질을 깨달음으로써 옛 나가 죽고 새로운 나로 부활한다.

생명의 본질은 자기 생존에 있는 것이 아니라 자기초월에서 드러난다(『짜라투스트라는 이렇게 말했다』, 니체, 신원문화사, 1989).

성경에 "내가 진실로, 진실로 너에게 말한다. 누구든지 다시 태어나지 않으면, 하나님 나라를 볼 수 없다."(요한 3:3) 하나님의 나라는 다시 태어나는 자에게 보인다. 지속적인 재창조와 부활의 필요성을 지적하는 것이다.

뱀의 상징성 중에서 가장 유용한 개념은 성장하기 위해 허물을 벗는다는 것이다. 뱀들에게 탈피라고 하는 변화는 삶과 죽음의 문제이다. 하면 좋은 것이 아니다. 탈피하지 못하면 죽고 마는 것이다. 뱀은 탈피를 생존의 비밀로 다루고 있기 때문에 온갖 부정적 이미지에도 불구하고 '지혜로움'의 상징이 되었다.

파울로 코엘료(Paulo Coelho)의 말처럼 "여행을 하게 되면 아주 실제적으로 다시 태어나는 것을 경험하게" 되는 것이다.

내가 무능하다고 느낄 때 우리는 변화와 부활을 꿈꾸고 그 수단으로써 여행을 생각한다. 중요한 건 어디 있느냐가 아니라 어디로 가고 있느냐이다.

진정한 혁신은 바깥에서 온다. 우리는 사물을 새롭게 보기 위해 혹은 새로운 것을 보기 위해 때때로 낯선 세계를 거닐어야 한다. 여행을 떠나야 한다는 말이다.

집을 떠나 여행을 한다는 것은 물리적, 지리적 이동만을 의미하는 것이 아니다. 우리의 인습적이고 관습적인 생활방식이나 사유방식을 뒤로 하고 새로운 차원의 삶, 해방과 자유의 삶을 향해 출발함을 의미한다. 외적 공간만이 아니라 종국에는 내적 공간에서 자유롭게 노(니)는 것이다. 장자의 소요유(逍遙遊)이다.

그러나 우리의 여행은 쉬운 게 아니라, 수많은 어려움이 돌발적으로 발생한다. 그러나 여행자라면 자신의 고통을 유감으로 여기고 슬퍼하는 것이 아니라 일종의 특권으로 받아들여야 한다. 여행 중에 고통을 느낄 때 그것은 감정이입(공감)을 할 수 있는 능력을 키우는 데 도움을 준다. 고통은 인간의 몸 전체가 그 문제에 관심을 쏟게 만든다. 통증은 본능적인 것이 아니라 학습된 느낌이다. 육체의 통증이 우리가 하나의 몸으로 통합되어 있다는 느낌을 주듯이 고통에 대한 경험은 다른 사람들과 우리를 연결시켜 주는 힘을 가진다. 이것이 고통 뒤에 숨겨진 궁극적인 의미이다(『달라이 라마의 행복론』, 달라이 라마, 김영사, 2001).

헤르만 헤세의 『데미안』에는 유명한 구절이 있다.

"새는 알을 깨고 나온다. 하나의 세계를 파괴하지 않으면 새로운 세계로 나갈 수 없다. 알을 깨고 나온 새는 신을 향해 날아간다." 이것처럼 여행의 변화와 부활의 힘을 명쾌하게 설명하는 구절은 없을 것이다.

나를 구해줄 것은 나뿐, 내가 나의 종교이자 세상이 던지는 질문에 대한 답이다. 인간은 고행을 할 때 의식이 깨어난다. 여행은 일종의 고행이자 특권이다. 알을 깨는 행위이다.

여행의 정의: 자유

현대사회에서 인간은 교육, 관습, 권력, 언론이라는 구조와 외적 압력 때문에 자신만의 삶을 살아가지 못한다. 각 개인은 단독적인 존재여야 한다. 자신이 원하는 것을 하는 사람이 주인이라면, 반대로 타인이 원하는 것을 하는 사람은 노예다.

노예는 창조적일 수 없다. 자유를 판 대가로 밥이 주어질 뿐이다. 노예에게는 언제나 주인이 있다. 그 주인의 이름은 '상황'이라 불리기도 하고, 타인의 시선일 수도 있다.

자유에는 자각, 부담, 책임이라는 필수요소가 항상 따라붙는다. 그래서 자유가 편한 것은 아니다. 자유 없는 상태에서는 자기 자신에 대해 자각할 필요도, 부담을 가질 필요도, 책임질 필요도 없다. 그래서 편할 수도 있다. 그저 자기를 둘러싼 모든 것들에 순응하며, 요구되는 것들만 수행하면 된다. 자기 자신에 대한 책임을 질 필요가 없는 상황, 끊임없는 자기의 책임으로부터의 도피, 결국 모든 탓을 외부에만 돌리는 것이 자유 없는 상태이다.

일상에서 우리는 관계의 그물을 피해갈 수 없다. 누군가 나를 바라보는 눈을 의식하며 살아가야 한다. 그래서 라캉(Lacan)은 "우리는 남의 욕망을 욕망한다"고 한 것이다.

요즈음은 차를 구입할 때 승차감보다 하차감이 중요하단다. 타인의 시선을 의식하는 과시의 삶이다. 일상의 사회생활에서 우리는 타인의 시선으로부터 자유로워야 한다. 우리는 나와 함께 있을, 타인으로부터 자유로운 비밀스러운 공간과 시간을 상상한다. 그게 저마다의 유토피아인지도 모른다.

우리는 시간과 공간이 만들어놓은 울타리 안에서 살고 있다. 그 울타리 안이 우리의 세계다. 우리에 갇힌 동물보다 자연공원에 방목된 동물이 더 자유로운가? 겉으로는 자유로워 보이지만, 자세히 생각해 보면 본질적으로 다른 점은 없다.

한계를 넘지 않는다면 너희들은 마음대로 해도 좋다! 이것이 바로 허용된 자유의 논리이다. 허용된 자유를 자유라고 받아들이는 순간 우리는 자신의 행동을 검열하게 된다. 자유는 빛나는 것이다. 남이 내는 빛을 흡수하는 것이 아니라 스스로가 빛이 되는 것이다. 절실하게 바라지만 자유가 주어지면 우리는 자유를 두려워한다(『마흔세 살에 다시 시작하다』, 구본형, 휴머니스트, 2007).

우리는 허용된 자유를 거부하고 자신의 자유를 살아야 한다.

인간이 자유를 얻기 위해서는 시간과 공간에서 해방되어야 한다. 시간과 공간의 굴레에서 해방되는 것이 해탈이고 깨침이다(『진리란 무엇인가』, 이기동, 21세기북스, 2015).

소크라테스에게 사람들이 그대는 어디서 왔느냐고 묻자, 그는 '아테네에서'라고 대답하지 않고 '세계에서'라고 대답했다. 사람들이 인위적으로 그어놓은 지역이나 국가의 공간의 굴레에서부터 자유롭다는 선언이다. 청록파 시인 서정주의 호는 미당(未堂)이다. '아직 집을 짓지 않았다'는 뜻이다. 일정한 공간에 머물지 않겠다는 것이다. 즉 자유인이고 여행자라는 뜻이다.

철학자 사르트르(Sartre)는 "자유야말로 인간의 본질이며, 인간을 다른 사물들과 구별해 주는 징표"라고 했다.

우리 인간에게 어떤 사건들을 바꿀 만한 힘은 없을지 몰라도 그 사건에 대한 각자의 태도를 선택할 자유는 있다. 그리고 우리가 독특한 자유를 발견하는 것은 자기만의 숙명을 자발적으로 수용할 때다.

신 즉 자연이라고 한 스피노자는 "자유를 필연의 인식"이라고 정의했다. 자연과 우주의 섭리를 깨닫고 따르는 게 자유라는 것이다.

자유를 정의하자면,

첫째, 수동적 반응이 아니라 능동적 행동이고

둘째, 욕망을 역량으로 실현시키는 것이며

셋째, 하고 싶은 것을 할 수 있게 해 나가는 노력이다.

자신의 삶을 비판적으로 성찰할 수 있을 때 우리는 진정으로 자유로워질 수 있는 법이다.

'될 대로 되라'는 자포자기가 아니라 자기를 이기고 사는 사람이 자유로운 사람이다. 자(기의 존재이)유를 증명하는 게 자유이다.

철학이 내가 나를 아는 것이라면, 자유는 내가 '나' 되는 것이라고 할 수 있다.

단순히 말하면, 자유란 다른 게 아니라 외부원인에 의해서가 아니라 자기원인에 의해서 내 스스로 기쁨을 느끼는 바로 그 순간이다.

자신을 둘러싼 공간의 크기가 자유의 크기를 말해주는 것이 아니라, 자신이 가진 기쁨의 크기만이 그 사람이 얼마나 자유로운지 말해준다(『욕망하는 힘, 스피노자 인문학』, 심강현, 을유문화사, 2016).

마태복음 5장 산상수훈에 나온 흔히 팔복이라 하는, "마음이 가난한 사람은 행복하다. 하늘나라가 그들의 것이다"는 많은 사람들이 좋아하고 다양하게 해석하는 부분이다. 13세기 독일의 신학자 마이스터 에크하르트(Meister Eckhart)는 '마음이 가난한 사람'을 다음과 같이 풀이한다.

'마음이 가난한 사람은 욕망으로부터의 자유, 지식으로부터의 자유, 소유로부터의 자유를 말하고 있다.' 심지어 그는 신으로부터도 자유로운 사람만이 진정으로 마음이 가난한 사람이라고 한다. 자기초월이 자유이고 자기를 이기고 사는 사람이 자유로운 사람이다. 자유롭다는 것은 쾌락과 욕망에 굴복하지 않는다는 것, 자기 삶을 아름답고 훌륭한 작품으로 만든다는 것이다.

자유시간이 부족하면 자기의 삶을 자율적으로 관리할 수 있는 가능성이 낮아진다. 자신을 구속하는 것들로부터 자유로워지면 당신의 내면에 잠재해 있던 꿈이 날개를 펴기 시작한다. 그러면 시간에 쫓기며 살지 않고 시간을, 삶을 누리며 살게 된다(Carpe diem).

자유시간보다 더 중요한 게 자유의지이다. 자유의지는 자신이 자기 삶의 주인임을 인식하면서 원하는 삶을 스스로 설계하고 그 삶을 자신이 옳다고 생각하는 방식으로 밀고 나가는 정신의 태도이다. 내 의지대로 내 방식대로 살아야 한다(『어떻게 살것인가』, 유시민, 아포리아, 2013).

'자신의 주인으로 산다는 것'은 다른 말로 하면 기준의 수행자가 아니라 기준의 생산자가 되어보겠다는 것이다. 자기의식을 갖춘 개체가 주체로서의 자기 주인이다.

자신의 주인으로 살지 못하는 건 사건을 담당할 명사적 주체로서의 '이론'이 없는 것이 아니라 그것을 담당할 주체로서의 '힘'이 없기 때문이다. 나만의 고유한 힘, 나만의 고유한 욕망을 정면으로 마주할 수 있는지, 그리고 그것을 동사적 사건으로 발동시킬 수 있는지가 자신의 주인으로 살 수 있느냐 없느냐를 결정한다(『나는 누구인가』, 강신주 외 6명, 21세기북스, 2014).

자신의 주인으로 산다는 것은 이성에 제어되지 않는 욕망의 주인이 된다는 것, 욕망의 실행자가 된다는 것, 다른 사람의 말을 수용하는 것이 아니라 나의 말을 하려는 사람이다. 나의 말을 행동으로 증명하는 삶이다. 삶의 궁극적인 동력은 결국 나를 표현함에 있어야 한다.

개처럼 안온하지만 타자에 종속되어 사는가, 고양이처럼 위태롭지만 자유롭게 살고 있는가? 스스로 되물어보는 것이 반성이다.

"모든 인간은 보이지 않는 밧줄로 스스로를 묶고 있지. 그러면서 한편으론 자유를 찾는 거야. 먼저 그대 자신으로부터 자유로울 수 있어야 해."(『하늘호수로 떠난 여행』, 류시화, 열림원, 1997)

프랑스인들은 혁명으로 자유를 얻었다. 국가체제의 전복으로서의 정치적 혁명이 불가능한 이 시대에 무엇을 혁명할 것인가? 바로 나 자신이다. 혁명의 방법은 무엇인가? 바로 여행이다.

칸트는 『실천이성비판』에서 "자유는 한 상태를 자신으로부터 시작하는 능력"이라고 정의했다.

인간의 자유는 새로운 의미를 창조하면서 자신을 새로운 주체로 변형시킬 수 있는 데서 찾아야만 한다. 물론 이러한 능동적 창조의 과정에는 타자와의 마주침이라는 불가피한 단서가 붙는다. 수동적인 타자와의 마주침이 아니라 적극적으로 타자와의 만남을 위해 나서는 게 여행이다. 세상의, 타자의 아름다움을 발견하며 자유롭게 사는 방법이 여행이다. 여행을 통해서, 익숙한 울타리를 벗어나서, 새로운 시각으로 세상을 볼 수 있다. 단순함, 꾸밈없는 느낌, 그리고 야생의 삶의 미덕을 갖고 싶은, 인공적인 습관, 편견, 문명의 단점들을 없애고 싶은 욕망의 발현이다.

여행자는 공간적 · 시간적 경계를 넘나들며 마음껏 자신만의 '마음지도(心圖)'를 채워나간다. 세상 속에서 살라. 하지만 세상에 속하진 말라(『지구별 여행자』, 류시화, 김영사, 2002).

철학자 중 자기 자신의 주인으로 사는 두 철학자는 서양의 니체와 동양의 장자(莊子)이다.

니체는 힘의 의지와 영원회귀를 통한 초월이란 자기횡단의 여행을 강조한다.

장자는 진짜 여행을 '소요유(逍遙遊)'라고 표현했던 적이 있다. 여기서 '소요(逍遙)'라는 말은 '아무런 목적도 없이 한가하다'는 의미다. 장자는 진짜 여행이란 출발지와 목적지에 집착하지 않는 여행이라는 것을 알았던 셈이다. 진짜 여행을 하는 사람은 항상 여행 도중에 자유롭게 행동한다.

특별히 시간을 내서 나서는 여행뿐만 아니라 인간의 삶 자체가 바로 여행이라고 할 수 있다. 한 번밖에 없는 소중한 삶을 제대로 영위하려면 우리는 과거와 미래, 출발지와 목적지에 집착하지 말아야 한다. 출발지와 목적지를 염두에 두지 않으니, 우리가 내딛는 걸음걸음마다 자연스럽고 여유로울 수밖에 없다.

여행지에서 우리는 '무명인'이 된다. 익명성(anonymity)을 획득하는 것이다. 그렇기에 우리는 여행지에서 평소보다 자유롭게 행동할 수 있다. 때로는 자신도 알지 못했던 새로운 욕망과 새로운 모습을 발견하기도 한다. 여행은 익숙한 일상으로부터의 일탈일 뿐만 아니라 익숙한 자기로부터의 일탈이기도 하다.

비행기의 빠른 상승은 사유의 선형적인 상징이다. 여행을 하기 위해 인생에서 비행기를 타고 하늘로 올라가는 몇 초보다 더 큰 해방감을 주는 시간은 찾아보기 힘들다(『여행의 기술』, 알랭 드 보통, 이레, 2004).

우리는 여행할 때 모처럼 타는 비행기의 힘에서 영감을 얻어 우리 자신의 삶에서 이와 유사한 결정적인 변화를 상상하며, 우리 역시 언젠가는 지금 우리를 짓누르고 있는 많은 억압들 위로 솟구칠 수 있다고 상상한다.

여행은 자유이기에, 정답은 없다. 고생을 마다하기는커녕 오히려 그 안에서 극한의 자유와 성취감을 만끽하고 다른 여행자들과 사귀는 것을 게을리하지 않는 여행이 후회하지 않을 여행의 한 부분일 뿐이다. 그러나 본질적으로 "여행자는 혼자이다. 누구의 관심도 받지 못했지만 행복했고 삶의 야성적 핵심에 가까이 있다."(『젊은 예술가의 초상』, 제임스 조이스, 민음사, 2013)

정말로 우리가 부러워할 만한 여행자가 있다면, 그는 자기 삶을 새롭게 하는 존재방식을 달성한, 그러한 여행을 통해 늘 삶의 힘을 얻는 소수일 것이다. 진정한 여행자는 여행을 통해, 자기를 장악하고 있는 현실 전체를 쥐고 흔들 수 있을 정도의 자유를 얻는다. 그들은 타인들에 구애받지 않으며, 자기의 삶을 자기의 것으로 형성해 나갈 수 있는 힘을 여행이라는 형식 속에서 발견한다(『당신의 여행에게 묻습니다』, 정지우, 우연의 바다, 2015).

진리의 본질이 자유이다. 그래서 성경에서 "The truth will set you free!"라고 선언하는 것이다(요한 8:32). 진리가 너희를 자유롭게 하듯이, 여행이 너희를 자유롭게 하리라!

여행은 치유다

현재 한국사회의 키워드가 웰빙과 힐링인 것은 그만큼 현재가 고통스럽고, 그로부터 상처받은 마음을 치유하고자 하기 때문일 것이다. 웰빙은 결국 좋은 삶, 편안한 삶을 말하며, 힐링은 일상현실에서의 성공적 삶을 향한 과정에서 겪은 아픔을 치유하기 위한 것이다(『철학자의 행복여행』, 이상형, 역락, 2013).

신경과학자들에 따르면 사람들은 자연과 함께할 때 가장 행복감을 느낀다. 시간을 내서 나뭇잎 위에서 반짝이는 햇빛을 보고 자연의 내음과 정적의 소리를 들어야 한다.

의사와 간호사들은 잘 안다. 환자가 바깥세상으로 관심을 돌리는 것이 회복이 시작되는 첫 번째 신호라는 것을…

치유는 바람직한 방향으로의 움직임이다. 이혼, 사별, 질병 등 아주 심각한 일이거나, 가족 내 갈등, 대출독촉, 기대이하의 점수 등 사소한 고통이나 작은 실망도 우리의 모든 존재를 집어삼킬 것처럼 절대적이고 독점적으로 확대된다.

산다는 것은 자신의 삶을 좀 더 잘 바라볼 수 있는 적당한 높이를 가늠하는 일이다(『휴가지에서 읽는 철학책』, 장루이 시아니, 쌤앤파커스, 2017). "지상으로부터 저 높은 곳을 향하여 최대한 빨리 도피하라"는 플라톤의 말처럼, 우리의 상승 욕구는 상상의 날개를 타고 행복감을 안겨주며 유익한 미래를 약속한다. 높은 곳에서 아래를 내려다보는 시선은 철학적 관행에 속한다. 스토아학파 철학자 마르쿠스 아우렐리우스(Marcus Aurelius) 황제는 그 시선의 미덕에 대해 다음과 같이 말했다. "네가 높은 곳에 올라 있고, 드넓은 세상을 보고 있노라면, 그것들이 얼마나 하찮은지 너도 깨닫게 될 것이다."(『명상록』, 마르쿠스 아우렐리우스, 숲, 2016)

스토아학파 철학자들은 높은 곳에서 아래를 굽어보는 시선이 '관점과 축척의 변화'를 의미한다고 본다. 우리는 이러한 시선을 채택함으로써 우리에게 닥친 문제의 심각성을 축소할 수 있다. 멀찌감치 떨어져서 초연하고 고고한 태도로 문제를 바라보는 것이다.

땅에서 보면 몇천만 원 혹은 몇십만 불짜리 고급 차와 몇십만 원 혹은 몇백 불짜리 고물차가 크게 다르지만, 남산이나 63빌딩 같은 데서 내려다보면 모두 장난감 자동차처럼 보여 별 차이가 없다. 땅에서 보면 고급 주택과 판잣집이 엄청나게 다르지만 비행기에서 내려다보면 그게 그거다(『장자』, 오강남, 현암사, 2003).

높은 곳에서 아래를 굽어보는 시선이 우리에게 주는 혜택은 우선 우리로 하여금 스스로와 거리를 두게 해준다는 점이다. 높이 올라가는 것은 스스로 얼마든지 실행할 수 있는 구체적인 치유 수단이다.

현대인이 아픈 이유는 몸과 마음의 밸런스가 깨졌기 때문이다. 뭐가 많으면 뭐는 적고, 커야 할 것은 작고 적어도 될 것은 많고··· 우리는 자신의 약점과 고통을 무한함, 영원함의 잣대에 비추어 측정한다. 그리고 남의 장점과 비교한다.

보통 사람들은 대부분 '마음을 다잡아야지'라고 생각한다. 그게 우리를 힘들게 한다. 피곤을 누적시킨다. 집중하지 못하고 성과를 기대한 만큼 내실 못한다. 잘못됐나는 것이다.

휴식(쉼)이 구원이다. 마태복음 11장 28절에 "수고하고 무거운 짐진 자들아 다 내게로 오라. 내가 너희를 쉬게 하리라"라는 구절이 있다. 사람 삶의 근본이 숨과 쉼이다.

머리 쓰는 사람에게는 몸 쓰는 것이 쉼이다. 몸 쓰는 사람에게는 모처럼의 머리 씀이 재미있는 놀이이다.

자신의 몸과 마음을 가장 편하고 즐겁게 할 방법을 갖는 것이 진짜 휴식이다. 여가산업, 관광산업의 숙제이다.

문화는 쉽게 말해 잘 노는 것이다. 그런데 우리 사회는 휴식을 창조로 인식하지 않는다. 우리는 휴식을 게으름과 소비로 인식한다. 오랜 농경문화의 영향, 유교의 폐쇄적 신분주의와 일제의 부정적 관점 탓이고 '빨리빨리'의 집단성격 탓이다.

휴식과 놀이를 창조로 인식하지 못하는 문화적 결핍은 '기계적 번잡'만을 양산할 뿐이다. 소비적이고 향락적인 문화는 우리의 휴식시간이 짧다는 것과 대단히 밀접한 관계가 있다. 자유시간이 턱없이 짧기 때문에 클라이맥스는 빨리 맛보아야 한다. 뜸을 들일 시간이 없다. 그래서 모처럼의 휴식은 또 다른 노동이 되고 만다.

브리짓 슐트는『타임 푸어』에서 지나친 시간 압박으로 인해 어떤 시간도 온전히 보내지 못하는 현대인의 시간을 '오염된 시간(contaminated time)'이라 부른다.

여행은 자꾸 일을 닮아간다. 우리에게 여행이란 빠른 시간 내에 많은 성과를 달성해야 하는 하나의 목표가 되고 있다. 주어진 시간 동안 많이 보고 여러 곳을 방문해야 성공적인 여행이 되었다.

진정한 휴식은 여유시간이 많을 때가 아니라 시간에 대한 주도권을 되찾을 때 찾아오는 것이다. 그리고 진정한 휴식은 아무것도 하지 않는 수동적인 편안함이 아니라 스스로 원하는 활동을 하면서 느끼는 능동적인 몰입이다.

인간의 고통에 대하여 노예출신 스토아 철학자 에픽테토스(Epiktetos)는 네 종류의 치료책을 제시했다. 첫째, 신을 두려워하지 말 것 둘째, 죽음을 두려워하지 말 것 셋째, 행복이 가능하다고 생각할 것 넷째, 고통이 견딜 만하다고 여길 것이다(『에픽테토스의 인생을 바라보는 지혜』, 에픽테토스, 소울메이트, 2015).

여기에 한 가지를 더 추가하자면 여행을 가라고 하고 싶다. 여행은 일상에 널려 있는 고통을 잊는 새로움을 준다. 왜 새로움은 즐거움을 줄까? 그것은 새로운 경험을 할 때 '즐거움의 신경호르몬'이라고도 불리는 도파민이 분비되기 때문이다. 이 유전자를 '새로움 유전자' '호기심 유전자' '자유 유전자' '방랑자 유전자'라고도 부른다. 그리고 그 비율은 지역에 따라 차이가 있다. 인류 대이동의 가장 먼 정착지인 남아메리카의 사람들은 이 형질을 가장 많이 가지고 있으며, 반대로 아프리카인들은 가장 적게 가지고 있다고 한다. 시사하는 바가 참으로 크다. 그리고 여행은 우리를 치료해 주어 일상의 병에서 회복케 한다. 왜냐면 이 세상엔 무수히 많은 회복의 장소가 널려 있기 때문이다.

어디에서든 진정한 의미의 힐링 체험이 가능하다. 내게 잘 맞는 곳이 있고 안 맞는 곳이 있는데, 잘 안 맞는 곳에 있다면 잘 맞는 곳으로 이동해야 할 것이다. 일상은 우리가 선택한 공간이 아니어서 수동적이다. 부자유스럽다. 여행은 내게 잘 맞는 공간 고르기의 노력이기도 하다. 떠돎을 통한 영혼의 치료이다. 스스로를 다시 찾기 위해서는 일상에서 (잠시) 사라져야 한다는 것이다. 여행은 어떤 공간과 그 공간에서의 일정 시간이 우리를 직접적으로 치료해 주는 특별한 기회가 된다.

도시라는 동물원에 갇혀 사는 우리들이 열린 자연 속을 거닐다 보면 마음이 편해지고 피곤함이 사라지는 것은 내가 그들로부터 많은 에너지를 받아들이기 때문이다. 자신들이 곧 자연이라는 것을 몸으로 받아들인다.

야생동물의 경우에는 정신이상을 보이지 않는다. 정신적인 문제가 있는 동물은 대부분 동물원 등에서 사육되거나 인간과 함께 사는 애완동물이다.

왜 애완동물이 야생동물보다 더 많은 스트레스를 받고 정신이상을 보이는 것일까? 그것은 서식지인 자연과 단절된 채 갇혀 있기 때문이다. 자연이란 모든 인간 아니, 모든 생명의 어머니이기 때문이다. '모성(maternity)'을 가진 모든 존재는 치유적이며 그중에 자연은 최고의 치유자다. 우리는 자연으로의 여행을 통해 추억이 깃든 고향에 온 것 같은 깊은 위로와 안식을 느낄 수 있다.

1만 년 전까지만 해도 인간 역시 야생동물처럼 광활한 초원에서 걷거나 뛰어다녔는데 이렇게 좁은 활동반경의 삶에서 어떻게 답답함을 느끼지 않을 수 있겠는가!

결국 억압은 폭발을 부른다. 가장 대표적인 경우가 운전할 때다. 차에 올라타면 잊고 있던 질주 본능이 깨어난다. 우리는 먼 옛날 들판을 달렸던 사냥꾼이 된다. 그러나 꽉 막힌 도로에서 답답함은 배가 된다. 거기에 누군가 끼어들기라도 하면 사냥감을 빼앗아 가는 경쟁자처럼 느껴지고, 누군가 천천히 운전하면 내 길을 방해하는 훼방꾼처럼 여겨진다. 폭주와 과속을 유발한다.

여행은 도시 동물원에 갇힌 현대인의 가장 대표적인 치유 프로그램이다. 새로운 자극이 주어지고, 유무형의 통제에서 벗어나 마음껏 생활하고, 활동반경이 더 넓어지고, 새로운 사람들과 어울릴 수 있는 프로그램이 바로 여행이다. 여행의 시간이 있기에 우리는 폭발하지 않고 겨우 숨통을 틔울 수 있다.

자연을 자주 여행하는 것이 도시의 악을 씻어내는 데 필수적인 해독제라고 워즈워스(W. Wordsworth)는 주장한다. 도시에 대한 워즈워스의 불만에는 그가 관심을 가진 것은 우리의 건강보다는 우리의 영혼에 미치는 도시의 영향 때문이었다. 시인은 도시가 생명을 파괴하는 여러 감정을 만들어낸다고 비난했다. 사회 위계에서 우리의 지위에 대한 불안, 다른 사람들의 성공에 대한 질투, 낯선 사람들의 눈앞에서 빛을 발하고 싶은 욕망, 이런 혼잡하고 불안한 곳에서는 다른 사람들과 진지한 관계를 형성하는 것이 어려워 보인다. 나를 상하게 한다. 그래서 일단 자신을 도시에서 데리고 가서 자연 속이나 새로운 어떤 곳에 놓아두고, 편안하게 바라보는 것, 남인 듯 나를 쳐다보게 되는 것, 그렇게 여행자의 모습으로… 그게 치유이다.

자신이 내쉰 공기를 다시 들이마시기 때문에 우리의 인생은 시들고 있다.

권혁란은『트레블 테라피』에서 이렇게 묘사한다. "어느 순간 갑자기 숨이 답답하고 짧아지고 가빠질 때 숨을 쉬러 여행을 떠나는 것 같아요. 인간성이 성숙해진다거나 잃어버린 참나 같은 것을 찾지는 못한 것 같아요. 다만 다른 공간에 몸과 마음을 가져다 놓으면서 막혔던 숨구멍이 열리는 것, 그것만 해도 살 수 있을 것 같아요. 마치 물속에서 수영을 하다가, 아 지금은 숨을 좀 쉬어야 할 것 같아, 하면서 물 밖으로 확 솟구쳐 올라 숨을 고르는 것, 그게 여행일 거예요."

휴식과 놀이 이전에 치유의 의미가 더 강하게 내포돼 있는 것이다.

여행은 응어리진 감정을 풀고 다독일 수 있는 힘을 주기 때문이다. 상처 자체가 없어지는 것은 아니지만 상처의 독이 빠진다.

내가 모르는 그곳, 혹은 전에 스쳐지나갔던 곳이 나를 위로하고 나를 일으켜 세우는 회복과 치유의 공간이 될지도 모른다.

인간은 누구나 위로의 시 · 공간을 가지고 있다. 누구에게나 유독 자신의 마음을 달래줬던 추억의 아지트가 있게 마련이다. 아지트는 물리적 공간일 수도 있고 상상 속 비밀의 공간일 수도 있다.

우리는 여행하다가 분명 처음 온 곳임에도 불구하고 왠지 마음이 편안해지고 친숙하게 느껴지는 장소를 발견하기도 한다. 일종의 데자뷰(deja vu) 현상을 경험하는 것인데, 이는 그곳이 어린 시절, 전생의 언젠가 자신을 위로해 주던 공간을 연상시키는 어떤 요소를 지녔기 때문이다.

여행은 우리가 당면한 모든 문제를 당장 해결은 못해줘도 최소한 위로해 줄 수는 있다. 따뜻한 위로와 격려가 우리를 치유케 한다.

도전과 모험인 여행

현대 일상생활의 가장 큰 불행 가운데 하나는 갑작스러운 놀라움이 부족하고 모험이 결여되어 있다는 것이다. 개미 쳇바퀴 돌듯 뻔한 일상이다. '개천에서 용 못 난다'는 말처럼 신분상승이나 9회 말 역전의 통쾌함은 영화나 스포츠에서나 가능한 것 같다.

'기생충'으로 2019년 각종 국제영화제를 휩쓴 봉준호 감독이 만든 영화 '설국열차'를 보면, 뒤칸은 피지배층이 수용되어 있으며 이동하기 위해서는 목숨을 건 싸움 이외에는 방법이 없다.

앞칸에는 지배층이, 엔진을 장악(핵심역량을 차지하고 있는 것)하고 있기 때문이다.

영화에서 기득권을 지키려는 차장 메이슨(틸다 스윈튼 역)은 계속해서 'Keep the position! Keep your place!'를 외친다. 무슨 의미인가? 현상유지(status quo)처럼 기득권자가 좋아하는 말이 없다.

가장 위험한 모험은 모험하지 않는 것이다. 『퍼플 카우』의 세스 고딘(Seth Godin)은 '안전한 것은 가장 위험한 것(safe is risky)'이라고 했다.

안전이란 십중팔구 미신이다. 사회와 자연에는 그런 것이 존재하지 않는다. 그래서 길게 보자면 위험을 피하는 것보다는 차라리 그것에 맞서려고 하는 것이 더 안전하다. 헬렌 켈러는 삶이란 "위험을 무릅쓴 모험일 뿐"이라고 했다.

사람이란 안전하다고 느끼면 좀처럼 움직이려 들지 않는다. 그리고 쉽게 매너리즘에 빠져든다. '만족'이라는 따뜻한 요람에 머무는 사람은 결코 1등이 될 수 없다. 아니, 계속 만족의 상태가 유지되지도 않는다.

위험이 클수록 수익이 큰 것처럼 두려움이 클수록 기쁨도 크다. 아름다울 미(美)자는 큰 양이다. 사냥감이 클수록 위험하지만 그 보상은 크다. 그것은 단지 먹을 것이 많다는 물질적인 이유 때문만은 아니다. 희열감, 성취감, 자부심 등의 정신적 보상 역시 크다. 한마디로 아름다운 것이다.

이그조틱(exotic)이 에로틱(erotic)이 된다는 말처럼 새로움은 우리의 감각을 자극하지만 시간이 지나면 자연스럽게 익숙해진다(See Bem, D. J.(1996), Exotic Becomes Erotic: A Developmental Theory of Sexual Orientation, Psychological Review, 103: 320~335).

가능한 한 오랫동안 행복하고 싶다면, 항상 새로운 경험을 기꺼이 받아들여야 한다.

새로운 기술을 배워야 한다. 평생을 통해 새로운 도전을 찾아야 한다. 계속해서 적극적으로 삶을 살아야 한다. 때로는 너무나 두려워서 오줌을 싸고 싶을 정도의 일들도 시도할 필요가 있는 것이다. 언제나 새로움을 환영해야 한다(『우리는 개보다 행복할까?』, 매트 와인스타인 · 루크바버, 아인북스, 2005).

우리가 위험을 무릅쓰고 모험을 하는 것은 그런 도전을 통해서만 새로운 세계와 만나고 우리의 존재 자체를 성장시킬 수 있기 때문이다. 무릇 모든 새로움은 위험한 법이다. 실패할 수도 있다. 실패란 넘어지는 것이 아니라 넘어진 채로 그대로 있는 것이다.

더 강렬하고 더 풍요롭게 존재하기를 원해야 한다. 풍요로운 소유가 아니다. 성공적인 결과가 보장되는 도전은 결코 도전이 아니다.

인간의 가치는 다른 동물과 달리 늘 그런 진부한 운명을 거부하고 강렬하면서도 모험적인 삶을 희구하는 것이다. 이에 대해 독일의 사회학자 짐멜(Georg Simmel)은 다음과 같이 잘 이해했었다. 그는 "모험은 우리의 존재에서 매우 낯선 것이지만, 그럼에도 불구하고 어떤 방법으로든 우리 인간 존재의 중심에 있다"고 했다.

인간은 두려움을 회피하도록 만들어진 동시에 두려움 속에 뛰어들 때 가장 큰 쾌감을 느끼도록 만들어졌다. 인류의 역사 속에서 발견되는 성인식, 통과의례 등이 그것이다.

행복은 모험적이고 용감한 자들 편에 서 있다. 승리하면 변명할 필요가 없다.

사실 책은 간접경험에 지나지 않는다. 독서는 창문과도 같아서 직접 열고 그 속으로 뛰어들 수 없다는 점에서 여행이라는 '문'과는 구별된다.

여행을 떠난다 함은 나는 누구인가? 진정 나다운 삶이란 무엇인가? 무엇으로 인생의 길을 갈 것인가? 등의 질문을 스스로에게 던지고, 탐구와 모험을 통해 그 답을 탐험해 가는 과정이다. 용감한 사람만이 가능한 일이다.

결국 문을 열고 자신의 이야기를 만드는 것은 우리 각자의 몫이다.

니체는 "나를 죽이지 않는 한 시련은 나를 더 강하게 만들 뿐이다"라고 했다.

불확실성은 모험의 본질이다. 모험이 필연적으로 두려움의 길이 될 수밖에 없는 이유다. 잃어버린 것을 찾기 위해서는, 제대로 내 몫을 찾기 위해서는 어둡고 낯선 곳으로 떠나야 한다. 거기에 내 보물이 있다.

우리에게 모험과 도전의 여행을 떠나도록 재촉하는 이야기들이 많다.

프랑스의 시인 아폴리네르(Apollinaire)의 시이다.

"그가 말했다. 벼랑 끝으로 오라.
그들이 대답했다. 우린 두렵습니다.
그가 다시 말했다. 벼랑 끝으로 오라.
그들이 왔다. 그는 그들을 밀어버렸다.
그리하여 그들은 날았다."

오딧세이(Odyssey)처럼 모험을 해야 진정한 존재의 가치가 찾아진다. 어쩌면 인간은 삶의 의미를 모험에서 찾아야 하는지도 모른다.

"조물주를 기억하라. 새벽이 되기 전 근심에서 깨어나 모험을 찾아 떠나라. 사람들이 헛간으로 피할 때 그대는 구름 밑으로 피하라. 밥벌이를 그대의 직업으로 삼지 말고 도락으로 삼아라. 대지를 즐기되 소유하려 들지 마라." 그 유명한 소로(Thoreau)의『월든』의 한 문장이다. 2년 남짓 조용한 호숫가에서 자연을 찬미한 그도 모험을 떠날 것을 권한다.

"나는 움직이고 싶었다. 조용히 살다가 사라지는 삶은 원치 않았다. 흥분과 위험을 원했으며 사랑을 위해 나 자신을 희생할 수 있기를 바랐다. 조용한 삶에서는 분출할 수 없는 엄청난 에너지가 내 안에 있다는 걸 느꼈다."(『인투더 와일드』, 존 크라카우어, 바오밥, 2010).

문학작품들에서 이렇게 모험을 떠나도록 권하는 것처럼 우리는 너무 적당히 살고 있는게 아닌지? 현실도피를 위한 낭만주의가 아니라 깊게 고민해서 꿰뚫어버려야 한다. 낭만주의와 대비되는 19세기의 사조가 고전주의이자 계몽주의이다. 이 시기 독일의 철학자 헤겔은 즉자(卽自)와 대자(對自)를 말한다. 즉자는 전통철학에서는 실체(Ousia)나 실재(substance), 즉 신을 말하는 존재였으나 헤겔은 그냥 있는, 쉽게 말하면 '나홀로' 주체로 묘사한다. 코란 18장의 우리가 잘 아는 인샬라(Inch'Alla, 신의 뜻대로)의 운명이니까, 혹은 환경이니 조건이니 하는 외적인 것에만 핑계와 구실을 대면서 포기한──사르트르의 표현을 빌리면 자기기만(self deception)적──나인 것이다. 반면에 대자는 자기의식(주체성)을 가지고 반성적으로 자기를 대하며 타자와의 능동적 관계를 통해서 변화와 차이를 생성하는 존재를 말한다.

구약성경 출애굽기의 Exodus는 ex ~로부터 밖으로, odus는 '모든 사람들이 가는 길' 이란 뜻으로 출애굽기(Exodus)는 '모든 사람들이 습관적으로 아무 생각 없이 가는 그 길에서 탈출하라'는 얘기이다. 너만의 삶을 살아라, 불꽃처럼 네 삶을 사르라는 제안이다.

우리 인간에게는 한계를 넘어, 도전과 모험이라는 거부할 수 없는 본능이 있다.

현생인류 호모 사피엔스는 낯선 땅을 마다하지 않았기 때문에 살아남았을 것으로 추정된다. 그들은 아프리카에서 유럽과 중동, 아시아로 이동했고, 시베리아와 알래스카를 잇는 베링해협을 건너 아메리카 땅으로 건너갔다. 전 세계 구석구석까지 퍼져 나간 것이다. 인류사는 여행의 역사였고, 우리의 조상들은 일상 자체가 모험이었다. 우리는 조상들의 유전적 특성을 고스란히 물려받았다.

배는 항구에 있을 때 가장 안전하지만 배는 항구에 머물기 위해 만들어진 게 아니다.

여행은 도전이며 위험한 행위였다.

일본 전통사회에서 발견되는 여행에 따르는 여러 가지 금기나 관습들은 이러한 여행에 따르는 위험에 대한 대비로 볼 수 있다. 예를 들어 일본인의 여행에 대한 가장 오래된 기록이라고 할 수 있는 『위지왜인전』에는 일본에서는 가족의 누군가가 여행을 떠난 동안 집에 남아 있는 사람들이 "머리를 빗지 않고, 이도 잡지 않으며, 의복은 때가 묻어 있고 고기를 먹지 않으며 부인을 가까이하지 않아서 마치 상을 당한 사람처럼 하고 있다"라는 기록이 나오는데 이러한 관습은 여행을 떠난다는 것이 죽음에 버금가는 중대한 사건으로 취급되었기 때문이다.

젊은이들은 여행을 통해 이제 자신의 힘으로 살아갈 수 있는지를 확인하고 싶어 한다. 그렇기에 여행은 자신의 한계에 대한 도전이고, 홀로서기 연습이며, 어른으로 성장하기 위한 훈련의 장이 된다.

힌두교도들은 나이 들어서는 안전과 죽기만을 집에서 기다리지 말고 새로이 모험을 떠나는 것을 최상의 삶이라 한다.

고통은 수동적이고, 고행은 자발적인 것이다. 여행은 고행이며 고독한 모험이다.

여행자의 동반자는 바람, 눈, 그리고 죽음일 수도 있다. 그래도 떠나야 한다. 우리가 온 곳으로 돌아가야 한다. 누구에게든 처음부터 한계가 있었던 것은 아니다. 걸어가다가 주저앉는 자리가 바로 한계인 것이다.

우리는 먹고사는 일에서 여가를 얻어 인생의 모험을 떠나야 한다. 안 가본 길을 가보라. 언제나 새로움을 환영하라.

행복 찾기로서의 여행

우리가 세상을 행복하게 사는 데 필요한 재료들을 행복재(幸福財)라 한다. 예를 들자면, 돈, 지위, 명예, 건강, 배우자, 아이 등이다.

뒷부분에서 행복에 대해 자세하게 다루겠지만 자신이 가장 좋아하는 것, 가장 잘하는 것을 발견하고 그것에 최선을 다하는 것을 행복이라고 말할 수 있다. 아리스토텔레스는 "행복은 삶의 의미이며 목적이고 인간 존재의 목표이며 이유"라고 했다. 다시 말해서 우리 삶의 전부인 것이다. 버나드 쇼(Bernard Shaw)는 이렇게 말한 바 있다. "스스로 중요하게 여기는 어떤 목적을 위해 움직이는 것이야말로 진정한 삶의 기쁨이다." 다시 말해서 행복은 강한 주체로서의 지향성을 갖고 그에 따라 적극적으로 행동한 결과이다. 행복은 하나의 생존장치이다. 행복이라는 목표와 목적이 없다면 우리는 무엇을 기대하면서 살 것인가? 미래에는 행복할 수 있다는 기대감이 우리를 살게 할 것이다.

행복한 사람은 이 세상을 좀 더 안전하게 느끼며 더 쉽게 결정을 내리고 훨씬 친화적이다. 남들보다 더 건강하고 활동적인 삶을 영위한다. 타인과의 관계나 자신을 바라보는 시각 그리고 미래에 대한 희망이 훨씬 긍정적이다. 무엇보다 행복한 사람들은 그렇지 않은 사람들에 비해 더욱 매력적이고 인기가 많다.

행복이란 무엇인가?

심리학자 리처드 스티븐스(Richard Stevens)가 말하는 행복의 세 가지 요소는 다음과 같다.

① 좋은 느낌과 긍정적인 마음
② 활기 넘치는 생활
③ 의미부여, 즉 인생에서 가치 있는 선택을 하는 것

진화의 관점에서 보자면 우리는 행복 덕분에 살아남을 수 있었다. 인간의 가장 큰 즐거움인 음식과 섹스(食色)야말로 우리를 살아 있게 하고 대를 이어 생존해 나가게 한다.

우리가 인생에서 추구하는 아름다움, 명성, 부 등은 더욱 높은 목표인 행복에 다다르기 위한 수단으로 볼 수 있다. 행복이야말로 가장 순수한 목적이기 때문이다.

영국의 BBC 행복위원회 리처드 리브스(Richard Reeves)는 행복한 삶은 만족감으로 충만한 상태가 아니라고 한다. 행복한 삶은 비극, 도전, 불행, 실패, 그리고 후회까지 모두 껴안고 있다. 하지만 이런 상황에서 우리가 어떻게 대처하느냐에 따라 불행해질 수도, 행복해질 수도 있다.

자신의 삶에 만족하는 것이 진정한 행복이다.

마틴 셀리그만(Martine Seligman)과 에드 디너(Ed Diener)는 매우 행복한 사람들 중에서 항상 상위 10퍼센트에 드는 사람들을 조사해 보았다. 이들이 알아낸 사실 중에서 가장 흥미로운 점은, 행복한 사람은 타인과 좋은 관계를 맺고 있다는 것이다. 이들은 교제 범위가 넓고 사회생활을 더 잘하며 혼자 있는 시간이 거의 없었다.

누군가 이 세상에서 가장 불행한 남자는 '일본식 집에서 영국 음식을 먹으며 미국여자와 사는 것'이라고 말했다고 한다. 그러나 많은 도시인들은 일본식 집이든, 영국식 집이든 제 집이 없고 아무리 영국 음식이 맛없는 음식의 대명사라도 '영국 음식'이라는 정체성도 없는, 가장 흔한 표준화된 공장음식인 패스트푸드를 제대로 씹지도 못하고 살며, 평생을 살아도 내 여자의(남자의) 정체도 제대로 모른 채 살고 있다.

이런 삶은 현대뿐만이 아닌지도 모르겠다. 늘 인간은 막연한 불행 속에서 허무하게 살아왔는지도 모른다. 그래서 행복은 늘 허무주의(Nihilism)를 극복하려는 서양철학의 중심주제였다.

고대 철학자들은 행복의 핵심적 요소는 물질적인 것이나 미학적인 것이 아니라, 어디까지나 심리적인 것일 수밖에 없다고 주장했다.

기독교에 '원죄' 개념을 도입한 교부철학의 대성자인 아우구스티누스(Augustinus)는 『고백록』에서 "행복은 사람들이 이미 가진 것을 욕망하는 것"이라고 했다.

로마 네로 황제의 스승이자 성공한 정치가이기도 한 스토아 철학자 세네카(Seneca)는 "당신이 갖고 있는 것이 당신에게 불만스럽게 생각된다면, 세계를 소유하더라도 당신은 불행할 것이다"라고 했다. 자본주의가 지배하고 있는 현재 불행의 핵심을 찌른 말이다. 행복은 소유의 크기가 아니라 감사의 크기이기 때문이다.

세종의 국정지표가 生生之樂이라 할 만큼 『세종실록』에 보면 이 말이 여러 번 나온다.

우리 인생에서 가장 중요한 계명이 무엇일까? '행복하라!' 아니겠는가?

행복은 기다리는 것이 아니라 가꾸어(만들어) 나가는 것이다. 즉 행복은 능동적인 행위를 요구한다. 행복은 제 운명대로 사는 것이기도 하지만 운명을 극복해서 새로 태어나서 사는 것이기도 하다. 위에서 말한 도전이고 모험이다. "행복은 자유에서 오고 자유는 용기에서 온다"고 아테네의 황금시대를 연 페리클레스(Perikles)는 말했다.

"자신의 일을 찾아낸 사람은 행복하다. 이제 그는 다른 행복을 찾을 필요가 없기 때문이다. 왜냐하면 그에게는 자기가 해야 할 일이 있고 목표가 있기 때문이다"는 칼라일(Carlyle)의 말처럼, 공부는 나의 행복 찾기이다. 공부는 그래야만 한다. 왜냐면 "행복도 훈련받아야 한다"는 니체의 말이 맞기 때문이다.

자기 자신이 되는 과정이 쉬운 것이 아니다. 싸움이 있고, 고통이 있고 슬픔이 있다. 그러나 마땅히 자신이 존재해야 할 그곳으로 스스로를 데리고 가지 않고는 행복해질 수 없다.

행복한 사람은 경험을 구매하고 불행한 사람은 물질을 구매한다는 연구결과가 있다.

코넬 대학의 리프 반 보벤(Van Boven)과 토머스 길로비치(Thomas Gilovich)가 2004년에 실시한 조사에 의하면, 휴가를 즐기거나 콘서트에 가는 것처럼 경험을 사는 것이 새 옷이나 자동차처럼 물질적인 것을 살 때보다 훨씬 행복하다. 가능한 한 오랫동안 행복하고 싶다면 항상 새로운 경험을 해야 한다. 행복은 거창한 관념이 아니라 구체적이고 소소한 경험이다. 그래서 행복에 여러 가지 만만한 여행경험이 중요한 것이다.

우리의 삶에서 휴식과 축제가 있어야 행복하다. 즐기고 축하하고 자꾸 새로 시작하는 인생이 행복한 인생이다. 노인들은 대부분 축제가 없고 새로운 것이 없기 때문에 늘 우울하고, 재미없는 삶인 것이다. 늙은이는 '늘 그런 이'의 줄임말이란다.

매캔넬(MacCannell, 1973)은 관광을 '종교의 기능적 대체물'이라고 주장한다. 종교가 사람들에게 낙원으로의 구원을 약속하듯 관광 이미지는 사람들에게 행복이라는 희망을 준다(MacCannell, Dean, 1973, Staged Authenticity: Arrangements of Social Space in Tourist Settings, *American Journal of Sociology,* 79(3): 589~603).

우리에게 행운을 가져다준다고 여기는 십자가 모양의 네잎클로버는 앵글로색슨족의 신앙에서는 이브가 낙원에서 추방당할 때 함께 가져온 식물이라고 한다(『행복의 역사』, 미셸 포쉐, 열린터, 2007). 낙원에서의 추방조치도 우리에게 행운을 가져다주는 모양이다. 어떻게 보면, 그 낙원은 신의 낙원이지 인간의 낙원이 아니기 때문이다. 자신의 낙원을 찾아가는 여행은 그래서 행복한 길이다.

정말 좋은 여행은 인생을 바꾼다. 마음대로 움직일 수 있는 다리와, 느낄 수 있는 마음이 행복한 여행을 위한 전부일지도 모른다.

프루스트가 적극 후원했다는 폴 모랑(Paul Morand)은 "다른 곳은 내일보다 더 아름다운 단어여서 더 멀리 가고 싶은 욕망을 품는 것이다"라고 했다.

행복은 다름 아닌 살아 있는 느낌이고 존재감이다. 우리에게는 일상의 삶의 의미를 넘어서는 삶의 체험이 필요하다. 살아 있다는 느낌이 필요하다. 심장의 두근거림과 가슴 떨림이 필요하다. 여행은 우리에게 그런 느낌을 준다.

현대사회에서 노동자와 학생에게 휴가와 방학은 일종의 탈출 제도이다. "대중들이 자신에게 기쁘지 않은, 맞지 않는 일로부터 자신 안에 있는 최고의 것인, 기쁨과 행복을 주는 자신에게 맞는 곳으로 가는 여행을 의미한다."(Michael, 1950b, What is Travel? An Introduction, In *Traveler's Quest: Original Contributions towards a Philosophy of Travel,* M. A. Michael, ed., London: William Hodge, pp. 1~19).

노이만(Neumann)은 이와 관련해서 다음과 같이 썼다. '사람들은 정례화된 일, 가정, 가족을 탈출하기 위하여 여행과 자연의 세계로 떠나서, 보다 근본적이고도 기본적인 삶의 양식에 자신들이 가까워질 수 있는 상황을 포함하는 생활의 방식을 추구한다. 강, 산책로, 길 등에서는 근대적인 삶의 지루함, 정례화, 그리고 소외된 리듬이 덜 위압적인 것처럼 보인다. 이 공간에서 사람들은 개성, 흥분, 유연성, 그리고 궁극적으로 행복을 발견한다(Neumann, Mark, 1992, The Trail through Experience: Finding Self in the Recollection of Travel, In *Investigating Subjectivity: Research on Lived Experience,* Carolyn Ellis and Michael G. Flaherty, eds., London: Sage, pp. 176~201).

가장 행복하고 충만한 순간은 도시를 벗어나 자연 속에서 몸의 리듬을 따라 걸을 때 찾아온다. 나무와 꽃에 푹 파묻혀 그 속에서 아주 작은 한 점이 되어 꼬물거리듯 움직일 때, 작은 꽃을 보면 그 생명의 조화가 신비하고 큰 나무를 보면 그가 살아온 지난 시간이 신비하다(『트레블테라피』, 권혁란, 휴, 2011).

의미 있는 장소, 재미있는 장소, 심미적인 장소는 행복한 장소이다.

지금 이곳은 너무나 빨리 변하고 복잡하고 바빠서 의미를 생각하기 어렵다. 순간 낄낄거릴 수는 있어도 재미를 느끼기에는 시간이 부족하고 펙트가 약하다. 일상의 아름다움은 마케팅요소로 전락해서 한시적 장식으로서만 표현되어 미학적 공감은 불가능한 것이 우리의 일상이다. 그래서 일상을 떠나는 여행은 행복이다.

여행자의 등급과 심리

여행자의 등급

니체는『인간적인 너무나 인간적인』에서 여행자의 등급을 나누며 이렇게 이야기했다. “사람들은 여행자를 다섯 등급으로 구분한다. 가장 낮은 등급의 여행자는 눈먼 자들이다. 다음 등급의 여행자는 실제로 스스로 세상을 관찰하는 사람들이다. 그러나 그뿐이다. 세 번째 등급의 여행자는 관찰한 결과에서 그 무엇을 체험하는 사람들이다. 그다음 등급의 여행자는 체험한 것을 자신 속에 가지고 살며 그것을 지속적으로 지니고 있다. 끝으로 최고의 능력을 가진 몇몇 사람도 있다. 그들은 자신이 관찰한 모든 것을 체험하고 동화하고 난 뒤, 집으로 돌아오자마자 곧 그것을 여러 가지 행위와 작업 속에서 기필코 다시 되살려 나가야만 하는 사람들이다. 여행자에 대한 이 다섯 부류에 따라 대체로 모든 사람들은 삶의 모든 여정을 지나간다.”

오스트리아의 여행 칼럼니스트 카트린 지타는 니체의 분류에 착안해 다음과 같이 여행의 등급을 6단계로 나눴다(『내가 혼자 여행하는 이유』, 카트린 지타, 걷는나무, 2015).

1단계, 둘러보는 여행: 많은 곳을 둘러보는 여행을 말한다. 정해진 시간 안에 많은 곳을 가는 것이 중요하기에 유명 관광지를 중심으로 이동해 재빨리 사진을 찍고 또 다른 관광지로 이동한다. 여행사에서 주관하는 단체관광이 여기에 해당하며 여행과 구분되는 산업화되고 대중·대량화된 것이어서 인간적 진지성이 결여된 여행형태이다.

2단계, 관찰하는 여행: 자세히 살펴보고 기록하는 여행을 말한다. 많은 지식과 정보를 가지고 여행을 시작하며 여행을 통해 이를 확인하고 생생한 정보를 추가함으로써 자신의 지식과 정보를 더욱 체계화시켜 나간다. 떠들썩하거나 비판받을 여행형태는 아니다. 관광지와 관광지 주민과 또 다른 관광객과 일체화되는 체험을 갖지 못하는 유형이다.

3단계, 체험하는 여행: 오감과 신체감각을 통해 경험하는 여행이다. 이들의 감각은 열려 있기에 더 깊이 경험하고 감동을 느낀다. 이국의 맛과 예술을 즐기고, 새로운 사람들과 어울리며, 가슴 뛰는 활동에 도전하면서 여행의 즐거움을 만끽한다. 가장 즐거운 가장 열린 여행형태이다.

4단계, 각성하는 여행: 열린 마음을 통해 깨닫는 여행이다. 이들의 의식과 자아는 열려 있다. 이들은 새로운 대상과 경험에 열려 있고, 새로운 세계와 끊임없이 교류하며 자기와의 대면을 통해 의식의 지평을 넓힌다. 이들은 여행을 통해 지혜와 깨달음을 얻는다. 오락과 유흥 중심이 아니라 사유와 성찰하는 여행이다.

5단계, 체득하는 여행: 여행에서의 자각이 체화돼 삶과 연결되는 여행을 말한다. 여행이 끝난 후에도 여행에서 배우고 깨달았던 것을 몸으로 실천하고, 여행자 정신이 살아 있어 일상을 보다 새롭게 바라보고 가꾼다.

6단계, 삶으로의 여행: 여행과 삶이 하나가 돼 삶 전체를 여행으로 보고 살아가는 것을 말한다. 삶 전체가 여행이기에 여행하지 않는 시간 동안에도 여행자의 정체성을 가지고 있으며 평생 자기 길을 찾고 자기 세계를 만들어간다. 오락에서가 아니라 진리에서만 기쁨을 발견하게 된다면 비로소 행복해진다. 여행의 끝은 늘 또 다른 시작이다. 삶으로의 여행을 떠난 사람! 삶을 하나의 여행이라고 보고 삶을 여행처럼 살아가는 사람이 바로 '여행하는 인간(Homo Viator)'이다(『여행하는 인간』, 문요한, 해냄, 2016).

여행의 행동과 욕구

인간이 여행하는 행동원인을 규명하는 것은 여행행동의 구조를 이해하는 전제조건이 될 수 있다. 더욱이 여행 · 관광행동을 소비자행동의 하나로 볼 경우 관광상품을 구매하고 이용하는 데 직접적으로 관련 있는 의사결정에 결정적인 영향을 줄 수 있는 가장 기본적인 구조인자로서 고찰해야 할 대상이 욕구와 동기, 그리고 여행의욕이라고 할 수 있다.

인간의 심리구조 중 욕구는 생명체 내의 심리적 불균형상태로 어떤 것이 충족되어야 할 필요성을 느끼는 긴장상태이며, 여행욕구는 여행행위를 유발시키는 데 필요한 인간이 갖는 심리적 내부구조이다.

동기(motivation)는 라틴어 'Movere'에서 연유한 말로서 인간의 행동을 어떤 가치나 목표를 향하여 일어나도록 내적으로 실행시키는 것으로서, 여행동기는 여행욕구에 의해 행동으로 나타나게 하는 힘이라고 할 수 있다.

여행의욕은 여행하고자 하는 심정으로서 일반적으로 여행행동을 일으키게 하는 심리적 원동력을 지칭한다. 그러나 여행욕구 자체가 여행행위를 결정하는 것은 아니며, 각종의 환경적 자극과 조건이 정비되고 여행동기가 부여됨으로써 여행행위가 발생될 수 있다. 따라서 여행욕구는 인간 내부에 본능적으로 또는 보편적으로 존재하면서 힘을 발휘하는 무의식적인 것과 여행행위를 발생시키는 의식적인 것도 있다(Mill, R. C., The tourism system, Englewood Clings, New Jersy: Prentice-Hall, 1985).

Mill은 Maslow의 욕구 5단계설에 자신이 주장하는 지식추구욕구와 미의 추구동기를 추가하여 욕구와 동기 및 동기요인을 7가지로 재구성하여 정리하였다.

Mill의 여행 · 관광욕구와 동기 및 동기요인 간의 관계

욕구	동기	동기원인
생리적 욕구	휴식	탈출, 휴식, 긴장 해소, 햇빛 추구
안정의 욕구	안전	건강, 위락, 활동성, 건강유지
귀속욕구	사랑	가족동반, 가족관계 향상, 우정, 친교 촉진, 인간관계 형성, 고향 찾기, 친지 · 동족 방문, 가족애 표현, 사회적 접촉
자존욕구	성취능력, 신분	성취능력 확인, 자기위치 과시, 명예감, 사회적 인정, 자아확대, 자기계발, 직업관리, 신분과 명성
자아실현욕구	진실성 추구	자아계발 평가, 자기발견, 내적 욕구 충족
학습이해욕구	지식 추구	문화경험, 교육, 타 지역에 대한 관심
심미욕구	미의 이해	환경, 경관미

출처: Mill(1985), p. 7.

여행 심리상태

1) 여행자 개인의 심리상태

여행자 또는 관광객에게 나타나는 가장 대표적인 심리현상은 여행에 관한 긴장감과 해방감이다. 특히 긴장감은 미지의 세계에 대한 호기심, 불안 등이 겹쳐 발생될 수 있으며, 활동에 상당한 부담감을 주기도 하나, 그와 반대로 감수성이 예민해지고 작은 변화에도 쉽게 감동 · 흥분을 하게 된다. 또한 해방감은 탈일상성을 의미하기 때문에 심리적 이완으로 인해 즐거움이 배가되거나, 지나치면 비윤리적 형태를 추구하고자 하는 경향이 나타나기도 한다.

다음에서는 여행자에게 나타나는 심리상태를 구체적으로 살펴본다(『관광사업개론』, 채서묵, 백산출판사, 1997: 59~60; 『관광학개론』, 조현호, 대왕사, 1998: 136~137).

긴장감

일상생활권을 벗어나 타지를 여행하는 것은 여행자로 하여금 현지에 대한 긴장감을 높인다. 여행에서 생기는 육체적 피로감과 긴장에서 오는 정신적 피로가 유발될 수 있는 것이다. 따라서 여행현장에서의 사소한 것들에 대한 반응이 즉흥적으로 나타나기 쉬우며, 또한 깊은 인상을 받아서 오래 기억되기도 하고, 낯선 것에 대한 새로운 흥미를 유발하기도 한다.

해방감

여행으로 일상생활을 이탈하는 것은 어떤 의미에서는 생활상의 여러 가지 구속에서 일시적으로 해방되는 것 그 자체이며, 해방감을 높이는 작용을 한다. 이와 같은 심리는 변화를 추구하고, 기분을 전환하고 싶은 심리를 내포하며, 유흥적 성향, 사행심, 성적 개방성향, 자유방임적 성향 등으로 나타나 무질서하고 쾌락적인 활동을 할 수 있다.

즉 이 해방감의 고조가 '여행 중의 창피는 아무렇지도 않다'(여행 중에는 그곳에 다시 오지 않는다는 이유로 무슨 짓이라도 태연히 한다는 뜻)는 형태의 행동이 나타나며, 익명성(anonymity)이 보장되므로 돌출행동과 충동구매 등 비일상적 행동을 증가시키는 경향이 많다.

환대성 · 친절성

여행자, 특히 관광객은 자신이 금전적 지불을 하는 손님으로서 그에 상응하는 접대받기를 원한다. 따라서 종업원의 작은 실수에도 민감하게 반응하여 불쾌감을 느끼게 되거나, 작은 호의에도 쉽게 감동하는 경우가 흔하다.

우월감

관광객은 특히, 관광하는 동안에 현지인이나 관광종사자에 대하여 심리적 우월감을 가지게 되며, 자신은 다른 사람보다 특별한 대우와 서비스를 받게 되기를 기대한다. 이런 심리는 다른 어떤 심리보다 강하게 나타나며, 전체적 만족을 평가하는 주요한 요인으로서 매슬로(Maslow)가 주장한 '자존의 욕구'를 충족시키는 수단이 된다.

호기심 해소

여행자는 여행을 통하여 평소에 일상에서 접한 많은 매력적인 여행관광정보에 대하여 내재된 호기심을 풀어볼 수 있는 기회로 삼게 된다.

직접확인 성향

여행자는 자연경관을 감상하는 데도 자신의 모든 감각을 통하여 그 경관에 빠져들 수 있는 가장 좋은 장소를 찾으려 한다. 높은 장소에 올라가는 데도 창으로 에워싸인 케이블카보다는 개방된 리프트 쪽이 주위의 자연을 더욱 잘 느끼게 해줄 수 있다. 즉 여행자는 목적지에서의 대상물에 대한 시각·청각·촉각·후각·미각 등 공감각을 통해 그것을 가능한 한 직접 확인해 보고자 하는 성향이 있다.

공간독점욕

여행자와 관광객은 관광지를 찾아오면서 일시적이나마 그 관광지를 자기의 영역으로 생각하고 활동하게 되는 것이다. 따라서 특히 관광지의 접근로와 입구에는 이곳이 당신이 즐거워하고 만족해 할 수 있는 곳이며, 당신의 영역이라는 느낌을 갖도록 분위기가 연출되어야 한다. 즉 관광자를 위한 분위기와 공간연출로 그들만을 위한 공간 확보라는 특별성을 부여해야 한다.

기념·추억·기록심리

여행은 이미지의 확인이라고도 하는데, 실제로 이미지를 확인했다는 증거로써, 집에 돌아가 주위 사람들에게 이야깃거리로, 그리고 뇌리에 박힌 장면들을 회상해 보기 위해서 여행자에게는 여행지에 온 것을 기념할 수 있는 것을 가지고 싶은 심리가 있다. 따라서 인상적인 장면을 사진으로 담을 수 있도록 사진 찍을 장소와 상징물을 만들어줄 필요가 있으며, 토산품을 만드는 행사를 개최하는 등의 관광지에 온 것을 기념할 수 있는 것을 연출해 놓아야 한다.

개방성·익명성

여행자가 여행지 안에 있는 동안은 익명성이 보장된다. 동시에 여행자는 심리적으로 유흥, 사행, 성적 방종, 리미노이드의 추구 등 자신의 거주지에서 제한받을 수밖에 없었던 행동을 밖으로 표출하려는 욕구가 강하게 나타난다. 즉 자신들의 신분 노출이 염려되지 않기 때문에 과감한 옷차림이나 외설적이고 상스러운 농담, 나체일광욕, 성적인 무절제 등과 같은 행동들을 스스럼없이 즐기려고 한다. 이런 행위는 또한 관광지에서 나타나는 여행자들 간의 코뮤니타스(Communitas)적 결속력 때문이기도 하다.

코뮤니타스란 동등한 사회적 존재로서 교류하는 사람들 간에 아무런 중재 없이 이루어지는 커뮤니케이션으로서, 이는 알지 못하는 상대방에 대한 우의와 개방성을 인정하고 격의 없이 친해지려고 한다.

리미노이드한 행동욕구

리미노이드(liminoid)는 '일상생활의 바깥 혹은 그 주변의 모든 조건'을 의미하는 것으로, 리미노이드한 행동이란 '일상생활의 제도화된 신분 · 역할 · 규범 · 가치 · 규칙 등의 합법성을 부정하거나 무시하는 듯한 활동'을 의미한다.

여행자들은 관광목적지에서 일상생활에서와는 전혀 다른 쾌락적이고 색다른 것을 추구하려는 행동을 취하려는 심리적 상태를 유지하며, 이러한 욕구상태에서 발현되는 행동을 리미노이드한 행동이라고 한다.

2) 사회계층에 따른 여행심리

오늘날 관광학의 연구는 관광행동을 사회 · 경제학적 요인과 연령 · 성별 · 직업 및 가족의 생활주기 등의 사회적인 요인과 관련된 것으로 분석한다. 이러한 연구는 서로 상충하는 경우가 있어 확고한 결론을 내리는 데 어려움이 있기도 하지만, 일반적으로 상류계층과 하류계층 간의 심리학적 특징을 다음과 같이 지적하고 있다(Loudon, David L. & Della Bitta, Consumer Behavior : Concepts and Applications, New York: McGrew-Hill, Inc., 1979: 159~203).

상류계층의 여행심리

① 보다 미래지향적인 관심을 갖는다.

② 긴장에 대하여 합리적으로 적응한다.

③ 장기적인 안목을 갖는다.

④ 사고에 대한 범위나 사물에 대한 시야가 넓어 어떠한 제약도 받지 않게 된다.
⑤ 높은 선택능력을 갖고 있다.
⑥ 자기확신과 모험에 대한 의지가 강하다.
⑦ 사고방식이 비물질적이고 추상적이다.

하류계층의 여행심리

① 현재중심적이고, 과거지향적이다.
② 주로 비합리적인 적응력을 갖는다.
③ 단기적인 안목에서 생활하고 생각하게 된다.
④ 한정되고 제한된 시야를 갖는다.
⑤ 선택에 있어 제한된 개념을 갖는다.
⑥ 안전과 불안전의 문제에 높은 관심을 갖는다.
⑦ 사고방식이 구체적이고 감각적이다.

이와 같은 사회계층의 심리적 요인은 여가시간의 추구나 여행·관광행동에 대한 참여도를 결정해 줄 수 있을 뿐만 아니라, 사람들의 심리작용을 통찰할 수 있는 지표를 제시하고 있기 때문에 관광 마케팅활동을 적응시키는 데 중요한 영향요소로 작용할 수 있다.

단체관광심리

단체관광객들은 개별여행자들과는 상이한 관광심리상태를 나타내는 것으로 알려지고 있다. 일반적으로 관광객이 단체관광을 선호하는 동기는 다음과 같다(『관광소비자행동론』, 박시사, 대왕사, 2001: 250~251).

① 다양한 목적지 선택
② 걱정거리 없는 휴가
③ 사전비용 예측
④ 심리적 안정감
⑤ 함께 여행하는 즐거움
⑥ 가격이 쌈

여행과 유토피아

관광낙원의 창조

제3세계에 대한 선진국 국민의 여행은 종종 제3세계 사람들의 실제 사는 것에 대한 탐구라기보다는 서구적 의식과 유토피아의 투사로써 구체화되곤 한다. 마쉬먼트가 관찰한 바와 같이, 서구의 휴가 브로슈어에는 "장애인도 없고, 뚱뚱한 사람도 없고, 흑인도 없다." 서구의 해변 휴가 선전에서 가장 많이 등장하는 것은 젊고 건강하며 멋있는 금발의 백인 남녀, 아름다운 경치 그리고 편안한 숙박시설 등이다. 그러므로 관광 이미지는 일종의 특수한 환상적 이미지(dream image)다(Marshment, Margaret, 1997, Gender Takes a Holiday: Representation in Holiday Brochures, In *Gender, Work and Tourism*, M. Thea Sinclair, ed., London: Routledge, pp. 16~34).

환상적 이미지는 사람들에게 일상의 실제로부터 정신적으로 초월하고 상상적으로 도피할 수 있게 해준다. 무엇보다도 그것은 일종의 희망이다. 어떤 구체적인 희망이 아니라 그 자체가 환상인 희망이다. 그렇다면 환상적 이미지란 무엇인가? 근대 서구문화에서 전형적인 환상적 이미지를 구성하는 것은 에덴, 유토피아, 샹그릴라 등이다. 그곳에 사는 사람들은 마치 피터 팬같이 단순하고 순수하며 진실하고 늙지도 않는다(Selwyn, Tom, 1993, Peter Pan in South-East Asia: Views from the Brochures, In *Tourism in South-East Asia,* M. Hitchcock, V. King and M. Parnwell, eds., London: Routledge, pp. 117~137).

관광 이미지는 사회적으로 그리고 문화적으로 구성된 유토피아적인 것이다.

예를 들어 카리브해는 이와 같은 지역의 전형적인 예에 해당한다. 즉, 이미지를 상징적으로 변형하여 관광낙원을 만든 것이다(Wilson, D., 1994, Probably as Close as You Can Get to Paradise: Tourism and the Changing Images of Seychelles, In *Tourism: The State of Art,* A. V. Seaton, ed., Chicherster: Wiley, pp. 765~774). 날씨와 같은 관광지의 물리적 · 환경적 측면을 바꿀 수는 없다. 바꿀 수 있는 것은 관광객의 보는 방식과 관련된 장소의 이미지다. 따라서 지상낙원과 관련된 웅장한 경치나 자연풍경이 결여된 시각적으로 "평범한" 곳이라고 할지라도 상징적으로 변형시키면 비범한 관광지가 될 수 있다(Hummon, David M., 1988, Tourist Worlds: Tourist Advertising, Ritual, and American Culture, *Sociological Quarterly,* 29(2): 179~202).

관광낙원은 사람들이 억압된 욕망을 해소할 수 있고 일상과는 전혀 다른 즐거운 세상을 제공한다.

따라서 매캔넬은 관광을 종교의 기능적 대체물이라고 주장한다. 종교가 사람들에게 낙원으로의 구원을 약속하듯 관광 이미지는 사람들에게 행복이라는 희망을 준다 (MacCannell, Dean, 1973, Staged Authenticity: Arrangements of Social Space in Tourist Settings, *American Journal of Sociology,* 79(3): 589~603).

종교가 하는 것과 같이, 관광 이미지는 광고가 창조한 '또 다른 세상'을 재현한다.

낙원 이미지로 표현된 관광낙원

일상적 실재	관광낙원
평범한 세상	비범한 세상
도회적	목가적
산업적	심미적
노동윤리	즐거움의 윤리
책임	탈출
집	멀리 떠남
고정	변화
친숙함	신기함
효용	아름다움
도구적	놀이적
이성	감흥
합리적	감정
질서	축제
자율적	일시적
생업	소비
로고스	에로스

출처: 『관광과 근대성』, 닝왕, 이진형 · 최석호, 일신사, 2004, pp. 261~262.

지구 전체의 행복을 평가할 때 오로지 상류층이나 유럽인이나 성인남자만을 대상으로 하는 것은 잘못이다. 자연의 일부인 인류만의 행복을 고려하는 것도 마찬가지로 잘못일 것이다. 그래서 어떤 곳이 낙원이라는 명성을 얻게 되는 순간 지옥으로 바뀐나 (『여행의 심리학』, 김명철, 어크로스, 2016). 천국의 문이 열리는 그만큼 지옥의 묵시록도 동시에 울려 퍼진다.

낙원의 특징은 우리가 만드는 것이 아니라 자연의 혜택에 의해 행운처럼 우리에게 주어진다는 것이다. 그러나 사실, 유토피아 이야기는 우리가 원하는 대로 살 수 있다면 그것은 어떤 모습의 사회인가에 대한 것이다. 천국은 삶의 우선순위를 아는 지혜이고 그것을 위해 최선을 다하는 것이다.

낙원이란?

서양의 이상향은 유토피아와 천년왕국이다. 유토피아의 개념은 모호하기는 하지만 전통적으로 완전사회에 대한 갈망인 것은 분명하다. 이때 완전함은 완벽지향과 신의 은총으로의 회귀라고 할 수 있다. 완전함은 조화된 상태를 말하며, 그것은 영구적인 평화, 인간욕망에 대한 완벽한 만족, 행복한 마음으로 행할 수 있는 노동과 풍부한 여가, 만족스러운 평등, 그리고 무조건적인 권위에 의한 폭력의 부재 등이 이루어졌을 때를 완전한 사회로 부를 수 있을 것이다. 완전사회에 대한 인식은 두 가지로 나타나는 듯하다. 인간이 에덴동산에서 추방당함으로써 깊은 상실감을 지닌 채 항상 향수(Nostalgia)에 젖어 그곳으로의 복귀를 희구한다는 에덴적 유토피아가 그 하나이고, 천국의 도시 창조를 바라며, 그러한 궁극적 목적을 향한 완전사회에의 꿈이 다른 하나이다. 유토피아를 창세기 에덴동산과 요한 계시록의 신예루살렘 사이의 어딘가에 위치한다고 보는 성서적 해석도 이와 유사한 관점이다. 신예루살렘 건설은 천년왕국사상이다. 결국 기독교적 유토피아는 신과의 일체감을 이룩함으로써, 그리고 보다 세속적인 유토피아는 맛난 음식, 화려한 궁전, 오락, 섹스를 비롯한 세상 사람들의 속된 꿈을 이룰 수 있는 것을 제안함으로써 이상향을 펼치고 있다.

서양의 유토피아가 이상적인 땅을 그린 것이 아니라, 이상향 즉 이상적인 사회를 꿈꾸었기 때문에 그의 묘사가 주로 인간과 인간관계, 인간과 신과의 관계 등 초자연적인 내용을 본질로 한다면, 동양의 이상의 땅, 풍수 명당, 길지는 표현이 난해하고 산만하기는 하지만 매우 구체적인 경관묘사를 하고 있다. 온화, 유순하고 결함이 없어 마음을 안정시켜 주는 주위환경, 유장한 산의 흐름, 찌를 듯 달려들지 않고 돌아드는 물길, 결코 단조롭지 않은 산수의 배열, 이러한 조화를 이룬 자연이 풍수적 이상의 땅, 길지인 것이다. 서양의 유토피아가 일종의 환상이라면 동양의 풍수적 길지는 구체적 실체로써 이 지상에 존재함을 믿어 의심치 않는 점이 가장 큰 차이점이라 할 것이다. 그러나 조화, 균형을 중시했음은 양자가 모두 일치한다고 하겠다(『한국의 풍수사상』, 최창조, 민음사, 1992).

모든 낙원과 유토피아는 좋은 땅을 가리키고 있다. 그것은 공간적이라기보다는 장소적이다.

장소는 안전이고 공간은 자유다. 인간은 장소를 사랑하고 공간을 동경한다(『공간과 장소』, 이 푸 투안, 대윤, 2007). 낙원이란 일반적으로 고통이 없는 지복의 장소를 나타내는 말로서 다음과 같은 조건을 가지고 있다.

① 그 토지가 둘러싸여서 지켜질 것, 담은 집을 지키는 산으로 나쁜 기운도 막음
② 외적에게서 멀리 떨어져 있고, 만약 가능하다면 소재조차 알려지지 않을 것
③ 내부에는 음식, 물 등 생명유지의 수단이 풍부할 것
④ 기후가 온난하여 추위와 더위에 의한 고통에서 지켜질 것
⑤ 남녀의 성적 쾌락도 충분히 보장되어 있을 것

낙원의 다양한 형태

파라다이스(Paradise)

파라다이스라는 말의 어원은 고대 페르시아어 아피리다에자(Apiri-Daeza)로 그 말의 뜻은 '벽으로 둘러싸인 과수원'이라고 한다. '벽으로 둘러싸인' 곳은 안전한 곳이고 '과수원'은 풍요로운 곳이다. 안전하고 풍요로운 곳이라는 이상적인 공간이 바로 낙원이었던 것이다. 이 페르시아어가 구약성서에서 파라데이소스(Paradeisos)로 사용되었다고 한다.

현대 관광지의 이미지와 가장 가까운 것이 파라다이스라고 할 수 있다.

오늘날의 관광지에 필요한 것은 행복의 공간에 대한 구체적인 이미지이며 그곳을 방문한 인간에게 반드시 행복을 가져다주기 위한 관광공급자들의 사상이다. 좋은 관광지의 문제는 막연하지만 누구나 가고 싶은 '이상향으로의 파라다이스'를 어떻게 실현하느냐의 문제이다(『리조트의 철학』, 이치조 신야, 백산, 1997).

에덴동산(The Garden of Eden)

에덴은 페르시아어 '헤덴(Haden)'에서 유래된 히브리어로 '환희의 동산' '태고의 정원'이라는 뜻을 가지고 있다. 또한 수메르어의 에디누(edinu: 평지, 황무지)에서 유래되었다고도 한다.

야훼 하느님이 땅과 하늘을 만든 때였다. 땅에는 아직 아무 나무도 없었고, 풀도 돋아나지 않았다. 야훼 하느님이 땅에 비를 내리지 않았고 땅을 갈 사람도 없었다. 마침 땅에서 물이 솟아 온 땅을 적시자 야훼 하느님이 진흙으로 사람을 빚어 만들고 코에 입김을 불어넣으니, 사람이 되어 숨을 쉬었다.

야훼 하느님은 동쪽에 있는 에덴이라는 곳에 동산을 마련하고 그가 빚어 만든 사람을 그리로 데려다 살게 하였다. 야훼 하느님이 보기에 좋았고 맛있는 열매를 맺는 온갖 나무를 그 땅에 돋아나게 하였다. 또 그 동산 한가운데는 생명나무와 선과 악을 알게 하는 나무도 돋아나게 하였다(창세기 2:4~9).

성경에서와 같이 아담과 이브가 선악과를 따먹음으로써 잃어버린 낙원은 에덴동산(Garden of Eden)이다. 그것은 숲이나 들판이 아니라 정원이고 정원은 적극적인 디자인의 결과물이다. 이상향은 그냥 존재하는 것이 아니라 적극적으로 개입하여 만든 결과물이다. 이는 야생의 세계를 벗어나 자연의 위해로부터 보호된 문명의 세계에서, 야생의 세계에서 느꼈던 기쁨을 맛보거나 즐기기 위해 만들어진 인공적인 자연 공간이라는 의미가 있다.

유토피아(Utopia)

유토피아는 처음부터 이중적 의미를 갖는 말이었다. 토머스 모어(Thomas Moore)는 이 말을 장소의 의미인 토포스(topos)와 두 개의 접두사, 즉 좋음의 의미인 'eu'와 부정의 의미인 'ou'를 결합해서 만들었다. 다시 말해 좋은 곳이지만 실제로는 어디에도 존재하지 않는 곳이다. 그러므로 이 두 의미 중 어느 것을 강조하느냐에 따라 유토피아의 의미가 '공상사회'라는 의미를 갖기도 하고, '이상사회'라는 의미를 갖기도 한다.

모어는 그의 인생 자체가 천국과 지옥을 오간 사람이다. 그는 국회의장과 대법관을 지냈으나 반역죄로 사형선고를 받고 57세에 참수형을 당한다. 그는 사회의 모든 불의가 불평등에서 비롯된다고 보고, 생산과 소유에서 교육과 쾌락추구에 이르기까지, 누구에게나 평등주의가 적용되는 공유제 사회를 설계한다. 요컨대 모어는 사회정의의 실현을 위해 욕구를 제한하여 자족할 수 있는 사회주의 유토피아를 구상했다(『유토피아 이야기』, 이인식, 갤리온, 2007).

그의 책은 다음과 같이 1, 2부로 구성되어 있다.

1부 Dystopia: 영국농민들이 대부분 비참하게 살면서 어쩔 수 없이 도시로 가야 하고, 근대도시의 걸인, 홈리스, 범죄, 전염병, 교수형, 신도 자연도 없는 공간, 고향상실의 시대를 그린다.

2부 Utopia: 초승달 모양의 섬으로 54개의 도시가 있다. 공평, 풍요, 공유의 행복으로 공산주의의 원조가 되었으며, 수도원을 모델로 하였다. 꼭 필요한 일 말고는 육체노동에서 벗어나 가능한 한 많은 시간을 마음의 계발에 전념하는 행복의 나라이다.

모어가 제시한 이상세계 유토피아는 다음과 같은 특성을 갖는다.

- 돈을 전혀 사용하지 않아서 온갖 종류의 범죄와 불안, 걱정 등이 없다.
- 이 나라의 기본은 농업이고 모두가 이것에 종사한다.
- 게으른 자는 추방된다.
- 노동시간은 6시간이고 여가는 각자의 자유이나 대부분은 학문이나 음악 등으로 보낸다.
- 어리석고 해로운 놀이는 전혀 모른다.
- 금은 경멸되어 변기나 노예의 족쇄, 전과자의 귀에 거는 귀걸이를 만드는 데 쓰인다.
- 결혼은 여자 18세, 남자 22세에 달하지 않으면 허가가 안 되며, 이혼은 원칙적으로 금지되어 있다.
- 사유재산 없이 모든 것이 공유이며, 법률의 조문은 매우 적고 변호사는 추방된다.
- 불가피한 경우, 전쟁을 피하지 않는다.
- 모두가 똑같은 옷을 입는다.

유토피아의 기능적인 측면을 고려할 때 오스카 와일드(Oscar Wilde)의 다음과 같은 말은 자주 인용된다.

"유토피아를 포함하지 않는 지도는 일고의 가치도 없다. 왜냐하면 그것은 인류가 항상 도달하고자 하는 한 나라를 빠뜨리고 있기 때문이다. 그리고 인류가 그곳에 도착하면, 잠시 둘러보고 더 나은 나라를 찾아서 항해를 계속한다. 진보란 유토피아의 실현이다."(Oscar Wilde(1891), "The Soul of Man Under Socialism", In Selected Essays and Poems, London: Penguin, 1954, p. 34)

그러나 유토피아는 적어도 두 가지 측면에서는 문제가 있다. 여행의 자유가 제한되어 있는 곳이다. 시장의 허가 없이는 여행을 다닐 수 없으며, 여행규정을 어기면 노예로 전락된다. 여행과 행복이라는 우리의 논의 주제에서는 당황스러운 곳이다. 그리고 사생활이 보호될 수 없다. 모두가 지켜보는 가운데 생활하는 사회이기 때문이다.

"영혼이란 육체의 추함을 잊기 위해 발명된 유토피아"라고 푸코는 말한다. "내 몸은 나에게 강요된, 벗어날 수 없는 장소이다. 결국 우리는 이 장소에 맞서서, 이 장소를 잊기 위해서, 그 모든 유토피아를 탄생시킨 것이다." (『헤테로토피아』, 미셸 푸코, 문학과 지성사, 2014, p. 29)

극락정토(極樂淨土)

초기 불교에서는 인도의 우주관이었던 수미산(須彌山: 불교의 우주관에 의한 세계의 중심인 거대한 산. 정상에 제석천의 궁전이 있음)을 중심으로 하는 천상의 세계를 수용하였지만, 후기 대승불교에서는 깨달음이 보장되는 정토의 세계를 말하고 있다.

극락은 불교의 가장 이상적인 유토피아다. 왜 극락이라고 하는가 하면 오직 즐거운 일만 있고, 괴로움이 없기 때문이다. 이는 정신적인 즐거움을 말하고 있다. 그리고 물질적으로도 부족함이 없는 풍요로운 세계, 모든 것이 보배로 이루어진 풍요로운 세계를 말한다. 사바세계는 항상 상대적이다. 그러나 극락세계는 절대적이므로 무엇과도 비교할 수 없고, 또 차별이 없는 세계이다.

괴로움(苦)의 사바세계에서 아미타불을 믿음으로써 극락정토에 들 수 있다고 한다.

샹그릴라(Shangri-La)

히말라야산맥 어딘가에 깊숙이 자리하고 있는 1930년대 영국 작가 제임스 힐턴(James Hilton)이 쓴 소설『잃어버린 지평선(Lost Horizon)』에 나오는 숨겨진 낙원이다. 아프지 않고 늙지 않고 고통스럽게 죽지 않는 곳이다. 일반적으로 샹그릴라는 신비롭고 아름다운 산골짜기나 그런 장소를 비유하는 말로 쓰이며, 유명한 샹그릴라 호텔의 이름도 여기서 따왔다.

포식의 낙원 코케인(Cockayne)

배고프고 가난하고 늘 노동에 시달려야 하는 민중들의 이상향이 코케인이다.

코케인은 모든 사람이 노동에서 해방되어, 환희와 열락으로 세월 가는 줄 모르는 이상향이다. 세계 모든 나라에는 코케인의 소망이 들어 있다.

영국의 옛 민중시에는 다음과 같은 내용이 있다.

> 코케인에는 고기와 술이 넘치네
> 땀 흘리고 애쓰고 열심히 일하지 않아도
> 고기는 공짜고 술은 넘쳐흐르니
> 돈 없어도 되고 걱정 안 해도 된다네
> 낮이나 밤이나 원하는 것 달라면 되고
> 모든 것이 당신의 즐거움을 위해 있다네.

이 나라의 주민들은 영생을 약속받았다. 그 이유는 전쟁 같은 것이 존재하지 않는데다가 50세가 되면 다시 10세의 아이로 돌아가버리기 때문이다. 여러 요정들이 그들을 위해 일한다고 한다.

The Land of Cockayne Oil on Panel(1567)

뉴애틀랜티스(The New Atlantis)

1627년 영국 근대 철학의 창시자이자, 장관과 대법관을 역임한 정치가이며 런던탑에 갇힌 죄인이기도 한 프란시스 베이컨(Francis Bacon)의 책이름이다. 그는 자연과학을 연구하지 않으면 인류의 진보는 없으며 철학도 위기를 맞게 된다고 주장했다. 뉴애틀랜티스는 태평양에 떠 있는 가상의 외딴 섬에 근대과학의 힘으로 건설한 물질문명의 왕국이다. 뉴애틀랜티스는 플라톤의 애틀랜티스에서 모티브를 얻은 것이다. 플라톤은 애틀랜티스섬은 대서양에 위치한 아시아보다 큰 섬이고 거대한 문명을 가진 이상향이었으나 영성을 상실하고 물질적인 것에 탐닉한 나머지 몰락하였다고 한다.

베이컨은 유토피아와 다른 새로운 섬, 과학기술로 사회를 진보시키고 생산을 증대해 인간의 욕구를 최대한 충족시키는 과학적 유토피아를 상상한 것이다.

과학지식은 자연에 대한 지배력을 갖게 해, 인류에 풍요로운 삶을 보장해 주므로 '아는 것은 힘'이 된다고 생각했다.

그러나 현재 과학기술 산업문명의 혜택으로 인류역사상 가장 풍요로운 물질문명과 소비의 시대를 살고 있으나 베이컨의 생각대로 우리는 이상적 삶을 살고 있는가? 우리 모두에게 던질 수밖에 없는 질문이다.

멋진 신세계(Brave New World)

알더스 헉슬리(Aldous Huxley)의 예언적 소설인 『멋진 신세계』(1931)는 셰익스피어 작품인 템페스트의 대사, "얼마나 아름다운 인간인가! 아, 그와 같은 인간이 사는 멋진 신세계!"라는 데서 따온 것이다. 이 소설은 영국을 불행이 사라진 곳으로 묘사하고 있다. 그 사회의 표어는 공유, 동일, 안정이다. 사람을 인공 부화장치로 대량생산하여 집단 양육하는 사회를 묘사했다. 아기들은 그 사회의 다섯 가지 계급에 따라 체격과 지능 같은 조건이 결정되어 태어나고 양육된다. 헉슬리의 상상력은 100년 앞을 내다본 것이기도 하다. 신세계의 아이들은 "모든 사람들은 지금 행복하다"는 주문을 매일 밤 150번 암송해야 한다. 유전공학, 마인드컨트롤, 통제되는 환경 등으로 완전한 행복이 보장된다. 성인이 될 때까지 남아 있는 불만을 없애기 위해 soma라는 약을 매일 복용한다.

그런데 실제로는 전혀 행복해 보이지 않는다. 불평등, 인공, 감시와 통제 등이 행복의 반대말이기 때문이다.

실제로, 헉슬리는 흥분제와 환각제를 복용하였으며, 그 경험을 토대로 글을 써서 미국 저항문화의 정신적 대부로 불리기도 하였다(『유토피아이야기』, 이인식, 갤리온, 2008).

무릉도원(武陵桃源)

중국의 시인인 도연명이 쓴 『도화원기(桃花源記)』의 장소이다. 끊임없는 전쟁, 도적 떼의 수탈, 과도한 세금, 질병의 유행, 기아 등 고단한 춘추전국시대에 중국 백성들이 상상해 낸 도교적 낙원이다.

중국인들이 꿈꾸던 낙원은 인간세상이 어려운 정치, 힘든 경제상황 속에서 나와 자연 속에서 자연과 동화하고 일치하는 세상이었다. 노장사상에서 보듯 최상의 경지는 바로 곧 자연과 내가 하나 되는 경지다.

도연명의 무릉도원은 계곡과 작은 동굴을 간신히 빠져나와 발견한 확 트인 밝은 세상이었다.

그 이야기는 다음과 같다.

'4세기 무릉(武陵)에 사는 어부가 있었다. 어느 날 강을 따라 계곡 깊숙이 들어가는 사이에 자기가 어디에 있는지 알 수 없게 되었다. 계곡 양쪽 물가를 따라 복숭아꽃들이 만발해 있었다. 그래서 도원이다. 동굴이 있어 동굴 안으로 계속 들어가자 갑자기 시야가 밝아지더니 논밭과 아름다운 연못, 대나무 숲도 있었다.
사람들은 한가롭고 즐거운 모습이었다. 모두가 잘살고 행복하였다. 시간 가는 줄도 모르는 곳이다.

홍길동전: 율도국

홍길동전(1618)은 최초의 한글소설이며, 동시에 우리나라 최초의 유토피아 소설로 율도국이 최후의 낙원으로 설정되어 있다. 한국의 삼대의적으로 홍길동, 임꺽정, 장길산을 드는데, 우리에게 가장 친근한 것이 홍길동이다. 서자인 그는 활빈당의 수령으로, 부패한 지배층을 공격하여 빼앗은 재물들을 빈민들에 분배한 의적이다. 활빈당의 스토리는 고려, 조선시대에 계속 나온다. 동학 이후 독립군에 편입되었다고도 한다. 홍길동은 그를 따르는 삼천 명과 같이 율도국에 들어가 정벌하고 왕이 된다. 그 나라는 신분차별이 없는 평등사회이고 백성이 살기 편하며 도적이 없고 풍속이 아름다워 길에 떨어진 물건도 주워가지 않으며 풍년이 계속되어 태평세계라고 한다. 조선 후기의 어지러운 사회상에 대한 풍자와 바람이 만든 낙원이다.

테크노 유토피아(Techno-utopia)

공간적 여행으로 가능한 세계가 아니라 시간여행을 통해서 가능한 세계가 테크노 유토피아이다. 동서고금을 막론하고 인간심리의 대전제는, '나는 놀고 먹고 다른 것을 시켜먹자'는 것이다. 그 다른 것은 가축〉노예〉기계로 변했을 뿐이다.

지금 전 세계는 4차 산업 열풍이다. AI, ICT, BT, MT의 상생과 협업을 통한 상생(hybrid synergy)이 4차 지능화 산업혁명이다. 우리 인류는 이미 세 차례의 산업혁명을 겪어왔다. 1차 산업혁명은 증기기관, 철도의 기계화이고 2차 산업혁명은 에디슨에 의한 전기전자화이다. 그리고 최근의 3차 산업혁명은 컴퓨터의 정보화 혁명이다.

4차 산업혁명은 인공지능의 비약적 발전(AI's quantum jump), 빅 데이터, 딥 러닝, 신경망(neural networks) 등의 발전을 가져와 테크노 유토피아를 만들어낼 것이다. 그러나 그 최전선에 있는 엘런 머스크(Elon Musk) 테슬라 회장은 "인공지능은 악마이다(AI is demon.). 그것은 산업혁명시기의 기계파괴운동인 제2의 러다이트 운동으로, 기계의 반란을 가져올 것이다"라는 암울한 예언을 한 바 있다.

유발 하라리는 그의 책『호모데우스(Homo Deus)』에서, 급진적 생명연장(radical life extention)기술과 육체의 기계화인 사이보그화(cyborgization)에 이어 생물학적 영생 확보(Biological immortality) 및 영혼의 업로드로 불멸을 추진하는 神人(Homo Deus)의 탄생을 예언했다. 이 사회의 특성은 인간이 신의 자리를 차지한다. 그리고 신이 된 소수의 인간과 보통 인간의 양극화와 기계보다 못한 열등인간의 문제가 대두되는 무서운 사회이기도 하다.

대동사회

유학에서 지향하는 낙원은 '大同社會'로 규정된다.『예기』「예운」편에 이에 대한 상세한 기록이 있다. 사실 '대동'이란 말이 처음으로 출현한 것은『서경』의 '홍범'에서다.

큰 노가 행하여지자 천하를 公으로 여기고, 어질고 능력 있는 인물을 골라 지도자로 삼았고, 신의를 가르치고 화목을 두텁게 하였다. 그러므로 사람들은 각자의 부모만을 부모로 여기지 않았고, 각자의 자식만을 자식으로 여기지 않았다. 노인은 여생을 편안히 마칠 수 있게 하였고, 장년은 일할 수 있게 하였으며, 어린이는 마음껏 성장할 수 있게 하였고, 홀아비와 과부, 고아와 자식 없는 늙은이, 장애인과 질병에 걸린 사람들은 모두 부양받을 수 있게 하였으며, 남자는 직분을 갖게 하였고, 여자는 결혼하여 가정을 이루게 하였다. 재화가 헛되이 땅에 버려지는 것을 미워하였지만, 사사로이 독점할 필요가 없었고, 노동이 사람의 몸에서 나오지 않는 것을 싫어하였지만, 굳이 자기 자신만을 위하여 일할 필요도 없었다. 이렇기 때문에 간사한 꾀는 막혀 일어나지 않았고, 절도나 난적이 생기지 않아 바깥문을 닫는 일이 없었다. 이러한 세상을 일러 대동이라 한다.(『유토피아인문학』, 최규홍, 석탑, 2013).

여행문학

모든 여행은 여행기로 쓰인 뒤에야 마무리되는 것이고 그 여행이 여행자에게 있어 제대로 소화되는 것이며, 동시에 모두와 공유할 만한 의미를 얻는다. 기념품은 본인에게서도 시간이 지나면 의미가 사라지고 사진은 제3자에게 동일한 공감을 끌어낼 수가 없다.

여행은 이야기다. 나만의 특별한 사건이다. 모든 여행은 사건을 겪은 주체가 명확하고 뚜렷한 시공간적 배경이 있으며 사건의 흐름이 유기적으로 연결되는 훌륭한 이야기일 수밖에 없다.

여행담은 세계에서 가장 오래된 이야기이며, 누군가에게는 일기이며 다른 사람에게는 심장을 뛰게 하는 모험담이다.

여행기란 본질적으로 여행의 성공이라는 목적을 향해 집을 떠난 주인공이 이런저런 시련을 겪다가 원래 성취하고자 했던 것과 다른 어떤 것을 얻어서 출발점으로 돌아오는 것이다(『여행의 이유』, 김영하, 문학동네, 2019).

세계의 여행문학

여행기의 역사는 문학의 역사만큼 길다.

가장 탁월한 문학적인 기념비 가운데 하나가 길가메시(Gilgamesh) 서사시이다. 이 시는 기원전 3000년경 남부 메소포타미아의 도시 우루크의 왕 길가메시에 대한 이야기이다. 길가메시 왕은 영원한 삶을 찾아 수많은 지역을 헤매고 다닌다. 그는 사막을 횡단하고 산을 오르고 바다를 건너는 등 가지가지 위험한 일을 겪으면서 겨우 망자의 섬에 사는 우란 우트나피슈팀(Urahn Utnapishitim)을 만난다. 길가메시는 그에게 삶과 죽음에 관한 답을 듣고자 한다. 길가메시의 여행은 정말 일어난 일이 아닐 수도 있다. 그러나 인간은 본래 끊임없이 무엇인가를 찾아 헤매고 창조의 비밀을 알고 싶어 한다. 바로 이것이 시대를 초월한 여행의 목표이자 동기이다.

눈먼 음유시인인 호메로스(Homeros)의 일리아드와 오디세이는 서구문명 최초의 텍스트이다. 오디세우스(Odysseus)는 트로이 전쟁을 끝내고 아내와 자식이 있는 고향으로 향한다. 주인공은 험난한 시련을 겪으면서도 포기하지 않는다. 주인공은 원래 찾으려던 것과 전혀 다른 것, 훨씬 중요한 어떤 것을 얻는다. 그것은 깨달음이다. 오디세우스는 집으로 귀환한다는 애초의 목적은 달성했지만 그 긴 여정을 통해 그가 진짜로 얻게 된 것은 인간의 삶은 매우 연약한 기반 위에 위태롭게 존재한다는 것, 환각과 망상으로 얻은 쾌락은 진정한 행복이 아니라는 것 등을 깨닫게 된다. 이 과정에서 오디세우스는 처음 길을 떠날 때와는 전혀 다른 존재가 되어 고향인 이타카에 도착한다(위의 책).

흔히 서양 역사에서 최초의 여행자는 그리스인 헤로도토스(Herodotos)로 알려져 있다. 그는 기원전 5세기에 아테네를 출발해서 서쪽 시칠리아를 거쳐 동쪽 고대 페르시아의 수도 에크바타나(Ecbatana)로 가는 머나먼 여행을 했다. 그는 흑해의 북쪽 해안까지 갔고, 나일강을 타고 이집트 엘레판티네(Elephantine)에 도착했다. 그는 자신이 관찰한 대로 신화와 전설이 뒤얽힌 세계의 전체적인 모습을 기록했다. 그리고 그 방대한 지식을 바탕으로『역사(Historia)』라는 책을 씀으로써 '역사의 아버지'라는 칭호를 얻었다. 헤로도토스는 뚜렷한 목적이나 필요에 의해서가 아니라 '여행 자체가 즐거움'인 여행을 했기 때문에 최초의 여행자로 불린다.

13세기 베네치아의 상인 마르코 폴로(Marco Polo)의『동방견문록』이 여행기의 신기원을 이룬다. 마르코 폴로는 중국과 무역을 해서 큰돈을 벌겠다는 목표를 가지고 여행을 떠났지만 이 세계가 자신이 생각해 왔던 것과 전혀 다르다는 것, 세상에는 다양한 인간과 짐승, 문화와 제도가 존재한다는 것을 깨닫고 돌아와 그것을 책으로 남겼다.

그는 유럽인으로서는 처음으로 극동까지 진출하여 오랫동안 중국에서 살았다. 마르코 폴로 이전에는 파미르고원으로 가는 길을 아는 유럽인은 하나도 없었다. 그는 세계 역사상 가장 넓은 땅을 정복한 칭기즈칸[『워싱턴포스트』는 지난 1천 년 동안의 가장 중요했던 인물로 칭기즈칸을 선정하였다. 지나간 1천 년의 세계사에서 현재의 자신—미국—과 너무도 닮은 모델을 칭기즈칸과 그 제국에서 찾아내고 속으로 쾌재를 불렀던 것 같다. 그래서 이들은 칭기즈칸의 침략과 그 제국이 주도한 팍스 몽골리카의 미화를 통해 지금 미국이 주도하는 팍스아메리카나, 곧 세계시장제국주의를 미화하고자 한다. 동시에 미국에 대한 광범한 아시아인들의 저항을 누그러뜨리려는 일석이조를 겨냥한다는 비판을 받는다(『유목주의는 침략주의다』, 천규석, 실천문학사, 2006).]의 손자인 쿠빌라이 칸의 측근으로 활동하였고 1298년 제노바의 감옥에 있었다. 그곳에서 같이 수감된 프랑스 소설 번역가인 피사 출신의 루스티첼로(Rustichello)에게 자신의 여행기를 구술해서—상당한 허풍이 가미되어—프랑스어로 채록하게 했다. 마르코 폴로의 여행기는 전설적인 극동과 그 문화에 대한 최초의 포괄적인 기록이며 오늘날 중세 동아시아에 관한 가장 중요한 원전이다. 1477년에야 비로소 마르코 폴로의 여행기가 인쇄되었다. 이로써 그의 글이 위대한 지리상 발견의 시대를 열었다고 할 수 있다. 그는 인간의 환상에 날개를 달아주었고 세계탐험의 결정적인 자극제가 되었다. 콜럼버스는 중국의 보물과 일본의 황금에 대한 마르코 폴로의 기록에 근거하여 여행계획을 세웠다.

이슬람문화가 우리에게는 생소하지만, 중세 이슬람의 여행가인 이븐 바투타(Ibn Battuta)는 인도와 중국을 여행하는 데 체류기간까지 합쳐서 25년이나 걸려서, 1356년 『도시들의 진기함, 여행의 경이 등에 대하여 보는 사람들에게 주는 선물』을 출간한다. 지리학자와 다른 전공학자들의 관심 밖에 있던 지역의 풍습과 의복, 상업 및 여러 가지 체험에 관한 기록이다. 이 책은 당시 세계문화의 거울이 되었다.

개인의 특수한 여행기록뿐만 아니라 일반인을 위한 여행안내서도 출간되었다.

카를 베데커(Karl Baedeker)는 1827년에 독일어권에서 가장 오래된 여행 전문 출판사 카를 베데커를 세웠다. 『베데커』라는 여행책자는 여행경로, 시간, 의복과 장비, 경비와 환율비교, 음식점과 호텔에 관한 자세한 정보를 실었다.

1836년에 런던의 출판업자 존 머리(John Merly)가 유럽의 볼거리에 대한 『빨간 책』(Red Book)을 출판했다. 그는 그 책에 특정한 여행로를 담았으며 여행지와 볼거리의 중요도에 따라 하나 이상의 별을 매겨놓았다(『여행의 역사』, 빈프리트 뢰쉬부르크, 효형출판, 2003).

많은 사람들이 듣거나 읽어 알고 있는, 그러나 그 참된 숨은 의미는 잘 모르는 몇 권의 대표적인 여행문학을 소개하고자 한다.

서유기

소유하지 아니함(無所有)과 머물지 아니함(無所住)은 곧 부처의 마음이다. 중국의 현장은 629~645년 사이에 10만여 리나 되는 먼 길을 여행하고 인도로 갔다. 그의 『대당서역기』는 현장이 16년간에 걸친 여행 동안 보고 들은 것을 귀국한 이듬해인 646년 당나라 태종의 명으로 저술한 것이다. 이는 당시 내륙 아시아와 인도에 대한 정보를 얻을 수 있는 가장 중요한 원전이다. 현장의 여행담인 『대당서역기』를 명나라 때 희곡화한 것이 바로 『서유기』이다. 서유기는 재미있는 이야기이지만 심오한 불교교리를 쉽게 풀어 설명한 의미있는 책이기도 하다.

불교에 五力이라는 것이 있는데, 서유기에 주인공들로 나온다. 신(信): 삼장법사, 계(戒): 저팔계, 정(定): 사오정(思悟定), 혜(慧): 손오공(孫悟空), 정진(精進): 백마[근(勤); 부지런함]이 그것이다. 5력의 핵심은 3학인데, 우리가 잘 아는 서유기의 세 주인공이다.

3학이란 계, 정, 혜로, 戒는 부처님의 계율에 기반한 법이라고 보면 된다. 定은 정신력, 집중과 관련된 불교의 禪이라고 볼 수 있다. 慧는 지혜이다.

서유기에 나타나는 온갖 괴물들은 내 안에 있는 삼독(三毒), 즉 貪(탐욕: 성욕, 식욕, 수면욕, 재물욕, 권력욕), 瞋(진: 성냄), 痴(치: 어리석음)를 은유한다고 보면 된다.

'길 위에 나선다'는 건 이전과는 다른 시선으로 살아가겠노라는, 삼독에서 벗어나겠다는 결단이다. 삼학으로 무장하고, 낯선 것들과 만나겠다는 각오이다. 그것이 곧 출가다. 집을 나서야 여행이 시작되지 않는가?(『부처: 마음을 깨닫는 자가 곧 부처다』, 플라톤 아카데미 총서, 조성택, 21세기북스, 2015).

삼장법사 일행은 마침내 석가여래와 마주한다. 석가여래는 이들의 노고를 치하하며 경전을 하사한다. 하지만 그 경전에는 글자가 없었다. 이른바 '무자경전(無字經典)'이었던 것. 궁극적인 도는 언어의 길이 끊어진 곳에 있다는 '언어도단'의 이치를 보여주고자 함이다.

결국 구법의 여행에서 종착지란 없다. 끝에 도달하는 순간 또 다른 문이 열릴 터이므로 '여행 끝나자 길이 시작되었다'는 것이 바로 이런 경지이리라(『고미숙의 로드클래식, 길 위에서 길 찾기』, 고미숙, 북드라망, 2015).

걸리버 여행기

아일랜드 작가 조나단 스위프트(Jonathan Swift)의 1726년, 그의 나이 59세라는 늦은 나이에 익명으로 발표한 풍자소설이다. 이 소설은 발간 즉시 유럽 전역에서 폭발적인 인기를 얻었다. 이 소설은 동화로서 어린이들에게도 인기 있지만, 정치 권력층의 탐욕과 위선을 비판하고 문명사회의 정신적 왜소성에 대해 날카롭게 풍자하는 고전이기도 하다. 약 17년간 주인공 걸리버(Gulliver)의 네 차례의 여행에 관한 이야기이다. 제1부는 소인국의 나라, 제2부는 거인족의 나라, 제3부는 하늘을 나는 섬나라 라퓨타, 제4부는 말의 지배하는 나라 등 4부로 구성되어 있다. 소인국에선 '별에서 온 거인'이 되어

신적인 존재로 추앙받지만, 거인국에 가면 '신기한 장난감'으로 전락한다. 따라서 전자에선 왕국 전체를 굽어보는 망원경적 시선이 확보되지만, 후자에선 미세한 부분들이 엄청나게 확대되는 현미경적 시선이 된다. 3부는 미래문명에 대한 지독한 풍자처럼 보인다. 물론 그 미래사회는 디스토피아다.

4부는 말들이 야후, 곧 인간을 다스리는 곳이다. 우리의 동물들에 대한 잔학행위에 대한 경고이다.

스위프트의 묘비명은 다음과 같다. "그는 이제 나그네로 떠나갔고, 인간의 자유를 가장 강력하게 옹호하기 위해 노력했으니, 그를 본받게 되길 바란다."(『유토피아이야기』, 이인식, 갤리온, 2008).

한국의 여행문학

예로부터 아들을 낳으면 뽕나무 활에 쑥대 화살로 천지사방을 쏘는 풍습이 있다고 했는데, 장래 사방으로 웅비할 것을 비는 풍습이었다.

『제왕운기』의 「신라기」에서 이승휴는 "신라 사람들은 양식이 없어도 길을 떠나고 문을 닫는 법이 전혀 없다"고 했다.

세상은 여관과 같고 인생은 나그네와 같다는 역려과객(逆旅過客)이라는 말이 있다. 나그네 길은 떠남의 정신을 드러낸다. 떠남이란 일상성으로부터 벗어남을 뜻하며, 일상성과 비일상성의 세계 사이에서 스스로를 새롭게 구축하는 자기 발견의 길, 혹은 경계인이 되는 일이다.

관광이란 말도 본디는 구경만이 아니고 서울로 과거 보러 가는 일을 일컬었다. 예로부터 여행은 특히 사내대장부의 평생의 큰 목표를, "林下에 독서하여 문한(文翰)을 이룬 뒤에 입신양명하여 치군택민(致君澤民)하고, 그 남은 한 가지는 명산대천을 다 보아야 왈 대장부라." 하였다[(지은이 미상, 동류가(同遊歌)].

삼국사기나 삼국유사에 쓰인 遊의 용례를 살핀 이연숙의『한국고대문헌에 나타난 유의 개념연구』에서는 이 말이 주로 불교적 성격의 신앙 제례의 목적이거나 초월적 자유를 보여준다고 한다.

유람이나 유학을 모두 논다(遊)는 말로 써온 우리의 관습도 이런 정신에서 멀지 않을 것이다. 혹은 무위(無爲)에 통하는 정신이며, 한가함의 정신이기도 하다.

놂의 정신은 장자의 소요유(逍遙遊)의 정신에 맞닿아 있고, 물이나 바람처럼 쌓인 다음에야 옮길 수 있다는 정신을 중시한 것으로 보인다. 전국에 널린 절과 누각과 정자가 모두 유람자들의 놂의 터전이며 자취이다.

이상과 현실 사이에서 고뇌하는 자유로운 영혼은 자주 방랑의 길손이 된다(『한국기행문학작품연구』, 최강현, 국학자료원, 2006).

조선말기와 일제식민시대에는 국토 순례가 바로 종교요 철학이었다(김윤식, 「역사, 철학, 시로서의 산하」, 『수필문학』 62호). 이것은 나라를 잃은 국민들에게 조국의 산하가 역사요, 철학이며 시였음을 말해주는 것이다. 이렇게 한국의 여행정신은 시대 변화의 정신을 대변하고, 여행에 오른 경계인들은 개혁의 정신을 지도하여 오늘에 이른 것이다. 그러나 떠남의 정신이며, 놂의 정신이며, 한가함의 정신으로서 한국여행의 정신시는 그 빛을 잃어가고 있다. 이를 반성하며 몇 가지 중요한 한국의 여행문학을 시대순으로 보고자 한다.

혜초의 『왕오천축국전』

혜초는 나이 16세인 719년에 중국 광주로 가서 723년경 인도를 여행했고, 727년 당나라로 돌아왔다. 일연이 『삼국유사』에서 인도로 간 스님들은 거의 다 고국으로 돌아오지 못했다고 했듯이, 인도여행 자체가 당시에는 죽음을 뜻하는 고행이었다. 이 기행문은 바닷길로 인도에 들어왔다가 성지순례를 마치고 육로로 돌아온 해외체험을 기록한 보기 드문 자료이다. 문학 중의 문학이었던 시의 시대에 이 기행문은 산문에 시를 섞어써서 그 예술적 특징을 살리고 있다.

삼국유사에는 이런 시가 있다.

> 머나먼 천축의 만첩산으로
> 애써 오른 가련한 遊士들이여
> 외로운 배는 몇 번이나 떠나갔건만
> 한 사람도 돌아오는 것을 보지 못하였구나.

최부의 『표해록』

삼면이 바다로 둘러싸인 우리나라는 해양문화가 부족한 만큼 해양문학도 별로 없다. 바다에 대한 무관심! 어찌 보면 우리가 일본에 식민지살이를 한 것도 이 때문인지 모른다. 아직도 바다에 관한 무관심이 여전함이 걱정스럽다.

조선 성종 연간의 관원이었던 최부(1454~1504)가 제주도 앞바다에서 태풍을 만나 표류하다 중국 절강성 영파연안에 도착한 후 항주와 북경을 거쳐 천신만고 끝에 고국으로 돌아온 기록으로 표해록(漂海錄)을 남겼다. 최부는 여섯 달 동안 표류로 고생한 기록과 함께, 중국연안의 해로와 기후, 산천과 도로, 풍속과 민요 등 견문한 내용을 3권의 책으로 엮었다. 그는 귀국하여 관직에 다시 나갔으나 갑자사화에 연루되어 거제로 유배되고 결국 참형을 당하였다. 그의 기록은 한국문학사에서 바다에 관한 표류의 사적과 중국 강남의 여행체험을 전해주는 귀중한 기록으로, 이 책들은 임진왜란 때 일본에 전해져 당토행정기와 통속 표해록 등으로 출간되었다. 1958년에는 영역본도 나와 이 책에 대한 세계적인 관심을 엿볼 수 있다.

박지원의 『열하일기』

중국과의 외교관계로 오간 사신의 중국체험이자 세계체험은 조선시대에만 한정하더라도 5백 편 이상의 연행록(燕行錄)이란 방대한 외교문서 겸 여행자 문학을 이룩하였다. 오랫동안 동아시아에서 중국은 바로 천하였고, 세계의 중심이었고 나머지는 그저 오랑캐였다. 이 연행의 노정이야말로 세계로 통하는 길이었다. 따라서 연행자들에게 북경여행은 일종의 수학여행과 같은 것이었다. 이것은 저 18세기 영국인에게서 볼 수 있는 그랜드 투어와 같은 것으로 그들이 하는 프랑스나 이탈리아 여행과 같다.

열하일기는 조선후기에 활동한 북학의 대표적 학자 연암 박지원(1737~1805)이 44세인 1780년에 지은 대표작이다. 이 책은 건륭 황제 만수절(70세 생일) 축하 사절단의 일원으로 박지원이 쓴 기행문이다. 그는 양반이면서도 양반제도에 비판적이고 벼슬길로 들어가지 않은 방외인(방외지사)으로서 그리고 답답한 처지의 지식인으로서 세계를 직접 호흡하고 세계사를 자기 눈으로 전망하고 싶었을 것이다. 황제는 지금의 청두인 열하행궁(여름별궁)에 있어 거기까지 가면서 보고, 듣고, 느낀 것들을 쓴 여행기이자 일기이다(『우리고전을 찾아서』, 붓 한루 들고 세계의 중심부로, 임형택, 한길사, 2007, pp.

398~402). 열하일기는 '길은 곧 글'이라는 것을 잘 보여주는 최고의 작품이다.

김금원의 『호동서낙기(湖東西洛記)』

조선 후기의 여성작가 김금원의 호동서낙기는 한국문학사에서는 드문 여성의 기행문으로 주목할 만한 명문이다. 14세에 남장(男裝)을 하고 제천을 거쳐 동으로 금강산까지 여행하고, 결혼한 후에 의주부윤이 된 남편을 따라 서쪽으로 여행한 후, 서울로 돌아와 용산에 살면서 유람과 견문을 기록하여 남겼다. 이 글은 호(제천), 동(금강산), 서(의주), 낙(서울 용산)으로 여행하고 네 곳의 기행 산문을 주로 하면서 경승마다 절구나 율시 27수를 섞어 여성적 서정성이 넘쳐흐른다.

다음은 이 글의 서두이다.

"천하 강산은 크고, 고금세월은 오래구나. 인간사 가고 옴은 하나도 같지 않고, 생물은 형형색색 또한 만 가지로 같지 않다. 산은 본래 하나이나 끝내 만 가지로 흩어져 수많은 모습의 서로 다른 산이 있고, 물은 본래 만 줄기이나 끝내 하나로 모여 일천 물결 일만 굽이의 다름이 있다. 남자와 여자의 다름도 만물마다 다르다. 그러나 눈으로 산하의 큼을 보지 못하고 마음으로 사물의 중함을 겪지 못한다면 이치에 도달할 수 없어, 국량이 협소해지고 식견이 통달하지 못한다. 따라서 仁者는 산을 좋아하고 知者는 물을 좋아하며, 남자가 사방에 노니는 뜻을 귀중히 여기는 이유이다. 여자 같으면 발이 규문 밖을 나가지 못하고 규중(閨中)에 깊이 살아 그 총명과 식견을 넓힐 수가 없이 끝내 사라져버리게 되는 것이니 어찌 슬프지 않겠는가?"

또 결론에 가서는 "돌이켜 평생의 맑은 놀이를 생각한다"고 한 것으로 보아, 스스로의 삶을 되돌아보는 계기로 유람의 전말을 기록한 것으로 보인다.

유길준의 『서유견문(西遊見聞)』

유길준은 개화운동의 선구자로 1894년 갑오개혁의 중심인물이었으며, 19세기 말에 일본에 유학한 최초의 한국 유학생이었다. 그의 사상을 가장 잘 담고 있는 서유견문은 한국 최초의 서양 소개서로서 유길준의 1년 남짓한 일본 유학과 미국 유학경험, 그리고 유럽 여러 나라를 여행한 체험이 잘 반영되어 있다. 총 20편 71항목으로 이루어진 556쪽의 방대한 서유견문은 주로 세계의 인문지리를 다룬 내용으로 되어 있다.

"무릇 개화라고 하는 것은 인간의 온갖 사물이 가장 아름다운 경지에 이른 것을 말한다." 그는 개화를 끊임없이 변화하는 개념으로 이해하고, 또한 미개-반개화-개화의 단계를 거치는 진보의 개념으로 설명하고 있다.

유홍준의『나의 문화유산답사기』

유홍준의 답사 기행문은 비교적 새로운 형태의 여행문학으로, 답사라는 여행의 양식과 답사기라는 새로운 기행양식을 대중화한 현대 대중문학과 여행문학의 획기적 작품이다. "우리나라는 전 국토가 박물관이다"는 말로 머리말을 시작하는 이 답사기의 전제는 먼저 우리나라가 참으로 좁다는 인식과 함께, 오랜 역사를 이어왔기에 온 국토가 박물관이라는 인식에 담겨 있다.

지은이는 문화유산답사기의 첫 장을 남도일번지라 하여 국토의 최남단으로, 지금까지 별로 주목받지 못한 땅끝인 해남, 강진으로 시작한다. 그리고 이런 계획은 결과적으로 이 답사기가 남쪽의 땅끝 두륜산에서 시작하여 북쪽의 묘향산에 이르는 온 국토의 답사기가 되게 하였다. 그의 정치성을 배제하고 말한다면 거의 김시습이나 김병연(김삿갓)만큼의 기여라고 해도 과장이 아닌 듯하다. 한국민의 국내여행 열에 불을 당긴 베스트셀러이다.

한비야의『걸어서 지구 세바퀴 반』

우리 시대의 여성 오지 여행가인 한비야의 이 책은 그녀가 걸어서 세계여행을 이어가는 시리즈물이다. 1993년 35세 처녀의 몸으로 시작한, 만 6년 동안 여행한 기록인 이 책은 산업화, 민주화에 이어 페미니즘이 일정 본궤도에 오른 2000년대의 베스트셀러가 되었다. 그녀는 세계여행이 미지의 세계에 대한 무한한 동경과 함께, 이를 통해 수많은 나와의 만남과 자기의 한계를 극복해 가는 방식이라고 했다. 그녀는 "한 번의 세계여행이 평범한 인생의 10년에 해당하는 체험을 갖게 한다"고 말한다. '바람의 딸'로 불리는 그녀는 여행을 또 하나의 인생이라며 나 홀로 여행을 나와 함께 다니는 여행이라고 한다. 혼자 다니는 여행은 스스로 돌보아야 하고, 혼자 결정하고 그 결정에 대하여 혼자 책임져야 한다. 이 과정을 통해서 나와의 대화를 이어가고, 그러면서 스스로를 잘 알아가게 된다. 여기서 항상 새로운 삶, 다양한 삶에 직면하고, 이런 다양한 경험을 통해서 어떤 어려움도 감당해 낼 수 있는 자기 믿음이 굳어진다. 자기에 대한 믿음이야말로 삶의 최고 소득으로서, 그녀는 세계여행의 힘겨운 체험을 통해 이를 확인하고 있다. 그녀는 여행은 떠남인 동시에 만남이라는 것을 말하고 있다. 하고 싶은 일을 해야 용기가 나고 행복하다는 것, 그리고 여행에서 만나는 사람들을 통해서 무한한 에너지를 얻는다는 것을 체득한 그녀는 새로운 삶의 여행에 목숨 걸고 임하리라고 다짐한다(『한국의 여행문학』, 김태준, 이화여대출판부, 2006). 많은 젊은 여성들을 세계로 떠나게 하는데 큰 역할을 하였다.

있는 가장 적절한 말일 것이다. 호모 파베르는 일의 효율성을 높이기 위해 모든 것을 계산하려고 한다. 사물은 물론 인간도 모두 계산과 예측의 대상으로 만든다. 우리에게 잘 알려진 개미와 베짱이에 관한 이솝 우화가 있다. 이 우화는 고대 그리스 시대에 만들어진 것이지만 현대에도 적용되는 호모 파베르가 지배하는 시대의 상식을 반영한다. 만일 당신이 인생의 어느 시기에 여행을 몹시 갈망하고 있다면, 이는 어쩌면 단순한 휴식이 아니라 삶의 변화가 필요하다는 신호일지도 모른다. 많은 여행은 일상에서 벗어나 다시 일상으로 돌아오는 귀환의 여행이다. 그러나 어떤 여행은 익숙한 삶의 궤도를 이탈해서 새로운 삶으로 이동하는 전환의 여행이다. 이 세계에서 출발해서 이 세계로 돌아오는 여행이 아니라 이 세계에서 출발해서 저 세계로 넘어가는 초월의 여행이 된다. 물론 귀환을 목적으로 떠났던 여행이 언제든지 전환의 여행이 돼 돌아올 수 있다. 어느 날 어떤 여행을 통해 당신도 이전의 자리를 바꾸고 새로운 삶으로의 여행을 계속 이어갈지 알 수 없는 일이다. 세상은 고정돼 있는 것이 아니라 시시각각 변화하고 있다.

대표적 여행형태와 대안관광

전통적이고 개별적이던 여행은 근대화, 산업화, 도시화, 교통 발달 등의 영향으로 대량화·대중화되었다. 우리는 이것을 일반적으로 관광이라 부른다. 관광산업은 상대적으로 적은 초기투자로 지역개발과 경제적 편익을 창출해 주는 무공해산업으로 평가되고 있다. 그러나 무분별한 관광개발로 인한 부정적 견해가 대두되고, 대중·대량관광으로 인한 생태계 오염이나 파괴와 같은 문제점들이 가시화되고 있다. 모던사회에서 포스트모던사회로 진입하면서 보다 개별화·개성화되고 새로운 형태 또는 복고적인 형태로서의 대안관광(alternative tourism)에 관심이 증대되고 있다.

여기서는 전 시대의 대표적 여행형태와 최근의 몇 가지 대안관광, 즉 역으로 여행화하는 관광에 대하여 살펴보고자 한다.

순례여행(종교관광)

여행을 통하여 인간은 자신이 알고 있는 세계의 밖으로 나가게 되는 것이다.

다시 말해서 이질적인 감각과 사고를 통과하게 되는 것이다.

종교적인 고행자들은 무한하게 '자연'에 가까워지곤 한다. 인간의 의식은 인간적인 의식을 넘어서 동물적인 의식층, 식물적인 의식층, 무기적인 자연의 의식층으로 다양한 층을 내포하고 있다고 한다. 그들은 고행을 통하여 의식의 심층에까지 진입하고자 하는 것이다.

수세기에 걸쳐 전해 내려온 여행 지식에 따르면 우리가 어디에서 돌아서야 할지를 모르게 되었을 때 진정한 여행이 시작된다고 한다. 그 기로에 선 순간에 어떤 목소리가 우리의 순례자적인 정신을 일깨운다. 우리의 마음을 휘젓고 경이감을 회복시켜 줄 신성한 땅——산, 사원, 조상들의 집——을 향해 출발할 때가 온 것이다(『성스러운 여행 순례 이야기』, 필 쿠지노, 문학동네, 2003).

순례야말로 가장 오래된 여행이다. 기록에 남아 있는 최초의 순례자는 아브라함이다. 그는 4천 년 전 광대한 사막에서 불가해한 신의 존재를 찾아 고향을 떠났고, 그의 후손들인 모세, 바울, 모하메드가 신성한 여행이라는 개념을 구체화시켰다. 성경, 토라, 코란, 불교와 힌두교의 경전들, 그 모든 것들이 신봉자들에게 예언자들의 출생지나 무덤, 기적이 일어난 곳들, 또는 그들이 깨달음을 얻기 위해 걸은 길로 모여들 것을 권한다.

아부시르 피라미드 안에 있는 세크메트 여신의 소신전 벽에는, BC 1261년에 프타-엠위라는 서기와, 같은 서기인 그의 아버지, 그리고 아마도 또 한 사람의 서기가 "세크메트 여신에게 공물을 바치고 나서, 피라미드의 그림자를 바라보기 위해 이곳을 찾았다"라고 적혀 있다(『고대의 여행 이야기』, 라이오넬 카슨, 가람기획, 2001).

수백만의 힌두교인들이 매년 갠지스강에서 목욕을 하고, 수많은 유대인들이 예루살렘에 있는 통곡의 벽 틈으로 매일 기도문을 밀어 넣는다. 이런 장소들은 방문자들에게 내적인 평화와 자연과의 합일을 느끼게 만든다. 이 체험은 어떤 의미에서는 '깨달음'이라고 묘사할 수도 있을 것이다(『땅의 치유력』, 리즈 심슨, 생각의나무, 2006).

무슬림들은 일생에 한 번이라도 메카에 있는 모하메드의 탄생지를 방문하고 싶어 한다. 모하메드의 5 계율은 '신은 오직 한 분, 하루에 다섯 번 기도할 것, 라마단 기간엔 금식할 것, 가난한 이들에게 자비를 베풀 것, 일생에 적어도 한번은 성지 메카로 순례여행을 하라'는 것이다. 모슬렘의 성지 순례 행사인 하즈(Haji) 때 사우디아라비아 정부는 안전을 고려해 매년 300만 명의 모슬렘에게만 비자를 내준다. 종교 순례야말로 역사상 최초의 진정한 대중관광이라고도 할 수 있다. 이들 종교에서 '여행'은 아주 오래된 전통이며 깊은 유사성을 갖는다.

기독교인들은 전통적으로 세 개의 위대한 순례길을 따랐다. 예루살렘과 로마 그리고 스페인의 산티아고 데 콤포스텔라 대성당(사도 야고보의 성골함이 있다)으로 가는 길이었다.

예루살렘은 뿌리가 같은 사막의 세 종교인 유대교와 기독교, 이슬람교의 성지이다.

순례는 세계의 중심으로의 여행이며 순례는 '행동으로 나타내는' 믿음이다.

거의 모든 인류 문명에서 순례는 문자 그대로 영적 여행의 수단으로 각인되어 있으며, 거의 모두가 금욕과 육신의 고통을 영혼 성숙의 수단으로 이해한다. 네팔사람들의 오체투지의 순례여행은 다큐멘타리 프로그램을 통하여 우리에게도 잘 알려져 있다.

순례는 보이지 않는 것, 잡을 수 없는 것을 찾아가는 행위이다. 인간만의 여행이다.

순례는 여행이 택할 수 있는 가장 기본적인 형태이다. 즉 뭔가를 찾아가는 탐색, 목적지가 있는 여행이다. 자기의 변화도 목적이 될 수 있다. 순례자에게 걷기는 성스러운 일이다. 예배이자 기도이다. 보보시도량(步步是道場)이다.

걷는 것은 순례자의 소박함과 단호함을 동시에 표현한다. 순례자가 걸음을 내딛기 시작할 때는 시간 감각이 변하고 감각이 고양되며 자기의 육체와 풍경을 새롭게 인식한다.

순례여행은 경계선(과거와 미래의 정체성 사이에 있는 상태, 이를 통해 기성 질서의 바깥에 있는 상태, 가능성의 상태)에 서 있는 상태라고 말한다(『걷기의 역사』, 레베카 솔닛, 민음사, 2003).

순례자는 여행을 좀 더 힘들게 만들 때가 많다. 그것은 여행(travel)의 어원인 노동(travail)을 연상시킨다. 이 단어에는 일, 고통, 출산이라는 뜻도 있다. 중세 이후에는 맨발로 걷거나 신발에 바위를 매달거나 단식을 하거나 특수한 고해복을 입고 여행하는 순례자들이 있었다.

순례여행은 여행자를 영원히 변화시킬 수 있는 힘을 지니고 있다. 이 여행을 통해 여행자는 자신의 가치와 자의식을 재평가할 수 있고 스스로가 세상에 기여할 수 있는 최선의 방법이 무엇인지를 생각하게 될 것이다. 어느 정도의 육체적 위험과 정서적 동요가 따르겠지만 그런 고통을 통해 부정적인 것에 초점을 맞추기보다는 여행자의 인생이 경험할 기쁨을 재평가하게 될 것이다. 이런 과정을 통해 바라보기만 할 뿐, 참여하지 않는 관찰자에서 육체적, 정신적, 정서적, 영적으로 스스로를 더 큰 것에 온전하게 내던지는(企投)사람으로 변화될 것이다.

순례는 한 발씩 육체를 움직임으로써, 손으로 만질 수 없는, 그러나 순례자의 정신을 충만케 하는 영혼의 목적지를 향하여 물리적으로 움직인다.

순례의 여정은 닿을 수 있는 목적지에 도착함으로써 영혼의 은총을 받을 수 있다는 희망으로 빛난다. 순례자는 자신만의 이야기를 성취해 냈으며, 이를 통해 순례자 자신이 여행과 변화의 이야기로 이루어진 종교의 일부가 되었다.

신들을 모시는 성지순례에서 우리는 힘들지만 진정한 '공간의 치료요법'을 발견할 수 있다. 성스럽다(sacred)는 말은 희생(sacrifice)이라는 말에서 왔다. 신의 은총(bless)이라는 말이 피흘리는 고통(bleed)에서 나왔기 때문이다.

순례란 신성한 시간, 고결한 공간, 경건한 인간을 어떻게 찾느냐 하는 것이다.

순례는 생각 없는 여행을 주의 깊게, 무감동한 여행을 감동적으로 바꾸어준다.

순례를 떠난다는 것은 곧 자신의 믿음을 증명하고 가장 깊은 의문에 대한 답을 찾는 방법이다. 지난 천 년 동안 의미 있는 여행을 떠나려는 이 마음의 외침은 순례, 즉 '삶을 바꾸어주는 성스러운 중심을 향한 여행'으로 이끌렸다. 삶이 그 의미를 잃었을 때, 순례자는 다시 감동을 느끼기 위해 모든 위험을 무릅쓸 것이다(『성스러운 여행 순례 이야기』, 필 쿠지노, 문학동네, 2003).

중세에는 성스러운 곳으로 순례를 떠나는 일이 지극히 일반적인 관행이었다. 파울로 코엘료(Paulo Coelho)는 『순례자』에서 여행을 근본적으로 자아 찾기, 자신의 소명을 깨닫기, 자신만의 신화를 발견하기라는 차원으로 승화시켜 사람들의 공감을 얻었다.

그러나 순례는 여행을 하려는 갈망, 욕망의 충족 등을 숨기기 위한 핑계가 되는 일도 적지 않았다. 그러므로 어떤 면에서는 순례가 중세 관광여행의 한 형태였다.

역사적으로 일본에서 여행이 대중에게 퍼진 것은 에도시대(1603~1867)의 일이며, 특히 종교적 순례와 결부되어 발전하였다. 유명 신사와 불교 사원[佛寺]의 참배를 목적으로 하는 소위 순례여행은 일반적으로 이동이 제한되던 시기에 많은 사람들이 합법적으로 이동하는 구실을 제공하였다. 신사와 사찰을 참배하는 것은 종교적 목적 때문이었지만, 많은 경우 참배는 공식적인 명분이었고 실제로는 관광이라는 요소를 다분히 포함하고 있었다. 대부분의 신사참배와 사찰순례여정에는 하코네, 아타미 등 유명한 온천지를 유람하고 에도, 교토, 오사카 등 대도시를 관광하는 계획이 포함되어 있었다. 이러한 관광을 겸한 참배는 일반 민중들에게 일상의 속박으로부터 잠시나마 합법적으로 벗어날 수 있는 대단히 소중한 기회를 제공하는 것이기도 했다. 당시 봉건적 권력은 일반 민중의 이동을 철저히 통제하고 있었기 때문에 서민들이 장거리 이동을 하는 데는 커다란 제약이 있었다. 서민들은 고(講)라는 일종의 계를 조직하여 필요한 돈을 적립하는 방식으로 참배관광을 하였다(『일본인의 여행과 관광문화』, 문옥표 외, 소화, 2006).

일본과 우리나라를 여러 차례 방문한 바 있던 그리피스(William Griffis)는 그의 여행기에서, 은자(隱者)의 나라 한국에서는 점잖은 옷을 입은 성지 순례자들은 명산대찰을 찾아 여행을 하는데 남자들은 입신양명을 빌고 여인들은 아들을 낳게 해달라고 빌었으며, 명승지에는 술을 마시고 시를 짓고 경치를 구경하는 사람인 묵객들이 모여든다고 하였다(『은자의 나라 한국』, 그리피스, 집문당, 1999).

순례여행에서 찾으려 하는 그 보물은 자신의 집에서 가장 은밀한 구석, 다시 말해서 자신의 본성에 숨겨져 있다. 하지만 그렇더라도 이상하고 변함없는 사실이 있다. 멀리 떨어진 지역, 이상한 땅, 새로운 나라로 여행한 뒤에야 우리가 추구하는 바를 깨우쳐주는 내면의 목소리의 의미가 밝혀질 수 있다는 것이다. 또 그 사실과 더불어, 중요한 것은 우리에게 신비한 내면적인 여행의 의미를 밝혀주는 사람은 이방인이라는 것도 기억해야 한다. '이상하고 변함없는 사실'은 순례여행이 지닌 신비하게 끌어당기는 힘의 핵심이다. 무엇이든 그 대답은 내면에 있지만, 쉽게 잊어버리는 경향이 있어서 때로는 기억을 일깨우기 위해 먼 나라로 모험여행을 떠나야 할 필요가 있다.

마틴 필머(Martin Pillemer)는『성스러운 여행』에서 이렇게 말한다. "지구 반대편에 있는 곳을 찾아가건 우리 자신의 집 뒷마당으로 나가건, 진정한 순례는 삶을 바꾼다."

바티칸 교황청은 2000년을 '순례여행의 해'로 선언한 바 있다.

수학여행

서양역사에 기록된 최초의 수학여행은 BC 13세기의 어느 무렵엔가 조세르 왕의 피라미드에 적어 넣은 낙서, "학생 전원의 눈앞에서"라는 글귀에서 찾아볼 수 있다. 즉, 서기 양성을 위한 학교가 현대의 수학여행처럼 단체여행을 주관한 것이다(『고대의 여행 이야기』, 라이오넬 카슨, 가람기획, 2001).

수학여행하면 연상되는 것이 우리의 화랑이다. 화랑은 신라 진흥왕대에 인재 등용을 위하여 만든 청소년 수련 조직인 화랑도(花郎徒)의 우두머리를 일컫는 말이다. 6세기 전반기에 신라는 주변의 소국(小國)은 물론, 가야나 고구려와 같은 큰 나라를 상대로 활발한 정복 전쟁을 벌이기 시작하였다. 당시 신라가 화랑제도를 시행한 것은 단기적으로는 군대를 보충할 병력이 필요했고, 장기적으로는 이를 통해 국가가 필요한 인재를 양성하기 위해서였다. 화랑제도는 교육제도로서의 역할도 수행했던 것이다.

『삼국사기』나『삼국유사』의 화랑에 대한 기록을 종합해 보면, 화랑은 대개 15~18세의 청소년으로 되어 있다. 화랑 집단의 성원(成員)들은 이 기간 경주 부근의 남산을 비롯해 금강산, 지리산 등과 같은 명산대천을 찾아다니면서 국토애를 기르는 한편, 도의와 무예, 학문 등을 연마하였다. 한편 화랑도의 수련에서 빼놓을 수 없는 것이 노래와 춤이었다. 본래 노래가 정신교육, 특히 청소년의 포부와 의지를 북돋우는 데 크게 이바지했는데, 화랑집단에서 차지하는 비중은 거의 절대적이었다. 화랑도가 즐긴 노래와 춤은 그들의 명승지 순례와 더불어 놀이로서의 성격을 강하게 띠고 있다. 이 놀이는 화랑도의 인격 형성, 나아가 그 세계관 형성에 큰 역할을 한 것으로 생각된다. 화랑도의 수행방식은 다음과 같다.

상마이도의(相磨以道義): 도와 의로 서로 연마한다.

상열이가락(相悅以歌樂): 노래와 춤으로 서로 즐긴다.

유오산수 무원부지(遊娛山水 無遠不至): 산천을 유람하며 심신을 단련하기 위하여 아무리 먼 곳도 간다(『신라 골품제사회와 화랑도』, 이기동, 일조각, 1984).

이 중 수학여행과 관련된 부분은 遊娛山水와 無遠不至이다.

화랑도의 사상적 배경은 풍류도인데, 이는 신선사상 또는 산악숭배사상에서 출발하였다. 따라서 화랑도들이 심산유곡에 들어가 경건한 마음으로 천지신명에게 기도하고 산수를 노닐면서 수련하는 모습은 지극히 당연한 결과라고 하겠다. 즉, 풍류사상에 있어서 산은 하늘과 땅이 만나고 신선이 강림하고 기거하는 신령스러운 곳이므로, 화랑도들은 대자연에 대해 종교적 신앙심과 경외심을 갖고, 대자연을 관조하고, 그곳에 기도하며, 마침내는 자연과 합일함으로써 스스로 신선이 되는 체험을 하고자 하였던 것이다.

대체적으로 화랑도들의 여행목적지는 5악 산신(토함산, 계룡산, 지리산, 태백산, 팔공산)이다. 화랑도들의 국토기행은 단체여행인 만큼 규율이 엄격했으며, 여행 중에 노닐고 보고 들으며, 배우고 깨달은 바로써 어진 관리를 뽑았다고 한다("한국의 풍류사상과 그 관광문화적 특성", 오순환, 『관광학연구』, 26(4), 2003).

일본의 경우, 메이지 시대 이후 새로운 여행의 주체로 등장한 것 중의 하나는 각급 학교였다. 학생들에 의한 수학여행의 시초는 1886년 도쿄사범학교에서 실시한 장도원족(長途遠足)이었다. 수학여행이라는 용어가 처음 나타나는 것은 1887년 일본교육회 잡지 54호라고 한다. 그 후 수학여행은 계속 증가하여 초중고의 90% 이상이 수학여행을 실시한 것으로 나타나고 있다. 따라서 일본인에게 수학여행이란 누구든지 일정 연령에 경험하게 되는 보편적인 행사로 일종의 국민적 통과의례로 볼 수 있다. 수학여행의 가장 큰 특징 중 하나는 그것이 교육의 일부로 행해지는 여행이라는 점이다. 학생들의 신체를 단련시켜 부국강병이라는 제국주의 일본의 목표를 달성코자 하는 숨은 의도도 있었다(『일본인의 여행과 관광문화』, 문옥표 외, 소화, 2006).

조선에서는 1901년 7월 26일자의 황성신문에 '동양어 학교생 수학여행'이라는 기사가 구한말 근대적 수학여행으로 최초로 등장한다.

그랜드 투어

경험주의 철학의 아버지이자 우리에겐 "아는 것이 힘"이라는 말로 유명한 영국의 프란시스 베이컨은 "여행이란 젊은이들에게는 교육의 일부이며 연장자들에겐 경험의 일부이다"라고 하였다. 로크(John Locke), 버클리(George Berkley), 흄(David Hume) 등은 베이컨에 이어 17~18세기 대륙 합리론에 대해서 영국 경험론을 이어 나갔는데, 그들은 사람이 태어날 때는 백지상태이므로 성장하면서의 경험과 교육을 중요시했다. 이런 영국에서의 철학사조인 경험론의 이론적 배경하에 그랜드 투어는 활성화될 수 있었다. 애덤 스미스(Adam Smith)의 1776년 저작인『국부론(The Wealth of Nation)』에는 이런 구절이 있다. "영국에서는 젊은 사람들이 학교를 졸업하면 대학교에 보내지 않고 곧 그들을 외국에 여행시키는 것이 점점 하나의 습관으로 되어가고 있다. 우리의 젊은이들이 이 여행을 통해 일반적으로 대단히 발전되어 귀국한다."

그랜드 투어라는 명칭은 리처드 러셀스(Richard Lassels)의『이탈리아 여행(The Voyage of Italy)』(1670)에서 처음 사용되었다고 알려진다. 투어(tour)는 원래 원을 그리는 도구를 의미하는 라틴어 토르누스(tornus)에서 비롯된 말로, 출발해서 원점으로 돌아오는 주유(周遊)를 뜻한다. 투어에 그랜드가 붙은 데는 돌아다니는 지역이 넓으며 여행기간이 길다는 점 외에도 사회적으로 높은 계층의 근사한 여행이라는 의미가 숨어 있다(Jeremy Black, Italy and the Grand Tour, New Haven: Yale UP, 2003, p. 1; Charles L. Batten, Jr., *Pleasurable Instruction: Form and Convention in Eighteenth-Century Travel Literature,* Berkeley: Univ. of California Press, 1978, p. 38).

그랜드 투어는 17세기 중반부터 19세기까지 유럽에서 어린 청년이 교육의 일환으로 프랑스와 이탈리아 등 유럽대륙을 여행하던 관행을 일컫는 말이다. '더 멀리 갈수록 더 많이 보고 알게 된다'는 것이 르네상스 시대에 나타난 모토였다. 영국은 문화적으로 후진국이었다. 하지만 17세기 후반부터 찾아온 정치적 안정과 산업혁명으로 인한 경제적 풍요는 영국 사람들이 문화적 열등감에서 탈피할 기회를 주었다. 찬란한 그리스-로마 문화와 강력한 로마제국의 문명을 간직한 이탈리아, 화려한 궁정문화를 꽃피운 프랑스를 직접 보고 배우기 위해 수많은 젊은이들이 도버해협을 건너 긴 여행을 떠나기 시작했다. 중세 천년을 이어온 순례는 이제 교육을 위한 '대여행'에 그 자리를 내주게 되었다. 브루스 레드퍼드(Bruce Redford)라는 영국 사학자는 그랜드 투어를 정의할 네 가지 요소를 제안하기도 했다.

① 영국의 젊은 남자 귀족 혹은 젠트리(gentry: 귀족은 아니지만 부유한 전문가, 향토 부농 등의 유한계층)가 여행 주체다.

② 전체 여행을 책임지고 수행하는 동행 교사가 있다.
③ 로마를 최종 목적지로 삼는 여행 스케줄이 있다.
④ 평균 2~3년에 이르는 장기 여행이다.

어떤 학자들은 영국인들이 여행자의 대명사가 될 정도로 열심히 대륙으로 떠난 이유가 바로 콤플렉스 때문이라고 보았다. 섬나라라는 지형적인 조건과 로마제국의 변경에 살고 있다는 열등감이 이탈리아에 대한 동경으로 나타났다는 것이다(Paul Fussell, *Abroad: British Literary Traveling between the Wars*, pp. 74~75; Edward Chaney, *The Evolution of the Grand Tour: Anglo-Italian Cultural Relations since the Renaissance*, London: Frank Cass, 1998).

영국의 현상이던 그랜드 투어는 점차 범유럽적인 현상이 되었다. 영국인뿐만 아니라 다른 나라의 귀족들도 자기 나름의 그랜드 투어를 떠나기 시작했다. 영국인의 선례를 가장 열심히 따른 이들은 북부 유럽의 왕족과 귀족들이었다. 이제 그랜드 투어는 유럽의 엘리트들 사이에서 스스로를 향상시키기 위한 통과의례로 여겨졌다. 프랑스에서 꼭 보아야 하는 곳은 물론 파리였지만, 그랜드 투어의 궁극적인 목적지는 로마였다. 르네상스 휴머니즘의 영향으로 고전에 대한 관심이 높아진 당시 유럽에서, 로마는 여행자들이 보아야 할 모든 것을 함축하는 곳으로 표상되었다. 오늘날의 영어나 중국어 어학연수와 마찬가지로 그랜드 투어의 일차적 목적은 외국어를 익히는 것이었다. 가장 중요한 외국어는 유럽 전역에서 상류층의 언어로 통용되던 프랑스어였다. 그랜드 투어를 떠난 젊은이들은 해외 문물에 대한 직접적인 경험과 더불어 대륙의 세련된 매너를 습득해야 했다.

그리고 그랜드 투어는 대륙의 진기한 물건들이 영국으로 들어오는 중요한 통로 역할을 했다. 여행자들에게 쇼핑의 중심지는 파리, 로마, 암스테르담이었다. 그랜드 투어의 특징 가운데 하나는 교사가 여행 전체를 책임지고 어린 청년의 여행에 동행했다는 점이다. 토머스 홉스, 존 로크, 애덤 스미스 등 영국 문학계와 사상계에 큰 영향을 끼친 많은 인물들이 동행 교사로서의 이력을 지녔다.

많은 사람들이 여행을 통해 새롭게 태어났다고 느꼈다. 1786년 괴테는 "내가 로마 땅을 밟게 된 그날이야말로 내 제2의 탄생일이자 나의 진정한 삶이 시작된 날이라고 생각한다"고 썼다(『이탈리아 기행』, 요한 볼프강 폰 괴테, 푸른숲, 1998). 그랜드 투어의 효과는 비단 영국에서만 나타난 것이 아니다. 대륙 곳곳을 누비던 엘리트들이 몸에 익히게 된 국제적 문화는 유럽의 귀족 계급에게 동질성을 가져다주었고, 유럽의 상류사회는 국제적 차원의 취향, 지식, 교양, 교육 등을 공유했다. 또한 그 과정은 사상의 전파를 용이하게 했고 계몽주의를 범유럽적인 현상으로 만드는 밑거름이 되었다(『그랜드투어』, 설혜심, 웅진지식하우스, 2013).

그랜드 투어는 역사상 최초로 교육을 전면에 내세운 여행이라는 점에서 매우 독특한 위치를 차지한다. 소수 엘리트만이 누릴 수 있었던 이 호사스러운 여행은 19세기 중엽 교통수단의 발달로 인해 더 넓은 계층에까지 확대되면서 그 성격이 많이 변하긴 했지만 오늘날의 언어연수, 조기유학, 해외유학의 토대를 만들어냈던 것이다.

그랜드 투어의 피날레를 장식한 사람들은 미국인들이었다. 미국인의 그랜드 투어는 18세기 후반부터 시작되어 19세기 중엽 최고조에 달했다. 1814년부터 1848년까지 3만 명가량의 미국인이 프랑스로 여행을 떠났다. 주인공은 대부분 남부 대농장주의 자제들이었다. 그것은 더 넓은 세계를 인식할 뿐만 아니라 자신에 대한 발견, 특히 대농장주로서의 특권을 확인하는 과정이었다. 부모들은 자식이 이 여행을 통해 얼마나 세련된 취향을 가지게 되었는가를 열심히 점검하곤 했다.(Kilbride, "Travel, Ritual, and National Identity", p. 558).

남북전쟁으로 이들의 백일몽은 바람과 함께 사라졌지만…

문화관광과 한류

문화는 어느 하나의 기준에 의해 정의되기는 어려운 속성을 지닌 것으로서 '인간과 자연과의 상호작용성과 심미성 · 예술성 · 생활양식성 등이 함께 어우러진 인간생활에 관련되어 생성된 총체적 생활양식'이라고 말할 수 있다. 문화는 행복과 관련하여 인간이 스스로 혹은 같이 행복하게 사는 기술이자 노력의 응집이고 인간은 생물학적 존재이지만 문화적 개체이기도 하다.

문화에 대한 여러 학자들의 견해를 근거로 하여 문화의 속성을 정리해 보면 다음과 같다.

① 문화의 주체는 인간의 정신활동이다.

② 인간만이 문화를 가지며, 인간의 경험을 정리시켜 주는 일련의 모형이다.
③ 인간이 자연상태에서 벗어나 일정한 목적 또는 생활이상을 실현하려는 심미적·지적·예술적 활동과정이나 활동방식과 내용으로서 물질적, 정신적 결과의 복합체이다.
④ 한 시대와 한 집단에 의해 공유되는 고유하고 독창적인 유·무형 생활양식의 총체이다.

문화는 인간이 몸으로 체험하는 것이라 할 수 있다. 여기에서 체험이란 보는 것, 만지는 것, 보고 생각하게 되는 것, 즐기는 것 등을 포함한다. 이러한 경험은 일상에 휴식과 재충전, 새로운 생각의 가능성을 열어준다. 문화적 활동의 결과물인 예술과 자연의 공통점은 여유와 치유를 준다는 점이다.

우리가 살아가는 21세기는 문화와 관련된 산업분야가 특히 두드러지는 이른바 '문화의 세기'로 특정지어지고 있다. 이 같은 시대 흐름에 따라 문화 혹은 감성을 기반으로 가치를 창출하는 문화상품이나 감성상품이 이 시대를 대표하는 핵심 아이템으로 부상하고 있다. 이미 사회 전반의 기본 축이 전통적인 제조업 중심에서 지식·정보 혹은 문화·감성 관련 산업으로 상당 부분 옮겨가고 있고, 문화산업 부문의 사회·경제적 위상과 역할도 과거에 비해 눈에 띄게 커지고 있다.

실제로, 문화 관련 산업은 연평균 30%가 넘는 고성장을 구현하면서 여타 산업의 평균 성장치를 훨씬 상회하고 있다. 문화 관련 산업의 위상과 역할이 급부상하면서 세계 각국은 가히 국가적 명운을 걸고 총체적인 문화 역량 키우기에 매달리고 있다. 문화적 역량을 중심으로 경쟁하여 승패를 가리는 이른바 '문화전쟁'을 벌이고 있는 형국이다. 세상은 이미 군사력이나 경제력 같은 전통적인 하드 파워(hard power) 위주의 경쟁에서 벗어나 문화나 이미지와 같은 소프트 파워(soft power) 중심의 경쟁구도로 급속히 선환하고 있다고 해도 과언이 아니다(『소프트 파워』, 조지프 나이, 세종연구원, 2004).

문화라는 코드가 시대의 중심으로 부상하는 움직임이 가시화되면서 세계적인 석학들도 문화산업의 중요성에 대해 한목소리를 내고 있다.

벤야민은 문화예술을 대량생산 가능한 문화산업화함으로써 소수 특권귀족층이 향유하는 문화예술을 일반대중이 즐길 수 있게 되었다고 하였다(『기술복제시대의 예술작품』, 발터 벤야민, 길, 2016).

미국의 경제학자이자 미래학자인 피터 드러커(P. K. Drucker)는 "21세기는 문화산업에서 각국의 승패가 결정될 것이고 승부처는 바로 문화산업이다"라고 갈파했다. 프랑스의 경제학자이자 문화비평가인 기 소르망(Guy Sorman)은 IMF 당시 "한국이 직면한 위기의 본질은 단순히 경제문제가 아니라 세계에 내세울 만한 한국적 이미지의 상품이 없는 '문화의 위기'로 보아야 한다."고 진단했다. 또한 미국의 저명한 미래학자인 앨빈 토플러(Alvin Toffler)도 "서비스 수입국인 한국은 수출에서 차지하는 무형자산의 비중을 높여야 할 것"이라고 조언했다. 굳이 석학들의 말을 빌리지 않더라도 문화상품으로 승부가 가려지는 문화전쟁의 조짐은 이미 세계 곳곳에서 현실화되고 있으며, 우리나라도 이 같은 상황에서 예외적 존재로 비켜설 수는 없을 것으로 보인다(『한류, 글로벌 시대의 문화경쟁력』, 삼성경제연구소, 2005).

어느 태평양 제도 원주민은 문화에 관한 질문에 이렇게 대답했다. "문화요? 우리가 관광객에게 보여주는 게 바로 문화죠"(Denis Duttion, "Authenticity in Art", *The Oxford Handbook of Aesthetics,* ed., Jerrold Levinson, New York: Oxford University Press, 2003).

이제 아마존 오지에서도 티셔츠를 입고 코카콜라를 마시며 팝송을 듣는다. 즉 세상은 탈지역화, 무국경화, 세계화, 다국적 기업의 시대이다. 이런 시대상황에서 문화는 더 이상 무의식의 관습이 아니라 의식적으로 조작되고 관광산업의 맥락에서 연출되고 소비되는 것이다. 순수한 전통문화란 허구이다(『관광인류학의 이해』, 야마시타 신지, 일신사, 1997).

앨빈 토플러, 존 나이스비트, 허만 칸 등 세계적 석학들은 21세기는 '문화 · 관광, 환경, 정보산업'의 시대가 될 것이라고 예견한 바 있다. 지구촌의 다양한 문화는 관광과 정보기술을 통하여 상호 교류되고 발전하며, 21세기 관광은 민족성, 역사성, 문화성을 토대로 한 문화관광이 특히 새로운 양태로 전환될 것을 짐작할 수 있다.

세계의 다른 어떤 지역보다도, 아시아지역이 문화적 다양성과 역동성 등으로 인하여 21세기 가장 주목받는 지역이 될 것이라고 예측한 석학들의 말을 빌리지 않더라도, 고유의 역사 · 문화 · 전통을 가지고 있는 아시아국가들 간에는 정치 · 경제적 이해 이상으로 문화적 자부심이 강하다.

현대사회의 이러한 흐름은 문화적 힘과 문화적 다양성이 곧 관광경쟁력이며 국가경쟁력임을 대변하는 것이라고 할 수 있다.

1985년 세계관광기구의 연구논문에서는 문화관광에 대하여 다음과 같이 정의하고 있다. "문화관광이란 협의로는 연구여행(탐구여행), 예술문화여행, 축제 및 기타 문화행사 참여, 유적지 및 기념비 방문, 자연 · 민속 · 예술연구여행 · 성지순례 등 본질적으로 문화적 동기에 의한 인간들의 이동이고, 광의의 문화관광은 개인의 문화수준을 향상시키고 새로운 지식 · 경험 · 만남을 증가시키는 등 인간의 다양한 욕구를 충족시킨다는 의미에서 인간의 모든 행동을 포함하는 것이다."

문화관광에서의 최근의 변화는 '유적 중심에서 생활문화로, 점에서 선으로, 구경에서 체험으로'라는 표현으로 정리될 수 있다. 또 다른 각도에서 보면, 유물과 유적 중심의 문화관광에서는 무대의 후면부에 머물러 있던 것들이 전면부에 등장하게 되었다고도 할 수 있다(MacCannell, Dean, 1986, The Tourist: A new theory of the leisure class, New York: Schocken Books).

관광은 현대사회에 있어 문화창조와 정체성 창조의 가능성을 갖고 있으며, 또한 그런 계기를 동반하는 중요한 장치로 존재한다. 문화관광이 대안적 관광으로, 혹은 지속가능한 관광으로 기능하기 위해서는 관광객과 주민의 불균형적인 권력관계, 해당 지역문화의 왜곡과 파괴, 관광과정과 이익배분에서의 주민소외 등의 문제가 해결되어야 한다. 위로부터의 개발이 아니라 지역주민들의 적극적인 참여에 의한 지역고유의 문화와 전통을 관광자원으로 활용하는 창의적 방안이 모색되어야 한다.

1990년대 후반에 시작된 한류(韓流)는 우리의 문화적 힘과 다양성과 역량이 관광경쟁력과 국가경쟁력에 얼마나 큰 영향을 미치는지를 실감하게 해준 대표적 현상이다. 한류의 기본은 한국사람이며, 한국상품의 정체성과 독창성에 기인하기 때문에, 한류는 한국의 문화적 힘(cultural power)이라고 할 수 있다. 분단 · 군사 · 관제문화의 검열과 이데올로기 문제가 해소되고 산업화, 민주화, 선진화로 자유가 꽃피면서 한류가 태동하였다. 5천 년 역사의 내공, 열정, 역동성, 감성, 우월성과 열등감의 교차가 한국의 최대 걸작, 한류이다. 한류는 기존질서와 기성세대에 대한 통쾌한 도전이다. 딴따라로 천대받던 대중문화는 온 나라가 IMF의 어두운 그림자 속에서 휘청거릴 때 세계를 향해 뻗어나갔다. 이제는 전 세계를 한류 수용국으로 만든 문화발신국으로 도약했다(『한류이야기』, 강철근, 이채, 2006). 한류는 짧은 기간 동안 한국문화를 전 세계 여러 국가에 독창적 모습을 선보였으며, 순수함과 정열이 가미된 한국 특유의 심미적 매력을 발산함으로써 현대 대중문화의 특성을 그대로 가지고 있다.

한류는 '한국 혹은 한국인(연예인) 따라하기' 열풍으로 문화 트렌드 리더(trend leader)로서 위상을 제고하고, 한국문화에 대한 동경을 확대하며, 국가 이미지를 제고하는 일등공신의 역할을 하고 있다. 그리고 경제적으로도 영화, 드라마, 음악 등을 통하여 막대한 외화수입을 가져오고, 스타 관광상품 개발과 게임산업 진출 및 드라마 · 영화 속의 자동차, 핸드폰, 의류, 가전제품 등에 대한 구매욕구와 만족감을 상승시키며 한국기업의 해외진출에도 간접적으로 기여하고 있다(『한류의 비밀』, 유상철 · 안혜리 외, 생각의나무, 2005).

반면 매우 비판적인 논자는 한국문화상품이 "값싸고 세속적인 자본주의적 상품"이라고 혹평한다. 한류란 아시아에서 부상하는 "자본주의적 욕망들을 포장"한 것에 불과하다는 것이다. 어떤 이들은 한류를 "거대 자본의 기획에 의해 만들어진 저질 향락산업"이라고 비난하며 문화적 제국주의를 경계하기도 한다(『동아시아의 한류』, 신윤환 · 이한우 외, 전예원, 2006).

한류와 같은 문화적 힘은 관광산업과 결합되었을 때 시너지효과가 더욱 커진다. 한국의 문화적 힘이 되는 한류를 관광과 어떻게 조화하고 연계하는가에 따라 한국과 한국관광의 가치가 좌우된다고 할 수 있다. 따라서 한류가 대중문화와 특정지역에 편중되어 있는 현상을 극복해야 하며, 아시아 및 세계의 문화다양성과 보편성에 기여할 수 있도록 하여야 한다.

한류가 일본, 중국의 대체문화가 없는 틈새시장을 일시적으로 메우는 것, 중국이 아직 자체적으로 다양한 문화를 제작, 생산, 유통시킬 수 없는 상황에서의 막간배우가 되어서는 안 된다.

대중문화, 전통문화를 아우르는 새로운 문화한류의 본질은 문화적 감성과 예술적 감각, 그리움, 기다림, 만남의 미학 등 우리의 전통사상인 풍류에서 근본적으로 찾아야 한다. 마치 이탈리아가 그리스로마신화를 세계명품시장을 석권하는 모티브로 삼듯이 말이다.

그린 투어리즘(농촌관광)

모파상(Maupassant)은 단편소설 『행복』에서 행복한 삶을 시골에서의 삶과 동일한 것으로 묘사했다.

농부는 끊임없는 창조와 '우주적 세계'의 발생에 참여하는 자이다(『행복의 역사』, 미셸 포쉐, 열린터, 2007). 도시의 삶이란 고달픈 일상이 여과 없이 드러난다. 전투적으로 자리에서 일어나서 파김치가 돼서 집으로 돌아와도 층간소음과 편하지 않은 집 분위기로 진정한 휴식이란 없다. 그저 전자기파에 자기도 모르게 오염되고 아무 의미 없는 남의 은밀한 사생활 엿보기식의 핸드폰과 텔레비전 정도에서 거짓 위안을 찾을 뿐이다.

짐멜(Georg Simmel)은 1903년『대도시와 정신적 삶』에서, 도시인들의 전형적인 심리상태는 신경과민이라고 했다. 시골이 단순한, 평화로운 정서적, 유기적 반복의 공간이라면 도시는 수많은 자동차, 현란한 조명, 다양한 상품 등 복잡하고 시끄러운 차이의 공간, 긴장의 공간이다. 짐멜에 따르면, 도시인들이 시골 사람들보다 차갑고 냉정해 보이는 이유는 대도시의 복잡한 변화로부터 자신을 보호하기 위한 어쩔 수 없는 것인데, 이런 냉담함이 자신을 제외한 모든 것을 무미건조한 일종의 풍경처럼 만들어버리고 결국 이러한 경향이 도시적 권태를 낳는다고 한다. 그에 따르면 정서적이고 감정적인 시골사람이 주변세계와 유기적인 일체를 구성한다면, 지적인 도시인은 주변세계와 얼마간 거리를 두고 산다. 도시인의 이런 거리두기는 자극적인 일상들로부터 자신을 보호하려는 일종의 방어전략이다.

대도시의 군중 속에서 사람들은 외로움을 느끼게 마련이다. 이는 자유의 이면이다. 고독을 치유하려면 결국 자신의 자유를 어느 정도 희생해야 한다.

도시 생활은 철저하게 이기적인 개인주의에 뿌리내리고 있다. 서로 알지 못하는 수많은 사람들이 익명 속에서 살아간다. 그렇기 때문에 이웃이 없다. 집집마다 문을 굳게 닫아걸고, 그 안에 갇혀서 산다. 전화, 전기, TV 또는 컴퓨터가 없으면 한시도 살아갈 수 없는 그런 허약한 곳이다.

그러나 시골은 조금은 불편하지만 흙이 있고 나무가 있고 멀리 내다볼 수 있는 들녘과 산마루가 있어 꿈을 지닐 수 있다(『홀로 사는 즐거움』, 법정, 샘터, 2004).

우리가 해야 할 일은 신선한 공기를 만들어내는 나무와 꽃 앞에 무릎을 꿇을 줄 아는 것이다. 새로운 것은 긴장을 주지만 오래된 것은 안정을 준다. 어두워야 시간이 천천히 간다. 너무 밝으면 과민해진다.

시골이 음-휴식-어둠-안정-자연-단순-친근-조화-몸을 씀-오래됨의 장소의 프로세스라면, 도시는 양-활동-밝음-긴장-건물, 차-복잡-생소-경쟁-마음을 태움-정신없는 변화의 공간이다.

어둠과 음이 너무 부족해 현대에 정신병이 많다. 도시인들의 정신적 문제는 도시환경의 문제이기도 하지만 인간이 손(몸)을 쓰지 않아서 생기는 병이다. 손을 쓰면 생각이 손으로 간다. 시골의 단순함, 자연의 너그러움은 현대의 도시인들에게는 최고의 치료제이고 휴식이다. 심지어 도시에서만 자란 아이들도 시골의 장작 타는 냄새가 마음의 안정을 준다.

그런 점에서 그린투어리즘은 수려한 자연환경 속에서 농업의 현장을 직접 확인 · 체험하고, 지역특산물 구입, 자녀들의 자연교육, 레크리에이션의 장 등으로 향후 무한한 가능성을 갖고 있다(『도시근교농업개발 및 관광농원 육성』, 경북대 농업과학기술연구소, 1988). 또한 중장년층의 고향에 대한 향수를 느끼게 할 수 있으며, 최근에 각광받는 생태관광의 범주에 포함된다.

도시와 농촌의 교류를 통하여 인구과소로 피폐되고 있는 농촌을 되살리고자 하는 분명한 목적으로 추진되었던 그린투어리즘의 개발과정은 숙박시설의 정비나 도로망의 확충 등을 포함하여 농촌시설의 기간시설 부문을 크게 개선시킨 것뿐 아니라 농촌에 대한 인식 자체를 바꿈으로써 농촌적인 것을 건강한 소비의 대상으로, 관광의 대상으로 부각시킬 수 있었다. 그리고 그러한 과정에서 농촌은 자연과 밀접하게 연결되어 있으며, 또한 그것은 환경친화적인 관광이라는 메시지를 전달하고 있다. 그러나 그린투어리즘의 결과가 반드시 자연보호로 이어지는 것은 아니다. 실제로 자연을 관광상품화하는 경우, 장기적으로 오히려 자연파괴, 환경파괴를 유발하는 경우가 더 많았기 때문이다. 그런 의미에서 그린투어리즘은 환경보호, 자연보호라는 주제를 중심으로 발전해 온 에코투어리즘과는 구분된다고 볼 수 있다. 에코투어리즘과의 또 한 가지 차이는 자연의 개념 자체에서 발견될 수 있다. 일본의 경우, 그린투어리즘 개발과정에서 강조되었던 것은 자연보호의 주제보다는 도시-농촌 간의 교류를 통한 지역활성화이며, 자연은 농촌이 도시에 제공할 수 있는 여러 가지 자원 중 하나일 뿐이다. 그린투어리즘에서의 자연은 자연 그대로의 자연이 아닌 다스려진 자연의 의미로 사용되는 경우가 더 많은 것으로 보인다. 또한 자연관광을 궁극적 목적으로 하는 에코투어리즘과 달리 그린투어리즘의 중심주제는 농촌성이며, 여기에는 자연뿐 아니라 그 지역의 역사, 지리적 특성, 생활문화가 모두 포함된다. 이 점에서 그린투어리즘은 지역관광의 개념과 중복되는 부분이 많으며, 실제로 도시화된 지역사회가 아닌 농촌 지역사회를 중심으로 개발되는 관광형태라는 점만을 제외한다면 적어도 일본에서는 그린투어리즘과 지역관광은 거의 동일한 의미로 사용될 수 있다.(『녹색관광』, 강신겸, 일신사, 1997).

생태관광(Eco tourism)

샤토 브리앙(Chateau Briand)은 "국가 앞에는 숲이 있고 국가 뒤로는 사막이 온다"고 했다. 근대 이후 지금까지의 관광산업과 관광개발은 주로 자연환경과 인문자원을 희생시켜 인간의 변화 욕구를 충족시키고 즐거움을 추구하는 역할을 해왔다고 볼 수 있다. 즉 환경을 우선시하기보다는 인간의 볼거리, 놀거리 등을 우선시하는 관광개발을 해온 것이다. 이에 따라 '관광산업은――비록 다른 산업에 비해 덜 비판받는다 하더라도――자연환경의 훼손과 파괴'라는 비판에서 자유로울 수가 없었다.

현대관광의 특징인 대중·대량관광(mass tourism)체제하에서 경제논리에 입각하여 대규모 관광객 유치를 위한 시설물의 설치에 몰두하였다. 이로 인해 자연환경은 파괴되고, 과도한 이용으로 인한 대기 및 수질오염, 쓰레기 투기, 야생 동식물 서식처의 훼손 등으로 인해 관광의 부정적 효과인 '관광이 관광을 파괴하는'(Tourism destroys tourism) 현상을 초래하게 되어 자연생태계를 보호하거나 적극적으로는 회복시킬 수 있는 대안적인 관광(alternative tourism)형태의 등장을 요구하게 되었다.

그리하여 관광산업을 선도하는 의식 있는 여행사와 환경운동가들은 생태관광이라는 개념을 만들어냈다. 생태관광 혹은 그와 유사한 지속가능한 관광, 책임관광 등은 여행의 8퍼센트 이상을 차지하지 않는다. 이유는 간단하다. 이런 관광이 추구하는 목표가 종종 규모와 수익을 쫓는 산업적 목표와 중놀하기 때문이다. 생대관광을 통해 경제적 목표를 달성하기란 매우 어렵다.

생태관광은 전혀 새롭게 등장한 것이 아니라 기존의 관광형태가 진화된 것으로서, 미국의 요세미티 국립공원이나 옐로스톤 공원 등을 방문한 초창기의 관광객들과 최근에 각광받는 히말라야 등정이나 트레킹 등의 모험적, 자연친화적 관광행태이며, 또는 남극의 펭귄관찰, 고래관찰 등은 생태관광유형의 좋은 본보기라고 할 수 있다.

대안관광의 하나로 태동된 생태관광은 생물자원의 유지, 재생가능한 자원고갈의 최소화, 그리고 지역주민의 참여가 전제되어야 한다. 아직 생태관광에 대한 정의가 합의된 것은 없으나, 일반적으로 1991년 생태관광학회의 정의가 보편적으로 받아들여진다.

생태관광학회는 생태관광을 "환경보호와 지역주민의 복지향상을 염두에 두고 자연지역으로 떠나는 책임 있는 여행"으로 정의하였다.

생태관광의 정의를 협의적 개념으로서 규정하면 "자연경관을 학습 · 감상하고 즐긴다는 특별한 목적을 가지고 그 지역의 야생 동식물을 대상으로 하는 관광으로서, 비교적 평온하고 오염되지 않은 자연경관이 우수한 지역으로 여행하는 것"이라고 할 수 있다. 광의의 개념으로서는 "그 지역에서 발견된 과거와 현재의 문화적인 유산뿐 아니라 자연경관과 야생 동식물을 연구하거나 감상하려는 특별한 목적을 가지고 비교적 덜 훼손된 지역으로 여행하는 것을 의미하며, 주로 자연적, 역사적, 문화적 자원을 기초로 하고 성공적인 생태관광의 지속적 유지를 위해서는 이러한 자원의 보전이 필수적인 요소이다"라고 정의하고 있다(Ceballos-Lascurain, "The future of Ecotourism", Mexico Journal, January, 1988, 17: 2).

생태관광은 주어진 자연환경, 자연자원을 잘 활용하여 관광수요충족과 지역사회발전에 도움을 주자는 방향으로 운용되고 있다. 생태관광의 요소에는 자연자원(자연명승, 야생동 · 식물, 숲, 자연공원 등)과 인문자원(유형, 무형자원)을 망라하므로 엄격히 말해서 자연생태계만을 대상으로 한 순수한 생태관광은 드물다. 따라서 인문 · 사회, 자연적 요소를 짜임새 있게 연계하고 결합하여 하나의 관광상품으로 만드는 것이 일반적인 예이다. 이렇게 함으로써 관광객에게 보다 많은 만족을 주고, 지역사회(관광지)와 관광사업자에게 보다 많은 경제적 이익을 보장할 수 있는 것이다. 생태관광의 궁극적 목적은 경제개발과 환경보전의 조화를 도모하는 데 있다.

일반적으로 생태관광은 자연생태계를 양호한 상태로 잘 보전하고 자연파괴행위로부터 보호하면서 적절히 활용하는 것을 내용으로 하기 때문에, 적극적 개발은 받아들이지 않는다. 그리고 하나의 관광유형으로 독립하여 전문관광으로 발전하고, 동시에 지역사회에도 도움을 줄 수 있는 성질의 관광이 되어야 한다는 것이 생태관광의 취지이다. 즉 기존관광과 달리 생태관광은 자연자원을 최소한 이용하므로 대단위 고급시설투자를 필요로 하지 않는다. 개발보다도 보전에 우선하기 때문에 개발이익을 우선시하는 지자체 · 사업자 · 주민들의 반대에 직면하기도 한다. 이러한 개발지지자와 보전론자 사이에 대립과 마찰은 있게 마련인데, 이해와 설득으로 개발론자를 환경보호에 참여토록 하는 것이 어렵지만 드물게는 볼 수 있는 예이다. 어느 나라에서나 환경의 보전 · 보호를 위한 지침을 정하여 개발에 의해 야기되는 환경파괴를 예방하거나 최소화하는 것을 볼 수 있다. 에코투어리즘이 관광개발의 함정에 빠지지 않으려면 삼박자의 조화가 필요하다. 비즈니스 산업의 양보, 정부의 지원과 협조, 그리고 지역 주민들의 깨인 의식이다(『희망을 여행하라』, 이메진피스, 소나무, 2009).

웰니스(Wellness) 관광

동양의 노자와 장자의 도가철학 속에서, 그리고 인디언의 삶 속에서 무위함은 삶의 절대적 미덕으로 존중받아 왔다. 서양에서도 최근에 불교, 선(zen), 요가, 명상 등의 영향으로 "Not doing but being"과 같은 슬로건이 키워드로 떠오르고 있다(『웰니스관광』, 김경한 외, 대왕사, 2013). 현대인들은 첨단과학자본주의 사회 속에서 항시 불안과 스트레스에 시달리고 있어서, 과거의 단순한 육체적 휴식이 아니라 정신적인 휴식을 포함하는, 흔한 말로 힐링, 웰빙을 원한다. 이러한 현대인들의 요구는 나를 찾아 떠나는 여행, 세상을 바라보는 시각 교정여행, 상처치유여행, 행복찾기 여행 등 기존의 볼거리 위주의 관광과는 다른 새로운 관광유형을 만들어냈다. 즉, 지금까지의 대중·대량관광에서 유흥과 오락이 중심이었다면 앞으로의 관광은 침묵(고독을 즐길 수 있는 휴식), 자기성찰과 건강을 위한 명상 등 진정한 행복을 주제로 이루어지게 될 것이다.

웰니스는 웰빙(well-being)과 건강(fitness)의 합성어로 신체적, 정신적 그리고 사회적 건강 등 잘 먹고 잘 사는 것을 모두 아우르는 온전한 상태의 뜻으로 사용된다. 웰니스의 다른 개념으로는, 웰빙에 행복(happiness)이 합쳐진 육체적·정신적으로 행복한 삶을 추구하는 것이다. 결국 웰니스는 웰빙+건강+행복의 복합적 개념이다.

웰빙은 신체적·정신적 고통이 없는 완전하고 조화로운 삶을 추구하려는 현대인의 욕구에서 출발하며, 신체적·정신적 건강가치를 추구하기 위한 소비생활을 포함한 다양한 생활을 통해서 얻게 되는 만족감을 의미한다(하경희, '웰니스 투어리즘과 한방의료관광', Tourism Research, 32, 2001). 순우리말로는 참살이다. 물질적인 풍요에 치우치는 자본주의사회에서 육체와 정신의 건강하고 조화로운 결합을 추구하는 새로운 삶의 방식 내지 문화현상, 환경친화적, 생태학적, 에너지 효율적 제품을 선호하는 로하스(Life of Health & Sustainability/LOHAS), 부르주아의 풍요로움과 보헤미안의 자유로움을 동시에 추구하는 bobos, 속도를 늦춘, 느리게 사는 downshifts도 웰빙의 한 형태이다. 워라벨이라 불리는 work-life balance도 같은 개념이다.

슬로시티운동과도 관련된다. 이태리의 오르비에토시는 세계 최초의 슬로시티를 공식 선언한 곳이다. 경음기 사용금지, 자전거 이용 및 보행자 구역 확대, 대형체인점, 패스트푸드, 유전자변형식품 거부, 네온사인 없앰, 전통수공업과 전통조리법 추천, 나무심기, 전통의상 입기 등을 장려한다. 미국이 패스트푸드의 고향이라면, 유럽은 슬로푸드의 고향이다.

힐링(healing)은 일종의 유행어화되었는데, 우리말로 '치유'라는 의미로 흔히 쓰인다. 통상 영어권에서는 종교적인, 신에 의한 치유(divine healing)의 의미로 쓰여서 다소 차이가 있다.

웰니스산업이란 적극적인 건강증진과 예방활동을 통해 최적의 건강상태와 높은 수준의 삶의 질을 추구하는 데 필요한 제품·시스템·서비스 등을 생산·유통하여 부가가치를 창출하는 산업이다. 웰니스 산업은 특정 노화현상에 각각 대응하기보다는 의료진에 의한 진단·운동요법·식생활 및 영양 컨설팅 등을 통합관리한다. 미국 등 일부 선진국에서는 의료, 미용, 휴양 등을 합친 웰니스 비즈니스가 안티 에이징 산업으로서 각광받고 있다.

웰니스관광의 상식적 버전인 의료관광은 쉽게 말하자면, 외국의 병원에서 수술을 받은 뒤, 현지 해변이나 리조트에서 회복을 겸한 휴가를 보내는 것으로, 의료와 여행산업의 연계상품이다. 주로 병원에 머물다 치료 후 바로 돌아가는 중증의 해외환자와 달리 관광·휴양·레저·보양·치료·건강관리·웰빙 등과 폭넓게 결합가능한 개념으로 이해되고 활용된다.

의료관광은 특히 병원비와 의료보험 비용이 치솟은 미국에서 급성장을 거듭했다. 우리와 의료체계가 달라, 수십만 달러의 수술비를 걱정하는 미국인 환자는 이제 인도, 남아프리카공화국, 쿠바의 의료관광상품을 선택할 수 있다. 비용은 미국에서 받는 치료비의 10분의 1도 되지 않는다. 휴가는 덤이다.

의료관광산업에 진출한 국가들은 자국의 전통의학과 차별화된 전략으로 의료관광시장을 주도하고 있다. 한방은 우리나라의 전통의학으로, 양방과는 다른 치료법이다. 미용성형, 피부, 치과 진료 분야에서 경쟁력을 갖추고 있는 우리나라의 현 실정에 비추어 볼 때, 한방을 이용한 차별화된 전략으로 세계 의료시장의 경쟁력 확보에 힘써야 한다. 동의보감의 세계적 소개와 중국의 중의학과는 다른 우리의 한의학 전통과 철학, 과학성을 마케팅하여야 한다.

2009년 국가브랜드 위원회가 주한 외국인 1,000명을 대상으로 실시한 조사에서 가장 먼저 떠오르는 한국의 이미지로 한식이 꼽혔으며, 외국인들의 한식에 대한 이미지로 건강식, 자연식이라는 점이 가장 높게 인식되었다. 한류 드라마 '대장금'의 전 세계적 인기로 한식과 한방에 대한 관심이 높다. 궁중음식, 사찰음식 등 우리만의 고유한식도 웰니스 관광에서 중요한 무기가 될 수 있다.

웰니스 관광은 웰니스 산업 중 관광 · 스포츠 · 여가 · 의료 · 음식 등의 분야에서 직간접으로 참여와 체험을 추구하기 위한 활동과 관련된 제품 및 서비스 영역이다.

건강 · 웰빙을 지향하면서 자연적 치유를 강조하는 에코-힐링형(Eco-Healing) 리조트가 유행이다. 미국 콜로라도주의 키스톤 로지 스파 앤드 리조트(Kiston Lodge Spa & Resort)는 정원에 있는 식물이 모두 식용 가능하다. 그리고 모든 트리트먼트가 지역 유기농식물로만 이루어지는 태국의 '식스센스 리조트'(Six sense Resort)가 대표적인 사례로 꼽힌다.

전문적인 의료서비스를 결합한 리조트인 필리핀의 '산베니토 리조트'(The Farm at San Benito)는, 자연 그대로의 휴양지 특성을 살리면서도 메디컬센터와 전문의까지 두고 방문객의 건강상태에 따라 마사지 · 요가 · 명상 · 식이요법 · 스파 · 건강검진 등의 맞춤형 건강 · 의료 서비스를 제공하면서 대표적인 메디컬 리조트로 자리매김하고 있다.

인도는 인도의 전통적인 문화를 담은 스파 서비스로 유명하다. 인도의 전통의학인 아유르베다 · 요가요법 등은 세계보건기구(WHO)에 전통의학으로 인정될 만큼 유명하다. 이 중 아유르베다는 4000~5000년 전부터 내려오는 인도의 대표적인 전통의학으로 개인의 체질을 파악하고 개인화된 치료법을 통해 몸의 균형을 이루게 하는 치료법이다(『웰니스산업-창조경제의 미래산업』, 김기홍 · 서병로, 대왕사, 2013).

공정여행(Fair Travel)

근대 들어 환경오염과 자연자연이 훼손 문제에서 자유로운 가운데 산업화의 성공으로 부유해진 국가들은 오늘날 현대의 세계 환경오염에 대부분의 책임이 있다. 불공평하게도, 그 결과로 생긴 기후변화, 물 부족 등의 환경문제는 아프리카, 아시아에 있는, 세계에서 가장 가난한 사람들에게 계속해서 영향을 미치고 있다. 그래서 부유한 국가들은 가난한 사람들을 도울 책임이 있다. 이것은 자비가 아니라 도덕적인 의무다. 같이 잘사는 것이 공정한 것이다. 아니, 그래야 부유한 현재의 삶을 유지할 수 있다. 존 롤스(John Rawls)는 그의 저서『정의론』에서 "최소수혜자에게 동원가능한 최대의 자원을 가장 신속하게 제공하는 것이 정의"라고 말한다.

'공정무역(fair trade)'은 많은 거대기업이 제3세계의 노동착취를 통해 제품을 생산하고 이익을 얻는 것에 맞서, 생산자에게 정당한 임금을 지불하고, 그들의 공동체가 지속가능하도록 지원하는 생산, 무역 방식을 말한다.

공정무역의 정신을 여행에 적용한 것이 공정여행이다. 여행지에서 만나는 모든 사람들에게 똑같은 인간으로서, 인간적인 배려의 마음을 가질 때, 그 여행은 '공정여행(Fair Travel)' 또는 '책임여행(Responsible Travel)'이 될 수 있다(『여행의 숲을 여행하다』, 김재기, 향연, 2010).

공정여행이란 우리가 여행에서 쓰는 돈이 그 지역과 공동체의 사람들에게 직접 전달되는 여행, 우리의 여행을 통해 숲이 지켜지고, 사라져가는 동물들이 살아나는 여행, 서로의 문화를 존중하고 경험하는 여행, 여행하는 이와 여행자를 맞이하는 이가 서로를 성장하게 하는 여행, 쓰고 버리는 소비가 아닌 관계의 여행이다. 새로운 여행이 새로운 세상을 만들어갈 수도 있다는 어떤 희망이다. 공정여행은 우리가 여행하는 곳에서 만나는 사람의 삶과 사회를 존중하고, 그들의 문화를 배우고 소통하는 여행이며, 환경을 파괴하거나 다른 이의 인권을 침해하지 않는 소극적 책임을 넘어 그곳의 현실과 아픔에 귀 기울이고 마음으로 함께하는 적극적인 여행, 우리의 움직임(여행)을 통해 일어나는 소비가 지역사회에 스며들어 그 사회를 일으키고 사람들의 삶에 토양이 되는 정직하고 올곧은 여행을 뜻하는 것이다(『희망을 여행하라』, 이메진 피스, 소나무, 2009).

관광객 각자가, 내가 수영하는 풀장의 물이 누군가의 마실 물은 아닌지, 내가 바라보는 에메랄드빛 바다가 그곳의 원래 주인이었던 원주민들을 쫓아내고 만들어진 가짜 천국은 아닌지 생각해 보고, 여행지에서 만나는 모든 사람들에게 인간적인 배려의 마음을 가질 때, 그 여행은 아름다울 수 있다. 그리고 이런 여행을 하기 위한 기본적인 자세는 우리가 혜택받은 소수의 사람들이라는 자각에서 온다.

우리(관광객)가 관광지 주민보다 우월하다는 색안경을 벗어버리고 다른 관점을 가진 사람들과 관계를 맺고, 귀 기울이면 뭔가 배울 수 있을 것이다. 기생적인 혹은 포식적인 관계 대신 공생적이고, 진정으로 더 호혜적이고, 상호적인 관계를 시작할 수 있다. 그러나 그러기 위해서는 지역민을 대할 때 열린 마음으로 공감하며 겸손해야 한다. 관광을 천국으로 가는 길로 여기게 된 것은 불과 40년 정도밖에 되지 않았다. 여행이 인기 있는 대중문화가 된 것도 그 정도다. 그러나 남반구에 사는 대부분의 사람들에게는 아직도 이것이 현실이 아니라는 사실은 짐짓 모른체 한다(『공정여행, 당신의 휴가는 정의로운가?』, 패멀라 노위카, 이후, 2013).

지각 있는 관광객은 자신들의 휴가에 직접적인 비용 말고도 문화적, 공동체적으로 특히, 환경적 비용이 더 든다는 사실을 알고 있다.

관광지는 쓰레기와 공해를 마치 공장처럼 생산한다(생산하는 것도 없이). 관광산업을 하나의 나라라고 가정하면, 이곳은 세계 제5위인 탄소배출국이다.

관광은 양날의 검이다. 절박하게 꼭 필요한 돈을 벌 수 있는 쉬운 방법으로 보일 수도 있지만, 그 때문에 자연이 망가지기도 하며, 토착문화는 패키지관광에 맞춰지는 과정에서 쉽게 변질된다. 그렇기 때문에, 부탄은 관광산업과 그 어두운 면에 대한 경계를 조금도 늦추지 않는 나라다. 히말라야산맥에 위치한 이 작은 나라는 관광객 숫자를 일부러 적게 유지해서 해외관광객의 무분별한 유입으로, 자국의 문화와 환경, 종교, 경제가 왜곡되지 않게 한다. 부탄 정부는 호텔 수용 인원을 비롯한 관광의 여러 하부구조를 제약함으로써 관광객 수를 통제한다. 관광객에게 많은 비용을 부과하는 것은 물론이다. 부탄 정부는 이것을 '소규모 고가치(low volume and high value)' 관광이라 부른다(『여행을 팝니다』, 엘리자베스 베커, 명랑한지성, 2013).

그러나 오늘날 가난한 나라는 가난에서 벗어나기 위한 최선의 선택이 관광이라고 생각한다. 캄보디아는――이곳만의 문제는 아니지만――세계에서 가장 뜨거운 섹스관광지 중 하나로 새롭게 유명세를 떨치고 있다. 심지어 크메르루주 정권 때 벌어진 국가적 비극도 외국인을 위한 '암흑관광'으로 포장되어 수익성 좋은 틈새시장으로 발전했다.

관광객을 끌어들일 더 확실한 방법도 있다. 어느 사원이나 구시가지가 유네스코(UNESCO)가 정한 '세계문화유산(World Heritage Site)'의 지위를 얻으면 된다.

트레킹의 메카 태국 북부에 자리 잡은 치앙마이, 그곳은 해마다 수십만 명의 사람들이 코끼리 트레킹, 고산부족 트레킹을 즐기기 위해 찾는 손꼽히는 트레킹의 메카다. 그곳에 사는 고산부족 가운데 카렌족이 있다. 카렌족 여자들의 목에 놋쇠고리를 채우는 것은 카렌족의 오랜 전통이다.

관광객이 카렌족을 만나기 위해선 우선 입장료를 내고 마을에 들어가야 한다. 1인당 250바트, 우리 돈 약 8~9천 원 정도다. 태국 정부의 통계에 의하면 미얀마의 군사독재를 피해 태국 북부의 국경지대로 쫓겨온 카렌족은 미얀마 고산족 전체의 1% 정도이다. 이들은 엄연히 군사독재를 피해 탈출해 온 난민들이다. 일반적으로 정치적인 난민들은 난민촌에서 집단생활을 하며 난민 지위를 인정받아 차례차례 유럽이나 호주 등 제3국으로 망명을 떠난다. 그러나 카렌족들은 난민촌에 들어가 살 수 없다. 다른 수많은 미얀마 난민들과 달리 카렌족들이 격리되어 별도의 마을에 머무는 데에는 특별한 이유가 있다.

카렌족은 연간 수십억 원의 관광 수익을 창출하는 관광자원인 셈이기 때문이다. 태국 정부는 카렌족이 태국을 떠나지 못하도록 난민 지위를 인정해 주지 않고 있다.

알래스카주 보건당국의 한 관계자는 "알래스카 원주민들은 고유의 문화를 잃어버렸으며, 가족을 부양할 수단을 갖고 있지 않다"며 "이러한 절망감은 젊은이들에게 특히 심하여 알코올, 마약 중독 등을 흔히 볼 수 있다"고 지적했다. 그들의 생계수단이란 원주민 보호구역에 관광을 위해 오는 사람들에게 자신의 삶을 전시하고, 민속을 값싼 공연으로 보여주며, 기념품을 팔아, 생계를 연명하는 것 그 이하도 그 이상도 없는 삶이다(『희망을 여행하라』, 임영신 · 이혜영, 소나무, 2009).

네팔 카트만두 인근의 포카 투시타(Porkha Tushita)호텔 주인인 프란잘은 호텔에서 얻은 수익 중 10%를 떼어 산간 마을들의 생태농장을 지원하고, 또 다른 일부는 아이들을 학교에 보내는 일을 위해 쓰고 있다. 호텔에서는 이 과정을 관광객들에게 보여주고 희망자의 경우 참여케 한다. 그 호텔의 직원이 아니라 네팔의 들판에 선 네팔 사람으로 그들을 다시 만나는 것은 관광객들의 입장에서는 참 생경한 경험이다. 그들이 차를 내주고 밥을 챙겨주었지만 그건 관광객들을 손님이 아니라 친구로서 대접해 준 것이었다. 진정한 여행이 공정여행으로 이루어지는 것이다(『희망을 여행하라』, 임영신 · 이혜영, 소나무, 2009).

있는 가장 적절한 발언일 것이다. 호모 파베르는 일의 효율성을 높이기 위해 모든 것을 계산하려고 한다.

사물은 물론 **인간도** 모두 계산과 예측의 대상으로 만든다. 우리에게 잘 알려진 개미와 베짱이에 관한 이솝 우화가 있다. 이 우화는 고대 그리스 시대에 만들어진 것이지만 현대에도 적용되는 호모 파베르가 지배하는 시대의 상식을 반영한다.

만일 당신이 인생의 어느 시기에 여행을 몹시 갈망하고 있다면, 이는 어쩌면 단순한 휴식이 아니라 **삶의** 변화가 필요하다는 신호일지도 모른다. 많은 여행은 일상에서 벗어나 다시 일상으로 돌아오는 귀환의 여행이다. 그러나 어떤 여행은 익숙한 삶의 궤도를 이탈해서 새로운 삶으로 이동하는 전환의 **여행이다**. 이 세계에서 출발해서 이 세계로 돌아오는 여행이 아니라 이 세계에서 출발해서 저 세계로 넘어가는 초월의 여행이 된다.

물론 귀환을 목적으로 떠났던 여행이 언제든지 전환의 여행이 돼 돌아올 수 있다. 어느 날 어떤 여행을 통해 당신도 이전의 자리를 박차고 **새로운 삶**으로의 여행을 계속 이어갈지 알 수 없는 일이다. 세상은 고정돼 있는 것이 아니라 시시각각 변화하고 있다.

자기로의 귀환

여행은 우주자연과 내가 직접 소통하는 일이면서 타자들에 대한 사랑을 통해 자기 자신과의 재회를 꿈꾸는 행위이다. 타자란 헤겔의 『정신현상학』에서 처음으로 자세히 언급된 용어이다. 타자는 자기라는 주체 또는 동일성으로 회귀하는 데 필요한 매개장치로 설명된다. 인간은 타자와의 연관성 속에서만 자기를 확립할 수 있다. 들뢰즈가 말한 바와 같이 "타자와의 조우(rencontre)로 자기동일성에 균열이 생겨야 긍정하는 힘이 생겨서 자기귀환이 가능하다"는 것이다. 여기서 타자는 대타자와 소타자로 구분되는데 대타자는 개인으로서의 인간이 관계 맺지 않을 수 없는, 우리 삶을 지배하는 상징계로서의 거대 네트워크, 사회, 조직, 제도 등을 일컫는다. 소위 현대철학이 말하는 '구조'이다. 그리고 소타자는 개인, 사물 하나, 부분으로서의 타자이다.

아일랜드의 시인 조지 무어(George Moore)는 "사람은 자기가 원하는 것을 찾아 세상을 돌아다닌다. 그리고 집에 돌아왔을 때 그것을 발견한다"고 했다. 앞에서 말한 많은 여행 중 그 어떤 것이었던지, 여행자가 그 누구이던지 여행은, 관광은 출발했던 곳으로 돌아와야 한다. 그렇지 않으면 여행 · 관광이 아니다. 그리고 돌아와야만 여행의 목적이 일차적으로 달성되고 완성될 수 있는 것이다.

"모든 탐험의 목적은 우리가 처음 시작했던 바로 그곳에 도달하는 것이며, 또 바로 그 장소를 처음으로 아는 데 있다"는 엘리엇(T. S. Eliot)의 유명한 문구는 진정한 여행은 나에게로 돌아가는 과정이며, 비로소 본연의 나를 새롭게 발견하는 과정이라는 것이다. 철학의 출발인, 델포이 신전에 쓰여 있는 말이라는 '너 자신을 알라'는 말과도 통한다. 모두 자기로의 귀환을 목적으로 하는 우리 삶의, 우리 여행의 현명한 결론들이다.

내가 이 세상의 중심이다. 나 자신이 모든 것의 시작이자 원리이고, 장소이자 영원이다. 성경에 탕자의 비유가 나온다. 집을 떠나지 않고는 집에 돌아올 수 없다. 원왈반(遠曰反)이라고 했을 때, 멀리 감이 돌아옴이다. 탕자의 경우에는 멀리 갔기 때문에 돌아올 수 있는 것이다. 반자(反者)는 도지동(道之動)이다. 돌아옴(反)이 道의 움직임이다. 누군가가 먼 길을 돌아 다시 제자리로 돌아왔다고 헛고생했다고 한다면 핵심을 놓치고 있는 것이다. 그의 여행길은 나사못에 새겨진 '나선형의 길' 같은 것이다. 다시 원위치로 돌아올지라도 거기는 늘 출발 지점과는 다른 상승된 곳에 있기 마련이다.

지금의 신구약 성경을 모두 라틴어로 번역한 성 제롬(St. Jerome)은 "필요한 것은 자신의 가슴을 들여다보는 일이다. 왜냐면 신이 우리에게 요구하는 것을 멀리서는 찾을 수 없기 때문이다"라고 하였다. 나는 내 삶을 안내해 줄 영혼의 빛을 찾아 온 세상을 구석구석 돌아다녔다. 낮과 밤을 쉬지 않고 그것을 찾아다니다가 마침내 나는 예언자의 목소리를 들었다. 그 예언자는 내 마음 속에 있었고 내가 온 세상을 찾아헤맸던 그 영혼의 빛도 내 안에 있었다(『수피의 가르침』, 샤흐, 고려원, 1989). 내가 그토록 헤매던 것의 전부이다.

유명한 동화인 『오즈의 마법사』를 보면, "양철나무꾼은 위대한 마법사가 자신에게 심장을 줄 것이라 생각하고 허수아비는 뇌를 원하며 사자는 용기를 원한다. 하지만 여행이 끝날 무렵 그들은 위대한 마법사가 사실은 사기꾼이고 그들이 원하는 것을 줄 수 없음을 깨닫게 된다. 그럼에도 그들은 훨씬 더 중요한 것을 발견하는데 바로 그들이 바라는 모든 것이 이미 그들 안에 있다는 사실이다. 감정과 지혜와 용기를 갖고자 한다면 신과 같은 마법사는 필요없다. 그저 걸으며 도중에 겪는 경험들을 온전히 받아들이기만 하면 된다".(『호모 네우스』, 유발 하라리, 김영사, 2017)

라즈니쉬의 『삶의 춤, 침묵의 춤』 속에 나타나는 '바늘 이야기'도 우리에게 이와 관련된 교훈을 준다. 어느 날 석양 무렵에, 무엇인가를 골몰히 찾고 있는 한 여인에게로 사람들이 다가가 "무엇을 잃어버렸나요?" 묻는다. 그 여인은 "바느질을 하다가 바늘을 잃어버렸어요"라고 답했다. 그들은 또다시 어디서 바늘을 잃어버렸냐고 묻는다. 그 여인은 "실은 집 밖에서 잃어버린 것이 아니라 집 안에서 잃어버렸어요." 하고 답한다. 그들은 미쳤다고 생각하면서 왜 집안에서 잃어버린 바늘을 집 밖에서 찾느냐고 묻는다. 그 여인은 "집안은 너무 어두워서 그곳에서 나는 그것을 찾을 수 없어요. 밖에는 그나마 아직 햇빛이 조금 남아 있어서 이곳에서 찾고 있답니다"라고 했다. 그들은 어떻게 그럴 수 있느냐며 마지막 질문을 던진다. "그렇다고 해도 사람들에게 등잔불이라도 빌려서 안에서 찾아야 하지 않나요?" 이 말에 대해 라즈니쉬는 "나는 여러분들이 이렇게 현명한 줄은 몰랐습니다. 그렇다면 당신들은 왜, 내면세계를 찾지 않고 밖에서 헤매고 있나요?" 자신의 내면세계로 눈을 돌려 바늘을 찾아야 한다. 그 바늘은 바로 자기 자신과 진리이다.

적도, 찾아헤매던 진실도 내 안에 있다. 진정한 나를 찾는 것이 세상을 구하는 것이다

그래서 모든 종류의 여행은 떠나고 만나고――다른 모든 것들과의 만남 그리고 자기와의 만남이다――돌아오는 것이다. 종착지는 자기 자신으로 돌아오는 것, 변화된 자기로 돌아오는 것이다.

떠난 이유가 무엇이든, 길든 짧든 그 형태가 어떤 것이든지 여행에서 돌아온 우린, 유목민에서 다시 정착민으로 돌아온다. 자유롭고 신선한 공기(공간)로부터 아늑하고 따뜻한 공기 속(장소)으로 되돌아온다. 여행을 통해 나를 바꾸는 계기를 마련하고 여행을 통해 반성된 삶을 실행하기 위해, 다시 제대로 나로서 살아가기 위해. 그러나 우주는 머무름과 쌓아놓음을 용서하지 않으므로 다시 떠날 준비를 하기 위해서.

memo

행복편

있는 가장 적절한 말일 것이다. 호모 파베르는 일의 효율성을 높이기 위해 모든 것을 계산하려고 한다.

사물은 물론 인간도 모두 계산과 예측의 대상으로 만든다. 우리에게 잘 알려진 개미와 베짱이에 관한 이솝 우화가 있다. 이 우화는 고대 그리스 시대에 만들어진 것이지만 현대에도 적용되는 호모 파베르가 지배하는 시대의 상식을 반영한다.

만일 당신이 인생의 어느 시기에 여행을 몹시 갈망하고 있다면, 이는 이제 단순한 휴식이 아니라 **삶의** 변화가 필요하다는 신호일지도 모른다. 많은 여행은 일상에서 벗어나 다시 일상으로 돌아오는 귀환의 여행이다. 그러나 어떤 여행은 익숙한 삶의 궤도를 이탈해서 새로운 삶으로 이동하는 전환의 **여행이다**. 이 세계에서 출발해서 이 세계로 돌아오는 여행이 아니라 이 세계에서 출발해서 저 세계로 넘어가는 초월의 여행이 된다.

물론 귀환을 목적으로 떠났던 여행이 언제든지 전환의 여행이 돼 돌아올 수 있다. 어느 날 어떤 여행을 통해 당신도 익숙한 자리를 박차고 새로운 **삶**으로의 여행을 계속 이어갈지 알 수 없는 일이다. 세상은 고정돼 있는 것이 아니라 시시각각 변화하고 있다.

여행과 행복의 인문학

행복편

행복에의 초대

행복이라는 문제

고대 그리스의 7현인 중 한명인 솔론(Solon)은 "사람은 살아 있는 동안에는 행복하다고 말할 수 없다"고 선언했다.

행복이라고 번역되는 'eudemonia'는 개인의 수호신을 뜻하는 'eudemon'에서 유래하였다고 한다. 그러므로 행복하다는 말은 정확히 설명하자면 '수호신에 의해 보호된다'는 뜻이다. 개인의 주체적 삶을 강조하는 근대적 의미에서 보기에는 다소 소극적일 수 있지만 압도적인 자연, 원인을 알 수 없는 질병, 빈번한 전쟁 등이 지배하던 전통시대의 무능력한 인간에게는 무엇보다도 보호받을 수 있다는 것에 대한 믿음이 중요했을 것이다.

오늘날 우리가 쓰는 한자어 幸福이란 말은 1875년 일본에서 벤담(Jeremy Bentham)의 책『도덕 및 입법의 원리 입문』이 번역되면서 happiness의 번역어로서 처음 등장했고, 그 후 한, 중, 일에서 일상화되었다.

짐승들(aloga: logos가 없는 존재라는 그리스어)은 건강하고 먹을 것이 충분하기만 하면 행복해 보인다. 그러나 인간은 그렇지 못하다. 그건 그저 최소한의 조건일 뿐이다.

사람들이 일상에서 겪는 다양한 고통은 대단하다. 사람들은 예수 그리스도의 희생에 대해서 많은 이야기를 한다. 그러나 현대의 세속적인 사람들의 평범한 삶에서의 고통이 2000년 전 예수 그리스도의 고통보다 훨씬 더 크고, 그들의 역경이 예수 그리스도의 역경보다 훨씬 더 극심한 것이 아닐까(『천상의 노래』, 비노바 바베, 실천문학사, 2006)?

우리가 행복을 논하는 경우, 두 개의 문제를 생각할 수 있다.
행복이란 무엇일까?라는 이론적 문제와
행복은 어떻게 얻을 수 있을까?라는 실천적 문제가 그것이다.

행복은 윤리의 문제이자 종교의 문제, 철학의 문제이다. 결국 사람의 문제이다. 따라서 인문학적인 접근이 필요하다.

사람다운 삶이란 무엇인가? 이것이 행복의 근본 문제인 것이다.

14세기 유명한 신학자인 마이스터 에크하르트(Meister Eckehart)는 "무엇을 할까보다 어떤 인간이 되어야 할까를 생각해야 한다"고 한다. 본질적 됨됨이가 안 된 사람은 행복하기 위해 무엇을 하더라도 헛수고일 뿐이다.

사람이 죽어서 저승에 갔을 때 저승사자는 두 가지 질문을 하고 그 대답에 따라 죽은 자를 천국 혹은 지옥으로 보낸다고 한다. 첫 번째 질문은 "살아 있는 동안 스스로 행복했는가?"이다. 두 번째 질문은 "살아 있는 동안 다른 사람을 행복하게 했는가?"이다(『이야기 테라피』, 이시스, 이야기나무, 2012).

행복의 비결은 이렇다. 당신이 흥미를 느끼는 세계를 될 수 있는 대로 넓혀라. 당신이 대하는 인간과 사물에 적대감을 갖지 말고 사랑하라. 그리고 행복한 인간은 자기 자신을 우주의 시민이라 생각하고 우주의 아름다움과 즐거움을 마음껏 즐기며 자기 뒤에 오는 생명과 분리된 것이 아니라고 생각함으로써 죽음에 대해서도 마음이 동요되지 않는다. 이처럼 생명의 물줄기와 본능적으로 깊이 결합될 경우에 우리는 가장 큰 기쁨을 느낄 수 있는 것이다(『행복에 이르는 지혜』, 이정호, 방송통신대, 2017).

오복(五福)과 육극(六極)

중국에서 가장 오래된 경전인 서경(書經)의 한 부분인 홍범구주(洪範九疇: 여기서 범주라는 말이 유래했다), 즉 군왕이 지켜야 할 정치의 아홉 가지 대원칙인데, 마지막에 백성들에게 권하는 다섯 가지의 복과 여섯 가지의 화(禍)가 五福과 六極이다.

옛사람들의 행복을 상징하는 五福은, 수(壽, 장수), 부(富, 부유함), 강녕(康寧, 무병무사함), 유호덕(攸好德, 덕을 좋아함), 고종명(考終命, 천수를 누리고 임종을 잘하는 것)이다. 지금의 삶과 비교해도 사람이 행복한 데 필요한 것들이 다 포함되어 있다.

옛사람들의 불행에 해당하는 육극(六極)은 흉단절(凶短折, 비명횡사), 병(疾), 우환(憂: 걱정거리), 가난(貧), 악함(惡), 약함(弱)이다.

있는 가장 적절한 말일 것이다. 호모 파베르는 일의 효율성을 높이기 위해 모든 것을 계산하려고 한다.

사물은 물론 인간도 모두 계산과 예측의 대상으로 만든다. 우리에게 잘 알려진 개미와 베짱이에 관한 이솝우화가 있다. 이 우화는 고대 그리스 시대에 만들어진 것이지만 현대에도 적용되는 호모 파베르가 지배하는 시대의 상식을 반영한다.

만일 당신이 인생의 어느 시기에 여행을 떠나 갈망하고 있다면, 이는 어쩌면 단순한 휴식이 아니라 **삶의 변화**가 필요하다는 신호일지도 모른다. 많은 여행은 일상에서 벗어나 다시 일상으로 돌아오는 귀환의 여행이다. 그러나 어떤 여행은 익숙한 삶의 궤도를 이탈해서 새로운 삶으로 이동하는 전환의 **여행이다**. 이 세계에서 출발해서 이 세계로 돌아오는 여행이 아니라 이 세계에서 출발해서 저 세계로 넘어가는 초월의 여행이 된다.

물론 귀환을 목적으로 떠났던 여행이 언제든지 전환의 여행이 돼 돌아올 수 있다. 어느 날 어떤 여행을 통해 당신도 이전의 자리를 박차고 **새로운 삶**으로의 여행을 계속 이어가지 않을 수 없는 것이다. 세상은 고정돼 있는 것이 아니라 시시각각 변화하고 있다.

여행과 행복의 인문학

행복편

우리가 행복하기 어려운 이유

행복의 문제에 관한 한, 지금 우리의 가장 큰 문제는 아무 생각 없이 여기저기 떠도는 행복의 기준을 공유하고 그것을 나의 행복이라고 느끼게 된 때문이다.

또 하나의 불행은 행복의 합격기준이 막연하면서 동시에 굉장히 높다는 것이다.

울리히 벡(Ulrich Beck)은 『위험사회(Risk Society)』에서, "안전한 것은 가장 위험한 것(safe is risky)'이다"라고 말한다. 우리의 일상을 가장 잘 표현한 말인 것 같다. 항시 도사리고 있는 위험요소들로 인한 일상화된 비상사태, 고향상실, 환경오염, 경쟁으로 인한 과속, 참 쉼 없음 등은 현대인의 삶의 모습이다. 앙토냉 아르토(Antonin Artaud)가 표현하려고 한 20세기의 모습이, 힘겨운 시대 인간이 겪는 '잔혹함'이다. 19세기의 아름다운 시절(belle epoque)이 아니라 우리가 사는 세상은 잔혹극의 무대이다. 그래서 우리 안에서 행복을 발견하기란 매우 어렵다. 프랑스의 극작가 샹포르(Chamfort)의 말처럼, "행복이란 결코 쉬운 일이 아니다."

거의 같은 시대에 활동했던 프랑스의 계몽사상가 루소(Rousseau)는 "문명화된 인간이 원시 야만인보다 훨씬 더 불행하다"고 했다. 그 까닭은 인간이 여러 지적 능력을 발달시켰고, 그중 하나가 상상력이기 때문이다. 상상력이 커질수록, 그것은 새로운 쾌락의 가능성을 제시하는데 이에 쉽게 도달할 수 없기 때문이다.

루소나 샹포르의 말처럼 우리는 행복하기 어렵다. 우리가 행복하기 어려운 이유들을 위에서 본 '오복과 육극'을 중심으로 생각해 보자.

생로병사를 포함한 팔고(八苦)

영화 메트릭스1편에서, 스미스 요원이 이렇게 말한다. "너희 인간들은 고통을 통해 세상을 깨닫는 존재이다."

불교에서는 인간의 삶을 여덟 가지 고통으로 표현한다.

먼저 생로병사의 네 가지 고통(四苦)이다. 힌두교에는 '탄생은 축복이요, 죽음은 축제다.'라는 말이 있지만 생로병사처럼 우리 모두에게 결정적인 불행의 원인이 있을까?

산모의 긴 임신기간과 출산의 고통과 더불어 한 아이가 육체적, 정신적으로 건강하면서 동시에 사회적으로 축복받는 환경에서 태어나기가 쉽지 않다. 그 아이가 무사히 자라도 늙음(신체적 노화, 지위와 관계의 상실), 감염, 과로, 스트레스, 사고에 의한 질병은 언제 찾아올지 모른다. 초고령시대 노인삼고라는 말이 있다. 돈 없고 아프고 외로운 것이 그것이다. 그리고 누구나 피해갈 수 없는 죽음은 참으로 어려운 과제여서 생각하기도, 주제로 삼기에도 곤혹스럽다. 우리의 일반적인 죽음의 모습을 그려보자. 각종 생명유지를 위한 기계장치 등에서 나오는 기계음, 가래를 뽑아내는 소리, 옆 환자가 내는 신음소리 등으로 중환자실은 정서적으로 안정되기 힘든 공간이다. 따라서 중환자실에서는 품위 있는 죽음과는 아주 거리가 먼 괴로운 죽음을 맞게 되는 것이 보통이다. 생전 처음 보는 의료진에 둘러싸인 채 수십 년간 같이 살아온 가족과는 작별인사도 한마디 나누기 어렵다. 한마디로 병원에서 객사하는 것이다(『우리는 왜 죽음을 두려워할 필요없는가』, 정현채, 비아북, 2018). 돌아가셨다는 소리를 의료진에 의해 듣는다. 병원은 유가족들에게 슬픈 그 일에 책임 없음을 설명하기에 급급하다.

여기에다 불교는 네 가지 고통을 추가한다. 애별리고(愛別離苦)는 사랑하는 사람과 헤어져야 하는 괴로움이다. 원증회고(怨憎會苦)는 미워하는 사람과 만나거나 같이 살아야 하는 고통이다. 구부득고(求不得苦)는 간절히 원해서 얻고 싶은데 갖지 못하는 괴로움이다. 마지막으로 오성음고(五盛陰苦)이다. 색수상행식(色授想行識)의 오음(五陰) 또는 오온(五蘊)에 탐욕과 집착이 번성하므로 괴로운 것이다. 여기서 色은 형상과 색깔로서 형상 있는 우리의 육체와 모든 물체를 가르킨다. 受는 괴롭거나 즐겁거나 등의 감정과 감각을 말한다. 想은 외부의 사물을 마음속에 받아들이고 그것을 표상하고 개념화하는 것이다. 行은 인연에 따라 생겨나서 시간적으로 변하는 마음의 작용이다. 識은 의식하고 분별하는 마음이다.

오음 중 몸을 말하는 색을 제외한 나머지는 마음의 작용으로서 사람은 이 다섯 가지가 일시적으로 모인 것에 불과하다. 아니, 현상세계 전체가 영원한 실체는 아닌 것이다. 그런데 사람들은 마치 영원한 것처럼 아둥바둥거려서 고통스러운 것이다

의심과 두려움

성경에 부활한 예수를 믿지 못하는 '의심하는 도마'(doubting Thomas)의 이야기가 나온다. 예수는 도마에게 '보지도 않고 믿는 사는 행복하다'라고 말한다(요한 20:19). 의심과 호기심은 과학과 인류발전의 원동력이기도 하지만, 비관지, 비판적 오해의 근원은 불신이고 불신의 뿌리는 대개 두려움에 있다.

어떻게 될지 모른다는 것이다. 흔히, 암 걸려 죽는 사람은 없다고 한다. 내가 얼마나 더 살 수 있을까 하는 의심과 암 걸렸다는 두려움 때문에 죽는다. 두려워하는 사람은

이길 수가 없다.

꿈을 이루지 못하게 하는 것, 그래서 행복하지 못하게 하는 이유도, 나의 능력에 대한 의심과 실패할지도 모른다는 두려움 때문일 것이다.

프랭클린 루스벨트(Frankline Roosebelt)가 제32대 미국 대통령에 당선되었을 때 했던 취임사의 일부분이다. "우리가 유일하게 두려워해야 할 것은 두려움 그 자체입니다."(Only thing we have to fear is fear itself!)

세계적인 외줄 타기 곡예사 칼 왈렌다(Karl Wallenda)는 평소 이렇게 말했다. "나에게는 외줄 타고 있을 때만이 진정한 인생이다. 그 외는 모두 기다림일 뿐이다." 그러나 1978년, 이 외줄 타기 명인은 곡예를 선보이다가 75미터 상공에서 추락해 세상을 떠났다. 이후에 그의 부인은 한 인터뷰에서 솔직한 심정을 토로했다. "3개월 전부터 그이가 '이번에는 어쩌면 떨어질지도 몰라'라는 말을 자주 했거든요." 왈렌다를 외줄 위에서 굳건히 설 수 있게 했던 힘은 바로 자신감이었다. 어쩌면 그가 목숨을 잃은 것은 자신감을 잃어버렸기 때문 아닐까(『느리게 더 느리게』, 쟝 샤오헝, 다연, 2014, 유튜브 참고)?

우리가 어떤 일을 해보기도 전에 두려워하는 까닭은 부정적인 면만 생각하기 때문이다. 많이 행동할수록 의심과 두려움은 사라지고 자신감이 생기는 것이다.

성경구절 중 자신감과 믿음에 관련된 한 구절이다.

> Faith is confidence in what we hope for and assuarance about what we don't see.(헤브루 11:1)

걱정

다칠지도 모른다는, 손해 볼지도 모른다는 이기심, 이기주의는 항상 우리를 걱정하게 만든다. 이기심은 우리가 남의 일에 기뻐할 줄 모르게 만들기도 한다. 남의 좋은 일에 기뻐할 줄 알아야 나의 삶도 덩달아 행복해지는 것인데, 그러면 나의 삶이 항상 신날 텐데. 얼마나 어리석은가!

대부분의 걱정은 그 문제가 대단치 않은 것임을 깨달으면 감소될 수 있다.

문제에 해결책이 있다면 걱정할 필요가 없다. 해결책이 없다면 걱정해도 소용없다.

인간을 포함한 동물의 삶을 4f로 설명하는 것을 본 적이 있다. feeding(먹고),

fighting(싸우고), fleeing(도망가고), fucking(번식하기)이다. 이 네 가지 행동을 유발하는 내면에는 자신이 '죽을지도 모른다'는 공포가 내재해 있다고 한다(『신의 위대한 질문』, 배철현, 21세기북스, 2015).

속도와 서두름

아프리카 속담이다. '가젤은 가장 빠른 사자보다 더 빨리 달리지 않으면 잡아먹히고, 사자는 가장 느린 가젤보다 더 빨리 달리지 못하면 굶어 죽는다.' 당신이 사자이거나 가젤이거나 어쨌든 당신은 뛰어야 한다.

인간의 다리로 달려야만 살아남을 수 있던 수렵시대보다 21세기에 사람들은 더 급해졌다. 그러나 서두르면 서툴러진다. 그리고 조급하면 실패한다.

'사흘 길을 하루 가서 열흘 눕는다'는 우리 속담이 있다. 서두르지 말라는 얘기지만, 한국사람의 전매특허인 '빨리빨리'는 모더니티시대에 사실 전 세계적인 것이다. 특히 정보화 세계에 들어 우리가 두각을 나타내는 이유이다. 근대 과학의 모토는 스피드였다.

온갖 통신 수단과 운송 수단들은 '좀 더 빠르게'를 맹신하고 있다. 우리는 편리해진 것만큼 잃는 것도 많다. 속도에 휩쓸린 나머지 무엇보다도 차분하게 생각하면서 음미하고 누리는 여유가 사라졌다. 속도가 빨라진 만큼 스쳐 지나가 제대로 보지도 못한다. 그래서 우리나라를 '기적을 이룬 나라, 기쁨을 잃은 나라'라고 하는지 모르겠다.

올림픽 슬로건은 '더 높이, 더 멀리, 더 빨리'이다. 이런 구호야말로 얼마나 비인간적인 것인가!

그래서 느림의 미학이 절실히 필요한 시대이다.

행복은 죽을 힘을 다해 빨리 올라 산 정상을 정복하는 것이 아니다. 정상을 향해 가는 과정 중에 얻을 수 있는 모든 경험과 느낌이 바로 행복의 본질이다. 속도를 늦추고 자신의 영혼과 보조를 맞춰 걷는 데서 진정한 행복이 피어난다.

러시아의 대문호 투르게네프(Ivan Sergevich Turgenev)는 말했다. "인생에서 가장 아름다운 순간은 천천히 산책을 즐기며 길가에 핀 꽃들을 어루만지는 때다."

이와 비슷한 고은 시인의 『순간의 꽃』이라는 시집에 나온 누구나 좋아하는 구절이 있다.

> 내려갈 때 보았네.
> 올라갈 때 보지 못한 그 꽃.

꽃 한 송이 쳐다볼 수 있는 여유가 필요한 시대이다.

속도에 치이는 현대인, 매순간을 결과로 보는 것은 착각이다. 우리의 인생은 과정의 연속이므로 느긋한 것이 정상이다.

"군자는 평안하고 여유 있으나 소인은 늘 걱정하고 안달한다"는 논어의 구절처럼, 현대인들은 모두 태생적으로 소인인 걸까 아니면 시대가 사람들을 모두 소인화하는 것일까?

예술과 자연의 공통점은 인간에게 여유와 치유를 준다는 것이다. 결국 예술과 자연이 멀어진 탓이다. 최근에 산에 오른 것이 언제인가? 미술관에 가본 것이 언제인가? 가족들이 모이면 삼겹살집이나 영화 〈기생충〉에 나오는 것처럼, 기사식당만 갈 것이 아니다.

서울시내에서 흔히 볼 수 있고 당사자로서 우리가 직접 경험하는, 높고 거칠거나 날카로운 목소리와 빠른 걸음걸이는 서두름과 흥분의 결과다. 조용하고 차분한 음성, 무엇이든 천천히 함은 온화하고 우아하게 즐기는 것을 증명하는 일이다.

관조(contemplation)는 조용한 마음으로 대상을 보고 그 참모습을 헤아리는 것이다. 진리를 탐구하는 이성적 활동으로 철학적 행위이다. 평화롭고 느린 관조의 삶은 가장 행복한 삶이다(『니커마커스윤리학』, 아리스토텔레스, 숲, 2013). 관조의 시간과 장소를 확보해야 한다.

권태

이 상황에서 이 공간에서 자기가 주인이 아니면, 능력을 발휘하지 못하면, 권태로워진다. 그리고 현대의 도시인들이 느끼는 권태란 대지의 생명으로부터 분리되어 있기 때문이다. 그래서 니체는 "대지에 집중하라"고 한다. 현대 도시인의 불행인 자연에서 멀어짐은 문명의 발달 탓이다. 이제 자연은 그 압도적 스케일과 경이로움을 잃고 문명의 희생양을 거쳐, 그 일부가 되었다. 문명에 의해 길들여진 정원이나 (자연)공원이 되었으며 아니면 그저 오브제일 뿐이다.

농경시대 이후의 부산물이 권태이다. 인간이 사냥으로 식량을 얻을 때, 노동은 하나의 흥분되는 즐거운 놀이였다. 그러나 농업을 시작할 때 인간은 기아의 위험을 면하기 위해서 단조로움과 권태로움은 참는 수밖에 없다고 결심했다(『행복의 정복』, 버트런드 러셀, 사회평론, 2005). 그러나 그 이후의 산업화시대는 농업과 농촌을 그리워하는 시대가 될 정도로 권태는 일반화, 극대화되었다.

권태의 예방책으로서 가장 우선적이고 바람직한 것은 즐거운 놀이이고 무언가에 집중하는 일을 갖는 것이다. 프로이트(Sigmund Freud)는 인간 행복의 토대를 이루는 것은 '사랑'과 '일'이라고 했다.

피로

피로는 예전에는 주로 긴 노동시간에 기인하였지만 이제는 그것이 중요원인은 아니다. 그보다 낯선 사람들 눈앞에 노출되어 있다는, 타인의 시선을 의식하는 것에서 비롯된다. 일이 많아서이기도 하지만 예측이 안 되고 스스로 관리가 안 되는 것도 한 이유이다. 그리고 대도시의 소음, 진동, 오염, 높은 인구밀도, 경쟁, 여유 없음 등에서 비롯된다고 할 수 있다. 그리고 피로의 주된 이유는 걱정이며 이런 걱정은 보다 나은 인생철학과 조금 더 정신수양을 쌓음으로써 억제할 수가 있다.

순수한 육체적 피로는 행복의 원인이 될 수도 있지만 지금은 휴식이 필요하다. 음표들 사이에 빈통이 있어야 음악이 만들어지고, 문자들 사이에 여백이 있어야 문장이 만들어지듯 휴식이 중요하다.

경쟁

세계화 시대인 이제는 세상 사람들 모두가 경쟁상대이다. 경쟁을 하면 긴장한다. 긴장이 스트레스이고 긴장은 피로를 동반한다.

성적-입시-취업-승진-실식-노후불안, 우리의 삶의 모습이다. 심지어 유치원 들어갈 때부터 경쟁하면서 성적에 좌절감을 느낀다. 대학입시로 청소년기는 피김치가 되고 만족하진 않아도 진학해서 그런대로 한숨 돌리면 취업경쟁이 한시도 경쟁하지 않을 수 없게 한다. 취업하면 승진의 문제가, 이후에는 실직의 공포가, 아이들 키우느라 정신없다 보면 자기 노후준비는 제대로 못 해 한시도 편안한 때가 없다. 노인이 되면 늘 외롭고, 몸이 안 따라주고 집 안과 밖에서 무시당한다고 생각한다. 질병에 시달려야 하고 죽음의 공포가 어른거린다.

영국 속담에 '행복은 매형보다 10달러를 더 버는 것'이라고 한다. 멀리 있든 가까이 있든, 친하든 그렇지 않든 모든 게 눈뜨면서부터 눈 감을 때까지 경쟁이다.

이웃은 행복의 조건을 놓고 겨루는 경쟁자 혹은 잠재적인 적이다. 그러니 삶은 늘 외롭고 불안할 수밖에 없다.

"최상의 행복은 1년이 지난 후 1년 전의 자기보다 더 좋아졌다고 느끼는 것이다." 톨스토이(Tolstoy)의 말이다. 남하고 경쟁하면 행복할 수 없다. 그저 내일에 부끄럽지 않은 오늘이면 족하다.

'나'는 나아가는 존재이고 나아지는 존재여서 붙여진 말이듯이, 나의 발전에 집중해야 한다. 그러면서 동시에 경쟁하는 마음 없이 따뜻한 마음으로 주변을 돌아보아야 한다. 성공한 후에——돈 벌고, 출세하고——남에게 눈 돌리겠다고 생각하면 남이 없음에 당황할 것이다.

가족

우리가 행복하기 어려운 이유에 가족이 있어서 모두가 당황스럽지만 가만히 생각해보면 수긍이 간다.

영국의 극작가인 윌리엄 제럴드(William Jerrold)는 "행복이란 우리 집 화롯가에서 성장한다. 그것은 남의 집 뜰에서 따와서는 안 된다"고 했다. 행복은 가족에서 나서 자란다는 말이다. 그러나 사람의 원수가 자기 집안 식구라"(마태 10:34)는 말이 있다. 멀리 있는 남은 무관심해서 원수가 될 수 없다. 가까이 있어야 원수도 되고 사랑도 하고 하는 것이다.

"행복한 가정은 모두 비슷하지만 불행한 가정은 제각각 다른 모습으로 불행하다." 톨스토이의『안나 카레니나』에 나오는 말이다. 부모의 행복은 가장 불행한 자녀의 행복지수만큼이다. 아무리 행복한 일이 많아도 자녀가 불행하면 부모는 행복할 수 없다. 행복한 자녀를 둔 부모가 얼마나 있을까? 아이들은 학교성적에, 왕따에, 부모들의 편애 등에 상처받는다. 부모는 그저 아이가 몸 성한 것, 자녀의 마음씀이 크게 이상하지 않으면 안심 아닌가? 아니 이제 자녀 없는 가정은 또 얼마나 많은가!

버트런드 러셀(Bertrand Russell)은 『행복의 정복』에서 이렇게 공감할 수밖에 없는 말을 한다.

"부모의 자녀에 대한 사랑과 자녀의 부모에 대한 사랑은 가장 중요한 행복의 원천이 될 수 있으나 사실상 오늘날 부모와 자녀의 관계는 십중팔구 양쪽에 다 불행의 원인이 되며, 백중 구십구는 적어도 양쪽 어느 한쪽에 불행의 원인이 된다.

가족이 본래 줄 수 있는 근원적인 만족을 주지 못하고 있다는 것이 현대의 일반적인 불행의 원인이다. 부모는 어버이의 지위에 대한 깊은 반성을 하고 현명하게 행동해야 한다."

자녀가 예행연습을 하고 자녀가 된 것이 아니듯 부모도 마찬가지여서 어떻게 해야 할지 서투르다. 엄마는 사랑의 힘으로 자기 몸의 분신인 자식을 사랑하지만, 아빠는 반드시 그렇지는 않다. 너무 사랑해서, 덜 사랑해서, 연습해 본 경험이 없어서 각자의 삶의 무게가 너무 버거워서 가족은 항상 상처받는다.

함께 먹는다는 것은 ―아마 그래서 식구라는 단어가 생겼겠지만― 감정을 공유하게 만든다. 친해지기 위해서는 밥을 같이 먹는 것이 꽤 중요한 일이다. 먹는다는 것 자체가 정신적 이완을 위한 휴식이기 때문에 휴식시간에 만난다는 홀가분함이 있다. 가족은 일단, 밥을 같이 먹는 식구가 되는 기회를 자주 가져야 한다.

가족을 구성하는, 하늘이 맺어주는 인생의 중요한 세 사람은 부모, 아이, 배우자로 유일하게 선택할 수 있는 것은 배우자뿐이다. 정말 오래 사랑할 수 있는 사람을 만나고 서로 노력해야 한다. 얼마나 힘든 일인가?

리처드 도킨스(Richard Dawkins)의 책 제목, '이기적 유전자'라는 말처럼, 인간은 DNA의 전달을 통해 영생을 사는 것인데, 이제 저 혼자만 행복하려고 젊어지고 오래 살려고 하면서, 후손에 대한 희생을 아까워한다.

믿음의 아버지와 사랑의 어머니와 소망의 아들딸이 같이 사는 가정이 믿음, 소망, 사랑의 제대로 된 행복한 가족의 종교적 해석이다. 그래야 한다.

내가 누군지 모름

"내 속엔 내가 너무나 많아!"라는 노래구절처럼 내 안에는 내가 의식하는 부분도 있지만 무의식이라는 커다란 덩어리가 자리하고 있어서 내가 나를 아는 데 더욱 어렵게 한다. 베르그송(Bergson)이 말하는 연속적인 시간의 경과와 더불어 축적되는 기억들과 프로이트(Freud)가 말하는 억압된 것이 자리 잡는 무의식이 그것이다. 불교에서는 이를 아뢰아식이라고 한다. 내 안에 들어와 있는 카오틱한 자연(자기보존, 성욕, 죽음충동 등)이 가끔씩 드러남(회귀함)으로써 내가 나를 당황시키곤 한다.

우리는 사회적 정체성과 자기주체성 사이에서 방황한다. 아니 대부분의 사람들은 그런 방황조차 하지 않고 체념하거나 식물적으로, 관성적으로 살고 있다. 사회적 정체성이란 내게 주어진 환경이다. 어디서 태어나고 어떤 집안에서 자랐으며 어느 학교를 나오고 어떤 직장을 다니고 있느냐 등이다. 자기주체성이란 이런 조건들이 아니라 주체적으로, 주관적으로 타인과 다른 나만의 세계를 구축하는 것이고 어딘가를 향한 지향성이다. 학생이라고 다 같은 학생이 아니고 교수라고 다 같은 교수가 아니게 하는 그 무엇이다. 내가 누군지를 말하는 확실한 대답이다.

내가 누군지 제대로 알기 위해서는 내가 속한 세계에 대한 정확한 이해가 또한 필요하다. 우리가 사는 세계는 기본적으로 네 가지이다. 가장 중심이 되고 중요한 현실 세계와, 전통사회에서 중요했던 종교가 중심이 되는 초월세계가 있다. 그리고 근대사회에서 발견된 미시세계가 있다. 미시세계는 현미경의 발명과 더불어 발견된 세계로 당연히 거시세계와 관련된다. 마지막으로는 자본주의와 대중문화의 결합으로 지금의 세계에서 가장 문제가 되는 시뮬라크르(simulacre)적 문화상품으로서의 가상세계이다. 이 네 가지 세계에서의 혼란은 우리의 정체성을 혼란케 하고 어리석게 살게 하는 요인이 되고 있다. 이 세계들을 가로지르는 주체가 나인데 말이다.

> Who are you? I am who I am(Exodus 3:14)

형용사로서의 시시콜콜한 사족을 달지 않고 '나는 나다!'라고 자신 있게 선언할 수 있는 사람이 있을까? 내가 보는 나와 타인이 보는 나 사이에 간극이 있다. 시선의 문제가 개입하고 철학의 문제가 개입한다. 너무 어려운 일이다.

> Man is his own star
> Envy is ignorance
> Imitation is suicide

랄프 왈도 에머슨(Ralph Waldo Emerson)의 시의 한 구절이다. 시기하지 않고 모방하지 않고 열심히 살다 보면 과거-현재-미래가 어느 순간 연결돼서 별이 되는 것이다. 인간이, 자기가 살아야 할 의미를 깨닫지 못하고 회피하면 불행해진다. 지금의 나는 진짜 궁극의 내가 아니다. 그러므로 타인을 부러워할 필요 없다. 내가 가진 것에 만족하고 여유를 갖고 그저 묵묵히 내 갈 길에 집중하면 된다. 모방의 여러 장점도 있지만 그건 내 것이 아니다. 흔히 말하는 벤치마킹(bench marking)은 결국 남을 따라 하는 것이므로 잘해봐야 2등이다. 온전히 나의 삶을 못 살면 잘못 산 것이다. 그래서 자살이라고 표현했다.

행복이란 개인의 삶을 총체적으로 의미 있고 가치 있는 것으로 바라보는 데서 온다. 그 큰 차이를 결정하는 것은 우리의 가치체계다. 니체가 표현한 대로, '만일 당신에게 살아야 할 이유가 있다면 당신은 어떤 일이든 견뎌낼 수 있다.' 의미 있는 사람은 한창 고난을 겪는 와중이더라도 지극히 행복할 수 있다. 이에 비해 의미 없는 삶은 아무리 안락할지라도 끔찍한 시련이다.

중세 사람들의 삶은 종속적이었고 고되었던 것이 틀림없다. 하지만 이들이 교회의 말대로 죽음 뒤에 영원한 행복이 온다는 약속을 믿었다면, 자신의 삶을 현대의 세속적인 사람들보다 훨씬 더 행복하다고 평가하는 것도 무리가 아니다. 현대의 불신자들은—신도, 자기도 못 믿는—장기적으로 보면 완전하고도 가치 없는 망각 외에는 기대할 게 없기 때문이다. 그래서 노인들 중에 치매환자가 많아지는 것인지도 모르겠다. 몸은 아직 건강한데, 살아가야 할 의미나 과제는 없어서 생각하면 고통스러우니 "에라, 다 잊자. 죽을 때 죽더라도 고통스럽게 현실을 살지 말고 망각 속에서 그냥 죽을 때까지 살자"고 결심한 것이다. 그런데 더 큰 문제는 노인도 아닌 젊은이들이 의미와 가치에 대해 생각하지 않고 언제 어디서든 핸드폰만 보고 시간 되면 기계적으로 아르바이트나 학교에 가는 젊은이형 치매인 좀비형 인간이 많은 데 있다.

우리는 공장에서 일하고 우리의 집인 아파트는 자는 공장 같고 학교는 배우는 공장 같은 일상 속에 살고 있다. 차이나 의미를 발견할 수 없는 대량생산 복제품 같을 뿐이다.

사르트르(Sartre)의 허무나 카뮈(Camus)의 부조리란 삶의 의미(meaning)를 찾지 못해 불행한 현대인을 정의할 수 있는 중요한 단어이다. 의미가 없다고 생각하면 절망하고 최악의 경우에는 자살하기도 한다. 해롭고 위험한 것에 발을 들여놓기도 한다. 인생이란 인생 쪽에서 던져오는 여러 물음에 내가 하나하나 답해가는 것이다. 정호승 시인의 시와 안치행의 노래처럼 '인생은 나에게 술 한잔 사주지 않았어도, 겨울밤 막다른 골목 끝 포장마차에서 빈 호주머니를 털털 털어 나는 몇 번이나 인생에게 술을 사주어야 한다.'

의미는 그 자체로 존재하는 것이 아니라 다른 것과의 관계 속에서 발견될 수 있는 것이다. 의미는 관계 속에서 발생하므로 나를 알려면 관계 맺어야 한다.

벤야민의 『일방통행로』에는, "행복하다는 것은 놀라지 않고 자기 자신을 들여다보는 것이다"라 했다. 우리는 볼 게 많은 세상에 살고 있지만, 제일 먼저 가장 깊게 살펴봐야 할 대상은 바로 나다. 내가 누군지 알아야 한다.

불행은 자기 밖에서, 다른 사람이 가치 있다고 인정하는 무엇인가를 내 행복의 절대 조건으로 생각할 때부터 찾아온다.

약함(=악함)

고대 그리스 시대에 페르시아 전쟁 이후 '페리클레스(Perikles)의 치세'로 아테네의 전성기가 이어진 다음이다. 그리스 도시국가 간의 전쟁인 펠레폰네소스 전쟁(BC 431~404) 중 강대국인 아테네가 약소국인 멜로스에 보낸 항복 권유서에는 잔인하지만 현실적인 문구가 있다. "세력이 대등할 때 정의가 의미 있는 것이고 힘의 차이가 있을 때는 강자는 원하는 것을 누리고 약자는 당해야 할 것을 당할 뿐이다."

Absolute power corrupts absolutely(절대권력은 절대부패한다)라는 말로 유명한 영국의 정치가이자 역사가인 액튼경(Lord Acton)은 Great men are almost always bad men(모든 위대한 이는 악하다)고 하였다. 그러나 순자의 말처럼 위대하건, 평범하건 사람의 근본 속성은 악하고 동시에 약한 건 아닌가, 아니면 약해서 악한 척하는 것인가? 내가 약하면 다른 사람들에게 피해를 줄 수밖에 없다. 몸과 마음이 모두 건강해야 한다. 나는 한 사람 몫은 제대로 하고 있는가?

교양과 지식의 부족

'너희가 이것을 알고 행하면 복되다'(요한 13:17)라는 말의 반대로, 모르는 것은 두려움을 유발한다. 모르면 어떤 행동을 제대로 할 수 없고, 두려움은 인생이라는 경기에서 불안을 가져오고 결국 패배하게 만든다. 그래서 인간은 본능적으로 무엇이든 배우려 한다. 제대로 된 인간으로서 반드시 갖춰야 하고 배워야 할 것이 교양과 지식이다.

"18세기에는 문학, 미술, 음악에 대한 식별 능력을 가지고 그것들을 통해 쾌락을 얻는 것이 '신사'의 기준"이라는 구절이 러셀의『행복의 정복』에 나온다. 지금의 대학인 university는 우주의 많은 지식(universe)을 알아야 한다는 말에서 나왔다.

이 세상을 즐길 수 있는 능력이 교양이고 지식이다. 그것을 갖춘 남자, 여자를 gentleman, lady라고 불렀다. 교양 있는 사람은 저급하지 않다. 그들이 즐기는 것은 고급쾌(高級快)이다. 저급한 즐거움은 금방 휘발된다. 그리고 자기를 망치게 된다. 교양시민은 자기반성적, 자기구성적 존재이다. 이 세상은 하나 같지만 하나가 아니다. 수준 낮은 사람에게는 보이지 않는 세계가 교양과 지식을 갖춘 사람들에게는 보인다. 차원이 다른 것이다. 교양과 지식은 차원전환을 가져온다. 어려서부터 교양과 지식을 쌓아나가는 환경을 만들어주는 것이 중요하다. 가족모임도 아이 데리고 먹으러 식당 가는 것이 전부인데, 그러지 말고 미술관, 도서관, 박물관, 전시회를 데리고 가야 어릴 적부터 앎, 지적 호기심, 아름다움에 대한 품격이 생기게 된다.

학문의 길은 자기의 본래 마음을 찾는 길이고, 행복으로 가는 길이기 때문에 기쁨의 길이다.

추사 김정희는 "가슴속에 만 권의 책이 들어 있어야 그것이 흘러 넘쳐서 그림과 글씨가 된다"고 하였다. '살아서 공부하는' 學生들은 늘 가슴에 새겨야 하는 말이다.

세계경제가 물질기반에서 지식기반경제로 탈바꿈해서, 석탄, 논밭, 기계가 아니라 지식이 부의 원천이 되었다. 미래는 전문가들이 경제적 부를 독점하는 지식사회이다. 피터 드러커(Piter Drucker)는 21세기의 특징을 지식사회로 규정한다.

"배우면 뜨고 못 배우면 빠진다."

배우지 못하고 단순한 노동력밖에 가지고 있지 못한 사람들은 결국 사회의 하층구조 속에 영원히 머물러 있을 수밖에 없게 된다. 영화 〈신의 한 수〉에, "세상은 고수에게는 놀이터요, 하수에게는 생지옥이다"라는 말이 나온다.

제레미 리프킨(Jeremy Rifkin)은『노동의 종말』에서 "미국에서는 매년 200만 개 이상의 일자리가 사라지고 있다. 반면 새로이 창출되는 일자리는 대부분 저임금, 임시직들이다. 정교한 컴퓨터 네트워크와 로봇이 노동력을 대신하고 있다. 보다 적은 인력으로 보다 많은 일을 할 수 있다면, 인원감축은 피할 수 없다"라고 한다. 전문지식 없이는 제대로 된 직업을 가질 수도 없다.

물론 이에 대한 현명한 경고가 동·서양에 이미 있다.
『장자』 내편 양생주(養生主)의 한 구절이다.

> 우리의 삶에는 끝이 있습니다.
> 아는 것에는 끝이 없습니다.
> 끝이 있는 것으로 끝이 없는 것을 추구하는 것은
> 위험할 뿐입니다.
> 그런데도 계속 알려고만 한다면
> 더더욱 위험할 뿐입니다.

독일 작가 괴테가 쓴 『파우스트』에 나오는 주인공 파우스트처럼 철학, 법학, 의학, 신학 등 인간이 알아야 할 모든 학문을 다 섭렵하고도 모자라 악마에게 자기 혼을 팔아서라도 우주의 신비를 알아보겠다는 끝없는 지식욕은 위험하다. 『논어』에 나오는 말처럼 과유불급(過猶不及)이다.

욕심

현대인이 피곤한 이유는 무엇일까? 바로 욕심 때문이다.

플라톤이 정리한 소크라테스와의 대화 중 그는 "우리가 필요로 하는 것이 적어질수록 신에게 더욱 가까워진다"고 했다.

톨스토이 또한 '욕심이 작으면 작을수록 인생은 행복하다'고 강조했다. 욕심이 무거울수록 행복은 멀리 달아나 버리고 욕심이 가벼울수록 행복은 가까이 온다.

그래서 아마 법정은 평생, 무소유를 실천했고 행복은 '텅빈 충만'이라고 했을 것이다. 유언에서 그가 쓴 많은 맑은 책들을 그는 모두 없애버리라고 했다. 죽어서도 욕심을 버린 것이다. 그에 대한 다큐멘터리 '법정의 의자'를 한번 보기를, 그래서 나의 삶을 중간 점검하기를 추천한다.

욕심은 잘못된 기억에서 생겨나고, 잘못된 기억 덩어리가 '나'이기 때문에, '나'는 욕심 덩어리이다. 욕심 덩어리는 원래의 '나'를 쫓아낸 강도인데도, 사람은 그 욕심 덩어리에게 평생을 봉사하는 불쌍한 존재로 살아간다. 마치 뻐꾸기 새끼를 키워주는 불쌍한 뱁새의 신세와도 같다. 사람이 이러한 불행에서 벗어나기 위해서는 본래의 모습을 되찾아야 한다. 본래의 모습을 되찾는 것이 수신(修身)이다. 수신은 가짜의 '나'를 지우는 것이고, 욕심 덩어리를 없애는 것이다. 그렇게 하는 것이 참다운 행복으로 가는 길이다. 수신은 몸에 붙어 있는 욕심이란 때를 닦아내는 것이다. 욕심의 때를 다 닦아낼 때 본래의 모습이 드러나고 참다운 행복이 찾아온다(『삶과 죽음의 인문학』, 정현채 외 7명, 석탑출판, 2012).

"인간에게 가장 필요한 것이 자기의 한계를 아는 지식이다. 이것을 지혜라고 한다. 이 지혜로 자신의 한계를 알고 그 한계 안에서 만족하고 사는 것이 행복한 삶이다. 인간이 자기의 한계를 모르고 자기의 분수를 넘어서려고 할 때 그것을 욕심이라고 한다. 자기의 부질없는 욕심을 제한하여 자기의 한계로 끌어들이는 것을 절제라고 한다."(『생각 없는 생각』, 김흥호, 솔, 1999)

비교

1941년, 미국 아이오와 대학의 한 연구 팀에서는 유아들에게 고장 난 장난감들을 주며 가지고 놀게 했다. 아이들은 이 장난감들을 가지고 불완전한 것을 보완하는 상상력을 동원하여 신나게 가지고 놀았다.

하지만 문제는 다음 날 일어났다. 어제와 같이 놀려고 온 아이들은 옆방의 친구들이 완전한, 그리고 최신의 장난감들을 가지고 노는 것을 보게 된 것이다. 이 광경을 본 아이들은 그들의 환경에서 아무것도 달라진 게 없는데도 갑자기 폭력적으로 변했다.

아이들의 행동이 왜 달라졌을까?

바로 비교 대상이 생겼기 때문이다. 자신들의 것보다 더 좋은 장난감을 가지고 놀고 있는 친구들을 보았던 것이다. 이렇듯 '상대적 박탈감'이란 남과 비교할 때 생기는 부정적인 감정이다(『행복교과서』, 서울대학교 행복연구센터, 주니어 김영사, 2011).

피에르 부르디외(Pierre Bourdieu)는 『구별짓기』에서 "인간이 특징인 구별짓기 욕망에는 부당하게도 자신의 현재 삶은 행복하지 못하다는 일종의 피해의식이 깔려 있다"고 한다. 인간은 어리석게도 자기를 잃어버리기 쉽다. 그것은 인간이 자기를 다른 사람과 비교하기 때문이다. 자기가 자기일 때 자기는 절대이다.

나는 이 세상에 유일무이한 존재다. 그렇기 때문에 다른 사람과 자신을 비교하거나 남을 부러워할 필요가 없다. 비교의 함정인 자신의 단점과 남의 장점을 비교하면 어떻게 비교해도 위축될 수밖에 없다.

행복에 관한 많은 연구에서의 비교에 관한 결론은 행복 또는 불행을 느끼는 데는 사회적 비교가 결정적 역할을 한다는 점이었다. 이와 같은 사회학적 현상을 두고 프랑스의 작가 쥘 르나르(Jules Renard)는 "내가 행복한 것만으로는 충분하지 않고, 남들이 행복하지 않아야 한다!"고 했다. 공감할 수밖에 없다.

행복은 자신 속에서 스스로 느끼는 그 무엇이다. 행복은 객관적인 조건과 주관적 기대 사이의 상관관계에 의해 결정된다. 그 결과 우리가 선조들보다 더 많은 고통을 겪는다고 해도 무리가 아닐 정도다.

다음의 시는 비교와 행복에 관하여 시사하는 바가 크다.

행복은 비교를 모른다

박노해

나의 행복은 비교를 모르는 것
나의 불행은 남과 비교하는 것

남보다 내가 앞섰다고 미소 지을 때
불행은 등 뒤에서 검은 미소를 지으니

이 아득한 우주에 하나뿐인 나는
오직 하나의 비교만이 있을 뿐

어제의 나보다 좋아지고 있는가
어제의 나보다 더 지혜로워지고
어제보다 더 깊어지고 성숙하고 있는가

급격한 사회변화

현대에 사는 우리가 개인으로서 고립된 생활을 하기 어려운 상황에서, 우리를 둘러싼 사회적인 변화는 우리의 행·불행을 결정하는 중요한 변수이다. 로마시대에 『박물지』를 쓴 플리니우스(Plinius)는 "인간에게는 불확실성을 빼고는 확실한 게 하나도 없다"고 하였다. 그 옛날에도 그런 말을 했는데, 지금은 말할 것도 없다.

인류는 수백만 년간 수렵·채집생활을 하다가 약 1만 년 전부터 농경을 하면서 정주(定住)생활을 시작했다. 그런데 최근 수백 년간 급격한 변화가 일어났다. 300년 전부터 산업혁명, 60년 전부터 고도과학기술 문명, 2~30년 전부터 IT네트워크 사회로 점점 빠르게 변화를 거듭하고 있다. 컴퓨터의 처리 능력은 1970년대부터 지금까지 1.8년에 한 번꼴로 2배씩 배가되고 있다.

역사의 99%를 수렵·채집으로 보낸 인류가 그 스피드를 따라잡기 쉬울 리가 없고 그런 사회가 마음 편할 리가 없다(『혼창통』, 이지훈, 쌤앤파커스, 2010). 우리의 몸은 아직 원시인과 다를 바가 없는데 우리가 사는 사회 환경은 우주선을 탄 것처럼 빠른 속도로 변해가고 있고 알아야 될 것과 몰라도 될 것의 교통정리 없이 정보는 쏟아지고 있다. 우리가 사는 시대는 경제적으로는 자본주의와 공산주의, 정치적으로는 자유주의와 사회주의가 혼재되어 있고 게다가 지금 우리가 심각하게 겪고 있는 한국과 일본의 첨예한 문제인 민족주의의 문제까지 너무나 사람들을 혼란하게 하고 있다.

대도시의 생활

우리들은 대부분 도시에 살고 있고 도시는 20세기 들어 대도시화되었다. 대도시의 생활은 자유를 제공하지만 고독도 안겨준다. 또는 도시는 필수적인 익명성과 낯선 곳에서 발생하는 정서인 의심을 갖게 한다. '저 사람이 나를 갑자기 해칠지도 모른다'는 긴장감도 든다. 대도시에서의 삶의 조건은 상호 무관심과 속내 감추기로 요약되는 비정(非情)함이다. 그저 돈과 상품만이 오갈 뿐이다. 손해 보지 않겠다는 비인격적, 계산적 만남이다. 이런 비인격성은 도시생활의 결론이라고 할 수 있다. 일일이 인격적으로 대응하기에는 대도시에서는 만나는 사람들이 너무나 많다. 만남이라고 할 수 없다. 그저 마주침과 스쳐지나감이다. 언제 또 만난다는 기약이 없는 것이다.

독일 사회학자 게오르그 짐멜(Georg Simmel)은『메트로폴리스와 정신적 삶』에서 도시인의 특징적인 성격을 4가지로 규정했다.

① 도시인들은 지성을 통해 심장 대신 머리로 반응한다.

② 도시인들은 계산적이다. 모든 행동의 이익과 손해를 저울질한다.

③ 도시인들은 삶에 지치고 싫증이 나 있다.

④ 도시인들은 감정을 보이거나 표현하지 않은 채, 침묵의 보호막 뒤에 숨어버린다.

자본주의

과학은 현대의 종교가 되었다.

과학을 전지전능하게 생각하는 우리의 인식은 새로운 문제로 이어질 수도 있다. 그 한 가지는 과학혁명의 산물로서 물질이 무엇보다 중요하다는 믿음이 널리 퍼져 있다는 것이다. 과학을 매개로 발전한 체계가 자본주의이다.

자본주의체제의 생존비밀은 욕망이다. 그래서 자본주의가 제공하는 자유란 상품화된 물질소비의 자유일 뿐이고 자본주의에서 얻는 기쁨이란 자기 파괴적인 욕망의 충족일 뿐이다. 자본주의는 인간의 욕망을 부추김으로써 돌아가는 체제이고 분모인 욕망을 점점 크게 해서, 분자인 가진 것이 커져봐야 결국 인간을 가난하게 만드는 체제이다.

유대계 독일인이며 프랑크푸르트학파의 일원인 문화평론가이자 철학자인 벤야민은 "자본주의는 하나의 종교와 같다"고 말한다.

"자본주의는 일종의 종교이다. 화폐가 신의 노릇을 대행한다. 기존의 신들은 내세의 행복을 약속하지만 돈은 지금의 행복을 약속한다. 자본주의 사회에서는 돈으로 쾌락과 안락을 살 수 있다. 그래서 자본주의에서는 진정한 주체가 인간이 아니라 돈이다."

노동자가 동시에 소비자라는 것. 노동자가 자신이 만든 물건을 자신의 임금가치보다 훨씬 더 비싸게 소비할 수밖에 없다는 사실, 이것이 바로 자본주의가 작동하는 원리이다.

'비범한 부모와 비범한 자식들'로 서구사회에서는 유명한 폴라니 가문의 칼 폴라니(Karl Polyani)는『거대한 전환』에서 자본주의 체제는 상품화해서는 안 될, 만인이 공유해야 할 자연인 토지를 상품화하고 제도와 신뢰의 표시인 화폐를 상품화(금융자본)하고 사람을 상품화하는 노동으로 사람 사는 사회의 근간이 뿌리째 흔들리는 불안정을 가져왔다고 우리 사회의 물신주의(Fetishism)를 비판하였다. 루소도, "사람은 다른 사람을 살 수 있을 정도로 부유해서도 안 되고 자신을 팔아야 할 정도로 가난해서도 안 된다"고 하였다.

마르크스는 "자본주의 사회는 보편적인 매춘의 사회라서, 자신을 팔아야 생존한다"고 비판한다. 이에 대해서 자본주의의 본고장 영국의 수상인 윈스턴 처칠(Winstern Churchil)은 "자본주의의 고질적인 약점은 행복의 불공평한 분배다. 사회주의의 고질적인 약점은 불행의 공평한 분배다."라고 재치 있게 받았다.

미국의 예술가 바바라 크루거(Barbara Kruger)는 자본주의를 데카르트의 말을 패러디해서 예술적으로 꼬집었다. "I shop, therefore I am!"

자본주의는 not think, but buy를 요구한다. 자본주의하에서 제조업자들은 일부러 수명이 짧은 상품들을 고안하고, 이미 만족스러운 제품을 불필요하게 갱신하는 새 모델을 출시한다. 이것은 유행을 따르려면 반드시 사야 하는 물건이다. 유행이란 것도 소비자들이 스스로 특정 스타일을 선호하고 선택하여 이루어지는 것이라기보다 산업자본에 의해 그들의 이윤을 확보하기 위해 창출되는 것이다.

쇼핑은 인기 있는 소일거리가 되었으며, 소비재는 가족, 배우자, 친구 관계의 핵심 매개물이 되었다. 크리스마스 같은 성스러운 종교 휴일은 물신주의적인 쇼핑 축제가 되었다. 물건을 팔기 위해 자본주의는 새로운 축제를 만들기도 한다.

미국 사람들이 해마다 다이어트를 위해 소비하는 돈은 미국을 제외한 나머지 세상의 배고픈 사람 모두를 먹여 살리고도 남는 액수와 같단다. 남한사람들의 음식 쓰레기 배출량은 북한사람들의 굶주림의 양을 해소할 만큼이다. 비만은 자본주의, 소비지상주의의 이중 승리다. 사람들은 너무 많이 먹고 다이어트 제품을 산다. 자본주의에 이중으로 기여하는 것이다.

대부분의 기독교인은 예수를 모방하지 않았고, 대부분의 불교도는 부처를 따르는 데 실패했다. 이와 대조적으로 오늘날 대부분의 사람들은 자본주의(소비지상주의)이념을 성공적으로 준수하며 살아간다. 이것은 그 신자들이 요청받은 그대로를 실제로 행하는 역사상 최초의 종교다(『사피엔스』, 유발 하라리, 김영사, 2015).

자연훼손과 동물에 대한 잔학행위

미국 네티즌 선정 '세상에서 가장 아름다운 곡 100' 중에서 25위를 차지한 Radio Head의 Fake plastic trees가 생각난다. 니체는 『짜라투스투라는 이렇게 말했다』에서, "인간은 모든 동·식물의 덕을 강탈하여 지금의 인간이 되었다"고 하였다.

팝콘치킨이라는 말을 들어보았는가? 2014년 12월 5일 MBC에서 방송된 육식의 반란에 나온 이야기이다. 열악한 닭 사육환경에서 사육되다 치킨업체에 납품되는 한국 닭의 평균 중량은 1.5킬로그램으로 세계에서 제일 작고 어리다. 어린 나이에 도살되는 병아리들은 항생제로도 다스릴 수 없는 수많은 질병과 피부병에 시달린다. 그리고 자연스러운 성장속도보다 더 빨리 살찌우기 때문에 그들의 뼈, 내장과 관절이 버티기가 어렵다.

많은 젖소는 생애의 거의 대부분을 비좁은 울타리 속에서 자기가 싼 대소변 위에서 서고 앉고 잠을 자며 보낸다. 기계장치가 이들에게 사료와 호르몬, 약품을 공급하며, 또 다른 장치가 몇 시간마다 계속 우유를 짜낸다. 그 기계들 사이에 낀 암소는 원자재를 받아들이는 입과 상품을 생산하는 젖통 이상의 취급을 받지 못한다. 복잡한 감정세계를 지닌 살아 있는 동물을 마치 기계처럼 대하는 것은 그들에게 육체적 불편뿐 아니라 그에 못지않은 스트레스와 심리적 좌절을 안겨준다.

농업사회에 들어 시작된 동물의 가축화와 현대의 기업농은 역사상 가장 큰 범죄를 저지르는 중이라고 말해도 지나치지 않다. 그 배경은 우리가 지나치게 육식을 선호하기 때문이기도 하다. 언젠가 우리는 동물들에게 한 일을 그대로 혹은 그 이상 돌려받을 것이다(『사피엔스』, 유발 하라리, 김영사, 2015).

최근 자행되는 유행질병에 대한 가장 손쉬운 대처법은 사육하는 동물들을 산 채로 대량 매몰하는 행위이다. 이는 우리의 생존이유와 가치를 회의케 한다. 벌 받을 수밖에 없다.

우리의 자화상을 잘 표현한 시를 소개하고자 한다.

우리 시대의 역설(The paradox of our age)

밥 무어헤드(Bob Moorehead)

건물은 높아졌지만 인격은 더 작아졌고, 고속도로는 넓어졌지만 시야는 더 좁아졌다.

소비는 많아졌지만 더 가난해졌고, 더 많은 물건을 사지만 기쁨은 줄어들었다.

집은 커졌지만 가족은 더 적어졌다. 더 편리해졌지만 시간은 더 없다.

학력은 높아졌지만 상식은 부족하고, 지식은 많아졌지만 판단력은 모자란다.

전문가들은 많아졌지만 문제는 더 많아졌고, 약은 많아졌지만 건강은 더 나빠졌다.

너무 분별없이 소비하고, 너무 적게 웃고, 너무 빨리 운전하고 너무 성급히 화를 낸다.

너무 많이 마시고 너무 많이 먹는다.

너무 늦게까지 깨어 있고 너무 지쳐서 일어나며,

너무 적게 책을 읽고, 텔레비전은 너무 많이 본다.

그리고 너무 드물게 기도한다.

가진 것은 몇 배가 되었지만 가치는 더 줄어들었다.

말은 너무 많이 하고, 사랑은 적게 하며, 거짓말은 너무 자주 한다.

생활비 버는 법은 배웠지만, 어떻게 살 것인가는 잃어버렸고,

인생을 사는 시간은 늘어났지만, 시간 속에 삶의 의미를 넣는 법은 상실했다.

달에 갔다 왔지만, 길을 건너 이웃을 만나기는 더 힘들어졌다.

외계를 정복했는지는 모르지만, 우리 안의 세계는 잃어버렸다.

공기정화기는 가지고 있지만 영혼은 더욱 오염되고,

원자는 쪼갤 수 있지만 편견을 부수지는 못한다.

서두르기는 하지만 기다리지는 못하고, 엄청나게 바쁘지만 성공하지는 못한다.

자유는 늘었지만 열정은 더 줄어들었다.

키는 커졌지만 인품은 왜소해지고, 이익은 더 많이 추구하지만 관계는 더 나빠졌다. 세계평화를 더 많이 얘기하지만 전쟁은 더 많아지고, 여가시간은 늘어났지만 마음의 평화는 줄어들었다.
더 빨라진 고속도로, 더 편리한 일회용 기저귀, 더 많아진 광고, 더 줄어든 양심, 쾌락을 즐기게 하는 더 많은 약들

그리고 더 느끼기 어려워진 행복…

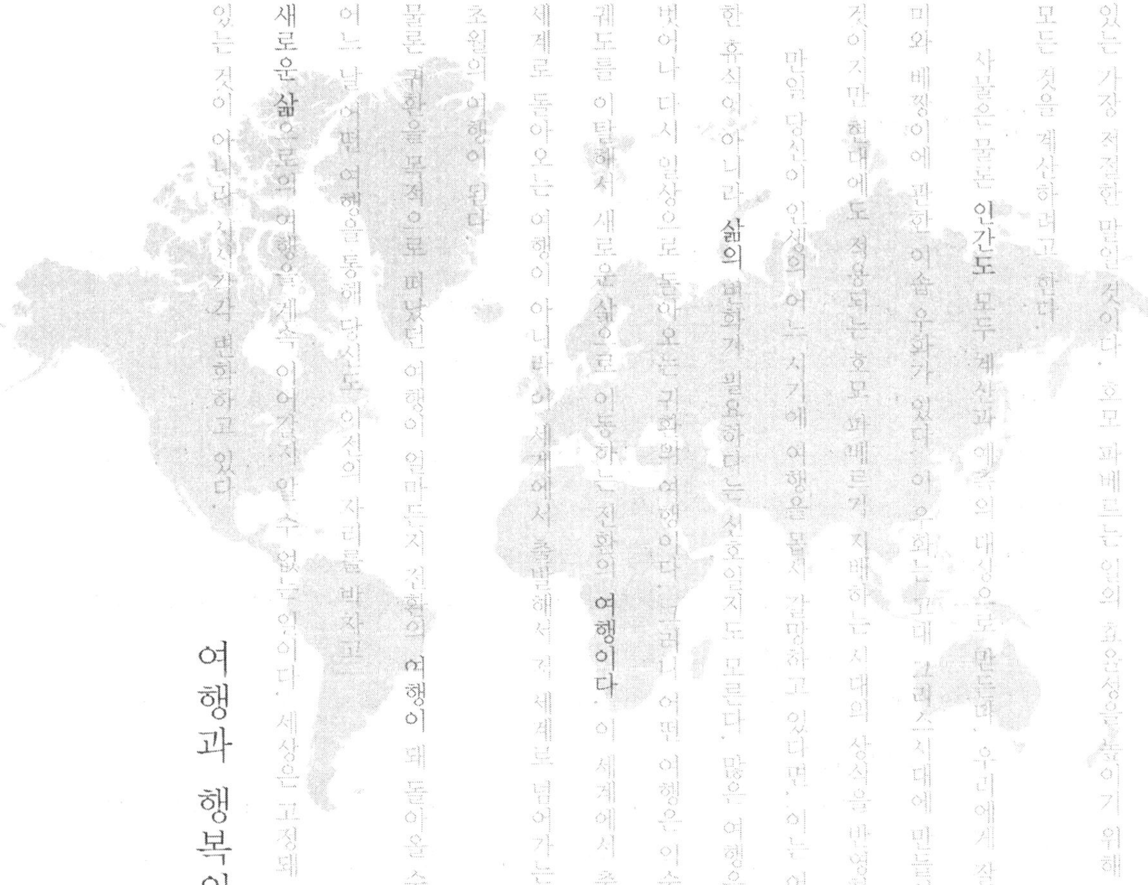

있는 가장 적절한 말인 것이다. 호모 파베르는 일의 효율성을 높이기 위해 모든 것을 계산하려고 한다. 사물은 물론 인간도 모두 계산과 예측의 대상으로 만든다. 우리에게 잘 알려진 개미와 베짱이에 관한 이솝 우화가 있다. 이 우화는 고대 그리스 시대에 만들어진 것이지만 현대에도 적용되는 호모 파베르가 지배하는 시대의 상식을 반영한다.

만약 당신이 인생의 어느 시기에 여행을 몹시 갈망하고 있다면, 이는 어쩌면 단순한 휴식이 아니라 **삶의** 변화가 필요하다는 신호일지도 모른다. 많은 여행은 일상에서 벗어나 다시 일상으로 돌아오는 귀환의 여행이다. 그러나 어떤 여행은 익숙한 삶의 궤도를 이탈해서 새로운 삶으로 이동하는 전환의 **여행이다**. 이 세계에서 출발해서 이 세계로 돌아오는 여행이 아니라 이 세계에서 출발해서 저 세계로 넘어가는 초월의 여행이 된다.

물론 귀환을 목적으로 떠났던 여행이 얼마든지 전환의 여행이 돼 돌아올 수 있다. 이는 낯선 어떤 여행을 통해 당신도 이전의 자리를 바꾸고 새로운 **삶**으로의 여행을 계속 이어갈지 알 수 없는 일이다. 세상은 고정돼 있는 것이 아니라 시시각각 변화하고 있다.

여행과 행복의 인문학

행복편

행복이란 무엇인가?

행복의 참뜻

지금 어느 시대보다도 행복이 자주 이야기된다는 것은 역설적으로 우리가 그다지 행복하지 않다는 것을 의미한다. 생활이 어려웠던 시기는 말할 것도 없이 심지어 선진국의 문턱에 와 있는 지금도 우리는 별로 행복하지 않다. 아니 오히려 가난했던 시절이 더 행복했는지도 모른다. 우리는 그동안 성취한 물질적 풍요를 기반으로 이제 바야흐로 행복을 누리기만 하면 되는 줄 알았다. 그런데 그런 기대와 달리 지금 별로 행복하다고 느끼지 못한다. 도대체 행복이란 무엇이기에 물질적 풍요와 상관없이 항상 저만큼 멀리 떨어져 잡힐 듯 잡히지 않는단 말인가?

행복에 관한 몇 가지 정의를 소개한다.

노아 웹스터(Noah Webster)는 1825년에 최초의 미국 영어 사전을 집필하면서, 행복을 "좋은 것을 즐길 때 나타나는 기분 좋은 느낌"이라고 정의했다.

아리스토텔레스는 "행복은 영혼의 고결한 행동"이라고 말했다. 다시 말해서, 고결한 삶이 행복한 삶이라는 얘기다.

중국 작가 임어당(林語堂)은 『생활의 발견』에서 "행복이란 자기 침대에서 자고, 부모님이 해주신 밥을 먹으며, 배우자의 다정한 말을 듣고, 자녀들과 어울려 놀 수 있는 것이다"라고 말했다. 참 소소한 행복이지만 점점 어려워지고 있다.

프로이트(Freud)의 『문명 속의 불안』에 의하면, "문명이란 필연적으로 억압적이므로, 인간 사회에서 진정한 행복이란 있을 수 없다"고 가혹하게 단언한다.

칸트(Kant)는 행복을 '가능한 만족의 총체', 달리 말해 현실적으로 충족시킬 수 있거나 상상할 수 있거나 맛보기 원하는 모든 만족을 얻는 사실 그 자체라고 정의했다(『행복에 관한 10가지 철학적 성찰』, 필립 반 덴 보슈, 자작나무, 1999).

행복은 신기루와 같은 것이다. 행복이 신기루 같다는 것은 두 가지 의미를 내포한다. 행복을 모두가 공감하는 학문적 개념으로 정립하기 어렵고 행복을 얻기가 매우 어렵다는 것이다. 행복의 개념은 불확실하다. 그 개념이 불확실하다고 해서 그 개념이 가지는 가치까지 부정될 수는 없다.

행복하다는 것은 절대적인 상태가 아니라 상대적인 상태로서 기대했던 것보다 더 나은 또는 다른 사람보다 더 나은 상태를 암묵적으로 의미한다.

행복의 가장 직접적인 의미는 기쁨이나 즐거움 같은 감정 혹은 느낌을 말한다. 이런 느낌들은 일시적이며 분명하고 특별한 현상을 갖고 있다. 이런 의미의 행복을 1단계 행복이라고 부를 수 있다.

그리고 행복이란 느낌들의 전체적인 균형상태에 대해 종합적인 판단을 한 것이라고 할 수 있다. 행복이란 감정 그 자체와 그런 감정에 대한 판단이 혼합된 상태라 할 수 있다. 이런 의미의 행복과 비슷한 말로는 웰빙, 흡족함, 만족과 같은 말이 있다. 이것이 바로 2단계 행복이다.

아리스토텔레스가 말한 유다이모니아(eudaimonia)는 종종 행복으로 번역된다. 이는 '수호신에 의한 보호됨'이라는 소극적 의미와 사람들이 '자신의 잠재력을 실현하는 적극적 삶'을 말한다. 여기서는 적극적 삶을 말한다. 그런 삶 속에 긍정적인 감정이 많이 존재할 수 있다. 현대의 심리학자와 철학자들은 최선의 삶, 또는 유다이모니아를 행복의 의미로 종종 사용해 왔다. 이런 행복을 우리는 3단계의 행복이라고 부를 수 있을 것이다. 3단계 행복은 감정상태를 나타내는 것이 아니기 때문에 밖으로 드러나는 현상이 없다. 3단계 행복은 스스로 선택한 자기실현의 삶을 구현한 상태라고 말할 수 있다. 불우한 삶을 산 한 예술가가 온갖 고난 속에서도 자신이 추구하던 예술적 목표를 성취했다면, 2단계 행복은 누리지 못했을지라도 3단계 행복을 얻었다고는 말할 수 있다. 1단계 행복은 자신의 행복에 대해 주관적으로 평가하는 것이 절대적인 의미를 갖는다. 2단계 행복도 측정이 가능하다. 그러나 3단계 행복은 쉽게 측정할 수 없다(『행복의 심리학』, 대니얼 레틀, 와이즈북, 2006).

행복이란 고통에서 비롯된다. 고통이 있을 때 그 고통에서 벗어나는 것이 행복이다. 행복의 양은 고통의 양과 같다. 작은 고통에서 벗어나면 작은 행복이 오고 큰 고통에서 벗어나면 큰 행복이 온다. 밥 한 끼 먹었을 때의 행복의 양은 밥 한 끼 굶었을 때의 고통의 양과 같다.

자신이 만들어 가는 행복한 인생은 좋아하고 잘하는 것을 하며 사는 것이다. '좋아해서 하고 싶고, 잘하는 일'을 찾는 것이 바로 성공과 행복의 첩경이다. 온전히 자기 자신으로 살아내는 것이야말로 행복하고 성공적인 인생을 이룩하는 길이다. 그때 우리는 행복하다. 행복한 사람만이 오직 자신의 삶을 통해서 다른 사람의 행복에 기여할 수 있다. 불행은 하고 싶은 일에 시간을 쓸 수 없고 잘하지 못하는 일에 매여 있는 현실공간에서부터 온다. 하고 싶은 일을 하는 사람들은 삶이, 일이 곧 놀이이자 축제이다.

학생들과 2019년 봄에 강원도 고성으로 답사를 갔는데, 어느 집에서 우연히 본 글이다.

"삶은 잔치요, 일은 놀이다"

동양적 관점에서의 행복은 중용적 삶일 것이다. 중용적 삶이란 몸과 마음의 조화(equilibrium), 즉 건전한 마음과 건강한 몸의 조화이고 시대와 정신의, 나이와 행동거지의 평형, 일과 여가의 균형, 사회와 관계의 즐거움, 과유불급의 욕심 줄이기이기도 하다.

중용이란 하늘과 사람이 만나 서로 공명하는 것이므로 천인합일(天人合一)이라 할 수 있다. 그 시작은 부모형제와 조화로운 것, 바로 내 주변에서부터 시작한다는 것이다.

중용은 더할 나위 없는 행복 그 자체를 일컫는 말이며 완벽한 조화와 균형을 이룬 상태이다. 중용은 성인의 영역이며 하늘의 영역이다.

中은 불교의 핵심적 개념이어서, 유교가 불교에서 영향받은 결과이다.

신학자 윌리엄 바클레이(William Barclay)는 자신의 저서 『데일리 셀레브레이션(Daily Celebration)』의 서문에 이렇게 썼다.

'행복한 삶에 없어서는 안 될 요건 세 가지가 있다. 첫째는 희망을 갖는 것, 둘째는 할 일이 있는 것, 셋째는 사람을 사랑하는 것이다.' 이와 비슷한 설명이 있다.

재일 한국인 2세로, 한국 국적자 최초의 도쿄대학 교수를 지낸 강상중은 그의 저서에서 인생의 네 가지 행복가치를 제시한다(『살아야 하는 이유』, 강상중, 사계절, 2012).

첫째, 창조, 무엇을 만들어내는 것이다. 인간의 중요한 특징 중 하나가 무엇인가를 만들어내는 것이어서 이것은 본능적으로 살아 있는 기쁨을 갖게 하는 것이며, 삶의 가장 큰 보람이다. 그리고 업적, 성공 등과도 연결된다.

둘째, 경험이다. 독창적인 뭔가를 창조하는 것은 현실적으로 소수의 사람만이 가능하다. 많은 사람에 있어서는 경험해 보는 것, 즉 여행, 배움, 자원봉사 등이 가능하다. 창조하는 것보단 못해도 안 하는 것과는 비교할 수 없다. 경험만으로도 인생은 행복하고 풍부해진다.

셋째, 태도이다. 가장 좋은 삶의 자세는 마음속으로 나를 포함한 모두가 행복하기를 빌고 주체적으로 생각하고 반성하고 선의로 사람을 대하는 것이다. 인간의 가치로서 가장 중요하다. 결국 무엇을 하느냐가 아니라 어떻게 하느냐이다.

넷째, 마지막으로 사랑이다. 사랑의 이상적인 모습은 상대가 뭘하든, 뭘 갖고 있든 어떻게 생각하고 행동하든, 있는 그대로의 상대를 통째로 받아들이는 것이다. 사랑받고 사랑하는 것보다 행복한 것은 없다.

사랑에서 문제되는 것이 편애이다. 사랑의 성제가 어씨 보넌 나른 사람보다 누군가를 특별히 더 사랑하는 것이므로 사랑은 곧 편애일 수 있다. 누구보다 누구를 더 사랑함에 대하여 사랑하는 자, 사랑받는 자 그리고 그걸 바라보는 자 모두의 성숙한 자세가 필요하다.

행복은 어떤 최종적이고 자족적인 것이며, 세상에서 가장 좋고 가장 즐거운 일, 행복은 인간들 가운데서도 가장 신과 유사한 존재에게 일어난다. 정말 행복하다면 누가 부럽겠는가? 행복은 특권층의 전유물이거나 신적 은총, 즉 우연이나 자연적으로 얻어지는 것이 아니라 자발적 노력에 의해서 얻는 것이다.

외향적인 사람이 내향적인 사람보다 행복하다. 낙천적인 사람이 비관적인 사람보다 행복하다 기혼자가 독신자보다 행복하지만, 자녀가 있는 사람이 자녀가 없는 부부보다 더 행복한 것은 아니다. 종교가 있는 사람이 그렇지 않은 사람보다 행복하다. 대학 학위가 있는 사람이 그렇지 않은 사람보다 행복하다. 사람들은 식상으로 출근할 때 별로 행복하지 않다. 바쁜 사람은 할 일이 없는 사람보다 행복하다. 부자는 가난한 사람보다 행복하지만 그 차이가 아주 근소하다(『행복의 지도』, 에릭 와이너, 웅진지식하우스, 2008)

아리스토텔레스는 완전한 행복은 최고의 탁월성(arete)을 나타내는 활동이어야 하며, 이러한 활동을 테오리아(theoria, 이성적이고 관조적 삶)라고 불렀다.

행복을 활동으로 보는 사람들은 결과보다는 과정을 중시한다. 행복을 수동적인 쾌락이나 욕구의 만족을 통해서가 아니라, 능동적인 활동을 통해 획득할 수 있다고 주장한다. 이것은 능동적 쾌락, 즉 우리가 활동하는 데서 기쁨을 얻기 위해 행복을 추구하는 것을 의미한다. 이 경우에는, 활동의 기술 또는 방법을 중시한다. 그리하여 우리가 그 기술에 능숙하면 할수록 더욱 행복해진다. 능동적인 삶의 쾌락은 행복을 지속시키는 데 아주 적합하다. 수동적인 쾌락에서 행복을 추구하는 것은 위험할 뿐만 아니라 안정성이 결여되기 쉽다. 능동적인 삶을 통해 행복으로 가는 길이 절대적으로 안전한 것은 아니지만, 능동적인 활동은 삶의 권태를 예방하고 가치의 창조를 통해 만족된 삶을 추구하도록 해준다(『행복의 철학』, 신득렬, 학지사, 2007).

그러면, 필연적인 행복의 대상은 과연 무엇일까? 그것은 우리 대부분이 오늘도 열심히 추구하고 있는 돈이나 명예 등이 아니라 지식, 여행, 철학, 봉사, 사회참여처럼 함께 함으로써 더욱 빛나고 가치가 변하지 않으며 새로운 가치를 끊임없이 창조해 내는 것들이다. 행복에 이르는 길은 욕망을 통해서가 아니라, 실존적 존재로서의 나를 키워주고 뒷받침해 주는 것들을 통해 만날 수 있다(『시골의사 박경철의 자기혁명』, 박경철, 리더스북, 2011).

삶을 사랑하고 상처받기를 두려워하지 말고, 행복은 놀라움과 함께 찾아오며 자기 자신이 완전히 살아 있음을 느끼는 것이 곧 행복임을 명심하라(『지구별 여행자』, 류시화, 김영사, 2002). 그리고 행복이란, 인간 조건에 내재하는 근심과 고통 그리고 투쟁적인 노력을 배제하지 않는, 보다 깊고 비밀스런 만족감에서 생겨나는 것이다. 내가 선을 위해 일하고, 자신의 본성에 맞게 자신의 존재를 계발하고, 올바른 삶의 방향으로 나아가고 있다는 느낌에서 행복감이 나타나는 것이다.

행복의 기준과 조건

사람은 누구나 자신만의 행복의 기준과 조건을 가지고 있고 이 기준이 충족됐을 때 비로소 행복하다고 느낀다.

우리의 고전 『흥부전』에서 흥부는 몇 개의 박을 탔고 그 안에서 무엇이 나왔을까?

첫 번째 박을 탔다. 그 박에서 나온 건 풀뿌리였다.

두 번째 박을 탔다. 책이 나왔다.

세 번째 박에서는 온갖 재물들이 쏟아져 나왔다.

네 번째 박에서는 절세미인이 나왔다.

이것은 흥부전에 담긴 행복의 우선순위이다.

풀뿌리는 귀한 약재였다. 그러니까 첫째 박——가장 중요하게 여긴 행복——은 무병장수의 바람을 담고 있는 셈이다.

두 번째는 공부하여 수양하고 입신양명하는 것이다. 그렇게 보면 세 번째 박은 물질적 풍요고 네 번째 박은 쾌락을 상징한다(『인문학은 밥이다-매일 힘이 되는 진짜 공부』, 김경집, 알에이치코리아, 2013).

그런데 우리는 흥부의 박 하면 그냥 부자나 예능프로그램에서 출연자들이 외치는 '대박!'만 떠오른다.

그러면 오늘날의 행복의 기준 내지 조건은 어떤 것들일까?

누구는 말한다.

행복하기 위한 조건은,

먹고 살기에 조금은 부족한 재산, 약간은 부족한 외모, 남과 겨루었을 때 한 사람은 이기고 두 사람에게는 지는 체력, 절반쯤 인정해 주는 명예, 절반 정도만 박수 쳐주는 말솜씨라고 한다.

결국, 약간의 부족은 적절한 긴장과 노력을 가져온다. 노력하고 겸손함이 행복이라는 말이다.

행복한 사람은,

첫째, 자신의 삶에 만족하며 편안하고 즐겁게 살아간다.

둘째, 자신의 일에 열정적으로 몰입함으로써 잠재능력을 잘 발휘한다.

셋째, 자신보다 더 큰 것(가족, 지역사회, 국가, 인류 등)을 위해 기여하고 공헌함으로써 삶의 의미를 느낀다.

행복의 세 가지 요소, 즉 즐거운 삶, 몰입하는 삶, 그리고 의미 있는 삶은 서로 밀접하게 연관되어 있으며 상호 촉진적인 관계를 지닌다.

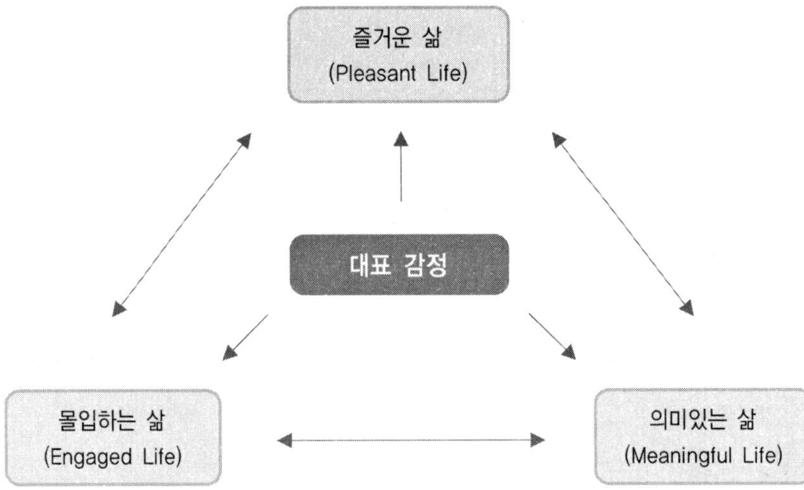

셀리그만의 행복 모델

마틴 셀리그만(Martine Seligman)의 『진정한 행복(authentic happiness)』을 보면, 행복한 삶의 세 가지 요소를 증진하는 가장 효과적인 방법은 개인의 대표강점을 발휘하는 것이다. 인간은 누구나 나름대로의 강점과 재능을 지니고 있다. 대표강점(signature strengths)은 개인의 특성을 반영하는 가장 탁월한 덕성과 역량을 의미한다. 셀리그만에 따르면, 진정한 행복은 대표강점을 발견하여 직업 활동, 인간관계, 자녀양육, 여가활동과 같은 일상생활에서 그것을 발휘함으로써 실현될 수 있다고 주장한다. 윗 그림에서 제시되어 있듯이, 대표강점을 발휘할 때는 '진정한 자기'가 표현되고 있다는 느낌을 갖게 되면서, 즐거움과 활기를 얻게 될 뿐만 아니라 적극적이고 열정적으로 활동에 몰입함으로써 긍정적인 결과를 얻게 된다. 그 결과, 자신이 타인과 공동체에 기여하고 있다는 인식과 함께 자기존재의 가치와 의미를 발견할 수 있게 된다. 대표강점을 반복적으로 활용하게 되면, 그러한 강점이 더욱 강화되어 자신만의 탁월한 강점으로 발전할 수 있다. 이처럼 자신의 대표강점을 발견하여 발휘함으로써 즐겁고 열정적이며 의미 있는 삶을 영위하는 것이 행복의 핵심적 요건이라고 셀리그만은 제안하고 있다.

최근에 셀리그만은 그의 저서 『플러리쉬(Flourish)』에서 행복의 5개의 핵심요소로 PERMA, 즉 긍정 정서(positive emotion), 몰입(engagement), 인간관계(relationship), 의미(meaning), 성취(accomplishment)를 제시한 바 있다.

저명한 긍정심리학자 에드 디너(Ed Diener)는 한국인이 경제적 수준에 비해 행복 수준이 낮은 이유를 다음과 같이 진단하고 있다.

첫째, 한국인은 물질주의적 성향이 다른 나라에 비해서 현저하게 높다. 5개국(한국, 미국, 일본, 덴마크, 짐바브웨)을 대상으로 한 실증적 연구에서 한국인은 물질적인 부를 가장 중시하는 것으로 나타났다. 예를 들어 전 세계의 10대들에게 100만 불을 보상할 테니 감옥에 1년 갈 수 있나?를 물어본 조사에서 한국 청소년의 비율이 가장 높았다고 한다. 한국 청소년들에게 가장 되고 싶은 것이 무엇이냐고 물으면 건물주라고 한다. '창조주 위에 건물주'라는 우스갯소리도 있다. 그러나 여러 연구에서 입증된 바 있듯이, 경제적 소득은 빈곤을 벗어나는 수준까지는 행복 증진에 기여하지만 그 수준을 넘어서면 행복에 미치는 영향이 미미하다. 반면에 물질주의적 성향은 필연적으로 경쟁적 분위기를 초래할 뿐만 아니라 행복의 중요한 다른 가치(예: 인간관계, 인생의 의미, 여가활동)를 경시함으로써 행복을 저해하는 것으로 알려져 있다.

둘째, 한국인은 생활환경에 대한 만족도가 낮은 것으로 나타났다. 한국인은 미국, 일본, 덴마크의 국민에 비해서 국가에 대한 만족도가 낮을 뿐만 아니라 직업과 물리적 환경에 대한 만족도가 낮은 반면 사회적 부패——특히 지도층, 상류층의——정도는 높은 것으로 인식했다. 정말 걱정되는 것은 청소년들이 그들의 모국을 'Hell 조선'이라고 부르는 데 있다.

셋째, 한국인은 사회적 · 심리적 부에 대한 평가가 낮은 것으로 나타났다. 사회적 · 심리적 부(social and psychological wealth)는 개인의 능력을 발휘할 수 있는 긍정적인 사회적 관계를 의미하며 타인에 대한 우호적인 인간관계, 타인에 대한 신뢰, 타인에 대한 도움 제공 및 지원 의도 등을 포함한다. 이 연구에서 한국인은 자신이 존중받고 있다고 느끼는 정도, 응급상황에서 다른 사람의 도움을 기대하는 정도, 혼자 길을 걸으면서 안전하다고 느끼는 정도를 미국, 일본, 덴마크의 국민보다 낮게 평가했다. 디너의 진단을 요약하면, 한국인은 물질적인 가치를 지나치게 중시하며 경쟁적인 삶의 태도를 지니는 반면 국가, 직업, 환경에 대한 만족도가 낮을 뿐만 아니라 우호적인 인간관계와 타인에 대한 신뢰가 부족하다(『행복의 인문학』, 조태연 · 안양규 · 김용남 · 채정호, 석탑출판, 2013). 이런 사회자본(social capital)에 대한 불만은 한국인의 불행도를 높이는 데 크게 영향을 미치고 있다.

행복한 사람은 이 세상을 좀 더 안전하게 느끼며 더 쉽게 결정을 내리고 훨씬 친화적이다. 남들보다 더 건강하고 활동적인 삶을 영위한다. 타인과의 관계나 자신을 바라보는 시각 그리고 미래에 대한 희망이 훨씬 긍정적이다. 무엇보다 행복한 사람들은 그렇지 않은 사람들에 비해 더욱 매력적이고 인기가 많다.

심리학자 리처드 스티븐스(Richard Stevens)가 말하는 행복의 세 가지 요소는 다음과 같다.

첫째, 좋은 느낌과 긍정적인 마음
둘째, 활기 넘치는 생활
셋째, 의미부여, 즉 인생에서 가치 있는 선택을 하는 것

진화의 관점에서 보자면 우리는 행복 덕분에 살아남을 수 있었다. 인간의 가장 큰 즐거움인 음식(食)과 섹스(色)야말로 우리를 살아 있게 하고 대를 이어 생존해 나가게 한다. 그것을 통해서 행복을 느끼기 때문이다. 음식과 섹스가 고통스러웠다면 인류는 존재하지 못하고 멸종했을 것이다.

우리가 인생에서 추구하는 아름다움, 명성, 부 등은 더욱 높은 목표인 행복에 다다르기 위한 수단으로 볼 수 있다. 행복이야말로 가장 순수한 목적이기 때문이다.

행복한 삶은 지극한 만족감으로 충만한 상태가 아니다. 행복한 삶은 비극, 도전, 불행, 실패, 그리고 후회까지 모두 껴안고 있다. 하지만 이런 상황에서 우리가 어떻게 대처하느냐에 따라 불행해질 수도, 행복해질 수도 있다(『영국 BBC 다큐멘터리 행복』, 리즈 호가드, 예담, 2006).

자신의 삶에 만족하는 것이 진정한 행복이다.

위에서 언급된 마틴 셀리그만과 에드 디너는 매우 행복한 사람들 중에서 항상 상위 10퍼센트에 드는 사람들을 조사해 보았다. 이들이 알아낸 사실 중에서 가장 흥미로운 점은, 행복한 사람은 타인과 좋은 관계를 맺고 있다는 것이다. 이들은 교제 범위가 넓고 사회생활을 더 잘하며 혼자 있는 시간이 거의 없었다.

'긍정심리학(Positive psychology)'이라는 용어는 셀리그만이 처음으로 사용했다. 이 용어는 불안, 우울, 스트레스와 같은 부정적인 감정보다 개인의 강점과 미덕 등 긍정적

인 감정에 초점을 맞추는 심리학의 새로운 연구 동향을 일컫는다. 긍정심리학에서는 단점을 찾아 고치려 애쓰지 말고 대표강점을 키우고 발전시켜 나가야 한다고 말한다. 행복이란 고통에서 비롯된다. 고통이 있을 때 그 고통에서 벗어나는 것이 행복이다. 사람은 누구나 〈자신만의 행복기준〉을 가지고 있고 이 기준이 충족됐을 때 비로소 행복하다고 느낀다.

행복의 조건을 다시 한 번 정의한다면, 자신이 편한 곳에서 사랑하는 사람과 함께 있는 것이요, 자신이 잘하고 좋아하는 일을 하는 것이다.

다이돌핀은 한때 유행했던 행복 호르몬인 엔도르핀의 4,000배나 더 강력한 행복 호르몬이다. 이 호르몬은 네 가지의 경우에 폭발적으로 분비된다고 한다.

감동적인 좋은 노래를 들었을 때,
아름다운 풍경을 볼 때,
새로운 진리를 깨달았을 때,
사랑에 빠졌을 때이다.

다이돌핀은 우리 몸의 면역체계에 강력한 긍정적 작용을 일으켜 암도 제거시킨다고 한다.

인생을 잘 살아가는 행복을 위한 세 가지 팁이 있다.

① 인생에 공짜는 없다. 우리는 반드시 대가를 지불해야만 한다. 로또에 당첨돼서 오랫동안 행복해졌다는 이야기를 들은 적이 없다. 공짜로, 노력의 대가로 생기지 않은 것은 잠깐은 내 것인 것 같아도 결국 내 손을 떠나게 된다.

② 인생은 나라톤이다. 한 번 이겼다고 자만하지 말고 한 번 졌다고 기죽지 마라. 실패는 넘어지는 데 있는 게 아니라 넘어진 상태로 그대로 있는 것이다. 피겨스케이팅 선수가 넘어져도 바로 일어나서 연기를 이어나가듯이, 포기하지만 않는다면 언제든 이길 수 있다. 'Carpe diem', 즉 'Seize the moment' 순간순간에 최선을 다하고 그 순간을 즐기면 된다. 현재에 의미를 부여하지 않으면 행복은 삶이 끝나도 못 찾는다.

③ 인생에 정답은 없다. 누가 돈 벌었다고, 출세했다고, 좋은 학교 나왔다고 부러워하지 마라. 남이 하는 대로 따라 하면 결코 1등을 할 수는 없다. 나는 나의 길을

가면 된다. 'Amor fati' 내가 만들 내 삶을 사랑하면 된다.

행복을 향해 달려가는 것이 아니라 내가 선 이 자리를 행복의 공간으로 전환하면 여기가 천국이고 당연히 나는 행복한 사람이다. 여기가 지옥인데 나만 행복할 수는 없다.

시청각 장애를 가진 미국의 작가 겸 학자 헬렌 켈러(Helen Keller)는 그래서 이렇게 말한다. "행복의 문 하나가 닫히면 다른 문이 열린다. 그러나 우리는 닫힌 문만 멍하니 바라보다가 우리를 향해 열려 있는 다른 문을 보지 못한다."

우리는 삶에 있어서 뜻과 행동은 나보다 나은 사람과 견주고, 분수와 복은 나보다 못한 사람과 비교한다(志行上方, 分福下比)는 자세로 살아야 한다.

18년 동안 귀양살이를 한 다산 정약용은 사람이 누리는 복을 열복(熱福)과 청복(淸福) 둘로 나눴다.

누구나 원하는 높은 지위에 올라 부귀를 누리며 떵떵거리고 사는 것이 열복이다. 청복은 욕심 없이 맑고 소박하게 한 세상을 건너가는 것이다. 가진 것이야 넉넉지 않아도 만족할 줄 아니 부족함이 없다.

"세상에 열복을 얻은 사람은 아주 많지만 청복을 누리는 사람은 몇 되지 않는다. 하늘이 참으로 청복을 아끼는 것을 알겠다."(『조심』, 정민, 김영사, 2014).

『논어』 16편 계씨에 "군자는 아홉 가지에 신경을 써야 한다"라는 군자유구사(君子有九思)가 나오는데 이것이 행복을 대하는 태도로 적합하다.

'視思明, 聽思聰, 色思溫, 貌思恭, 言思忠, 事思敬, 疑思問, 忿思難, 見得思義'

① 볼 때는 분명한지, 무언가를 보면 그 진짜 모습을 생각한다.

② 무언가를 들으면 그 진짜 뜻을 생각한다.

③ 표정이 늘 온화하다. 표정은 소리 없는 언어다. 언제나 미소와 친절함, 온화함을 잃지 않는 자는 모든 이에게 환영받는다. 너그럽고 관대한 태도는 다른 사람들에게 행복을 줄 뿐 아니라, 이러한 태도 자체가 많은 사람들에게 호감을 사게 되므로 스스로에게도 행복의 원인이 된다. 그러나 열등감이나 죄의식에 사로잡힌 사람이 이러한 태도를 취한다는 것은 거의 불가능하다. 관대한 태도는 안정과 자기 신뢰의 결과이며, 이른바 정신적 조화를 요구한다. 정신적 조화란 의식, 잠재의식, 무의식 등 인간 천성의 여러 가지 층이 조화를 이루어 함께 움직이고 영원히 싸움을 벌이지 않는 상태를 의미한다(『행복의 정복』, 러셀, 문예출판사, 2009).

④ 태도가 늘 겸손하다. 『역경』에서 말하는, '크게는 천하를 지키고, 중간으로는 나라를 지키며, 작게는 자신을 지키는 방법'도 바로 겸손함이다. 하늘의 도는 자만하는 자를 멸하고 겸허한 자를 이롭게 하며, 땅의 도는 자기를 높이는 자를 어지럽히고 낮추는 자에게 순응한다. 사람은 거만한 자를 싫어하고 겸손한 자를 좋아한다. 상대가 누구냐에 따라 대하는 태도가 존중과 경시를 넘나드는 사람은 결코 군자가 될 수 없다.

⑤ 군자는 말이 늘 진실하다. 『도덕경』에 "信言不美 美言不信"이라고 했다. 꾸민 말에 속지 말고 하지 말아야 한다. 진실한 말은 늘 담백하다.

⑥ 일에 있어 늘 성실하고 책임을 진다.

⑦ 궁금한 점이 생기면 다른 이에게 가르침을 구한다. 질문은 공자가 강력히 추천한 학습 방법이다. 학문도 결국은 배움과 물음이 결합된 것이다. 어린 시절 공자는 매우 가난해서 책을 살 돈이 없었다. 그래서 궁금한 점이 생기면 무조건 다른 사람에게 묻고 가르침을 구했다. 또한 "세 사람이 길을 가면 그중에 분명 내 스승이 있다.(三人行 必有我師)"라는 말에서 알 수 있듯이 공자는 배움을 구하는 대상에 제한을 두지 않았다. 생활 속에서 만나는 모든 이가 그에게는 스승이었고, 또 제자였다.

⑧ 화가 나면 그 다음 결과를 생각한다. 진정으로 화를 다스리려면 평상시 수양하는 수밖에 없다.

⑨ 이익을 보면 그것이 공정하고 합리적인가를 생각한다. 군자는 재물을 좋아해도 그것을 취할 때는 도에 맞게 취한다. 군자는 명예를 중시하기 때문에 욕망을 절제할 줄 알며, 이득에 얽매이거나 탐욕스럽게 취하지 않는다. 또한 이득을 취해도 스스로에게 부끄럽지 않게 한다(『노자처럼 이끌고 공자처럼 행하라』, 후웨이홍 · 왕띠하이, 한스미디어, 2011).

행복한 삶은 집착하지 않는 삶이기도 하다(『죽음에게 삶을 묻다』, 유호종, 사피엔스, 2010). 로마의 스토아학파처럼 욕망과 감정에 휘둘리지 않는, 즉 일희일비하지 않는 의연함이 행복이다.

중국의 유학자 최연이 말한 육연(六然)은 우리가 행복하기 위해서는 아래와 같은 마음가짐을 가질 것을 주문한다.

① 자처초연(自處超然)—처신은 초연하게
② 대인애연(對人靄然)—남을 대할 때는 화기애애하게
③ 무사징연(無事澄然)—일이 없을 때는 물이 맑듯이
④ 유사감연(有事敢然)—일이 있을 때는 과단성 있게
⑤ 득의담연(得意淡然)—뜻을 얻었어도 담담하게
⑥ 실의태연(失意泰然)—뜻을 잃었어도 태연하게

『장자』에 나오는 도둑의 道에 대한 도척의 말도 비록 도둑의 말이지만 새겨들을 만하다.

> 남보다 먼저 들어가는 것은 용기다(入先勇也)
> 남보다 뒤에 나오는 건 의리다(出後義也)
> 도둑질해도 되는가, 안 되는가를 아는 건 지혜다(知可否智也)
> 고르게 나누는 게 어짐이다(分均仁也)

있는 가장 적절한 말일 것이다. 호모 파베르는 인간의 효율성을 높이기 위해 모든 것을 계산하려고 한다.

사물은 물론 **인간도** 모두 계산과 예측의 대상으로 만든다. 우리에게 잘 알려진 개미와 베짱이에 관한 이솝 우화가 있다. 이 우화는 고대 그리스 시대에 만들어진 것이지만 현대에도 적용되는 호모 파베르가 지배하는 시대의 상식을 반영한다.

만일 당신이 인생의 어느 시기에 여행을 몹시 갈망하고 있다면, 이는 어쩌면 단순한 휴식이 아니라 **삶의** 변화가 필요하다는 신호일지도 모른다. 많은 여행은 일상에서 벗어나 다시 일상으로 돌아오는 귀환의 여행이다. 그러나 어떤 여행은 익숙한 삶의 궤도를 이탈해서 새로운 삶으로 이동하는 전환이 **여행이다**. 이 세계에서 출발해서 이 세계로 돌아오는 여행이 아니라 이 세계에서 출발해서 저 세계로 넘어가는 초월의 여행이 된다.

물론 귀환을 목적으로 떠났던 여행이 언제든지 전환의 여행이 될 수 있다. 어느 날 어떤 여행을 통해 당신도 이전의 자리를 박차고 **새로운 삶**으로의 여행을 계속 이어갈지 알 수 없는 일이다. 세상은 고정돼 있는 것이 아니라 시시각각 변화하고 있다.

여행과 행복의 인문학 행복편

소유와 성공, 그 이상의 행복

욕망이 달성되면 행복한가?

프로이트에 의하면, 인간에게는 가장 큰 두 가지의 충동이 있는데, 하나는 삶에 대한 욕망인 삶 충동(eros)이며, 다른 하나는 죽음에 대한 욕망인 죽음충동(thanatos)이다. 죽음충동이 자기를 향하면 자살이 되고 타인을 향하면 살인이 되는 것이다.

독일의 실존주의 철학자 하이데거(Martin Heidegger)는 "우리는 일상생활에서 욕망과 소망을 잘 구분하지 못하고 살고 있다. 욕망은 평소에 갈망하던 것이라도 얼마 후 죽게 된다고 생각하면 의미가 없어지거나 급격히 가치가 퇴색하는 것이다. 소망은 머지않아 죽게 된다고 생각하면 더욱 간절하게 이루고 싶어지는 것이다"라고 모두가 공감할 말을 하였다. 인간의 궁극적 소망은 행복이다.

생존을 위해 필요한 3대 욕구인 식욕, 성욕, 수면욕처럼, 욕구는 생명체로서 필연적인 것이다. 살아 있음의 증거이다. 욕망은 몸과 정신이 기묘하게 얽힌 인간 특유의 갈망이다. 돈, 명예, 권력에 대한 욕망은 인생의 원동력이다.

코제브(Kojeve)는 『헤겔독해 입문』에서, "대부분의 사람은 돈, 미모, 권력, 명예를 욕망한다. 우리가 그런 대상들을 욕망하는 이유는 타자들이 그것을 욕망하기 때문이다. 물론 타자들이 욕망하는 것들은 희소하기 때문이다. 희소해서 얻기 힘든 만큼 그것을 얻었을 때 더 큰 관심과 주목을 받을 수 있다는 구별짓기의 욕망이 작동하는 것이다"라고 말했다.

실제로 우리의 현실 삶에서 욕망을 되찾게 되면, 무기력과 슬픔을 이기고 두려움을 벗어날 수 있게 된다. 그리고 더 나은 삶을 추구하게 만든다. 자신의 욕망을 되찾는 작업이 변화의 시작점이다. 그러나 욕망은 만족을 모른다. 그래서 욕망은 좌절할 수 있다. 좌절의 순간마다 자신을 일으켜 세우려면 용기가 필요하다. 용기는 다시 시작하게 한다.

욕망에는 욕망억제의 행복과 욕망달성의 행복이라는 두 가지 관점이 존재한다.

로마의 철학자 루크레티우스(Lucretius)는 "욕망의 대상이 멀리 있는 한, 그 대상은 우리에게 다른 무엇보다도 우월한 것처럼 보인다. 그런데 그것을 손에 넣는 순간 우리는 다른 것을 욕망하기 시작하며, 이와 같은 갈망 때문에 우리는 늘 숨이 가쁘다"고 말한다.

에피쿠로스학원을 열고 하나의 학파를 형성한 에피쿠로스(Epicouros)는 세 가지 부류의 욕망을 구분한다. 자연적이고 반드시 필요한 욕망(먹고, 마시고, 옷을 입고, 비를 피할 지붕이 있는 집을 갖고 등등), 자연적이지만 반드시 필요하지는 않은 욕망(섬세하게 준비된 음식, 아름다운 옷, 안락한 주거…), 자연적이지도 반드시 필요하지도 않은 욕망(권력, 뜻밖의 행운, 사치…), 이렇게 세 가지다.

그는 행복해지기 위해서는 첫 번째 욕망만 충족하면 충분하다고 설명한다.

세 번째 욕망은 반드시 피해야 한다. 그는 "필요한 것들은 쉽게 얻도록 해주고 손에 넣기 어려운 것들은 필요하지 않게 해주는 복된 자연에게 축복 있으라!"고 말한다(『행복을 철학하다』, 프레데릭 르누아르, 책담, 2014).

종교에서는 전통적으로 욕망을 죄악시한다. 악마의 몫이란 욕망, 분노, 탐욕을 의미한다. 분노와 탐욕은 욕망에서 일어난다. 상황이 욕망을 부추길 때 탐욕이 일어난다. 상황이 욕망을 방해할 때 분노가 일어난다. 욕망과 분노와 탐욕은 지옥으로 들어가는 세 개의 커다란 문이다(『천상의 노래』, 비노바 바베, 실천문학사, 2006).

성경에도 "욕심이 잉태한즉 죄를 낳고 죄가 장성한즉 죽음을 낳는다"(야고보 1:15)고 하였다. 탐욕은 늘 비극을 잉태하기 마련이다.

암스테르담의 유태인집단에서 파문당한 아픔을 감수하고 렌즈세척의 노동과 언제 위해를 당할지도 모르는 불안 속에서도 그의 철학을 지킨 스피노자(Spinoza)는 유명한 저서 『에티카』에서 "욕망은 인간의 본질이다"라 하여 자제와 절제, 신에 대한 맹목적인 믿음에서 인간의 욕망을 긍정하는 철학을 제시한다. 스피노자의 공로는 철학에서, 종교에서 버려져 오랜 기간 금기시된 우리의 '몸'——메를로 퐁티(Merleau-Ponty)에 의해 계승된——을 부활시켰다는 점, 다른 하나는 악마의 유혹으로 여겨지던 욕망을 인간의 본질로 급부상시켰다는 점이다.

모든 생명의 유전자에 새겨진 첫 번째 단어는 '삶에 대한 욕망'이며, 이것은 욕망 이전에 원초적인 본능이다. 스피노자의 윤리사상은 철학사에서 가장 유명한 개념 중의 하나인 '코나투스'(conatus), 즉 자기존재를 보존하고 생명력을 증대하려는 모든 유기체의 노력에 바탕을 둔다. 인간의 코나투스는 욕망이라는 얼굴을 지닌다. 인간은 자기 욕망의 방향을 잘못 설정할 때 예속되어 버리고 만다. 욕망이 자기 존재역량을 증진하기는 커녕 위축시키는 대상들에게로 향해 있기 때문에 인간은 슬프고 불행해진다. 해방의 과정은 욕망을 억압하거나 제거하는 게 아니라 욕망이 좋은 방향을 향하도록 하는 것이다. 스피노자의 윤리에서는 '욕망의 관리', 욕망의 방향 잡기가 행복과 자기실현의 열쇠가 된다.

고행하는 부처상

욕망한다는 것이 결핍을 뜻한다면, 그것은 결핍으로 인해 고통받는 것이기도 하다. 그러나 현대철학의 총아인 들뢰즈(Gilles Deleuze)에게서도, 욕망이란 인간에게 환희를 주는 창조적 역동성이자 생명력을 지닌 힘이다(『행복에 관한 10가지 철학적 성찰』, 필립 반 덴 보슈, 자작나무, 1999). 들뢰즈에게 욕망은 결여가 아니가 충만으로 사유된다. 욕망은 생산적이고 창조적인 역량, 혹은 외부의 타자와 접촉함으로써 새로운 삶의 모습을 창조하려는 근본적인 동력으로 간주되기 때문이다. 석가모니도 극도의 욕구억제를 통한 해탈을 시도했지만 결국 '이건 아니다'라는 결론을 내리고 中을 통해 해탈에 이른 것이다.

그라시안(Baltasar Gracian)도 욕망을 완전히 거부하지 않는다. "오직 관조에서만 기쁨을 얻을 수 있고, 욕구는 온갖 고뇌의 근원이지만, 육신은 인과율에 예속되어 있기 때문에, 육신이 살아 있는 한 완전한 무욕은 불가능하다. 육신에 영향을 미치는 모든 것은 필연적으로 욕구를 야기한다. 그렇다면 극단적인 금욕, 즉 굶어죽지 않는 한도 내에서 과연 어느 정도의 욕구가 불가피한지를 심사숙고해야 한다. 이것이 진정한 삶의 지혜이다. 인간은 그 한계에 근접할수록 더 진실해지고 자유로워진다. 나아가 인간은 이 제한된 욕구를 충족시켜야 하지만, 자신에게 그 이상의 소망을 허용하지 말아야 한다. 그리고 생의 대부분을 순수한 인식의 주체로서 자유롭게 살아야 한다. 이것이 곧 무욕과 자족의 원칙이며, 여기에 이론의 여지는 없다."(『세상을 보는 지혜』, 발타자르 그라시안, 자화상, 2018)

조금 더 욕망친화적인 이야기로, 최진석의 『인간이 그리는 무늬』의 한 대목이다.

"인생은 소망을 하나씩 지워가는 냉혹한 과정이다. 우리가 행복하지 않은 이유는 자기가 없기 때문이다. 자기란 욕망이다.

자기는 언제 존재하나? 바로 질문할 때 존재한다. 질문을 하려면 무엇이 있어야 하나? 일단 문제가 있어야 한다. 문제는 어떻게 생겨나나? 호기심이 있어야 한다. 호기심은 무엇이 만들어내나? 욕망이 만들어낸다. 이 욕망이 무엇인가? 우리들 사이에서 공유되는 것인가? 아니면 나에게만 고유하게 있는 것인가? 나에게만 고유하게 있는 것이다.

자기가 욕망의 주체로서 작동할 때, 호기심이 생기고 질문이 생긴다."

우리 대부분은 타인의 욕망에 전염되어 있다. 무언가 성취되어도 늘 공허함이 찾아오는 이유는 바로 이 때문이다. 자신의 욕망인 줄 알고 좇았으나 결국 그것은 타인의 욕망이었다(『욕망하는 힘, 스피노자 인문학』, 심강현, 을유문화사, 2016).

인생은 온전히 자신의 것이다. 어떻게 살 것인지 또한 스스로 발견하고 결정해야 한다. 하지만 많은 사람이 남의 시선을 의식하며 살다가 결국 자신이 원하는 바를 잃어버리고, 길지 않은 인생을 헤매며 허비한다. 진정으로 풍성한 소득을 얻고 싶다면 타인의 목소리가 아닌, 자기 내면의 목소리에 귀를 기울여야 한다. 즉, 자신의 욕망을 소망해야 한다.

행복한 사람은 자신만의 목표와 더불어 이를 달성할 고유의 힘, 즉 방향, 속도, 에너지, 무게 등의 물리학적 요소를 가지고 있다. 그리고 이 요소들을 통해 그 목표를 이루는 과정에서 행복을 느낀다.

자신이 원하는 대로 살아가라. 그래야 진정한 행복을 찾을 수 있다.

자신이 하는 일과 자신의 욕망 사이의 거리가 가까우면 가까울수록 사람은 더 헌신적이고 더 창의적일 수 있다. 진정한 욕망의 성취는 우리를 행복하게 한다. 행복은 한 사람이 가짐으로써 다른 사람은 포기할 수밖에 없는 유한한 물질이 아니다. 그것은 무한한 자원이다. 자본주의가 아직 희망을 가지고 있는 것은 바로 하고 싶어 하는 사람들에게 기회가 더 많이 돌아간다는 점이다.

중요한 것은 많은 욕망 중의 선택이다. 그러나 그것을 들어줄 사람은 램프 속의 지니가 아니라 바로 자기 자신이다.

자신만의 깊은 욕망을 가져야 한다. 언제나 그 욕망이 꿈틀거릴 수 있도록 매일 돌봐주어야 한다. 자신만의 비밀과 행복을 가져야 한다(『익숙한 것과의 결별』, 구본형, 을유문화사, 1999).

많이 가지면 행복한가?

헨리크 입센(Henrik Ibsen)은 "돈은 대개가 껍데기일 뿐 알맹이는 아니다. 돈으로 먹을 것을 살 수는 있지만 식욕은 살 수 없으며, 약은 살 수 있으되 건강은 살 수 없다. 재물을 살 수는 있지만 친구는 살 수 없고, 하인은 살 수 있으나 충직함은 살 수 없다.

즐거운 날들을 살 수는 있으나 평화나 행복은 살 수 없다"고 했다. 수단은 살 수 있으나 목적은 살 수 없다는 말이다. 중요한 건 수단이 아니라 목적이다.

이 세상의 이치는 얻으려 하면 더욱 멀어진다. 사람들은 더 많이 차지하려다 결국 더 많이 잃게 된다.

불행해지는 데는 두 가지가 있다. 원하는 것을 갖지 못하거나 원하는 걸 모두 갖는 것이다. 과하지도 않으면서 모자라지도 않아야 한다. 불교의 중도, 논어 선진편의 과유불급, 아리스토텔레스의 '황금률'이다. "만일 당신이 현재 소유하고 있는 것에 만족하지 못한다면, 온 세상을 모두 소유하더라도 행복해질 수 없을 것이다"라는 세네카의 말은 아무리 생각해 봐도 명언이다.

돈은 가장 큰 시험거리다. 그래서 성경에서도 "만일 네가 세상의 돈을 관리하는 일에서조차 믿음을 얻지 못한다면 하늘의 진정한 부를 누가 너에게 맡기겠느냐"(누가 16:11)라 하였다.

전형적인 현대인이 돈을 벌어서 얻으려는 것은 더 많은 돈을 버는 기회이며, 그것도 겉치레와 화려한 생활을 위해서 그리고 지금까지는 그와 동등하던 사람들보다 우월해지기 위해서인 것이다(『행복의 정복』, 버트런드 러셀, 문예출판사, 2009).

헬렌 니어링(Helen Nearing)의 『아름다운 삶, 사랑 그리고 마무리』 중에서 그의 남편 스코트 니어링(Scott Nearing)의 말이다. "삶에서 정말 중요한 것은 당신이 갖고 있는 소유물이 아니라 당신 자신이 누구인가 하는 것이다. 우리가 가지고 있는 것이 아니라, 그것으로 우리가 어떤 일을 하느냐가 인생의 진정한 가치를 결정짓는 것이다."

인간은 가진 것에 만족하는 법이 없다. 뭔가를 이루었을 때 인간이 보이는 가장 흔한 반응은 만족이 아니라 더 갈구하는 것이다.

현대인들은 대부분 돈과 권력과 명예의 노예가 되어 있다. 노예에게는 자유가 없다.

행복을 가로막는 주요한 장애는 대부분 금전적인 것은 아니다. 정상으로 살면 돈과 권력과 명예는 행복으로 가는 좋은 수단일 뿐이다.

물리적인 것이 아니라 심리적으로 자족할 줄 아는 자가 참으로 부자이다(知足者富).

을지문덕 장군이 우문술에게 보낸 오언고시로 우리가 잘 알고 있는 도덕경 44장의 "知足이면 不辱이요(만족할 줄 알면 욕됨이 없고), 知止면 不殆하여(그칠 줄 알면 위태롭지 아니하여), 可以長久니라"(오래갈 수 있느니라.)는 우리에게도 보내는 중요한 말이다.

재물이나 명예는 불교에서 말하는 것처럼, 구할 때도 고통(求時苦)이요, 지킬 때도 고통(守時苦)이며, 잃을 때는 더 고통(失時苦)이다.

공자도 "모자라는 것을 걱정하지 않고 고르지 못한 것을 걱정한다(不憂寡而憂不均)"고 하였다.

물질적인 것을 떠나 가장 기본이 되는 비물질적인 요소들을 갖추지 못하는 한 행복은 자신의 것이 아니다.

『소유냐 존재냐』를 썼던 에리히 프롬(Erich Fromm)은 우리 삶의 형태를 크게 존재와 소유로 구분한다. 여기서 '존재'(진정한 자아)란 자신의 능동성을 바탕으로 살아가는 삶의 형태를 말하며, '소유'란 그런 능동성이 결여되었을 때 느껴지는 공허함을 소유를 통해 해소하려는 삶의 양상을 함축적으로 나타내는 말이다.

우리는 당당히 존재하지 못할 때 소유하려고만 하는 것이다. 다시 말해 스스로에게서 만족을 이끌어내는 자족적인 '존재'가 되지 못했을 때, 우리는 남들이 선망하는 것을 무조건 좇아 그것을 단지 '소유'하고자 할 따름이다.

지금 여기에서, 구체적인 행복을 누릴 수 있는 능력이 부족한 사람일수록 재물을 통해 추상적인, 일반적인 행복을 확보하려 한다.

만지는 모든 것을 금으로 변하게 해달라고 청했던 마이더스(Midas) 왕은 생명과 접촉할 기회를 박탈당했다.

『장자』「소요유(逍遙遊)」편에, "至人无己 神人无功 聖人无名"라는 구절이 있다. 지인에게는 이기심이 없고 신인에게는 공적이 없고 성인에게는 명예가 없다는 뜻이다. 세속적인 부, 명예, 권력으로부터 자유로운 삶이 장자의 웰빙이다. 진정한 웰빙은 세속적, 상업적, 타인지향적인 것이 아니라 참된 자기와의 만남이다. 우주만물과 하나 되어 즐기는 삶인 것이다. 재물, 장수, 건강 등은 목적이 아니라 진정한 삶을 위한 도구일 뿐이다(『동양사상과 탈현대의 여가』, 홍승표, 계명대출판부, 2006).

식도락(食道樂)이란 말이 있지만 음식 맛을 제대로 아는 유일한 길은 금식과 절식을 통해서이다. '남에게 보이려고 금식하지 말고'(마태 6:16), 음식 맛을 제대로 알고 음식의 중요성을 느끼기 위해서 금식과 절식해야 한다. 소유도 마찬가지이다.

아파트를 몇 채나 가지고 있어도 잘 때 필요한 것은 방 한 칸뿐이다. 창고에 식량이 가득해도 하루에 먹는 것은 단 세 끼뿐이다.

마하트마 간디(Mahatma Gandhi)는 "이 세상은 우리들의 필요를 위해서는 풍요롭지만 탐욕을 위해서는 궁핍한 곳이다. 고결함을 유지하고자 하는 사람은 모든 물질적인 소유를 버릴 준비가 되어 있어야 한다"고 말하였다.

노자『도덕경』에서 가장 유명한 구절 중 하나가 '生而不有'이다. 인간존재의 최대비극은 바로 자기가 만든, 낳은 모든 것을 자기가 계속 소유하려는 데 있다.

코넬 대학의 리프 반 보벤(Leaf Van Boven)과 토머스 길로비치(Thomas Gilovich)가 2004년에 실시한 조사에 의하면, 휴가를 즐기거나 콘서트에 가는 것처럼 경험을 사는 것이 새 옷이나 자동차처럼 물질적인 것을 살 때보다 훨씬 행복하다. 소유한다는 것은 소유당하는 것일 수 있다. 강아지에게 뼈 한 덩이를 던져주면 그걸 지키느라 으르렁거리며 꼼짝을 못한다. 우리는 개보다 나은가?

『그리스인 조르바』를 지은 니코스 카잔차키스(Nikos Kazantzakis)의 묘비명은 이렇다.

> 나는 바라는 게 없다
> 나는 두려운 게 없다
> 나는 자유인이다.

수많은 저서를 통해 무소유의 텅빈 충만을 설교하고 몸소 실천한 법정스님은 "죽음을 두려워하는 것은 생에 집착하고 삶을 소유로 여기기 때문이다"라고 말하였다. 행복과 자유는 돈으로 환산할 수 없기에 돈으로 거래되지 않는 영역이 많을수록 좋은 삶에 가까이 갈 수 있을 것이다. 자본주의 속에서 반자본주의적으로 사는 것이 가장 행복하고 자유로운 삶인지 모른다.

행복에 이르는 길은 고단하고 위태롭다. 그러나 너무 엄청난 것으로 생각하지 말아야 한다. '행복한 삶을(에서) 좋은 삶으로'라고 바꿔보면 조금 쉬워질 수도 있다.

행복은 풍부하게 소유하는 것이 아니라 풍성하게 존재하는 것이다.

톨스토이는 "부란 분뇨와 같아서 그것이 축적되면 악취를 내고 뿌려지면 땅을 비옥하게 한다"고 한다.

사람은 어느 정도의 재산을 갖고 사는 것이 좋은가? 그의 인격의 수준만큼 재산을 갖는 것이 원칙이다.

경제는 중산층에 머물면서 정신적으로는 상위층에 속하는 사람이 행복하다.

호이징하(Johan Huizinga)의 유명한 고전 『호모루덴스(Homo Ludens: 놀이하는 인간)』에 보면 포틀래치(potlatch) 문화에 대하여 나온다. 북미의 인디언이 부와 지위를 과시하기 위해 경쟁적으로 진수성찬을 베풀고 선물하는 문화를 의미한다. 포틀래치 문화 속의 인디언은 애초부터 소유의식이 없었다. 땅은 사고팔 수 없는 모두의 소유였다. 인디언은 물질을 축적의 도구가 아닌 선물과 나눔의 대상으로 여겼다. 인디언 전통 중 하나인 포틀래치 문화는 타인에게 얼마나 많은 선물을 했느냐에 따라 사회적 지위와 계급, 신분이 결정되는 풍습을 의미한다.

타인에게 선물하는 것은 신이 내린 보편적인 내줌의 낙원적인 상태를 회복하는 것이다. 내가 움켜쥐려 하는 것은 내 것이 아니고 남에게 준 것만이 내 것이다.

동북아의 대승불교에, 소승의 팔정도에 해당하는 육바라밀(바라밀다)의 제일도 보시를 친다.

원시시대에 인간이 수렵·채취를 하면서 살았을 때는 부(식량)의 축적으로 오랜 가뭄이나 겨울의 혹한을 견디고 살아남을 수밖에 없었다. 그러면서 축적이 우리 본성의 일부가 되었을 것이다. 지금은 물질적으로 풍족한 세계에 살고 있지만 우리는 여전히 더 많이 축적하려고 전전긍긍한다. 부의 축적은 이제 생존을 위한 수단이 아니라 목적이 되었다. 우리는 살기 위해 축적하는 것이 아니라 축적하기 위해 살고 있다.

실제로 행복지수가 가장 높은 계층은 돈을 아주 많이 벌지도, 그렇다고 아주 못 벌지도 않는 중산층의 봉급생활자다. 이들은 당장 먹고 살 일을 걱정하지 않아도 되고 사업 스트레스에 시달리지도 않는다. 그저 자기 가정을 지키고 맡은 일을 하면서 가끔 친구들과 술을 한 잔 나눈다. 혹은 여가시간을 이용해 독서나 서예 같은 취미활동을 즐긴다.

이스털린의 역설(Easterlin Paradox)에 대하여 들어보았는가? 국민총생산이 8,000달러를 넘어서면 그 후로는 재산이 증가해도 생활만족도가 지속적으로 높아지지는 않는다. 다시 말해 생계를 유지하는 것 자체가 힘들 정도로 가난할 때는 돈이 행복과 기쁨을 가져다주지만 일단 먹고사는 문제가 해결되면, 수입이 아무리 늘어도 그로 인한 행복감이 그에 비례하여 커지지 않는다는 것이다.

돈은 물론 행복을 가져다주지는 않지만 어느 정도 행복에 기여한다. 돈은 식량과 주거지를 제공해 주는 것으로 목표를 실현하기 위한 수단에 지나지 않는다. 재미있는 점은 우리가 종종 목표와 수단을 혼동하고, 돈(수단)을 얻기 위해 행복(목표)을 희생한다는 것이다. 돈이 많다는 것은 생활이 부유하다는 뜻일 뿐, 행복을 보장해 주지는 않는다.

13세기 신학자이자 철학자인 마이스터 에크하르트는 "이것이나 저것이 되지 않고 이것이나 저것을 가지고 있지 않을 때까지 순수해지라. 그러면 그대는 어디에나 있으며 이것이나 저것이 아닌 모든 것이다"라는 말을 했다.

내 몸, 나의 것에 정신이 팔려 있지 않을 때 우리가 살고 있는 세상을 진실로 소유할 수 있으며, 죄악으로부터 해방될 수 있다.

물질적, 외적으로 소박하고 간소한 생활은 오히려 내면세계에 풍성함을 더해준다.

아리스토텔레스는 "행복의 핵심은 부와 향락이 아니라, 자신의 능력을 자유롭게 펼칠 수 있는 행위에 있다. 우정과 선한 삶이 행복의 핵심이다"라고 말했다.

부는 바닷물과 같아서 마시면 마실수록 갈증을 일으킨다.

고대 로마의 시인이자 에피쿠로스학파의 철학자인 루크레티우스(Lucretius)는 『사물의 본성에 관하여』에서 "우리가 원하는 것이 우리에게 없는 한 그것은 우리에게 모든 것을 능가하는 가치를 갖지만, 그 소망이 이루어지면 곧 새로운 소망이 나타난다. 애타게 삶을 갈망하는 우리, 그 우리를 사로잡고 있는 것은 언제나 변함없는 갈증이다"라고 하였다.

간디는 "자신에게 꼭 필요한 것보다 더 많이 가지는 것은 곧 자신의 이웃을 착취하는 것이다"라고 비난한다.

아래는 데이비드 소로(Henry David Thoreau)의 『월든』에 나오는 소박한 삶에 대한 찬양, 지나친 소유가 행복에 별 의미를 주지 못한다는 취지의 주옥 같은 말들이다.

"인생의 참다운 목적에서 멀어져 버린 100개의 대문을 가진 테베의 신전보다 어느 정직한 사람의 밭을 둘러싸고 있는 자그마한 돌담이 더 의미가 있다."

"진실로 말하건대, 분별 있는 사람이라면 평화스러운 보통날 점심때 갓 따온 옥수수를 넉넉히 삶아 거기에 소금을 좀 뿌려 먹는 것 말고 무엇을 더 바라겠는가."

"간소화하고 간소화하라. 하루에 세 끼를 먹는 대신 필요하다면 한 끼만 먹어라."

"뼈 가까이에 있는 살이 맛있듯이 뼈 가까이의 검소한 생활도 멋진 것이다."

한 인간의 기쁨과 슬픔은 재산이나 지위와 같은 외적 조건에 의해 결정되지 않는다.

우리는 우리가 갖지 못한 것들을 바라볼 때마다 "만약 저것이 내 것이라면 얼마나 좋을까?"를 생각하곤 한다. 그럼으로써 자신의 결핍을 아쉬워한다. 하지만 그런 생각 대신 우리는 우리가 지닌 것들을 바라보면서 "만약 이것들을 잃어버린다면 어떻게 될까?"를 생각해야 한다.

본래의 자기 것은 무겁지 않다. 자기 것이 아닌 걸 들고 다닐 때가 무거운 것이다. 세상의 모든 것이 내 것이 될 순 없다. 아무리 좋아 보여도 어떤 건 그림의 떡일 뿐이다. 어리석은 사람들은 그림의 떡인 줄 모르고 달려들다가 인생을 망치곤 한다.

아무것도 갖지 않음. 얼마나 완벽한 만족인가? 힌두교에서 모크샤(해탈)에 이르는 마지막 인생의 시기를 유행기(遊行期)라 해서 자연과 완벽히 하나 되어 지팡이 하나만 들고 길을 떠나 기회가 되면 걸식하고 안 그러면 열매 따 먹다가 들짐승의 먹이가 되어 자연과 하나 되는 것이라 하지 않는가? 나를 비우고 텅 빈 상태가 되었을 때 우주의 방식에 맞추어지는 것이다.

『논어』 13편 자로에 나오는 말이다.

"無欲速, 無見小利. 欲速, 則不達. 見小利, 則大事不成."

조급히 이루려 하지 말고, 작은 이익을 탐내지 마라. 조급히 이루려 하면 외려 닿지 못하고, 작은 이익을 탐내면 큰일을 이룰 수 없다.

성공, 그 이상의 행복

세상이 말하는 성공한 후에 행복함보다 허전함이 밀려오는 경우가 있다. "이게 아닌데" 하는 당혹스러움이 성공의 환희보다 크다. 그러므로 자기에게 성공이란 무엇인가를 제대로 정의할 필요가 있다. 세상의 중심에 서는 것을 성공 또는 출세라고 한다. 자기의 중심을 찾는 것을 우리는 자유라 한다. 유교적 성공(立身)이 행복인가 도교적 성공(安心)이 행복인가 나를 중심으로 정의하는 일이 우선이다.

동양에서 성공이란 아래의 세 가지가 합쳐진 개념으로 이해되어 있다.

立德: 좋은 의도, 훌륭한 언행이다. 남을 마음속으로나 말과 행동으로 속여서 성공하는 것을 성공으로 인정하지 않는다.

立功: 뛰어난 업적으로 우리가 흔히 말하는 좁은 의미의 성공이다.

立名: 사람들의 인정으로서, 호네트(Axel Honneth)의 유명한 '인정투쟁'이라는 말이 있는 것처럼 성공에 대한 타인의 인정이야말로 성공 자체보다 더 사람들을 행복하게 만드는 요인이다.

동물 중에 늑대는 잔인하기로 유명하다. 성공하려면 늑대가 되어야 한다. 입에 문 것은 이빨이 부러져도 놓지 않는다. 이런 늑대도 사냥의 성공률은 20분의 1 정도라고 한다. 되면 좋고 안 되면 말고 식의 태도로는 이루어지는 게 없다. 성공하지 못하는 것은 무서운 집념이 없기 때문이 아닌가?

월터 헤일리(Walter Hayley)는 세계에서 가장 성공한 세일즈맨 가운데 한 사람이다. 세일즈 업계에서 일하던 초창기 시절 그에게도 하던 일을 그만두고 싶었던 충동을 느낄 때가 몇 번 있었다고 한다. 누구나 세일즈 초기에 경험하는 것처럼 고객들의 거절, 실적 부진 그리고 자신에 대한 회의감 등을 극복하기 힘들었던 월터는 상급자를 찾아가서 '그만두겠다'는 의사를 밝힌다.

그러자 관리자는 "자네는 그만두지 못해"라고 단호하게 이야기한다.

"월터, 자네는 보험업계를 떠날 수 없네. 자네는 진정으로 보험업계에 들어온 적이 없기 때문이네."(『공병호의 사장학』, 해냄, 2009).

아이러니하게도, 성공은 성공을 기반으로 하지 않는다. 성공은 실패와 좌절, 때로는 커다란 불행 위에서 자리를 잡는다. 성공사례보다는 '실패로부터의 학습(learning from failure)'에 집중해야 우리는 성공할 수 있다.

그리고 "성공이란 실패와 성공이 서로 돌고 돈다는 것을 아는 것이다"라는 섬너 레드스톤(Sumner Redstone)의 말처럼 어쩌면 실패는 성공을 준비하는 필수단계인지도 모른다. 한번 실패했다고, 가끔 실수한다고 포기해서는 성공할 수 없다.

그리고 성공한 사람은 능력 15%, 원만한 인간관계 85%이고 반면에, 해고원인의 95%는 업무능력 부족이 아니라 모난 인간관계 때문이다(『따뜻한 카리스마』, 이종선, 갤리온, 2011). 성공은 개인의 문제가 아니라 관계 속에서 일어나는 사회적인 일인 만큼, 다른 사람들의 도움과 축복이 있어야 가능하다. 사회와 환경에 도움이 안 되는 개체를 세상은 그대로 내버려둘 만큼 자비롭지 않다. 도태되지 않으려면 내가 무엇인가 사회와 우주자연에 기여를 해야 한다. 지금 하는 일이 남에게 도움이 되어야 하고 나만의 일이 아니라 타인과의 좋은 관계 속에서 가능한 것이라는 것을 뼛속 깊이 인식해야 그 성공이 일회적인 것이 아니게 된다.

한고조 유방은 천하를 통일한 후 이렇게 말했다. "계책을 세우는 데, 나는 장량만 못하다. 군대의 양식을 대주는 데 있어 나는 소하만 못하다. 공격하면 반드시 빼앗는 데 있어 나는 한신만 못하다. 하지만 나는 이들을 얻어 이들의 능력을 충분히 발휘하도록 해주었다. 이것이 내가 천하를 얻은 까닭이다."(『행복경영』, 조영탁 · 정향숙, 김영사, 2007). 건달 유방이 귀족이자 천하영웅인 항우를 이긴 성공비결이기도 하다.

인재는 각 분야에서 리더보다 더 뛰어난 능력과 전문성을 가지고 있다. 그러나 그들을 모으고 엮어 큰 성공을 맛보는 이는 관계에 뛰어난 사람이다. 그들이 리더가 된다.

마르크스는 자본주의의 종말을 예언했으나, 결과적으로는 프란시스 후쿠야마(Francis Fukuyama)의 선언처럼 자본주의는 완성되어 간다. 전 세계적으로 지금은 자본주의 사회이고, 모두가 좋든 싫든 인정할 수밖에 없는 가치는 돈이다. 따라서 가난하다면 성공했다고 말하기 어렵다. 외국유머에 '성공한 남자는 아내가 쓸 수 있는 이상으로 돈을 버는 남자를 말하고, 성공한 여자는 그런 남자를 찾아낸 여자를 말한다.' 돈이 좀 있는 게 폼도 나지 않는가? 청빈도 좋지만 자본주의 사회에서 우아하고 품위있게 사는 데는 최소한의 금전적 여유는 필요하다.

맹자는 "천하에 넓게 살며 천하의 바른 자리에 서며 천하의 한길(大道)을 간다. 뜻을 얻으면 백성과 함께하고 뜻을 얻지 못하면 혼자 그 길을 간다. 부귀도 그를 음란하게 못하며 가난도 그를 옹색하게 하지 않는다. 권력과 무기의 힘도 그를 굽힐 수 없다. 이를 일러 대장부(大丈夫)라 한다"고 하였다.

성공을 위한 노력과 자신감은 대장부뿐 아니라 여장부에도 요청된다.

힐러리와 클린턴이 운전하다 주유소에 기름을 넣으러 가자 힐러리의 옛 남자친구가 기름을 넣고 있었다. 클린턴이 "저 사람과 결혼했으면 주유소 직원의 아내가 되었겠군." 하자 힐러리가 대답하기를 "아니, 저 사람이 대통령이 되었을 거야." 힐러리의 자신감은 실력에서 나온다. 그녀는 스스로 45대 미국 대통령 후보가 되었고 많은 사람들이 그녀의 당선을 예측했으나 논란의 인물인 도날드 트럼프(Donald Trump)에게 지고 말았다. 그녀의 재기여부에 귀추가 주목된다.

미국의 유명한 코미디언이고 2015년 7월, 35명의 여성으로부터 성폭행당했다는 고소를 당한 빌 코스비(Bill Cosby)는 언젠가 선택과 집중의 핵심을 꼬집는 말을 한 적이 있다.

"나는 성공의 열쇠가 무엇인지는 모르지만, 실패의 열쇠가 무엇인지는 알고 있다. 그것은 모든 사람을 웃기려고 하는 것이다." 성공은 흔히 하는 말이 되어버린, 그러나 무서운 이야기인 선택과 집중의 문제라는 것이다.

'스톡데일 패러독스(Stockdale Paradox)'라는 말이 있다. 결국에는 성공할 거라는 믿음을 잃지 않고 눈앞에 닥친 냉혹한 현실을 직시하는 것을 의미한다. 이 말은 베트남 전쟁 때 하노이의 포로수용소에 수감되었던 '스톡데일 장군'의 이름에서 따온 것인데, 당시 미군 포로들 중 가장 먼저 죽은 사람은 근거 없는 낙관론자, 즉 과도한 낙관론자들이었고, 그 다음이 극단적 비관론자였다고 한다. 끝까지 살아남은 사람은 냉철함을 잃지 않은 합리적 낙관론자였다. 꿈, 비전이 있으면 일에 대한 즐거움과 집중력이 생긴다. 그리고 완벽한 집중, 무아의 경지를 느끼면 길고 긴 마라톤에서의 사점(dead point)을 맛보게 된다. 성공하려면 철저하게 합리적 낙관론자가 되어야 한다(『공병호의 사장학』, 해냄, 2009).

미국에서 가장 천대받는다는 시골출신(미시시피)의 여자, 게다가 흑인인 오프라 윈프리(Oprah Winfrey)의 성공 십계명이다.

① 남들의 호감을 얻으려고 너무 애쓰지 마라.
② 앞으로 나아가기 위해 외적인 것에 의존하지 마라.
③ 일과 삶에 대한 조화를 이루도록 노력하라.
④ 험담하는 사람들을 멀리하라.
⑤ 사람들에게 친절하라.
⑥ 중독된 것들을 끊어라.
⑦ 당신보다 나은 사람들과 친하도록 애쓰라.
⑧ 돈 때문에 하는 일이 아니라면 돈 생각을 잊어라.
⑨ 당신의 권한을 다른 사람에게 넘겨주지 마라.
⑩ 포기하지 마라.

성공에 관하여 여러 문헌을 살펴서 정리해 보면 다음의 핵심요인으로 집약되는 것 같다.

첫째, 핵심역량(core competence)의 보유이다. 그것은 관계망 형성 능력(networking), 혁신능력(innovation), 그리고 선택과 집중(choice & focus)역량이라고 할 수 있다. 영국 이코노미스트지가 톰 피터스, 피터 드러커와 함께 현대의 사상적 리더이자 구루로 선정한 오마에 겐이치는 그의 저서, 『지식의 쇠퇴』에서 영어,

정보통신, 금융지식이 핵심능력이라고 하였다(그는 '불쌍한 나라, 헬조선 내버려두자'는 한국폄하의 글을 일본 유력주간지에 싣기도 하였다).

둘째, 핵심가치(core value)이다. 이는 비전의 수립, 구성원 전체의 공유, 상황과 시대에 맞추는 유연한 수정과 꾸준한 실행이다. 코카콜라는 늘 그들의 경쟁자는 펩시콜라라고 생각해 왔다. 그러나 다른 기업들의 성장을 따라가지 못하게 되자 그들의 경쟁자를 펩시콜라에서 누구나 마실 수밖에 없는 물, 우유로 바꾸었다. 그래서 최고의 시장가치를 지닌 회사로 변신하게 되었다.

셋째, 핵심인재(core people)의 보유이다. TV 장수프로그램인 '생활의 달인'에서 우리가 흔히 보는 달인이란 일이 숙련되어서 손(hand)이 빠르고 정확한 사람이다. 이들이 만드는 것은 제품이다. 부가가치가 별로 없다. 달인보다 필요한 사람은 머리(head)를 써서 명품을 만드는 사람들인, 장인이다. 그러나 최종적으로 핵심인재는 마음(heart)을 써서 작품을 만드는 예술가(藝人)이다.

많은 사람들에게 성공이란 자기 혼자서 수천 수만 명 분을 소유하는 것이지만, 진짜 성공은 자기로 말미암아 수천 수만 명이 사는 것이다.

그래서 공자는 "궁할 때는 홀로 자신을 선하게 하고 성공해서는 천하를 선하게 하라"고 하였다.

미국의 사상가 에머슨은 "진정한 성공이란, 작은 정원을 가꾸든 사회환경을 개선하든, 자기가 태어나기 전보다 세상을 조금이라도 더 살기 좋은 곳으로 만들어놓고 떠나는 것"이라고 정의했다.

성공보다 중요한 것으로, 인간은 성장을 멈추는 순간, 삶의 의미를 잃는다. 성공이 아니라 성장을 목표로 해야 진정한 성과를 거둘 수 있다.

성장은 너그러움과 부드러움과 용서이다.

인생은 경주가 아니고 그 길의 한걸음 한걸음을 음미하는 여행이다. 행복은 성공을 동반한다. 그러나 성공이 오히려 행복을 파괴할 수도 있다.

나폴레옹은 "명예, 권력, 재물 등 보통 사람이 추구하는 모든 것을 손에 넣었다. 그러나 정작 나 자신은 평생 행복했던 시간을 합치면 불과 한 시간 정도이다"라고 솔직히 말했다. 영웅의 고백이 충격적이다.

행복은 자신이 무엇을 가지고 있는지, 무엇을 할 수 있는지를 명확하게 깨닫고 이를 최대한 활용하고 발휘하는 것이다. 그것이 성공하는 길이기도 하다.

지금, 여기에서 우리가 행복해지는 것, 그것이 내가 해야 할 일이다.

여행과 행복의 인문학 행복편

자연 속에서의 행복

우리가 행복을 느끼지 못하는 가장 중요한 이유는 자연에서 멀어져 있기 때문이다. 우리에게서 자연이 멀어지게 한 것은 문명이다. 문명은 분명히 인간이 다른 동물과는 다른 존재로서 지구의 정복자가 되게 하기도 하였지만, 인간불행의 원인이기도 하다. 그래서 낭만주의의 아버지 루소는 '자연으로 돌아가라'고 외친다. 이것은 물론 원시상태의 자연으로 돌아가라는 말이 아니라, 인간본연의 감정으로, 그가 비판한 사유재산 등 문명의 때가 묻지 않은 상태로 돌아가자는 의미이다. 자연은 문명에 대한 최고의 치유제이다. 그리고 들뢰즈는 자연이 곧 최고의 예술이라 했다. 인간이 살아가는 환경은 자연과 인간이 만든 문화요소로 구성되어 있는데, 사람들은 자연과 함께할 때 가장 행복감을 느낀다(『공간이 마음을 살린다』, 에스더 스턴버그, 더퀘스트, 2013).

평평한 바위나 동굴의 입구를 보고도 흥미를 느끼지 않는 사람이 있을까? 그것은 문명 이전 우리 원시시대의 조상이 아직도 우리 몸에 살아 있어 느끼는 자연적인 동경의 감정인 것이다(『월든』, 헨리 데이비드 소로, 이레, 2006).

우리가 자주 사용하는 '당연하다'는 말은 "자연(自然)에 따른다"는 의미를 가지고 있다(『경관, 조경 & 디자인』, 이상석, 조경, 2005).

자연은 절대선이다. 완전함의 표상이다. 수학이 절대권위를 가질 수 있던 것은 자연을 서술하는 언어이기 때문이다. 자연은 유기적이다. 서로 다른 요소들이 상호 연관되어 움직이는 것이다(『건축을 묻다』, 서현, 효형출판, 2009).

전통적 철학에서 주체를 이성, 감정 또는 의지로 간주하는 데 비하여 프로이트는 무의식을 이야기한다. 그의 무의식이란 내 안의 남, 타자라고 한다. 그리고 그것은 문화 혹은 문명으로서의 '나' 안에 들어와 있는 바깥인 자연이라고 한다. 그것은 충동(욕망)으로서의 자연인데, 어둡고 불길한 것이다. 그리고 자연은 문명의 시대가 되기 전까지 공포의 대상이었다. 그래서 자연의 색인 녹색은 영화나 만화에서도 괴물의 색으로 표현되어 왔다. 17세기 로크(John Locke)는 자연상태를 아주 선하지도 않고 아주 악하지도 않은 불안전, 불안정한 상태로 보았고, 영국의 철학자 홉스(Thomas Hobbes)는 그의 저서『리바이어던』에서 자연상태(natural state)의 두려움을 묘사한다. '만인의 만인에 대한 투쟁' '인간은 인간에 대한 늑대일 수밖에 없는 상태'가 그것들이다. 『노자』 5장에 "하늘과 땅은 어질지 않다(天地不仁)"는 구절이 있다.

이런 지적처럼, 자연은 포근하고 아름답고 낭만적으로 의인화한 이미지를 갖지만 실제 자연은 인정사정없는 일면도 있다. 자연은 생명의 동인이자 우리를 죽음으로 이끄는 힘이다. 자연은 자기가 창조한 피조물을 수많은 위험과 고난 앞에 놓이게 하는데 그것은 결국 그들이 죽더라도 원래 태어난 곳으로 돌아간다는 사실을 잘 알기 때문이다.

자연을 두려움의 대상으로 보는 인식은 19세기에 들어서면서 점차 변화하기 시작했다. 산업화 과정에서 대륙의 광활한 자연은 엄청난 부를 가져다주는 자원이 되었다.

프리드리히의 안개바다 위의 방랑자

"생육하고 번성하여 땅에 충만하여라. 땅을 정복하여라. 바다의 고기와 공중의 새와 땅위의 모든 생물을 다스려라"(창세기 1:28). 서양은 이 말에 깊은 영감을 받았고 특히, 19세기 전후하어 기계문명을 발전시키고, 자연을 이용해서 동양을 앞지르고 지배하는 힘을 가지게 되었다. 이런 서양사람들의 발아래 있는 자연관을 잘 그린 대표적인 작품이 1818년 작, 프리드리히(Caspar Friedrich)의 안개바다 위의 방랑자가 아닌가 싶다.

그래서 '중국 개혁개방의 위대한 지도자'라는 덩샤오핑은 "개발만이 진리이다"라고 했다. 중국만이 아니다. 전 세계가 개발의 열풍에 휩싸였다. 그 결과는 어떤가? 영화 인터스텔라는 흙바람(황사) 때문에 인류가 살 만한 곳을 찾아 우주로 나간다는 얘기다. 황사가 몰려오면 모두 마스크에 보안경을 쓴다. 우리의 지금 모습과 무엇이 다른가? 중국에서 가장 인기있는 애플리케이션(앱)은 오늘의 황사, 스모그 상황을 알려주는 것이라고 한다. 우리의 내일이다. 아니, 오늘이기도 하다. 왜 이렇게 되었을까? 자연의 한 부분인 인간이 스스로를 주인이라 생각하고 다른 것 모두를 종으로 여기는 행위가 종국에 가서는 인간을 파멸시킨다. 소위 개발이라는 게, 모든 개발이 오직 인간을 위한 것이다. 그런데 그게 결국 인간을 죽인다. '개발'이라는 이름 아래 더 많이 만들고 더 많이 돈 벌고 그러느라고 이 반세기도 안 되는 기간에 땅이 죽고 물이 죽고 공기가 죽고 나무가 죽고 새가 죽고 온통 모두 죽어가고 있다. 일회용 플라스틱 빨대가 코를 막아 질식해 죽은 거북이와 폐비닐에 목이 졸려, 그걸 버린 인간에 도움을 청하는 물개를 보았는가? 경제적 성장은 우리에게 풍부한 식량과 넉넉한 삶을 제공했지만 지구의 생태적 균형을 불안정하게 만들었다. 이제 경제성장과 생태계 안정 중 하나를 선택해야 하는 순간이다. 그런데 십중팔구가 성장을 선호해서 우리는 파국을 면치 못할 것이다(『호모데우스』, 유발 하라리, 김영사, 2017).

창조는 상상력의 구현이다. 그리고 자연은 상상력의 원천이다. 그중에서 별은 밤에 자기를 들여다보는 인간들에게 수많은 이야기를 들려준다. 오랜 인류의 역사 동안 그러했다. 그러나 "이제 별은 없다. 우주 저쪽에서 수백광년을 달려온 별빛은 도시의 천장을 뚫지 못한다"는 기형도의 시처럼 어둠과 음이 너무 부족해 현대에 정신병이 많다.

문명이 불이라면, 자연은 물이다. 자본의 시간은 빠르고, 자연의 시간은 느리다.

휘황찬란하지만 삶의 고달픈 일상이 여과 없이 드러나는 도시는 그래서 화려한 감옥이다.

참을 수 없는 존재의 가벼움, 나 하나 없어져도 아무 일 없이 모든 게 잘 돌아가는 그래서 짐멜은 "도시인들의 전형적인 심리상태는 신경과민이다"라고 묘사한다.

예전에 시골에서 어린이들의 삶은 야외 놀이인데 아무런 도구나 기구 없이 몸으로 서로 부딪히며 여럿이서 어울려 놀 수 있었다. 그러나 지금 도시에서 그런 모습은 볼 수 없다. 노는 모습을 보기도 어렵고 어울려 놀 줄도 모른다.

자연은 친숙한 내면의 공간이자 인간이 사회적인 공허감에 대항하여 만들어낸 이탈의 공간이다. 자연을 정복의 대상으로 보는 관점과 전원적 이상으로 동경하는 관점은 서로 상반되지만 19세기 이후 자본주의 사회를 대표하는 미국 사회에 공존하며 미국인의 생활 패턴을 형성하는 데도 영향을 미쳤다. 이 두 가지 상반된 가치는 미국 도시들의 공간을 형성하는 기본이 되었다. 이후 미국뿐 아니라 전 세계가 비슷해졌다.

그리고 물질중심의 사회가 어느 정도 자리를 잡고 인류의 생활환경이 악화되자, 생계를 유지하기 위해 극복해야 하는 생활기반이기보다는 일상에서 벗어나 휴식을 취하는 감상의 대상으로서 자연의 역할이 더욱 크게 부각되었던 것이다.

시간을 내서 나뭇잎 위에서 반짝이는 햇빛을 보고 자연의 내음을 느끼고 정적의 소리를 들어야 한다.

자연으로의 길은 순수하다. 길은 나무, 풀밭, 눈, 산, 강물, 바다와 같은 자연의 위대한 힘 속으로 도시의 인간들을 끌어들인다.

자연주의자 윌슨(E. O. Wilson)은 생명애(biophilia)라는 개념을 만들었다. 그는 "인간이 다른 생명체에게 선천적으로 느끼는 정서적인 유대감"이라고 생명애를 정의했다. 윌슨은 우리가 자연에게 느끼는 유대감이 진화의 역사 속에 깊이 각인되어 있다고 주장했다. 자연과 가까이 있으면 행복도 커진다는 결론이다.

미국 항공우주국이 2001년 쏘아올린 천문위성 WMAP에 의해 밝혀진 바에 따르면, 우주에 존재하는 '우리가 알고 있는 물질(matter)'은 우주 전체의 약 4%밖에 안 된다. 그 정체를 알 수 없는 물질인 '암흑물질(dark matter)'은 약 22%를 차지한다. 나머지 74%는 물질과 전혀 다른 에너지인, 그러나 그 정체를 모르는 '암흑에너지(dark energy)'라고 한다(『유토피아인문학』, 최규홍 외, 석탑, 2013). 쉽게 말하면 물질인 것 같은데, 뭔지 알지 못하는 것이 22%이고, 도대체 전혀 모르겠다는 것이 우주 구성체의 74%나 되는 것이다. 그럼 21세기 첨단과학으로도 밝힐 수 없는 96%를 우리는 무엇이라고 해야 하나?(『욕망하는 힘, 스피노자 인문학』, 심강현, 을유문화사, 2016).

자연은, 하늘은 사사로움이 없이 언제나 선한 사람의 편에 선다(天道無親 常與善人). 우리가 잘 아는 삼국지의 제갈량은 "일을 꾸미는 것은 사람이지만 일을 성공시키는 것은 하늘이다(謨事在人 成事在天)"라고 했다. 하늘은 무엇일까?

"알 수 없는 어떤 신비한 힘이 존재하는 거야. 이 세상에는 위대한 진실이 하나 있어. 무언가를 온 마음을 다해 원한다면 반드시 그렇게 된다는 거야. 무언가를 바라는 마음은 곧 우주자연의 마음으로부터 비롯된 때문이지. 그리고 그것을 실현하는 것이 이 땅에서 네가 맡은 임무야." 파울로 코엘료(Paulo coelho)의 『연금술사』의 유명한 구절이다. 간절히 원하는 게 있는 사람은 하늘의 생명력을 온전히 받는다는 뜻이다.

하늘 자체가 바로 거대한 생명에너지(다크 에너지)이므로.

우리 자신이 우주 속에서 얼마나 보잘것없는 존재인지, 그런데도 온 우주가 바로 우리를 위해 존재해 왔고 지금도 존재하고 있음에 감탄하고 감사해야 한다. 그 가운데 내가 지금 살아 있음을, 하늘의 별을 볼 수 있음을 감사하고 기뻐해야 한다. 바로 이 순간이 우리가 그렇게도 찾아 마지않는 천국이다. 가장 감미롭고 다정한 교제, 가장 순수하고 힘을 북돋아주는 교제는 자연 가운데서 찾을 수 있다. 그러므로 "옷을 덜 입음으로써 그대들의 살이 햇빛과 바람을 더 많이 만날 수 있기를, 생명의 숨결은 햇빛 속에 있고 생명의 손길은 바람 속에 있기에"라는 소로의 말처럼, "대지는 그대들 맨발의 감촉을 즐기고 바람은 그대들의 머리칼과 장난치고 싶어 한다"는 칼릴 지브란(Kahlil Gibran)의

『예언자』의 한 구절처럼 우리는 자연 속에서 놀고 쉬어야 한다.

삶이 더 복잡하고 인공적이 되고, 사람들이 실내에서 더 많이 생활함에 따라, 자연의 소박함을 보충하려는 갈망은 더욱 강해진다.

『예기』와 이율곡의 『격몽요결』에 보면 무불경(毋不敬)이란 말이 나온다. 존경하고 존중하고 배려치 않음이 없다. 자연의 조화도 敬에 의한 것이다. 타자를 생각하는 선한 마음의 순간이 계시요, 자각이요, 발견이다. '내가 졌다' '나는 자연의 일부이다'라고 하는 데서 하나님이 나타나고 자연이 나타난다. 그런 마음가짐은 화려한 도시 속에서는 불가능하고 자연 속에서만 가능하다(『장자』, 오강남, 현암사, 1999).

'흙에 노출되면 행복이 증가한다'는 연구결과가 있다. 영국 브리스톨 대학의 학자들이 폐암 환자들에게 흙 속의 '좋은' 세균들을 접하게 했더니 환자들의 행복도와 삶의 질이 높아졌다는 내용이었다(『행복의 지도』, 에릭 와이너, 웅진지식하우스, 2008).

자연은 가장 편한 곳이다. 그에 비해, 인간은 不자연, 非자연스런 존재가 되었다. 자연이란, 인간이 이용할 대상이 아니라 거기에 순응해야 할 대상이다.

'자연의 순리대로' 살 필요가 있다고 말할 때, 이는 우리를 젊음의 열정과 햇빛의 아름다움에 내맡기는 것은 물론이고, 가을과 내리막을 받아들일 줄도 알아야 함을 의미한다."(『영혼의 미술관』, 알랭 드 보통, 문학동네, 2016).

우리는 자연의 일부이며, 자연의 이치는 식물을 통과하듯 어김없이 우리를 관통한다. 자연 속에서 현명하게 살 필요가 있다. 그래야 행복할 수 있다. 책보다 숲에서 더 많은 것을 배울 수 있다. 지식은 책에서, 지혜는 자연에서 얻을 수 있다.

고려시대 나옹선사의 게송(偈頌)이다.

청산은 나를 보고 말없이 살라 하네.
창공은 나를 보고 티 없이 살라 하네.
사랑도 벗어놓고 미움도 벗어놓고
물같이 바람같이 살다가 가라 하네.

기쁨, 슬픔이 주는 행복

웃음은 모두의 기쁨을 만들어낸다

유명한 19세기 미국 목사 헨리 워드 비처(Henry Ward Beecher)는 "활짝 핀 꽃도 인간의 미소만 못하다. 참된 미소야말로 사랑과 평화의 마음이 얼굴이라는 창을 통해 나타나는 환희의 빛이다. 미소 짓지 않는 얼굴은 줄기에 매달린 채 그냥 말라버리는 꽃봉오리와 같다"고 말했다. 미국의 ABC방송 뉴스앵커인 다이앤 소여(Diane Sawyer)는 "내가 아는 것은 오직 용감하게 행동하고 많이 웃어야 한다는 것이다"라고 웃음의 중요성을 강조했다.

인간에게 얼굴이 있는 이유는 먹기 위해서이고 세수하기 위해서이기도 하지만 더 중요한 건 웃기 위해서이다. 웃음은 기쁨을 만들어낸다. 기뻐야 웃는 것이지만 심리학의 이론 중에 제임스 랑게이론(James-Lange theory)은 '웃다 보면 기뻐진다'는 것이다. 행복해지기를 기다리지 말고 그전에 웃어야 한다. 안 그러면 웃어보지도 못하고 죽게 된다. 웃음 뒤에 행복이 온다.

'낙하산과 얼굴의 공통점은 무엇이냐? 둘 다 펴져야 산다.' '웃지 않으려거든 가게 문을 열지 마라' 전 세계적으로 가장 많은 부를 소유했다는 유대인 격언이다. 웃지 않으려거든 집 밖으로 나오지 말아야 한다. 아니, 웃지 않으려거든 이 세상에 태어나지 말아야 한다. 왜냐면, 이 우주에 꽉 차 있는 '기'의 뿜음이, '기쁨'이기 때문이다. 氣란 자발적으로 웃을 때, 즐겁게 놀이처럼 일할 때 생기는 것이다. 그래서 기쁨이란 우주의 기운이 내 속에 가득차서 다시 그 기가—나무가 산소를 뿜어내듯—뿜어져 나올 때 터져 나오는 것이다. 이 기쁨을 보여주는 것이 사랑이다. 그리고 사랑의 외적 표현이 웃음이다. 웃음이란 우주의 좋은 기운을 내가 만끽했기 때문에 나오는 자연스러운 현상이고 자연과 교감했다는 증거이기도 하다. 자연의 일부인 내가 자연과 하나 되지 못하면 헛산 것이기 때문이다.

불교식 명상과 웰빙으로 유명한 베트남 출신으로 유럽에서 활동하는 틱낫한 스님은 "내가 미소지을 때마다 내 속에 있는 부처님이 잠에서 깨어나 활동하게 된다"면서 남에게 화내는 나를 미소지으며 지켜보기, 잘못하는 나를 용서하기 등등의 수행법을 제시하였다.

사람은 미소지음으로써 슬픔을 몰아낼 수 있지, 울면 슬픔이 더해질 뿐이다.

웃음은 최고의 유산소 활동으로 웃을 때 독소가 배출된다. 동양속담에 '웃으면 복이

온다'고 한다. 서양속담에는 이와 같이 '웃으면 웃을 일이 생긴다'고 한다.

아기는 하루에 평균 300번 웃는다. 어른은 하루에 몇 번을 웃을까? 대부분 찡그리거나 무표정한 얼굴이 아닐까? 엘리베이터 안에서 모르는 사람에게 웃어주는 사람이 몇이나 있을까? 모르는 사람이 탈까봐 급히 닫힘 버튼을 누르는 게 우리이다. 웃음만 한 큰 보시가 없는 것 같다.

옛말에 되는 집안에서 들려오는 세 가지 소리(三好聲)가 있다고 한다. 글 읽는 소리, 웃음소리, 다듬이 소리가 그것이다. 집에서 책 읽는 소리는 똑똑한 아이가 있다는 이야기이다. 똑똑한 아이의 존재는 소망을 말해준다. 웃음소리는 행복한 집이라는 증거이고 다듬이 소리는 사랑 많은 현모양처가 있음을 들려준다. 성경(고린도전서 13장)에서 말하는 믿음, 소망, 사랑이다.

웃음의 3원칙이라는 게 있다.

'크게 웃는나'는 사신삼을 나타내며, 좋은 에너지가 몰려온다(자석효과).

'길게 웃는다'는 10초 이상 웃는 것이다. 독소를 배출해서, 좋은 호르몬이 활성화된다.

'배로 웃는다'는 내장을 자극해서, 변비예방과 치료에 좋다.

'살아 있는 신'이라 불리는 달라이 라마(Dalai Lama)는 "세계평화에 기여하는 최고의 방법은 만나는 사람들에게 웃어주는 것"이라고 한다.

웃어주는 게 상대를 웃게 하는 최고의 방법이다.

잘 웃지 않고 입술 양끝이 아래로 처진 사람들은 인생의 항해에서도 쉽게 전복당한다고 한다. 웃음은 복을 가져다주는 근원인데도 우리는 유교적 전통, 일제식민 등 외침, 군사문화의 잔재로 근엄함에 익숙해 있어서 대부분의 경우 너무나 경직되어 있다. 근엄함은 신적인 것인데, 니체는 "내가 유일하게 긍정할 수 있는 신은 춤추는 신뿐"이라고 하였다. 신도 춤추는데 인간이 못 웃을 이유가 있는가?

웃음은 일종의 긍정 에너지를 발산하는 행위다.

웃는 순간, 좋은 운이 나를 향해 모여들고 그 운이 또다시 긍정적인 운을 끌어들인다.

사람들은 무언가를 얻기 위해 쇼핑을 한다. 그러나 그 쇼핑의 대상은 '물건'이기보다 '즐거움'인 경우가 더 많다. '물건을 사는' 결과보다 그 과정을 즐기는 것이 요즘 소비자들의 패턴이다. 웃음을 주는 게 쇼핑밖에 없기 때문이다. 상업주의에 매몰된 세상에서는 웃음마저 특정한 장소와 소비행태를 요구하는 상품이 되어버렸다.

"웃을 줄 알고 함께 철학할 줄 알아야 한다"는 에피쿠로스(Epicouros)의 말같이, 심각할 것만 같은 철학자들은 예로부터 웃음을 가장 높이 평가해 왔다.

또한 그들은 인간만의 고유한 특성에 해당하는 웃음이라는 현상의 수수께끼를 풀기 위해서도 부단히 탐구했다.

"만국 공통어가 있어요. 바로 웃음이지요. 한번은 강도를 만났어요. 두려워하거나 살려달라고 하지 않고 웃음을 보여줬더니 강도도 웃으며 돌아가더군요." 우리나라 최초의 세계여행자인 여행작가 김찬삼 추모사업회의 『세계의 나그네 김찬삼』 중에 나오는 말이다.

1분 웃으면 10분 운동을 한 효과가 있다는 것이다. 웃는 사람이 웃지 않는 사람보다 오래 산다는 것은 널리 알려진 이야기다. 메릴랜드 대학의 심리학자 로버트 프로바인(Robert Provine)의 조사에 의하면, 혼자 있을 때보다 다른 사람들과 함께 있을 때 30배나 더 많이 웃는다고 한다. 보통 웃음은 의사소통의 도구가 되는데, 웃음이란 상대방의 경계심을 없애는 말 없는 유대감이기 때문이다.

말이 통하지 않는 외국인 사이에서도 웃음은 이심전심으로 긴장과 적대감을 해소하게 한다. 웃음은 모든 것을 가능하게 만든다(『인생을 바꾸는 여행의 힘』, 채지형, 상상출판, 2013).

웃는 사람에게 뚱한 표정을 짓기란 쉽지 않다. 그런데 우리가 받아들이는 미소의 종류에 따라 우리가 화답하는 미소의 따스함도 달라진다. '진짜' 미소라 불리는 '뒤셴 미소(Duchenne smile)'는 이 미소를 처음으로 설명한 18세기 프랑스의 심리학자 기욤 뒤셴(Guillaume Duchenne)의 이름을 딴 것이다. 이것은 입꼬리가 말려 올라가고 눈에서는 빛이 나며 눈가에는 주름이 잡히는 웃음을 말한다. 보톡스를 맞은 사람은 도저히 지을 수 없는 표정이다. 이때 사용하는 근육은 사람이 마음대로 통제하기 어렵기 때문에 뒤셴 미소야말로 진짜 행복한 감정을 표현한다. 이 감정은 뇌의 좌반구가 활성화될 때 느끼는 것으로 긍정적인 감정을 만들어낸다. 아기가 엄마를 볼 때 짓는 미소가 바로 이것이다.

이 미소와 정반대되는 미소가 '팬 아메리카 미소(Pan America Smile)'로, 항공기 여승무원들의 억지 미소를 따서 붙인 이름이다. 이 미소는 입 주위의 근육 외에는 거의 사용하지 않는다. 이런 미소는 하위 영장류가 기분이 좋을 때가 아니라 놀랐을 때 보여주는 표정과 관련이 있다. 이것이 바로 '가짜' 미소다.

심리학자인 다처 켈트너(Dacher Keltner)는 사람들에게 아주 잠깐만이라도 뒤셴 미소를 보여주면 상대방도 미소짓는다는 사실을 밝혀냈다. 물론 이 사람들은 전보다 더 안정을 찾고 긴장이 완화되었다. 켈트너와 UC버클리 대학의 리앤 하커(LeeAnne Harker)는 1960년대 대학 졸업 앨범에 나와 있는 여학생들의 미소를 분석했다. 그 앨범에서 뒤셴 미소를 짓고 있는 여학생은 절반에 달했다. 이 여학생들이 27세, 43세, 52세가 되었을 때 다시 만나 그들의 결혼생활과 생활 만족도를 조사해 보았다. 그 결과 뒤셴 미소를 짓고 있었다는 것만으로, 이 졸업생의 대답을 가늠할 수 있었다. 뒤셴 미소를 짓고 있던 여학생들은 빼어난 미인은 아니었지만 30년 후에도 여전히 결혼생활을 하면서 매우 행복하게 살고 있었다. 행복의 척도는 바로 눈가의 주름이었던 것이다(『괴짜심리학』, 리차드 와이즈만, 웅진지식하우스, 2008).

19세기 독일계 유대인 신학자 삼손 히르시(Samson Hirsch)는 "미소는 돈이 들지 않지만 많은 선물을 준다. 어떤 사람에게는 이 세상이 너무 힘들어 미소조차 버거울지도 모른다. 그런 사람에게 당신의 미소를 보내라. 이 세상에서 미소가 가장 필요한 사람은 아무것도 줄 것이 없는 사람이다."라고 말한다.

미소를 지으면 당신과 보는 사람 모두 행복해진다.

우리는 우리를 웃게 만드는 사람을 좋아한다. 또한 웃음은 천연적인 진통제다.

크게 웃는 사람은 상체운동을 하는 것과 같은 효과를 본다. 웃음은 면역체계를 강화하여 백혈구의 생성을 돕기도 한다. 특히 이 백혈구는 '행복세포'라고 부르는데, 감염을 예방하는 역할을 한다.

웃을 때 심장에 전달되는 혈액의 양이 22퍼센트나 증가한다고 한다. 그러므로 심혈관질환의 위험을 줄일 수 있다(『영국 BBC 다큐멘터리 행복』, 리즈 호가드, 예담, 2006)

인생은 대단한 것이 아니다. 누군가를 기쁘게 해주는 것이 사랑이고, 나를 기쁘게 하는 것이 행복이다. 그리고 누군가의 기쁨과 나의 기쁨은 늘 섞여 있다.

성경에 많은 사람들이 좋아하는 말이다. "항상 기뻐하라, 쉬지 말고 기도하라, 범사에 감사하라"(데살로니가전서 5:16-18). 기뻐하라, 즉 웃으라는 말이 가장 먼저 나온다.

구름 한 점 없이 환하게 웃는 법을 배워라(『이기는 습관』, 전옥표, 쌤앤파커스, 2007).

슬픔은 행복을 잉태한다

불교에서는 인간을 '슬픈 그릇(悲器)'이라고 한다. 어쩌면 인간의 근본감정은 슬픔인지도 모른다. "네가 이 세상에 처음으로 태어났을 때 너는 울고 주위의 사람들은 모두 기뻐했다. 훗날 네가 이 세상을 떠날 때는 모든 사람들이 울고 너는 혼자 웃어야 한다." 인도 잠언의 한 구절이다.

"기쁨은 가면을 벗은 슬픔이다. 웃음이 솟아나는 바로 그 우물이 때로는 눈물로 채워져 있다. 기쁠 때 가슴속을 들여다보면, 슬픔을 주었던 것이 기쁨도 주었다는 걸 알게 되리라. 슬플 때 가슴속을 다시 들여다보면 슬퍼하는 것은 기뻐했던 것 때문임을 알게 되리라."(『예언자』, 칼릴 지브란, 소담출판사, 2005). 기쁨과 슬픔은 정반대의 감정이 아니라 동전의 앞뒷면 같은 것이다.

무성영화시대 최고의 배우이자 감독인 찰리 채플린(Charlie Chaplin)은 "인생은 가까이서 보면 비극이지만 멀리서 보면 희극이다"라는 유명한 말을 하였다.

우리 삶이란 슬픔에서 기쁨을 찾아내기 위해 우리 자신을 단련시켜 나가는 먼 여정인지도 모른다.

슬픔은 인간의 타고난 고독, 가없는 울음과 함께 이 드넓은 세상에 훌쩍 던져져 세상을 한 몸으로 감당해야 하는 인간의 숙명을 상징한다. "어느 날 나는 어떤 울음소리를 들었다. 그것은 길에 떨어진 내 가슴의 울음이었다"(『사랑하라 한번도 상처받지 않은 것처럼』, 유시화, 오래된미래, 2005)라는 구절처럼.

헤겔은 '인간은 아픈 존재이다'라고 말한다. 병에 걸렸다는 게 아니라 인간이란 자체가 자기존재에 대해서 고뇌할 수밖에 없는 형이상학적 고민을 안고 살아가는 존재로, 우주와 합일하지 못하고 다른 존재들과 겉도는 그런 존재라는 뜻일 것이다. 그런 점에서 인간은 원초적으로 아픈 존재라고 해석될 수 있다.

고통과 슬픔이란 삶이 잘못된 길로 들어선 결과가 아니라, 옳은 일을 하고자 할 때 흔히 따라오는 부산물임을 상기시켜 주는 데 있다. 그래서 아리스토텔레스가 『니코마코스 윤리학』에서, "가장 분별 있는 인간은 즐거움이 아니라 고통으로부터 자유를 얻으려고 애쓴다"고 하였다. 인생이 여정이고 수행과정이라면 고통과 슬픔을 동반하지 않는다는 것이 오히려 이상하고 고통과 슬픔은 오히려 자연스럽고 당연한 것인지도 모른다. 수행자에게 고통과 슬픔은 일종의 자부심이다.

흔히 그리스 드라마에서 비극을 통한 정수의 맛봄(catharsis)을 이야기하는데 이것은 비극이 예술장르의 핵심인 데서도 알 수 있다.

슬픔은 삶의 가장 깊은 심연에 닿아 있는 근본정서이다.

오직 진실한 것이 아름답다. 참된 아름다움에는 슬픔이 깃들어 있다(『심미주의선언』, 문창훈, 김영사, 2015).

우리의 기본정서를 흥(興과) 한(恨)이라고 한다. 흥'은 대상 및 현실과 적극적 관계를 맺고 긍정적 시선으로 이를 포착하는 데서 오는 밝은 느낌(陽)이 기반이 되는 풍류심 유형이다. '한'은 대상이나 현실 속에서 겪는 소외의 체험이 기반이 되므로 이에 대한 소극적 · 부정적 시각이 내재되어 있고, '흥'과는 달리 어두운 성격(陰)을 띤 풍류심 유형이다. '흥'의 미가 즐거움을, '한'이 비애의 정감을 주된 정서로 한다는 것이다.

흥이 멋과 관련된 즐거움이라면 한은 수많은 외침과 신분사회가 야기한 꿈의 좌절 등에서 비롯된 비일 것이다.

'한'은 '흥'처럼 감각기관에 직접적으로 작용하는 것이 아니라는 점에서 '간접미'의 성격을 띠고, 또 '흥'처럼 단순한 정서체험의 양상이 아니라는 점에서 '복합미'의 성격을 띤다. 그리고 정신적 상흔이 장기적으로 축적 · 반복되어 형성되는 미라는 점에서 한을 야기한 상황에 대한 지각 · 인식작용을 수반한다(『풍류 –동아시아 미학의 근원–』, 신은경, 보고사, 1999).

기쁨은 개인적인 것이어서 다른 사람이 공감하기 어려울 수 있어도 슬픔과 한은 바로 이해가 되기는 어려워도 타인이 공감가능하다. 기쁨을 공유하기는 쉽지 않아도 슬픔을 위로하기는 비교적 쉽다.

역설적으로 슬픔을 공유함으로써, 우리는 위로받고 안도하고 슬픔을 통해서 치유되기도 하며 그것이 더 큰 행복으로 이어질 수 있다. 개인의 행복을 넘어선 모두의 행복을 위한 슬픔의 치유기능이다.

아래의 시는 정호승 시인의 '슬픔이 기쁨에게'이다.

슬픔이 기쁨에게

정호승

나는 이제 너에게도 슬픔을 주겠다.
사랑보다 소중한 슬픔을 주겠다.

겨울밤 거리에서 귤 몇 개 놓고
살아온 추위와 떨고 있는 할머니에게
귤값을 깎으면서 기뻐하던 너를 위하여
나는 슬픔의 평등한 얼굴을 보여주겠다.
내가 어둠 속에서 너를 부를 때
단 한 번도 평등하게 웃어 주질 않은
가마니에 덮인 동사자가 다시 얼어 죽을 때
가마니 한 장조차 덮어주지 않은
무관심한 너의 사랑을 위해
흘릴 줄 모르는 너의 눈물을 위해
나는 이제 너에게도 기다림을 주겠다.

이 세상에 내리던 함박눈을 멈추겠다.
보리밭에 내리던 봄눈들을 데리고
추워 떠는 사람들의 슬픔에게 다녀와서
눈 그친 눈길을 너와 함께 걷겠다.
슬픔의 힘에 대한 이야길 하며
기다림의 슬픔까지 걸어가겠다.

행복한 관계

인생의 의미를 찾는 고독

돈도 많고 인기도 많은 기업인이나 연예인이 자살하는 경우를 가끔 본다. 한없이 화려하게만 보이는 유명인들이 대체 무슨 이유로 그런 끔찍한 선택을 한단 말인가? 그들은 화려한 조명과 뜨거운 박수갈채에 둘러싸여 있지만 내면은 오히려 한없이 공허하고 고독하다. 사람들과의 관계 속에서 상처받고 오히려 혼자가 더 편한 경우가 많다. 수동형 고독이 있는가 하면 스스로 외톨이가 되는 경우도 많다. 외톨이가 되는 방법은 아주 간단하다. 남들을 무시하기만 하면 즉각 효과가 나타날 것이니 말이다. 고개를 빳빳이 들고 남들과는 뭐가 달라도 다른 사람이라는 생각으로 고고함을 유지한다면, 다시는 사람들에게 주목받지 못하고, 칭찬받지 못하고, 또 아무도 가까이 다가오려고 하지 않을 것이다. 자기보다 강한 사람에게는 다가가지 않으며, 자기보다 못한 사람과는 어울리지 않는 것도 외로움을 자초하는 일이다.

남에게 관심 갖는 법을 배워야 한다.

위대한 인물이 위대한 이유는 그들이 영원히 외롭지 않기 때문일 것이다.

겸손하고 튀지 않게 행동하기 위해서는 자신이 가진 무언가를 포기해야만 한다. 그 '무언가'에는 신분에 대한 자부심, 학력, 부, 우월감 등이 포함된다(『후흑』, 한스미디어, 판후이성, 2007).

"진정으로 고독을 즐기는 존재가 있다면, 그는 신이거나 악마"라는 아리스토텔레스의 말처럼 우리는 누군가에게 의존하거나 누군가와 교류하지 않고는 살 수 없는 존재다.

현대인의 가장 총체적인 사망요인은 사고나 암이 아니라 외로움이라고 한다.

대도시의 군중 속에서 사람들은 외로움을 느끼기 마련이다. 이는 자유의 대가이다.

고독을 치유하려면 결국 자신의 자유를 어느 정도 희생해야 한다.

그러나 우리는 대개 방안에 혼자 있을 때보다 밖에 나가 사람들 사이를 돌아다닐 때 더 고독하다. 『월든』에서 소로가 한 말에 귀 기울일 필요가 있다. "사람들의 사교는 값이 너무 싸다. 너무 자주 만나기 때문에 각자 새로운 가치를 획득할 시간적 여유가 없다. 우리는 너무 얽혀 살고 있어, 서로의 길을 막고 서로에게 걸려 넘어지기도 한다. 그 결과 우리는 서로에 대한 존경심을 잃어버렸다. 조금 더 간격을 두고 만나더라도 의사소통에 지장이 없을 텐데 말이다."

더 큰 문제는, 우리는 늘 다른 사람과 소통하는 데 신경이 쏠려서 정작 자기 자신과 대화하는 데 소홀하다는 것이다. 가끔은 스스로 고독 속에 빠져서 자신의 마음과 진지한 대화를 나누며 진실한 자신을 찾아보는 것도 좋을 것이다.

여기서 절대고독의 문제가 제기된다. 자기를 잃어버린 데서 오는 절대고독이다. 우리가 일반적으로 고독을 느끼는 것은 타인과 함께하지 못하는 것이라고 여기지만, 진짜 고독은 타인과는 늘 함께하면서 '참나'가 존재하지 않는다는 데서 오는 것이다.

메를로 퐁티(Merleau-Ponty)의 『지각의 현상학』에 보면, "고독은 타자를 함축하는 사건이다. 내 안의 타자성이 무의식이라면, 우리가 타자의 타자성에 직면하게 될 때, 그리고 그 직면이 불확실성으로 우리를 몰아갈 때 우리는 골방 속의 고독을 선택한다"고 한다.

필요한 것은 자신의 마음속에서 들려오는 신호를 들을 수 있는 진정한 의미의 고독이다. 사람은 고독할 때 비로소 자신과 삶을 돌아보기 때문이다.

자신만의 고유한 해답을 찾아내기 위해서는 혼자만의 고요한 시간이 필요하다. 외적인 변화는 내적 도약의 결과다. 대부분의 사회현상이 점진적으로 이루어진다. 급격한 변화를 혁명이라 한다. 혁명이란 그것이 임계점에 도달했을 때 폭발하는 것이다. 임계점에 이르기까지는 성숙의 시간이 필요하다. 암중모색의 시기인 것이다. 튀어나가려면 움츠리는 시간과 동작이 필요하다(『위대한 멈춤』, 박승오 · 홍승완, 열린책들, 2016).

정신적으로 풍요로운 사람은 완전한 고독 속에서도 자기 자신의 사유와 상상을 통해 탁월한 즐거움을 누린다. 반면 아둔한 사람은 끊임없는 구경거리나 축제 또는 여행에도 불구하고 권태를 느낀다.

철학자 키에르케고르(Kierkegaard)는 성찰을 위한 혼자만의 시간이 얼마나 소중한지 다음과 같이 표현했다. "고독은 어떤 때는 호흡처럼, 또 어떤 때는 잠처럼, 우리에게 생명처럼 필요불가결한 것이다. 고독에 대한 욕구는 인간 속에 정신이 있다는 증거이며, 또 거기에 있는 정신을 재는 척도이기도 하다. 단순히 떠들어 대기만 하는 세상 사람들은 고독의 욕구를 느끼기는커녕, 단 한 순간이라도 고독해지면 마치 무리를 떠난 새처럼 이내 죽어버린다."(『불안의 개념 : 죽음에 이르는 병』, 키에르케고르, 홍신문화사, 1988)

혼자만의 시간은 꼭 필요하다. 마치 니체의 차라투스트라가 초인을 열망하며 스스로 산정의 동굴로 들어가 끝내 깨달음을 얻어 돌아오듯이, 때론 우리에게도 잠시나마 우리를 쉬게 할 자신만의 동굴이 필요하다. 그 동굴은 들어가기 위한 동굴이 아니라 나중에 그 속에서 다시 나오기 위한 동굴이다. 그런 의미에서 동굴이라기보다는 터널이다. 그리고 동굴에서 나올 때마다 우리 손에는 자신을 돌아보며 얻어낸 작지만 큰 성찰의 조각들이 하나씩 쥐어져 있을 것이다.

석가모니도 마찬가지였지만, 예수는 광야에서 40일간 홀로 낮에는 살인적인 더위와 밤에는 추위에 시달리며 금식하며 수행하였다. 사막이란 지리적 장소가 아니라 정신적 자세이다. 자기 자신을 위해 스스로 만든 시간과 공간이다. 이때의 시간은 물리적이고 기계적인 모두에게 똑같이 적용되는 크로노스(chronos)가 아니라 사건으로서의 절대적 시간, 진실의 순간, 신과 만나는 시간인 카이로스(kairos)이다. 카이로스로서의 이때의 공간은 실제로는 보잘것없지만 세계의 중심이다. 이 구별된 시간과 공간을 고독이라 한다. 이때의 고독은 다른 사람들과 어울리지 못해 불안해지는 외로움의 시간이 아니라 자신을 위한 최고의 시간이다. 고독은 보통사람을 위대한 사람으로 탈바꿈시킨다. 동굴, 광야, 혹은 사막은 세상과 떨어져 자신에게 집중할 수 있는 공간이자 시간이다. 성서에서 40일이라는 시간은 상징적인 의미로——마치 단군신화의 곰이 쑥과 마늘만 먹으며 100일을 동굴에서 보내듯이——과거의 자아가 소멸되는 기간을 의미한다. 이 경계는 죽음을 경험하는 순간으로 인간이 측정할 수 있는 시간과 공간을 넘는 신비한 순간이다(『인간의 위대한 질문』, 배철현, 21세기북스, 2015).

제대로 된 사람은 외로운 시간에 만들어진다. 제대로 될 사람은 원통하고 비통하고 손해 보는 듯한 일정 시간을 거쳐야 한다. 이 세상에 공짜는 없기 때문이다. 어른이 된다는 것은 외로움과 상실이라는 대가를 지불할 수 있어야 한다.

우리 한국 땅에 고유한 철학을 내놓은 이가 별로 없음에 당황할 때가 있다. 그래도 원효와 함께 최선을 다한 다산 정약용이 있다. 그도 18년간의 유배생활이라는 고독 속에서 많은 저작을 내놓았다. 만일 정조가 오래 살았고 그의 총애가 계속되었다면 우리가 아는 다산일 수는 없었을 것이다.

파스칼(Pascal)은 『팡세』에서 “인간의 모든 문제는 홀로 방에 조용히 앉아 있을 수 있는 능력이 없기 때문에 일어난다. 깨달음은 안으로 자신을 곱씹는 과정을 전제한다”고 하였다.

복잡한 세상 속에 살면서 삶의 완성을 바라는 것은 불가능하다. 그렇다고 혼자서 한없이 고독 속에 살면서 삶의 완성을 바라는 것은 더욱 가능성이 적다. 삶의 완성을 위한 가장 좋은 조건은 고독 속에서 자신의 세계관을 정립한 다음 복잡한 세상 속에 살면서 그것을 실천하는 일이다(『행복: 삶으로의 여행』, 래프 톨스토이, 문지사, 2015).

산속에 들어가 수행하는 것은 사람을 피하기 위해서가 아니라 사람을 발견하는 방법을 배우기 위해서다(『살아있는 것은 다 행복하여라』, 법정 · 류시화, 조화로운 삶, 2006).

물론, 세상 속에서, 사람들 속에서 집착하지 않는 정신적 사막을 만들어 그 속에서 수행하는 태도를 가지는 것이 더 훌륭한 일일 수 있다.

시끄럽고 요란한 것은 삶의 진짜 모습이 아니다. 요란함 뒤에는 항상 고독이 숨어 있다. 고독을 즐기는 법을 배울 때, 우리는 비로소 이 세상의 수많은 소음과 유혹에서 벗어나 인생의 진정한 의미를 발견할 수 있다. 그러니 고독을 즐겨라! 고독 속에서 한번 목 놓아 울어야 한다. 『열하일기』의 '정말 울기 좋은 곳(好哭場)'을 경험해야 한다. 예상치 못한 따뜻함, 진실함과 아름다움을 만날 것이다. 그런 만물에 대한 호의적 관심, 다정한 반응이 행복을 만든다.

"'고독은 사랑에서 비롯된다. 그래서 사랑하는 이가 없는 사람은 고독할 일도 없다. 어쩌면 고독이란 사랑이 주는 가장 의미심장한 선물일지도 모른다. 이 선물을 받은 사람은 자기 자신을 사랑하는 법을 배우게 되며, 또 다른 고독한 영혼과 그들 안의 심오한 사랑을 이해하게 된다. 그리고 이로써 자신만의 소중한 정신적 세계를 세우게 된다."(『느리게 더 느리게』, 장 샤오헝)

장자(莊子)는 고독을 '홀로 하늘과 정신적인 대화를 나누는 것'이라고 했다.

단 여기서 혼동하지 말 것은 고독과 고립이다. 혼자 있음은 같지만 고독은 사람을 맑고 투명하게 하지만, 고립은 그 출구가 없는 단절이다. 고독에는 관계가 따르지만, 고립에는 관계가 따르지 않는다는 점이다.

고독한 시간과 공간을 확보해서 우리가 가져야 할 것은, 단독성(singularity)과 주체성(subjectivity)의 확보이다. 나는 무엇과도 바꿀 수 없는 단독성과 내 발로 서고 내 눈으로 보는 주체성에 기반하고 있어야 타인의 시선과 유행을 넘어서는 보편성을 얻을 수 있다. 그럴 때 어느 개인이, 공동체가 각인시킨 시선이 아니라, 자신만의 시선으로 세상을 바라보는 것이다. 진정한(authentic) 관광자가 되는 것이다. 단독자로서의 내면의 실존을 확보하기 위한 자기와의 고독한 투쟁이 깔려 있어야 타자와 감정이입이 가능하고, 서로 공감하고, 타인을 감동시킬 수 있다.

우리가 잘 아는 불교의 초기 경전 〈숫타니파타〉의 한 부분이다.

소리에 놀라지 않는 사자처럼
그물에 걸리지 않는 바람처럼
진흙에 더럽히지 않은 연꽃처럼
무소의 뿔처럼 혼자서 가라.

자기 대화를 통한 깊은 행복

행복은 근본적으로 자신을 찾는 데 있다. 가장 자기답게 사는 것이 행복이다. 그것은 자기와의 진정한 자기반성적 소통에 의해서 가능해진다.

『중용』에는 혼자 있을 때 신중히 한다(愼其獨也)고 했다. 혼자 있는 모습을 보면 그 사람을 잘 알 수 있다. 어떤 수준의 사람인지가 금방 드러난다. 여럿이 있을 때는 눈치 보느라고 못 하는 행동을 혼자 있을 때는 하게 되기 때문이다.

불교에서도 하안거(夏安居)와 동안거(冬安居)란 기간을 정해두고 가장 더울 때, 가장 추울 때 참선을 통해 자신을 돌아볼 시간을 마련하고 있다.

선불교에서 많은 일화를 남긴 임제선사는 "부처를 만나면 부처를 죽여라(奉佛殺佛)!"고 극단적인 표현을 하였다. 자신이 아닌 어떤 것도 흉내 내지 말라는 이야기이다.

16세기 독일의 종교개혁가 마틴 루터(Martin Luther)는 "새가 네 머리 위로 날아가는 것은 막을 수는 없지만, 네 머리 위에 둥지를 트는 것은 막을 수 있다"고 하였다. 남이 네 사고를 좌지우지하게 내버려 두지 말라는 이야기이다. 그러기 위해서는 자기관리를 잘해야 한다. 정신과 의사이자 분석심리학의 기초를 세운 카를 융(Carl Jung)은 "진정한 치유는 자기 자신이 되는 것이다"라고 하였다.

소로는『월든』에서 윌리엄 해빙턴(William Habington)의 시를 인용하며 어떤 지역을 탐험하는 것보다 자기 내부에 있는 신대륙과 신세계를 탐험하라고 강조했다. 그 시는 아래와 같다.

> 그대의 눈을 안으로 돌려보라.
> 그러면 마음속에 이제껏 발견 못 하던 천 개의 지역을 찾아내리라.
> 그곳을 답사하라, 그리고 자기 자신이라는 우주학의 전문가가 되어라.

그 유명한 스티브 잡스(Steve Jobs)는 "다른 사람의 의견이 만들어내는 잡음에 당신 내면의 목소리가 묻히도록 두지 마라"고 하였다. 휴대전화, 텔레비전의 전원을 끄고 조용히 귀 기울여보아야 한다. 그러면 자신을 둘러싸고 있는 세상의 소리가 조금씩 들려오기 시작한다. 마음이 편안해지는 아름다운 소리들이다. 이렇게 잘 들리지 않던 소리가 들림에 놀랄 것이다. 더 귀 기울이면 내 내면의 소리가 미세하게 들리기 시작한다. 현명한 자는 큰 소리가 아니라 작고 미세한 소리(sound of silence)를 들을 줄 아는 자이다. 우리는 늘 다른 사람과 소통하는 데 신경이 쏠려서 정작 자기 자신과 대화하는 데 소홀하다. 가끔은 스스로 고독 속에 빠져서 자신의 마음과 진지한 대화를 나누며 진실한 자신을 찾아보는 일도 좋을 것이다.

현자는 행복의 진정한 원천이 자기 안에 있음을 안다.

이슬람교 수피파에 전해지는 이야기이다.

어떤 노인이 도시의 성문 앞에 앉아 있었다. 먼 곳에서 온 이방인이 노인에게 다가가 물었다. "어르신, 저는 이 도시를 잘 모르는 사람입니다. 이곳 사람들의 인심은 어떻습니까?"

노인은 대답하지 않고 그 낯선 이에게 물었다. "자네가 살던 곳은 어땠나?" "자기밖에 모르는 못된 사람들 천지였지요. 그래서 그 도시를 떠나 왔습니다." 그러자 노인이 대답했다. "여기도 마찬가지일세." 잠시 후, 다른 이방인이 와서 노인에게 물었다. "저는 먼 곳에서 왔습니다. 여기 사람들은 어떻습니까?" 노인이 또 물었다. "자네가 살던 곳 사람들은 어땠나?" "착하고 정이 많은 사람들이었습니다. 그러자 노인이 대답했다. "여기 사람들도 마찬가지일 걸세." 그 상황을 줄곧 지켜보던 낙타 상인이 노인에게 다가가 물었다. "두 사람이 똑같은 질문을 했는데 왜 대답은 그렇게 다르게 하신 겁니까?" 노인은 이렇게 대꾸했다. "저마다 마음속에 자기 세상이 있는 법, 이 동네에서 불행한 사람은 세상 어느 동네를 가도 불행한 법이네."(『철학, 기쁨을 길들이다』, 프레데릭 르누아르, 와이즈베리, 2016)

불행한 사람은 어디를 가든 불행할 것이고, 자기 안에서 행복을 찾은 사람은 어디를 가든, 어떤 환경에 놓이든 행복할 것이다.

'수처작주, 입처개진(隨處作主, 立處皆眞)'이라고 임제는 말하였다. 어디를 가든 주인인 듯 적극적으로 책임을 가지고 행동하고 생각하고, 서 있는 곳마다 진실되고 진지하라는 말이다. 그러면 어디를 가든 누구와 있든 자기도 행복하고 같이 있는 사람도 행복하게 만드는 천국을 만드는 것이다.

매력은 가장 자기다운 것에서 발산되는 페로몬이다. 그리고 자유롭다는 것은 자기만의 목소리를 내는 것이다. 이것이 가능하려면 투철한 자기이해에 이르러야 한다. 얕고 단순한 존재에서 깊은 실존으로 자기를 키워야 한다. 그러기 위해서는 자기대화를 통해서 과거를 많이 반성하고 미래를 제대로 계획해야 한다.

'내가 곧 길이요, 진리요, 생명이라'(요한 14:6)는 예수의 말을 내 스스로에게 적용해야 한다. '나는 온 세상이고 우주이다'라고 스스로에게 외쳐라.

관계가 주는 행복

17~18세기 대륙 합리주의에서 독일을 대표하는 천재 라이프니츠(Liebniz)는 모나드(monad)란 개념으로 철학사에서 유명하다. 불교식으로 말하자면, 먼지 한 알에 온 세계가 들어 있다(一微塵中含十方)는 것인데, 그는 관계도 모나드라는 단자(單子) 안에 내장되어 있다고 한다. 이를테면 A와 B가 만나는 것도 두 사람의 모나드 안에 이미 만날 것이 들어 있다는 것이다. 이를 관계의 내재성이라고 한다. 운명적인 것이다. 반면에 영국 경험론의 선두주자 흄(David Hume)은 이를 반박하여 '관계는 열려 있다'고 말해서 관계의 외부성을 말한다. 우연적, 우발적, 의지적이라는 것이다. 아마 관계는 두 철학자의 주장 가운데 어디쯤에 있을 것이다.

좋은 관계는 실제로 신체의 변화를 가져온다. 사람들이 사랑을 하게 되면 우리 뇌에서는 '도파민'이라는 신경전달물질의 수치가 높아지게 된다. 이 물질로 인해 행복감이 증대되고 집중력도 향상되며 사람들은 강한 동기 부여를 경험하게 된다.

나라는 동일성(identity)만 지키고 있으면 관계는 성립하지 않는다. 아니, 나라는 주체는 타자의 인정과 타자와의 관계에서만 성립하는 것이다. 니체는 이를 디오니소스(Dionysos)적인 것이라고 말한다. 이는 니체철학의 핵심으로 아폴론적인 것과 상반되는 것이다. 디오니소스적이라는 것은 '도취'이기도 하다. 그것은 개체성의 원리(자의식을 가지고 자와 타를 구분하는 것)를 극복하는 것이다. 개체들의 아이덴티티가 고착화되지 않는 것이다. 관계는 세계의 본질이다. 세계는 관계에 다름 아니다. 행복하다는 것은 실제로 어떤 관계 안에 있다는 것을 의미한다. 『구토』, 『존재와 무』로 유명한 실존주의 철학자 사르트르(Jean-Pole Sartre)는 즉자(in it-self)와 대자(for it-self)를 구분한다. 대자는 안에만, 자기에만 머무는 것이 아니라 밖으로 향하는 열려 있는 타자지향성이다.

그러나 타인은 가장 중요한 행복의 원인이기도 하지만 가장 불행한 원인이기도 하다. 그래서 면역학(Immunology)에서는 '나'가 핵심이다. 이물질이 들어오면 반발하고 면역 메커니즘이 작동한다. 그래도 어느 시대이건 행복은 더불어 사는 사람들의 관계 속에서 존재한다.

행복은 마음 안에만 있는 것도 아니고 밖에만 있는 것도 아니다. 오히려 '그 사이'에 있을 수도 있다. '그 사이'를 '관계'라는 말로 표현해 왔다.

사람은 많고 이익은 나누기 어려우므로, 인간관계의 본질은 갈등인지도 모른다. '개인으로 살기에는 너무도 힘겨운 세상'이라는 기형도의 시도 있다. 나를 보다 좋은 사람으로 변화할 수 있도록 이끌어주는 관계야말로 최고의 관계이다(I really conceived I could be a better person with him)(『담론』, 신영복, 돌베개, 2015). 그런 사람을 만날 수만 있다면 말이다. 얼마나 많은 사람들이, 좋은 사람들이, 착한 사람들이 나쁜 관계 때문에 인생을 망쳤는가!

사랑하는 사람들과의 진실한 관계야말로 우리 삶의 진정한 축복이고 다른 사람들과 이야기하고, 접촉하고, 관계를 맺는 것은 행복의 필수 조건이다.

행복은 좋아하는 사람과 함께 있는 것이다. 아름다운 이 순간을 함께 나누는 것이 사랑이고 사랑은 관계의 최고단계이다.

친밀한 관계를 맺지 못하는 사람들은 병에 잘 걸리고 스트레스도 잘 받는다고 한다.

케이크를 굽기 위해서는 밀가루, 소금, 달걀, 설탕, 기름 등이 필요하다. 따로 먹으면 별맛이 없고 심지어 쓰기까지 하지만 함께 구우면 아주 맛있는 케이크가 된다. 우리의 비빔밥처럼 말이다. 김밥처럼 말이다. 좋은 관계를 바란다면 상대가 바뀌길 기대하지 말고 내가 바뀌어야 한다. 고립되고 싶지 않으면 늘 먼저 다가가야 한다.

희랍 철학자 아리스토텔레스의 『윤리학』에 보면, 세 부류의 친구가 있는데, 첫째는 즐기기 위한 벗, 둘째는 이용 가치를 위한 벗, 마지막으로 선과 덕을 바탕으로 한 벗이라는 것이다. 첫째와 둘째는 이해관계에 따라 맺어진 친구이므로 허망하고, 셋째가 변하지 않는 선을 바탕으로 했기에 오래가는 벗이라고 했다.

하버드 대학의 사회학 교수 니콜라스 크리스타키스(Nicholas Christakis)는 친구와 관련된 20년 동안 5천 명에 가까운 사람들을 관찰하는 장기 연구를 진행한 결과를 발표했다. 그 결론은, "행복한 친구 한 명은 우리가 행복해질 확률을 각각 9퍼센트씩 높여주는 반면, 불행한 친구는 우리의 행복 잠재력을 7퍼센트씩 감소시킨다."(『내가 알고 있는 걸 당신도 알게 된다면』, 칼 필레머, 토네이도, 2012).

동승효과라는 것이 있다. 건축현장에서 일꾼들의 망치소리가 처음엔 불협화음이다가 나중에 하나의 소리가 되는 것이다. 모두가 망치질을 하지 않아도, 각자 다른 일을 하지만 거기서 만들어지는 고요한 리듬이 모두의 작업능률을 올린다. 도서관에서 공부하는 것이 능률이 나는 것, 혼자서 벌 받으면 그냥 고통이지만 여럿이서 단체기합을 받으면 일종의 놀이가 되는 것들이 동승효과이다. 뭐든지 혼자 하면 어렵지만 여럿이 하면 쉬워진다.

남극대륙의 황제펭귄은 수천 마리가 무리를 지어 서로의 체온에 의지해 냉혹한 추위를 견뎌낸다. 그들은 번갈아가면서 한 팀이 무리 바깥쪽에 서면 그 사이 안쪽에 있는 다른 팀의 펭귄은 잠을 잔다. 이러한 펭귄의 모습은 우리에게 팀워크가 무엇이고, 왜 팀워크가 필요한지를 잘 보여주고 있다. 펭귄 무리는 서로에게 반드시 필요한 존재이다. 내가 잠을 자는 동안 다른 펭귄이 바깥쪽에 서 있어 주어야만 생존할 수 있다. 아무리 뛰어난 개인도 똘똘 뭉친 팀을 이길 수는 없다. 현대사회는 know-how의 시대가 아니라 know-who의 시대이다(『하늘은 먼저 주는 자를 돕는다』, 조영탁, 행복에너지, 2013).

미국의 보스턴 대학에서 40년간 450명을 추적 연구한 결과도 이를 증명한다. 성공과 출세에 가장 영향을 미치는 요인은 다른 사람과 어울리는 능력, 좌절에서 다시 일어서는 능력, 감정조절이라는 결과이다.

일본의 값싸고 연료 효율성이 높은 자동차 때문에 큰 타격을 입은 미국의 크라이슬러자동차를 구해낸 리 아이아코카(Lee Iacocca) 전 회장은 "성공은 당신이 아는 지식에서가 아니라 당신이 아는 사람들과 그들에게 비춰지는 당신의 이미지를 통해 온다"고 한 바 있다.

사람을 만나는 것, 하늘 아래 최고의 복은 단연 사람 복이다. 알고 지내는 사람이 많아야 그 자체가 인복이다. 운은 밖으로부터 오기 때문이다. 닫힌 곳, 고인 곳에는 행운이 오지 않는다. 기쁨은 햇볕이 잘 드는 곳에서, 타자와의 부대낌 속에서 자라게 마련이다. 열린 곳, 흐르는 곳에서 행복이 온다. 행복은 사람들을 통해서 온다. 운은 바람과 같다. 가족 등 소수와만 시간을 보내면 인생을 고립시켜 실패를 초래한다. 특히 혼자 지내는 것은 최악이다. 사람 만나는 걸 귀찮게 여기면 운과 기가 약해진다. 두루두루 인간관계를 넓혀야 한다. 하루도 쉬지 말고 사람을 만나야 한다. 인생은 내게 당장 필요 없는 사람을 만나는 가운데 발전한다. 발전이란 밖을 향할 때만 존재하는 것이다. 발전하려고 애쓰는 것 자체가 발전이다.(『돈보다 운을 벌어라』, 김승호, 쌤앤파커스, 2013).

들뢰즈는 “타인은 내가 못 보는 걸 보고 있다”고 한다. 타자와의 우연한 만남(rencontre)으로 인해 지금까지 내가 영위해 온 삶의 규칙은 완전히 새롭게 재편된다. 마주침은 수동적인 웅크림에서 벗어나 능동적인 만남으로 가는 첫발이다. 그리고 마주침을 통한 공감과 이해는 그 사람의 현재를 만든 모든 삶의 역사를 알아가려는 노력을 이끌어낸다. 이처럼 마주쳤을 때 당신을 결국 기쁘게 하는 상대가 있다면 그는 당신에게 이미 사랑인 것이다.

들뢰즈가 “타자(etranger)가 가능세계라면 나는 과거의 한 세계이다”라고 결론 내린 것도 이 때문이다. 그러니 우리 삶에서 타자란 얼마나 축복이자 선물인가? 세속적 타자는 의도성의 여부를 떠나 나의 믿음을 저버릴 수도 있다. 그래서 “타자는 지옥이다”라고 사르트르는 말했다. 그러나 타자는 많은 경우 나를 천국으로 안내하기도 한다(『철학vs 철학』, 강신주, 오월의봄, 2016).

호모 사피엔스가 많은 경쟁 종들을 물리치고 세계를 정복한 원인은 여럿이 소통하고 협력하는 관계 때문인지도 모른다. 호모 사피엔스의 직계후손인 나의 나됨은 인간관계를 포함한 관계 속에서 형성되는 것이다.

인생에서 가장 훌륭한 것은 대화다. 그 대화를 완성시키는 것은 사람들과의 관계다. 관계를 두텁게 해야 성공도 할 수 있고 행복할 수 있는 것이다.

에피쿠로스학파의 창시자 에피쿠로스(Epicouros)는 사람들에게 절대로 혼자 밥 먹지 말도록 권했다(Never eat alone!).

진정한 힘은 내 편에 설 협력자가 얼마나 많은가이다(『인문의 숲에서 경영을 만나다』, 정진홍, 21세기북스, 2007). 내 편이 얼마나 있는지도 모르고 전쟁을 일으키면 백전백패이다.

우리 인간은 홀로 존재할 수 있는 신이 아니라, 타자와 관계를 맺을 수밖에 없는 유한한 생명체이다. 세상은 혼자서 사는 것이 아니다. 반드시 이웃과 함께 살아가야 한다. 야스퍼스(Jaspers)는 “자기의 성을 쌓는 자는 반드시 망한다”고 했다. 자아라는 것은 반드시 타인과의 관계 속에서만 성립하기 때문이다. 자아는 타자와의 상호인정에 의한 산물인 것이다. 인정받기 위해서는 자기를 타자에게 던질 필요가 있다. 타자를 배제한 자아는 존재하지 않는다. 이 세상에 내 의지와는 상관없이 던져진 존재, 즉 피투(Geworfenheit)된 존재인 인간이 제대로 살려면 미래와 타인들에게 나를 던져야 한다. 하이데거(Heidegger)는 『존재와 시간』에서 이를 기투(Entwurf)라 하였다.

이웃과 어떤 관계를 이루고 있느냐에 의해서 그 삶의 의미와 가치를 매길 수 있다.

삶이 좋다는 것은 만남에 있다. 신을 만나면 신이 되고 짐승을 만나면 짐승이 된다. 아무도 안 만난다면 아무 일도 안 생기는 것이다.

우리가 불행한 것은 가진 것이 적어서가 아니라 따뜻한 가슴을 잃어가기 때문이다. 따뜻한 가슴을 잃지 않으려면 이웃들과 정을 나누어야 한다. 뿐만 아니라 동물이나 식물 등 살아 있는 생물들과도 교감할 줄 알아야 한다. 밀란 쿤데라(Milan Kundera)는 “한 사람의 가치는 그가 마음대로 할 수 있는 존재인 동식물을 어떻게 대하느냐를 보면 알 수 있다”고 했다.

서양철학이 동일성(identity)을 사유했다면 동양철학은 수신(修身)을 통한 관계를 사유하는데, 수양이란 기본적으로 타자와 조우해서 원활히 소통하기 위한 자기 준비의 과정이다. 결국 수양론은 나 홀로 추구된 것이라기보다는 기본적으로 타자와 잘 소통해야 한다는 관계라는 것이다. 동양철학의 고유성은, 즉 그것이 유가철학이든 불교든 도가든 타자에 대한 감수성에 있다.

자아는 자아 안에서 성립하는 것이 아니라 항상 타자와 부딪혀서 무너지고 깨어지면서 나의 아이덴티티는 성립하는 것이다. 결국 나는 항상 타자와의 조우와 그로부터 유래한 소통의 결과이자 흔적일 뿐이다. 그렇다면 진정으로 중요한 것은 타자와의 소통이 아니겠는가(『강신주의 노자 혹은 장자』, 강신주, 오월의봄, 2014).

『논어』 학이편 첫머리에 “벗이 있어 멀리서 찾아오면 역시 기쁘지 아니한가(有朋自遠方來 不亦樂乎)?” 하는 말이 있다. 가까이에서 쉽게 찾기가 어렵기에 멀리서 올 수밖에 없다는 뜻이리라.

논어에는 또 덕이 있으면 외롭지 않다. 반드시 이웃친구가 있게 마련이다(德不孤 必有隣)라 하여 관계를 강조한 부분이 많다. 수신은 나 혼자 할 수 있는 일이 아니다.

진정한 즐거움은 독락(獨樂)이 아니라 맹자의 여민동락(與民同樂)이다. 그리고 맹자에 "天時不如地利 地利不如人和"라는 구절이 있다. 관계의 중요성을 강조한 말 중 이보다 멋진 말이 있을까!

노자 도덕경 4장에 화광동진(和光同塵)이란 말이 나온다(和其光 同其塵). 화광동진이란 자신의 지덕(知德)과 재기(才氣)를 감추고 세속과 어울린다는 말이다. 자신의 능력에 대한 과대평가를 하는 사람은 이상화된 자신의 모습을 세상이 인정하지 않으면 끊임없이 좌절하고 분노한다. 이런 사람은 거만하게 되고 만족스러운 인간관계를 맺을 수 없다. 다수와 함께 바보가 되는 게 혼자 똑똑한 것보다 낫다. 다른 사람들 속에서 지혜를 나누며 사는 것이 혼자 독불장군으로 지내는 것보다 낫다(『어떻게 살 것인가 묻거든』, 발타자르 그라시안, 리더북스, 2014). 예수가 "나는 의인을 위해서가 아니라 죄인을 위해서 세상에 왔노라" 하는 것도 역시 하나의 화광동진이다. 그러니까 자기 빛을 부드럽게 해서 죄인들과 함께 삶을 나누는 것이다. 그렇다고 해서 빛이 없어지거나 다른 무엇으로 변질되는 건 아니므로(『무위당 장일순의 노자이야기』, 삼인, 2003).

장횡거의 글 〈서명〉에는 동양적 사유에 있어서 관계가 단순히 사람과의 관계만이 아님을 보여준다. 그리고 서양의 신화와 종교와 자연철학과 정확히 일치한다. 그 글은 다음과 같다.

> 하늘은 나의 아버지이고
> 땅은 나의 어머니이니
> 작은 미물에 불과한 나도 그 사이에 연결되어 있음을 발견한다.
> 그러므로 내 몸이 우주이며 우주가 나의 본질이다.
> 이 세상 모든 사람이 나의 형제자매이며 만물이 나의 동료다.

『행복의 정복』에서 러셀은 장횡거의 글과 다름없이 다음과 같이 말한다. "행복한 사람은 자신이 우주의 시민이라고 느끼며 자유롭게 우주가 주는 장관, 우주가 주는 환희를 즐기고 또한 자기를 뒤이어 오는 사람들과 실제로 분리되어 있는 것이 아니라고 느끼기 때문에, 죽음을 생각할 때에도 괴로워하지 않는다. 이처럼 생명의 흐름과 본능적으로 깊이 관계할 때, 우리는 가장 큰 환희를 느낄 수 있는 것이다."

『통섭』의 에드워드 윌슨(Edward Wilson) 하버드대 교수는 "지구에서 최고의 생존 성공담을 가진 동물은 개미와 인간"이라고 한다. 두 생명체의 공통된 특성은 유별날 정도로 사회적이라는 것이다. 인간의 지구정복은 사회적 정복(social conquest)이라고 표현했다.

행복은 타인과 교류할 때 자동적으로 발생하는 부산물이다. 가장 빈곤한 인생은 곁에 사람이 없는 인생이다.

사귀기 어려운 사람이 되지 마라. 아무에게도 속하지 않는 사람은 어리석고 또한 치유할 수 없다. 친구가 없는 것보다 불행한 것, 더 큰 병은 없다.

"홀로 있어 넘어질 때 붙들어 일으킬 자가 없는 자에게 화 있으리라"(전도서 4:9). 삶은 무엇을 손에 쥐고 있는가가 아니라 누가 곁에 있는가에 달려 있다. 원자론으로 유명한 데모크리토스(Demokritos)는 "함께 나눠 먹는 물고기에는 가시가 들어 있지 않다"고 했다.

다음 생에 우리가 만날 사람들은 지금 바로 만나고 있는 사람들이다. 내가 만난 사람들이 곧 내 인생이다.

티베트 불교의 고승 라마 조파 린포체(Lama Zopa Rinpoche)는『행복에 이르는 길』에서 "다른 사람의 일에 기뻐할 수 없다면 아무리 오래 살아도 행복할 수 없다"고 했다. 행복도 나누고 슬픔도 나누는 게 좋은 관계이다.

행복한 삶에 도움이 되는 지혜 중에서 우정을 쌓으라는 충고가 가장 위대하다.

우정은 일종의 기술이자 예술이다. 항상 물을 주고 가꿔야 하는 식물과도 같다.

스페인 속담에 '친구 없는 인생은 목격자 없는 죽음과 같다'고 했다.

돈이 많은 사람과 좋은 친구가 있는 사람 중 누가 더 행복할까?

2009년 미국에서 발표된 한 연구에 따르면 봉급이 1년에 1만 달러 증가하는 것보다 행복한 친구가 한 명 생기는 것이 행복감을 4.5배 정도 더 증가시킨다고 한다. 또한 돈으로 느낄 수 있는 행복은 일정 시간이 지나면 돈의 쓰임과 함께 닳아 없어지지만, 사람들과의 관계는 위에서 아래로 흐르는 물이 아니라 주고받는 탁구공과 같다. 좋은 사람을 통해 내가 행복해지는 것도 사실이지만, 내가 먼저 좋은 친구가 되어야 좋은 관계가 만들어진다는 뜻이다. 좋은 친구가 없다고 불평하기보다 내가 먼저 좋은 친구가 되어주려고 노력해야 한다. 칼릴 지브란은『예언자』에서 "신에게 가까이 가려면 먼저 사람에게 가까이 가라"고 했다.

영화 〈캐스트 어웨이〉의 주인공(톰 행크스 역)은 배가 난파하여 무인도에서 4년을 지내게 된다. 그가 무인도에 있으면서 가장 애착을 가졌던 것은 우연히 떠내려 온 배구공이었다. 그는 그 공에다 '윌슨'이라는 이름을 붙이고 그와 대화를 나누며 친구처럼 지냈다. 아마도 주인공은 윌슨이 없었다면 무인도 생활을 견뎌내지 못했을 것이다. 사람은 무인도에서조차 어떤 것과라도 '관계'를 맺고 살아가지 않으면 안 된다는 점을 알 수 있다(『행복교과서』, 서울대학교 행복연구센터, 주니어 김영사, 2011).

긍정심리학을 선도하는 심리학자 에드 디너(Ed Diener)와 마틴 셀리그만(Martin Seligman)은 '아주 행복한 사람들'과 '덜 행복한 사람들'을 비교 관찰했다. 두 그룹의 유일한 차이는 '풍부하고 만족스러운 사회적 관계'의 존재유무에 있었다. 친구, 가족 또는 연인과 함께 의미 있는 시간을 보내는 것은 행복을 위한 필요조건이다.

좋은 관계 유지 방법으로 호주의 한 심리학자는 'SUPPORT'라는 방법을 제시하는데, S=Strengths(장점 찾기), U=Unconditional love(조건 없는 사랑), P=Praise(칭찬하기), P=Positivity(긍정적 생각) O=Openness(열린 마음), R=Respect(존중하기), T=Trust(신뢰하기) 등이다(『행복 스트레스』, 탁석산, 창비, 2013).

나이뿐 아니라 코드가 다른 다양한 부류의 사람들과 적극적으로 어울려야 한다. 자신과 코드가 맞는 사람과 어울리고 싶은 것은 인지상정이다. 하지만 진정으로 성공하고 행복하고 싶다면 자신과 계층, 연령이 다른 사람들과 어울리며 '다르게 보기' '뜻밖의 행복'의 경험을 시도해야 자극받을 수 있다.

창의력은 이종집단과 교류하고 과거와는 다르게 보기를 할 때 비로소 발생한다. 황금어장은 난류와 한류가 만날 때 형성된다(『CEO의 습관』, 김성회, 페이퍼로드, 2006).

"다른 사람과 어울리는 능력이 영적인 성숙의 척도이다."(로마복음 15:5)

행복과 정신

헤겔은 정신(Geist)을 좁은 의미의 개인정신과 넓은 의미의 정신으로 구분한다. 그는 넓은 의미의 정신의 발전 6단계를 이야기하는데 그것은 의식(감각, 지각, 지성), 자기의식, 이성, 정신, 종교, 절대지의 단계이다. 이를 뒷받침하는 것으로 예술에서 종교로, 종교에서 철학의 상승과정을 정신이라고 말하였다.

아름다움은 행복이다

Art is long
life is short
opportunity is fleeting
experiment is uncertain
judgement is difficult

논란의 여지는 있지만, 의학의 아버지 히포크라테스(Hippocrates)는 "인생은 짧고 예술(혹은 의술)은 길다"고 했다. 영국의 소설가이자 극작가인 오스카 와일드(Osar Wilde)는 "예술은 자연과 인생보다 월등하고 미학은 윤리보다 우선한다"고 한다.

아리스토텔레스(Aristotle)가 인간이 지니는 직관(intuition)과 감성의 중요성을 처음으로 지적한 이래, 이성의 인식에 관한 학문인 논리학(logic)에 비해 감성적 인식에 관한 학문인 미학(美學)은 비로소 근세에 이르러서야 주목받기 시작하였다.

미학(Aesthetics)은 '감성적으로 지각할 수 있는 것에 관한 학문'을 의미한다. 1750년 독일의 철학자 알렉산더 바움가르텐(Alexander Baumgarten)에 의해 정립된 미학은 미(美)와, 인간의 미적 행위에 관한 과학 또는 이론의 총괄개념이다. 미는 정서적인 경험에 의해 생기고 미적 경험은 판단에 의해 성립되기 때문에, 미학을 미적 판단에 관한 학문이라고도 한다. 미학은 미의 주관적인 측면인 '미적 경험'과 미의 객관적인 측면인 '미적 대상'을 다룬다. 미학의 목표는 '사람들에게 무엇이 즐거움을 주는가?'에 관한 문제를 이해하는 것이므로, 미학은 과학적 접근방법에 의해 감성적 행위의 모든 법칙을 탐구한다(『공간디자인 16강』, 권영걸, 국제, 2001).

미학에 대한 관심을 가진 칸트 이전에는 진선미는 일종의 삼위일체, 그러니까 참된 것은 선하고 아름답다는 것이었다. 칸트는『순수이성비판』에서 감성과 오성(悟性)이란 인식의 틀을 통한 진리를,『실천이성비판』에서는 목적의 왕국으로서의 선함을 말하였고, 그것을 연결하는 다리로서 합목적성과 심미를 주제로 한『판단력비판』을 저술하였다. 칸트미학의 핵심은 '무관심의 관조'이다. 무욕으로 무관심하게 보지 못한다면 아름다움의 영역은 존재할 수 없다는 것이 그의 생각이다. 이른바 순수미학의 탄생이다. 칸트가 다루는 미적인 대상은 단순한 아름다움과 숭고미(the sublime)이다. 숭고미란 말할 수는 없고 오로지 보여질 수 있는 것이다. 플라톤식으로 말하면, 본질인 이데아의 세계가 감성적 방식으로 모습을 드러낸 것이다. 칸트에게 숭고란 상상력이 대상을 표현할 수 없을 때, 압도적이어서 표현할 수단이 없을 때 발생하는 미적인 감정, 대상이나 사건이다. 주체는 더 이상 오성으로 구성하는 존재가 아니라 넋을 잃고 압도당하는 존재가 되는 것이다. 그가 말하는 물자체(物自體)의 경험이다. 우리가 자연, 예를 들어 거대한 산, 엄청나게 쏟아지는 폭포를 보았을 때 느껴지는 두려운 감정과 동시에 보이는 아름다움이다. 숭고미의 핵심에는 無가 있다. 무 앞에서 인간은 형언할 수 없는 두려움과 동시에 존재에의 경외심을 느낀다. 이런 경험은 초월의 경험이다. 그리고 이 숭고미는 자연미에 대한 감탄이기도 하지만 결국에는 이런 자연의 아름다움을 위협적으로 느끼고도 달아나지 않는 인간이성과 인간능력의 위대함에 대한 찬사이기도 하다.

칸트와는 달리, 일반적으로 현실세계에서는 선하고 바른 것이 아름답다. 그리고 아름다움이 행복을 가져다준다. 그래서 영국의 낭만주의 시인 키츠(John Keats)는 '아름다움은 진실이다'라고 했다. 아름다움은 예쁘장한 외모나 치장에 있지 않고 진리 안에만 있다. 신영복은 "진실한 아름다움은 지상에서 우리가 알아야 할 모든 것이다. 진리가 아름다움이라는 사실은 미가 비로 각성이라는 것을 의미한다. 진정한 아름다움이란 세계와 자기를 대면하게 함으로써 자기와 세계를 함께 깨닫게 하는 것이다"라고 말한다(『담론』, 신영복, 돌베개, 2015).

철학적인 자각의 아름다움, 진실의 아름다움이 아니어도 일반적으로 "무엇이 아름다운가?"라는 질문은 "내가 무엇을 좋아하는가?"라는 질문으로 변화될 수 있다. 결국 즐거움은 사물의 질이 아니라 보는 사람의 반응으로 사물과 그것을 만나는 사람 사이의 상호작용으로 상대적이고 관계적인 것이라고 할 수 있다(『경관, 조경 & 디자인』, 이상석, 조경, 2005).

핸리 워튼(Henry Wotton)이 아름다움(beauty)을 '즐거움(delight)'으로 말한 것이나 중세 스콜라 철학자 토마스 아퀴나스(Thomas Aquinas)가 『신학대전』에서 '아름다운 것은 그것을 이해하는데 기쁨을 주는 어떤 것'이라고 말한 것처럼 아름다움은 사물의 진정한 성질이 아니라 보는 사람의 반응의 일종일 수도 있다. 제 눈에 안경인 것이다.

아름다움을 통하여 신을 더 잘 이해할 수 있다. 신이 세상의 모든 아름다운 것을 만들었기 때문이다. 신은 모든 아름다움의 근원, 그래서 아름다움이란 본질적으로 손에 잡히지 않는다. 아름다움은 성스런 것의 한 조각이며 그것을 보면 우리가 누릴 수 없는 삶에 대한 상실감과 갈망 때문에 슬퍼진다(『행복의 건축』, 알랭 보통, 이레, 2011).

정조가 수원화성을 만들 때 신하들이 "성이란 강하면 그만이지 왜 단장합니까?"라고 하자 "아름다운 것이 강한 것이다. 아름다운 것이 힘이다"라고 답했던 정신이 아름다움을 대하는 정조만의 특별함이다. 아름다움의 특성 중 하나는 강함이다. 우리보다 강한 것에는 아름다움이 있다.

아름다움을 찾고, 그것을 보여주려면 욕심을 버리고 단순함의 미학으로 접근해야 한다. 어느 광고회사 사장이 이동통신사의 광고를 시연할 때 '이것도 넣고 저것도 좀 넣지'라고 말하는 임원의 주문에 그에게 한꺼번에 귤 6개를 던지면서 '한번 받아보세요'라고 했다는 유명한 일화가 있다. 메시지 전달이 정확해야 한다(『디자인을 말하다』, 남주헌, 한국학술정보(주), 2011).

아름다움을 찾아내는 일, 이것은 예술이 가지는 본질적인 역할 중 하나다.

철학자들은 정신적이되 쓸모는 없어야 예술적 가치가 있다고 한다. 원래, 한문에서 아름다울 미(美)는 양(羊)이 커서(大) 먹을 게 많은 것을 의미했는데 말이다. 옛날 사람들에게 아름답다는 것은 실용적이고 삶에 필요한 것을 의미하였다. 예술을 위한 예술, 용도가 없는 것이 지니는 존재의 가치. 이런 주장은 예술이라는 '사회적 잉여'를 사회가 부담할 수 있을 만큼 생산력이 충분해졌다는 방증이기도 하다. 예술은 이제 더는 생존에 필요한 것이 아니다. 존재의 가치와 의미를 더해주는 것이다(『건축을 묻다』, 서현, 효형출판, 2009).

예술작품은 우리와 다르기 때문에 그러면서도 우리가 되고 싶은 것을 닮았기 때문에 감동을 준다. 아름답지만은 않은 현실 속에서 우리에게 아름다움이라는 피난처를 제공하여 잠시나마 현실을 잊고 잘 쉬게 해준다. 아무 생각 없이 아무 보상도 없이 잠시 산책을 다녀온 것과 같다. 우리는 가끔 아주 한가하게 실리를 따짐 없이 시간의 낭비를 즐길 필요가 있다. 여가가 그런 것이다. 아름다움은 실용적인 것이 아니다. 아름다움과 놓 수 있는 한 인간은 자유로울 수 있다. 행복할 수 있다.

우리는 자신의 내적인 나약함을 보완해 줌으로써 우리를 생존의 평균치로 되돌려놓는 예술작품을 갈망한다. 어떤 작품이 우리가 잃어버린 가치를 채워줄 때 우리는 아름답다고 말한다(『영혼의 미술관』, 알랭 드 보통, 문학동네, 2016).

영국의 사회비평가 존 러스킨(John Ruskin)은『근대화가론』에서 아름다움과 그 소유에 대한 관심을 통해 다섯 가지 중심적 결론에 이르렀다. 첫째, 아름다움은 심리적인 동시에 시각적으로 정신에 영향을 주는 수많은 복잡한 요인들의 결과물이다. 둘째, 사람에게는 아름다움에 반응하고 그것을 소유하고 싶어 하는 타고난 경향이 있다. 셋째, 이런 소유에 대한 욕망에는 저급한 표현들이 많다(관광객들이 흔히 하는 기념품을 산다거나, 자기 이름을 기둥에 새긴다거나, 사진을 찍는 등의 행위를 포함하여). 넷째, 아름다움을 제대로 소유하는 방법은 하나뿐이며, 그것은 아름다움을 이해하고 스스로 아름다움의 원인이 되는 요인들(심리적이고 시각적인)을 의식하는 것이다. 마지막으로 이런 의식적인 이해를 추구하는 가장 효과적인 방법은 자신이 그런 재능이 있느냐 없느냐에 관계없이, 그것에 대하여 쓰거나 그것을 그림으로써 아름다움을 묘사하는 것이다.

러스킨의 생각에 따르면, 데생에 아무런 재능이 없는 사람도 연습할 만한 가치가 있는 것은, 그것이 우리에게 보는 법을 가르쳐주기 때문이다. 즉 그냥 눈만 뜨고 있는 것이 아니라 살피게 해준다는 것이었다. 눈앞에 놓인 것을 우리 손으로 재창조하는 과정을 통해서 우리는 아름다움을 느슨하게 관찰하는 데서부터 자연스럽게 발전하여 그 구성 요소들에 대한 깊은 이해를 얻게 되고, 따라서 그것에 대한 좀 더 확고한 기억을 가지게 된다.

현상을 보지 말고 숨겨진 이면을 보아야 한다. 관통할 수 있는 시선을 지녀야 한다.

詩的 순간, 제임스 조이스의 epiphany나—방탄소년단(BTS)의 epiphany도—발터 벤야민이 말한 세속적 계시는 신적인 것이 출현하는 순간, 진리를 깨닫는 한 순간, 나를 넘어 나 너머로 확장되는 순간, 실존적 고양의 순간(頓悟), 어떤 장소에서의 뜻밖의 체험에서 비롯된다. 아름다움이 번쩍하는 순간이다. 어떤 상황에서 美와 추(醜)는 그 거리가 불과 몇 밀리미터에 되지 않는다.

어떤 것이 일견 예쁘지 않더라도 당신이 그것의 숨은 아름다움을 볼 수 있는가? 오래되고 낡은 것의 아름다움을 찬찬히 지켜볼 수 있는가? 미화하지 않는 아름다움이 진짜 아름다움이고 오래가는 아름다움이다. 미화한다는 것은 장식이고 치장이다. 순금은 도금할 필요가 없다. 우리가 전에 인터넷에서, 광고에서 본 발레리나 강수진의 발은 외견상 예쁘지 않았다.

강수진은 발레를 하면 항상 자유로웠고, 극장에 오면 다른 세계에 들어오는 것처럼 새로웠고, 매 작품들 속에서 자신의 세상을 새롭게 창조할 수 있어 행복했다고 한다.

그녀는 남들이 몇 주에 한 번 갈아 신는 토슈즈를 매일 3, 4켤레씩 갈아 신으며 독하게 연습을 했다. 그러나 세계 정상의 발레리나로서 막 자리를 잡아갈 무렵, 부상으로 1년 반을 쉬어야 하는 상황에 이르게 되었다. 모두들 강수진의 발레리나 인생은 끝이라고 말했다. 1년 반 만에 그녀의 단련된 근육은 다시 평범한 사람의 몸처럼 되돌아갈 것이기 때문이었다. 그러나 그녀는 포기하지 않았다. 아침에 일어날 때 하루도 몸이 아프지 않은 날이 없었는데 어쩌다 몸이 아프지 않은 날이 있으면 '아! 내가 연습을 열심히 하지 않았구나!'라는 생각이 들었다고 한다. 그렇게 열심히 연습한 그녀는 마침내 다시 무대에 서게 되었다. 그래서 상처투성이인 그녀의 발은 세상에서 가장 아름다운 발로 찬사를 받고 있다(『이야기 테라피』, 이시스, 이야기나무, 2012).

르누아르(Renoir)의 말이 절로 생각난다. "고통은 지나가지만 아름다움은 남는다네." 그게 진정한 의미의 행복이 아닐까?

아름다움은 우주의 결론이다. 힘센 공룡은 세계를 지배하지 못하고 멸종되었다. 그리고 더 위대한 존재를 출현시켰는데 바로 인간이다. 인간은 힘이 아닌 지혜로 자연계를 석권하였다. 아름다움은 힘과 지혜를 넘어선 절대적 존재다. 자연의 역사는 아름다움으로 가는 과정에 불과하다. 내면의 교양, 차분함, 착한 마음, 절제, 깨끗함, 용서 등등의 진짜 아름다움이 행복을 가져다준다. 남이 보지 않는 데서 더 아름답다면 더 큰 행복이 찾아올 것이다.

서양에서 신사란 아름다움을 귀하게 여기는 사람이다. 그 유명한 타이타닉호가 침몰할 때 하층민과 제3국 남자들이 반발하였으나 여자와 어린이를 먼저 보트에 태우고 신사들은 정장을 차려 입고 죽음을 침착하게 맞이하였다. 신사는 옷을 잘 차려 입는 사람이 아니라 성품이 귀한 사람이 옷도 단정히 입는 법이다. 기사도는 약자를 보호하는 것이고 신사도는 기사도보다 수준이 높다. 약자를 보호할 뿐 아니라 아름다움을 숭상하는 것이다(『돈보다 운을 벌어라』, 김승호, 쌤앤파커스, 2013).

진정으로 아름다운 곳이란 자연이라는 하드(hard)에 아름다운 인간의 마음인 소프트(soft)가 함께 갖추어진 곳일 것이다. 그런 동양적 미학을 대표하는 것이 풍류이다. 밝은 달빛이 눈 덮인 천지를 비추는 밤에 흰 꽃이 핀 매화나무 고목 아래, 백발의 노인이 홀로 앉아 거문고를 뜯고 있는 정경이 그려진다. 동양적인 멋과 아름다움, 풍류의 극치라 하겠다.

'풍류'라고 하는 말은 서양의 미학 혹은 예술론에 대응되는 동아시아 삼국의 고유한 사유방식과 미의식을 드러내기에 적당한 용어인 것이다. 풍류는 종교성(유 · 불 · 선), 예술성(시 · 서 · 화, 음악), 놀이성(음주가무)이 복합된 것이다. 삼라만상 · 우주만물 모든 현상의 본질과 조우하는 '풍류'의 미학적 본질은 경계 긋기나 차별화 · 고착성을 벗어나는 데 있다. 글자 그대로 바람의 흐름과 같은 자유로운 넘나듦과 융통성을 특징으로 하는 것이다. 풍류의 의미를 가장 잘 표현한 우리말이 '멋'이다. 이때의 아름다움은 우리의 삶과 인생이 개입된 예술적 미이다. 멋에는 생동감과 율동성을 포함한 흥이 들어 있다. 멋진 걸 보는 건 보는 사람을 즐겁고 행복하게 한다. 멋에는 초월적인 자유의 개념이 들어 있다. 멋에는 또 서로 호흡이 맞는다는 조화의 뜻이 들어 있다. 주어진 환경에 조화되지 않을 때 사람들은 멋쩍어 한다. 남녀의 궁합을 보고 집터의 풍수를 보는 것도 일종의 조화를 찾는 멋의 감각이다(『한사상의 이론과 실제』, 김상일 · 오강남 · 이성은, 지식산업사, 1990).

파리 사람들의 가슴속에는 '불편한 것은 얼마든지 참아도 아름답지 않은 것은 절대 못 참는다'는 생각이 있다고 한다. 하지만 우리나라 사람들은 '아름답지 않은 것은 얼마든지 참을 수 있어도, 불편한 것은 절대 못 참는다'는 반미학적 사고가 있는 것은 아닌가? 그래서 우리나라의 행복도가 떨어지는 것은 아닌가?

일반적으로 사랑의 대상을 아름다움이라고 부른다. 내가 좋아하는 것은, 그 대상이나 존재 자체가 아니라 그것의 아름다움이다. 우리가 아름답다고 묘사하는 것은 우리가 사랑하는 것들의 다른 모습인 것이다.

플라톤에 의하면 사랑은 되돌아가는 것이 아니라 나아가는 것이고 멈춰 있는 것이 아니라 전진하는 것이다. 사랑한다는 것은 아름다움을 배우고 아름다움을 돌보며 아름다움을 낳는 것이다. 아름다움은 삶을 사랑하는 즐거운 기술이다(『심미주의 선언』, 문광훈, 김영사, 2015).

온전한 욕망 혹은 제어된 쾌락이 참된 사랑이다. 오직 참된 사랑만이 스스로 아름다운 가운데 타인을 아름답게 한다. 그래서 『적과 흑』에서 스탕달(Stendhal)은 "아름다움은 행복의 약속이다"라고 했다. '탁월한 아름다움(extreme beauty)'은 진정한 행복을 가져온다. 사람의 마음을 가장 강하게 끌어당기는 것이 아름다움이어서 아름다움은 결코 잊히지 않는다.

워즈워스에 따르면 자연의 '아름다움'을 통해 우리는 우리 내부의 善을 찾을 수 있다. 절벽의 웅장함을 보면 우리 내부에서 변하지 않는 고결한 것이 솟아오르며, 그 규모를 보면 경외감에 사로잡혀 선뜻 겸손한 마음으로 우리를 넘어서는 모든 것을 존중하게 된다. 자연과의 접촉이 아무리 유익하다 해도, 우리는 그 효과가 지속되는 시간이 제한적일 수밖에 없다는 사실을 알고 있다.

워즈워스는 자연 속의 아름다운, 경이로운 어떤 장면들은 우리와 함께 평생 지속되며, 그 장면이 우리의 의식을 찾아올 때마다 현재의 어려움과 반대되는 그 모습에서 우리는 해방감을 맛보게 된다고 주장했다. 그는 자연 속의 이러한 경험을 '시간의 점'이라고 불렀다. 우리의 삶에는 시간의 점이 있다. 이 선명하게 두드러지는 점에는 아름다움이라는 힘이 있어 이 힘으로 우리를 파고들어 우리가 높이 있을 땐 더 높이 오를 수 있게 하며 떨어졌을 때는 다시 일으켜 세운다(『여행의 기술』, 알랭 드 보통, 청미래, 2011). 아름다움은 불행에서부터 우리를 불러내 행복에 이르게 한다.

종교는 행복을 위한 것이어야 한다

인간의 사유방식은 크게 보면 두 가지인 것 같다. 하나는 로고스(logos)적인 것이고 하나는 신화(mythos)적인 것이다. 로고스적이라는 것이 이성적, 합리적, 과학적, 인간중심적인 것이라면, 신화적인 것은 그리스 로마신화에 나오는 숱한 신들과 지금까지 살아남아, 한 주만 안 나와도 전화로, 문자메시지로 "다음 주에는 꼭 보기 바랍니다!"라고 반 회유, 반협박(?)하는 종교단체들을 포함하는 것이다. 이것은 초월적인 힘을 중심으로 인격적, 다시 말해서 의지적, 선택적 특성을 갖는다. 어떻게 보면 인간의 모습을 닮은 것이기도 하다. 종교는 개인적인 이해관계를 초월한 대상이 있음을 돌아보게 한다. 영국의 철학자 스펜서(H. Spencer)의 말처럼, 사람들은 삶이 두려워 사회를 만들었고 죽음이 두려워 종교를 만들었다. 인간은 종교라는 이름으로 자신들의 욕망이 투사된 신을 만들어 숭배하기도 한다. 다시 말해 자기 자신을 예배한다. 그리고는 자신이 이해하지 못하는 다른 신을 이단이라고 손가락질한다.

종교는 관념의 것이 아니라 미학과 마찬가지로 체험의 것이어야 한다.

우주비행사 진 서넌(Gene Cernan)과 에드가 미첼(Edgar Mitchel)의 우주체험을 담은 기록을 살펴보자.

"우주에서의 체험 중 가장 강렬했던 것은 신의 존재에 대한 인식이다. 신의 이름은 종교마다 다르다. 그러나 그 이름이 무엇이든 그것이 지시하는 동일한 절대적 존재가 있다. 종교는 모두 인간이 만들었으므로 신에게 여러 가지 명칭이 붙여진 것뿐, 이름은 다르지만 그 대상은 같은 것이다."

참으로 반박하기 어려운 객관적이고 과학적이며 상식적인 종교관이다. 내 생명이 내 것이 아닌 위험천만한 우주에서 신의 존재에 대한 의지는 지상에서와는 완전 다를 것이다. 우주체험은 신비체험이자 임사체험이라고 생각할 수 있다. 그것은 위험한 사태이자, 중력으로부터의 해방을 바탕으로 하는 체험이며 만물과 합일하는 행복한 경지이다. 중력이란 단순히 지구의 인력뿐 아니라 인간의 자의식과 수많은 존재의 속박을 상징한다. 중력의 굴레에서 풀려나는 것은 '깨달음'을 얻는 것이기도 하다(『하트 비즈니스』, 이치조 신야, 세종, 1993). 이성적인 동시에 신실한 사람들의 신에 대한 태도나 그들의 종교적 체험이 이와 같지 않을까? 단순한 수동적 믿음이 아닌 적극적, 독립적 깨달음 말이다.

'종교(religion)'라는 단어는 '모두를 묶어주는'이라는 뜻의 라틴어 'religio'에서 나왔다. 사실 조직화된 종교는 수직적으로는 신과 신도를, 수평적으로는 신도들을 하나로 묶어준다.

'타인과 연결되어 있다는 감정은 행복을 이루는 중요한 부분이다. 종교를 믿는 사람들이 무신론자보다 행복과 삶의 만족도가 높은 이유이다. 신도들 사이의 교제와 사회적 네트워크가 종교 자체보다도 더 행복을 주는 요인이라고 생각되기도 한다. 모두가 외톨이일 수밖에 없는 현대사회에서 종교의 중요한 순기능이기도 하다.

종교는 사람을 장소에 묶어둘 수도 있고 장소로부터 자유롭게 할 수도 있다. 원시토속신 숭배는 사람들을 장소에 묶어두는 반면 보편종교는 사람들에게 자유를 준다. 보편종교에서는, 한 전지전능한 신이 모든 것을 창조하고 모든 것을 알고 있으므로 어떤 장소도 다른 장소보다 더 성스러울 필요가 없다.

원시신앙의 신은 사람들을 장소에 묶어두며 특정 공간을 넘어서는 힘을 쓸 수 없고 자신이 관장하는 사람들은 보호하고 이방인에게는 해를 끼친다. 고대에는 토지와 종교가 밀접히 연관되어 있어서 추방(exile)은 최고로 '나쁜' 것이었다. 그야말로 '나쁜'이 되는 것이다. 왜냐하면 추방은 물리적 부양수단을 박탈할 뿐만 아니라 신의 정신적 가호와, 토속신에 의해 보장되던 법률적 보호를 박탈하는 것이었기 때문이다. 근대에는 중세의 신 본위사회에 대한 반성으로 인간의 이성을 중요시했으며, 지금은 돈이 전지전능하다고 속으로 생각하는 사람들이 대부분이다.

그래서 숭배의 대상은 神本주의-人本주의-資本주의 순으로 바뀌어 왔다.

모든 심층의 종교는 자유를 향한다. 그러나 여기서 자유란 내가 무언가로부터 벗어나는 것뿐만 아니라, 나로부터 벗어나는 것임을 이해해야 한다. 곧, '나의 자유'뿐만 아니라 '나로부터의 자유'가 심층의 종교가 향하는 곳이다. 껍데기 자아가 실재가 아니라는 사실을 깨닫고 이를 비움으로써 자기 존재의 근원에 다가서게 된다. 미신이나 우상숭배가 아니라 양심과 참나, 내 안의 신성을 깨닫고 실천하게 된다. 그런, 건전한 정신은 인간세계의 정의와 행복은 신에 대한 절대 믿음과 복종, 제사행위에 의한 것이 아니라 우리 자신의 행위에 달려 있다고 선언하여, 바깥의 신이 아니라 우리 내면의 도덕이라는 점을 분명히 하는 것에서 출발한다.

어떻게 하면 모든 만물이 조화와 균형을 이루어 경건하며 '행복'하게 살 수 있을지에 대한 근본적인 가르침이 바로 종교여야 한다.

인도사상에 대한 소개로 종교학의 창시자로 불리는 막스 뮐러(Max Muller)는 "하나의 종교만 아는 사람은 아무 종교도 모르는 것"이라고 말한다. 인도의 힌두교 철학자이자 신학자인 상카라(Shankara)는 이렇게 말한다. "다른 사람들이 믿는 종교는 어떤 이유에서든 존경받을 가치가 있다."

부처는 그 당시 인도사회의 신 중심적 세계관으로부터 인간이 중심이 되는 새로운 인본주의적 세계관을 열었다. 불교경전에서 붓다를 표현하는 이름은 다양하다. 그러나 한마디로 요약하면, '영원한 생명(Amitayus)'인 동시에 '영원한 빛(Amitabha)'이다.

윤회와 더불어 인도 모든 종교의 핵심사상 중 하나인 Karma란 열 가지 불선업(不善業)을 뜻한다. 몸의 불선업은 생명을 죽임, 음란, 훔침이다. 말의 불선업은 거짓말, 이간질, 거친 말, 쓸데없는 말이고 뜻으로 짓는 불선업은 우리가 잘 아는 탐욕, 분노, 어리석음의 탐진치(貪瞋痴)이다. 이것이 불행의 모든 것이다.

불교에서는 온 세계가 불타는 집이요, 생명체의 삶은 고해다(三界火宅 四生苦海).

부처는 현법낙주(現法樂住), 즉 현재 직면한 삶을 즐겁고 행복하게 사는 것이 참된 삶의 태도라고 한다. 그래서 苦에서 떠나야 한다. 모든 태어난 생명은 보편적으로 고통스럽다는 자각, 고의 근본원인은 우리의 욕망과 집착에 있다는 자각, 고를 떠난다는 것은 욕망의 통제를 의미한다.

절에 가면 벽에 심우도(尋牛圖)라 해서 소를 탄 소년의 그림을 볼 수 있다. 우리는 소를 타고 소를 찾는다. 우리의 존재 자체가 바로 행복이다. 이 사실을 모르면 행복이 행복을 찾는 기현상이 발생한다는 것이다. 마음 자체는 절대로서 하나지만 그것은 본체(진심, 양심)와 작용(욕망, 집착, 에고 등이 생겼다 없어졌다 하는)이 있다. 전자는 물이고 후자는 물결이다. 이 둘은 본질이 같으므로 합쳐서 一心, 즉 한마음이라고 한다. 온 세상이 하나의 마음임을 알고 모든 형상을 넘어서는 그 마음은 일심으로 절대요, 무한이기 때문이다. 이것이 자기의 진면목임을 알 때 그것은 피안의 절대행복이다. 이것이 진정한 자유(解脫)요, 행복(涅槃)이다. 이게 원효의 사상이다.

불교 초기경전인 숫다니파타에서 볼 수 있는 '싯타르타의 행복론'은 이런 것이다.

> 어리석은 자를 멀리하고 현명한 자와 가까이 지내라.
> 건강은 가장 큰 재산이다.
> 선업(Dharma)을 쌓아라.
> 바른 서원(誓願, 소원을 세우고 맹세하는 것)을 세워라.
> 말할 때 말할 수 있어라.
> 가족을 사랑하라.
> 하는 일의 우선순서를 알아라.
> 술 마시지 마라.
> 배우기를 게을리하지 마라.
> 마음의 평화를 체득하라.

성철 스님은 자신을 찾아오는 사람에게 먼저 3천 배를 하고 오도록 했다. 그러나 거의 10시간에 걸쳐 3천 배를 마친 사람들 중에는 스님을 만나지 않고 돌아가는 이들이 적지 않았다. 절하는 중에 자신이 처한 난관의 의미와 극복할 힘이 자신에게 있음을 자각한 것이다. '중'이란 매개체가 필요 없이, 스스로 행복할 힘을 찾은 것이다. 여래장(如來藏)이기 때문이다. 불교에서 말하는 참나라는 것이 내 안에 있듯이 모든 사람 안에 있는 것이자 동시에 모든 사람을 초월해 있는 것이고 결국 그 안팎의 구별조차 없는 하나이자 모두로서의 나인 것이다. 위에서 말한 일심이며 천상천하유아독존(天上天下唯我獨尊)이다.

불교의 목적은 믿음이나 앎에 있는 게 아니라 깨달음의 실천에 있다. 그것은 나 자신과 모든 생명의 평화와 행복을 실현하는 일이다(『부처: 마음을 깨닫는 자가 곧 부처다』, 조성택 · 미산 외, 플라톤 아카데미총서, 21세기북스, 2015).

깨달음이란 지혜를 동반한 실천이며 실천을 동반한 지혜이다.

서양정신의 기반인 기독교는 약속의 땅(가나안)을 향한 여행이다.

창세기 1장 3절에 '빛이 있으라'라는 말이 나온다.

첫째 날 창조한 이 빛은 모든 피조물 안에 깃든 생명력이며 질서다. 빛을 통해 만물이 존재한다. 이기심이라는 어두운 세계, 동굴에 감금되어 있던 우리는 빛을 통해 자기 자신을 볼 수 있다. 또한 자신이 온 우주와 정교하게 연결되어 있다는 사실을 깨닫는다. 이 빛을 통해 우리 스스로가 창조자가 된다.

인간에는 신의 속성이 내재하고, 인간의 형상은 신의 형상이다. 그러므로 인간이 바로 신이다. 인간의 인간에 대한 사랑이 신에 대한 사랑의 완성이다.

신(하나님의 나라)은 내 안에 있고 또 내 밖에도 있다. 신은 내재이면서 동시에 초월인 것이다. 나도 신이고 너도 신인 것이다. 모세가 본 불타는 가시떨기나무는 실제로 불타는 가시떨기나무를 본 것이 아니라 이전에는 볼 수 없는 것을 볼 수 있는 새로운 시선, 일상 속에서 특별함을 볼 수 있는 능력을 갖게 되었음을 의미한다. 신과 만나는 곳은 특별한 곳이 아니라 희로애락이 있는 삶의 현장, 여기이다.

도마복음은 최초의 신약 성경인 마가, 그것을 증보편집한 누가, 마태 등 공관복음(共觀福音)에서 언급되는 기적, 대속, 재림, 종말, 부활, 최후 심판의 언급이 없다. 그 대신 내 속에 있는 천국, 내 속에 빛으로 계시는 하나님, 참나를 아는 것, 이것을 깨닫는 깨달음을 통하여 자유와 해방을 얻고 내가 새사람이 되고 죽음을 극복할 수 있다는 것을 강조한다.

내면의 빛, 지금을 강조하는 등 비슷한 요한복음이 믿음을 강조한 데 반해 도마복음은 일관되게 깨달음을 강조한다. 도마복음은 "깨달은 자 안에는 빛이 있나니 그 빛이 온 세상을 비추노라"(도마 24)고 한 반면 요한복음에서는 "예수는 세상의 빛"(요한 8:12)이라고 선포한다.

종교의 부정적인 부분이 반드시 공급자에게만 있는 것은 아니다. 종교소비자 쪽의 심리도 만만치 않다. "사람들은 그리스도를 믿는 게 아니다. 그리스도를 팔고 있는 것이다. 모두 유다이고 사람들은 기도를 하지 않고 구걸을 할 뿐이다"라고 버나드 쇼(Bernard Shaw)는 비판한다.

파스칼의 내기(Pascal's wager)라는 재미있는 이야기도 그런 이야기이다. 블레즈 파스칼(Blaise Pascal)은 신이 있다, 없다 내기를 한다면, 신이 있다 쪽에 거는 게 낫다고 한다. 신이 있다고 걸었는데 신이 있으면 천국 간다. 신이 있다고 걸었는데 신이 없다면 그건 아니면 말고이다. 반대로 신이 없다고 걸었는데 신이 없다면 별문제 없지만, 신이 없다고 걸었는데 신이 있다면 큰일이 난다. 지옥 가게 생긴 것이다. 결론적으로 신을 믿는 것이 신을 믿지 않는 것보다 이득이라는 것이다. 그래서 동서고금을 막론하고 죽기 직전에 영접하고 구원받자는 종교전략이 횡횡하는 것이다. 어느 교회나 가보면 노인이 많은 이유인지도 모른다.

간디는 처음에는 신이 진리라고 말했다. 그러나 영성이 깊어질수록 그는 진리가 신임을 깨닫게 되었다고 고백한다. 신이 진리라는 진술은 절대적인 복종과 경외의 대상인 신이 중심이다. 반면 진리가 신이라는 말에는 신조차 진리를 드러내기 위한 하나의 방편에 불과하다는 의미가 담겨 있다. 궁극적 실재인 진리가 그 중심에 있다는 것이다.

참된 진리는 인간에게 자유와 해방을 통한 행복을 선사한다.

작은 나인 에고가 신이 되는 것이 아니라, 에고가 사라짐으로써 신성이 저절로 드러난다는 것이다. 구름이 하늘이 되는 것이 아니라, 구름이 사라짐으로써 광활한 하늘이 드러난다(『위대한 멈춤』, 박승오 · 홍승완, 열린책들, 2016).

부처는 "하나의 양초로 수천 개의 양초를 밝힐 수 있고, 그래도 그 양초의 수명은 짧아지지 않는다. 행복은 나누어주는 것으로 줄어들지 않는다"고 말했다.

토인비는 "종교는 자기중심주의의 극복이다"라고 했다. 자기중심성의 부정을 향한 무욕과 비집착 혹은 신성한 무관심(holy indifference)이 종교적 진리이다. 종교를 불문하고 진리에 이른다는 말은 우주와의 하모니, 즉 공명을 의미한다. 우주의 진동과 그 리듬을 같이한다는 뜻이다. 그것은 즐거움을 의미하며, 조화와 균형을 통한 건강한 삶을 의미하고, 평등성을 회복하여 화평한 가운데 대자유를 누리는 일이다. 그것이 바로 행복한 삶의 완성이다(『행복의 인문학』, 조태연 · 안양규 · 김용남 · 채정호, 석탑출판, 2013).

수우족 인디언의 기도

당신이 모든 나뭇잎, 모든 돌 틈에 감춰둔
교훈들을 나 또한 배우게 하소서
내 형제들보다 위대해지기 위해서가 아니라
가장 큰 적인 내 자신과 싸울 수 있도록 내게 힘을 주소서
나로 하여금 깨끗한 손, 똑바른 눈으로 언제라도 당신에게
갈 수 있도록 준비시켜 주소서
그래서 저 노을이 지듯이 내 목숨이 사라질 때
내 혼이 부끄럼 없이 당신에게 갈 수 있게 하소서

철학함의 행복

철학은 세계에 대한 사유이고 세계는 다양한 층차(layer)로 구성되어 있다. 현실에 만족하고 안주하는, 세계를 단순한 것(uni-versal)으로 보는 사람은 철학이 필요 없다. 철학이란 현실이 마음에 안 들어, 현실 너머의 세계를 동경하는, 세계를 multi-versal한 것으로 보는 사람들의 전유물인 것인지도 모른다. 그런 철학이 행동화한 것이 여행이다. 철학을 품어야 제대로 된 여행이 가능하다. 여행으로 행동화된 철학이어야 우리가 다시 일상으로 돌아와 제대로 살 힘을 주는 것이다. 뿌리 깊은 나무는 바람에 흔들림이 없는 법이다. 우리의 삶이 흔들리지 않게 잡아주는 그 뿌리가 철학이다.

인문학에서 철학이 차지하는 위상은 자연과학에서 수학이 차지하는 위상과 같다. 사실 수학을 포함한 모든 학문을 처음에는 다 철학이라고 하였다.

자기 삶에 의미와 가치를 부여할 수 없다면 허물어지고 무너지기 쉽다. 그래서 소크라테스는 "철학 없는, 생각하지 않는 삶은 살 가치가 없다. 사유한다는 것은, 자기 자신과 대화한다는 것과 다르지 않다"고 말한다. 자유를 내가 나 되는 것이라고 한다면, 철학은 내가 나를 아는 것이다. 자유를 위해서도 철학은 필요한 것이다.

철학을 통해서 우리는 다른 것이 대신할 수 없는 근대 이후의 화두인 고유한 주체적 시선을 얻는다. 나만의 새롭게 보는 힘을 갖는 것이다. 남이 주입한 왜곡된 편견을 갖지 않는 것이다.

철학을 통해서 사유를 재가동하는 것은 일종의 치료행위가 된다. 우리가 존재의 잠재력을 되찾고 그래서 내 숨어 있던 자질을 펼칠 수 있게 되면, 그로 말미암아 삶이 즐거워지고 행복해지는 효과가 생기기 때문이다. 반대로 제대로 사유를 하지 못할 경우, 우리는 수동적이게 되어, 괴로워지고 고통을 받는다. 아무 생각 없이 욕망에 휘둘려 자기 자신을 갉아먹게 되는 셈이다.

한 권의 철학 텍스트는 하나의 세계를 우리에게 열어 보여준다.

철학을 행위하는 것(철학함)과 철학(생각함)을 배우는 것은 완전히 다른 일이다.

'철학함'으로써의 철학적 삶이란 대부분의 사람들에게는 해당되지 않는 특별한 인생의 선택이다. 칸트는 『순수이성비판』에서, "철학을 배우지 말고, 철학함을 배우라. 철학함을 배운다는 것은 자기 이성을 스스로 사용할 수 있음을 배운다는 것이다"라고 했다. 마르크스의 묘비에는 두 가지가 씌어 있다. '노동자여 단결하라'와 '철학은 세계에 대한 해석이 아니라 세계를 바꾸는 일이다'라는 것이다. 철학함이다.

결국 논점은 스스로 생각할 수 있는 힘을 길러 과감히 행위해야 한다는 것이다. 스스로 생각할 수 있는 사람, 그래서 자기 삶을 선택하고 집중해서 고양할 수 있는 사람—철학함의 주체자—이 바로 철학자다(『철학vs철학』, 강신주, 오월의봄, 2016).

행복은 소극적으로는 천성대로 사는 것이기도 하지만, 적극적으로는 천성을 극복해 새로 태어나서 사는 것이다. 그것이 철학함의 완성이다.

다음의 그림은 라파엘로의 아테네 학당이다. 여기에는 58명의 철학자가 그려져 있는데 한가운데 플라톤과 그의 제자 아리스토텔레스가 보인다. 플라톤은 위(이데아)를 가리키며 이데아의 철학인 『티마이오스』를 들고 있다. 젊은 아리스토텔레스는 아래를 손짓하며 그가 들고 있는 게 그의 아버지에게서 배우고 아들에게 가르쳐주기 위한 『니코마코스윤리학』이다(니코마코스는 그의 아버지의 이름이자 아들의 이름).

아테네 학당

아리스토텔레스는 "행복은 덕(virtue)에 어울리는 영혼의 활동"이라고 주장한다. 그는 『니코마코스윤리학』에서 "현자는 즐거운 것을 원하지 않고 고통이 없기를 바란다"고 했다. 그는 인간이 행복해지기 위해서는 덕을 개발하고 실행해야 된다고 주장하였다. 즉, 그는 덕성의 발현을 행복의 본질적 요소로 간주했다. 그는 행복, 즉 에우다이모니아(Eudaimonia)로 인도하는 12가지 덕성(용기, 관용, 긍지, 친애, 재치, 정의, 절제, 희망, 온유, 정직, 양심, 고결)을 제시한 바 있는데, 이러한 덕성들은 양 극단의 사이에 위치하는 중용적인 것이어야 한다. 예를 들어 용기는 만용과 비겁의 중용이다.

아리스토텔레스는 "행복은 여가를 포함하는 것으로 생각된다. 우리는 여가를 얻기 위해 일한다."라고 말했다. 여가와 교육은 밀접한 관계를 가지고 있다. 학교와 학자라는 말이 모두 여가라는 그리스어에서 유래되었다는 데서도 이러한 관계를 발견할 수 있다. 중세 스콜라철학의 스콜라(schola)도 같은 말이다.

기원전 4세기 후반, 아리스토텔레스 사후에 고대 그리스의 아카데미학파는 급속하게 쇠락하고 새로운 철학들이 등장하였다. 에피쿠로스(Epicouros)가 창시한 에피쿠로스주의와 제논(Zenon)이 창시한 스토아(Stoa)주의가 그것들이다.

에피쿠로스학파의 철학의 핵심은 행복이 강자의 이익을 지키기 위한 법과 정치로 점철된 복잡한 사회 속에 존재하는 것이 아니라, 무소유와 휴식 속에 존재한다는 사상이다. 에피쿠로스는 "쾌락은 행복한 삶의 시작이자 목표다"라고 말한다.

스토아 철학이 추구하는 두 가지 목표는 영혼의 평온(ataraxia)과 내면의 자유(autarkeia)이다. 아우타르케이아는 우리의 의지와 우주의 질서를 일치시키는 것을 뜻한다. 곧, 필연적으로 닥치는 일을 내가 원할 때 나는 자유로울 수 있다는 말이다. 스토아 철학의 창시자인 제논(Zenon)에서 세네카(Seneca)에 이르기까지 '행복한 삶'은 운명에 동의할 때 생겨난다.

스토아주의자들은 인간의 행복이나 불행은 외적 요인 때문이 아니라 오로지 인간 자신 때문이라고 생각했다. 노예출신 철학자로 잘 알려진 에픽테토스(Epiktetos)는 이 점에 대해 이렇게 말했다. "한 사람이 불행하다면 그의 불행이 자신의 과오 때문이라는 것을 기억하라. 왜냐하면 신은 모든 인간을 행복하도록, 그리고 불안으로부터 자유롭도록 만들었기 때문이다.… 인간은 자신의 어리석음 때문에 고통받는다."

『명상록』의 저자인 로마제국의 철인황제 마르쿠스 아우렐리우스(Marcus Aurelius)는 행복이란 자연에 따르는 삶 또는 이성에 따르는 삶이라고 생각했다. 그는 "다른 사람이 그대보다 행복하다는 사실이 고통스럽다면, 그대는 결코 행복해질 수 없으리라"고 했다.

16세기 몽테뉴(Montaigne)는 본격적으로 행복한 삶에 대해 성찰한 최초의 근대 철학자다. 몽테뉴가 말한 행복은 단순한 쾌락들(사랑, 음식, 산책, 춤, 배움 등등)로 이루어져 있다.

철학은 항상 그 당시의 상식에 도전하면서 껍데기 밑에, 불행한 현실 속에 감추어져 있는 어떤 것(etwas)을 추구해 왔다.

니체의 영원회귀(eternal return)는 바로 지금, 여기의 삶을 절대적으로 긍정하라, 그리고 그 속에서 우리의 선택은 영원히 반복된다. 지금 여기에서 행복하지 않으면 영원히 행복할 수 없다는 것이다.

"철학자는 누구나 그 자신의 철학과 스피노자의 철학, 이렇게 두 가지 철학을 따른다"고 베르그송(Bergson)이 말했다. 17세기를 산 형이상학자 스피노자(Spinoza)는 행복을 본격적으로 다루는 『윤리학(Ethique)』을 썼는데, 이 책은 이 세상에서 이성의 노력만으로 진정한 행복과 지고의 자유를 얻는 법을 목표로 삼는다. 스피노자는 행복을 "인간이 덜한 완전성에서 더 큰 완전성으로 이행하는 것"이라고 정의했다. 그는 이런 정의를 통해, 우리가 성장할 때마다, 진일보할 때마다, 작은 승리를 거둘 때마다, 자기 본성을 조금 더 실현할 때마다, 기쁨을 느끼게 마련이라고 말했다. 아기가 처음으로 엄마, 아빠가 알아들을 수 있는 말을 했을 때도 마찬가지다. 아기는 그렇게 사는 법을 배우며 조금씩 진일보할 때마다 기쁨으로 환히 빛난다. 그래서 아기는 늘 웃는다. 엄마, 아빠와 같이 나누는 공유의 기쁨, '함께하는 행복' 때문이다. 스피노자는 기쁨을 철학적으로 정의한 인물로 보아야 한다. 그가 생각한 기쁨은 완전성에 다가가는 것이자, 존재 역량을 증진시키는 것이었다(『철학, 기쁨을 길들이다』, 프레데릭 르누아르, 와이즈베리, 2016).

밀(J. H. Mill)은 『공리주의』에서 "행복은 의도된 쾌락이며 고통의 결여다. 불행은 고통이며 쾌락의 결여다"라고 말하였다.

벤담(Jeremy Bentham)을 비롯한 계몽주의 철학자들은 인간의 자아실현이 행복의 근원이라고 생각했다.

토인비는 『역사의 연구』에서, "전쟁, 계급갈등, 인구문제 등이 어느 정도 해결되면 인류의 다음 행복에 관한 문제는 여가의 미래역할에 관한 것이 될 것"이라고 말하였다. 그는 "여가는 인류의 역사에서 이미 중요한 역할을 했다"고 전제한 후 "여가는 문명의 유모"라고 재미있는 비유를 들어 말하였다.

러셀은 사람들이 불행해지는 것은 그릇된 세계관, 그릇된 윤리, 그리고 그릇된 생활습관 때문이라고 생각했다. 불행한 사람은 외부에 대한 호기심보다는 자기를 질책하는 방향으로 나아가는 경향이 있다. 러셀이 지적한 것처럼 죄의식, 어리석음, 단견, 시기 등은 사람을 자학하게 만들기 쉽다. 그는 질투와 시기는 자신을 불행하게 할 뿐만 아니라 타인도 불행하게 만든다고 생각하였다. 그는 자신의 인생을 회고할 때 행복한 삶이라고 말한다. 그는 자신의 행복비결을 이렇게 털어놓았다.

① 자신은 그저 소박한 것을 원했으며 그래서 원하는 것을 대부분 획득하였다.
② 획득할 수 없다고 생각되는 것은 단념했으며,
③ 자기 자신에 대한 선입견, 즉 죄의식, 어리석음, 단견 등에 대해 집착하지 않았다.
고 한다(『행복의 철학』, 신득렬, 학지사, 2007).

앙드레 콩트 스퐁빌(Andre Comte-Sponville)은 반문했다. "우리를 행복하게 해주거나, 최소한 덜 불행하게 해주지 못한다면, 철학이 도대체 무슨 소용이 있는가?" 철학의 진리는 사람들이 참된 삶을 살 때 행복해진다는 것이다.

그래서 소로는 『월든』에서 "오늘날 철학교수는 있지만 철학자는 없다. 철학자가 된다는 것은 지혜를 사랑하고 그것의 가르침에 따라 소박하고 독립적인 삶, 너그럽고 신뢰하는 행복한 삶을 살아나가는 것을 의미한다"고 하였다.

헤겔과 맞섰으나 번번이 좌절만 당하고 일설에 의하면 그의 애완견에 헤겔이란 이름을 붙이고 가끔 발로 찼다는 쇼펜하우어(Arthur Schopenheuer)는 『삶의 지혜에 대한 잠언들(*Aphorismen zur Lebensweisheit*)』에서, 인간은 단지, 자신의 재량권을 넘어선 재물과 사건들에서 벗어날 수 있을 때에만 어느 정도 행복한 삶을 영위할 수 있다는 스토아 철학의 이념을 따르지만 행복은 인간에게 예외적인 사건으로 본다.

그래서 프로이트(Freud)도 "신은 인간을 창조하면서 인간이 행복하게 되기를 원하지는 않은 것 같다"라고 말한 것인지도 모른다. 프로이트에게 삶의 목적은 행복의 추구에서 성립한다. 이 추구를 강한 쾌감의 체험과 고통과 불쾌감의 회피로, 정의한다.『문화에서의 불안(*Das Unbehagen in der Kultur)*』(1930)에서 프로이트는 어떻게 행복(여기서 행복이란 본능의 충족으로 이해될 수 있는)에 도달할 수 있는가를 이야기한다. 본능의 충족 가운데서 성애(性愛, libido)가 선도적 위상을 차지한다. 리비도는 성적 본능을 넘어 삶의 본능 전부를 말하기도 한다. 프로이트의 '쾌락 원칙'은 사람은 기본적으로 즐거움을 추구하는 본능적인 욕구에 따라 움직인다는 것을 중심전제로 한다. 반면 유대인으로서 히틀러 정권에 의해 가족을 모두 잃고, 유대인들의 이른바 죽음의 수용소인 아우슈비츠의 경험이 있는 빅디 프랭클(Victor Frankle)은 "사람은 쾌감을 추구하는 의지가 아니라 의미를 추구하는 의지에 따라 움직인다"고 주장한다. 프랭클에 따르면 삶에서 의미를 찾으려는 노력은 인간의 가장 우선적인 동기이다. 의미, 가치, 기여 등이 사람을 행복하게 한다는 것이다.

만족스럽고 행복한 삶을 살기 위해서는 즐거움을 추구하는 욕구와 의미를 추구하는 욕구가 둘 다 충족되어야 한다. 행복은 인지적인 요소(우리가 어떤 경험에 부여하는 의미)와 감정적인 요소(즐거움)를 둘 다 포함하고 있다.

신부이며 생명철학자인 샤르댕(T. Chardin)은『행복과 사랑에 관하여』에서, 성장한다는 것의 행복, 사랑한다는 것의 행복, 그리고 좋아한다는 것의 행복을 이야기한다.

동양에서의 행복의 철학함을 보면,『大學』에 삼강령(三綱領)이 이와 구사하다

明明德은 원래 내 안의 밝은 德(=悳(곧은 마음))을 밝게 한다는 것이다.

親民은 모두가 하나 되기이다. 신분계급을 떠나 원융(圓融)하는 것이다. 화광동진(和光同塵)이다.

지어지선(止於至善)이란 지극히 좋은 세상에 머물러 살기이다.

子曰, 知之者 不如 好之者 好之者 不如 樂之者『논어』옹야편의 쉽고도 유명한 구절이다 안다는 것은 나와 그 사람은 별개라는 것이다. 좋아하는 것은 공유하는 바는 있지만 역시 별개이다. 즐거워하는 단계는 하나가 된 상태이다. 하나 되는 힘이다. 녹아들어 하나가 되면 못하는 게 없다. 안 되는 게 없다. 모두가 행복하지 않을 수 없다.

『孟子』에 나오는 말이다. 군자에게 세 가지 행복이 있다(君子三樂).

부모가 다 계시고 형제가 무탈한 것이 첫 번째 행복이고,
하늘을 우러러 부끄럽지 않은 것이 두 번째 행복이며,
천하의 영재를 얻어 교육하는 것이 세 번째 행복이다.

야스퍼스(Karl Jaspers)는 "철학이란 언제나 길 위에 있는 것"이라고 하였다. 늘 새롭게 길을 나서야 휴식(rest)과 축제(feast)가 있고 즐기고 축하하고 매일매일 새로 시작하는 인생이 되어 행복하다. 노인은 축제가 없고 새로운 것이 없기 때문에 우울하고, 재미없는 삶인 것이다. 늙은이는 '늘 그런 이'인 것이다 우리 주변에 젊은 늙은이가 많다. 늘 '철학함'을 해야 행복하다.

여행과 행복의 인문학 행복편

행복을 부르는 태도

행복하려면 변해야 한다

미국 속담에 이런 말이 있다. '낯선 천사보다 평소 알고 있던 악마가 낫다.' 그만큼 사람들에게는 변화를 싫어하는 보수적 본성이 있다는 뜻이다. 인간을 죽일 수는 있어도 결코 인간을 변화시킬 수는 없다.

우리는 편한 걸 원한다. 가만히 변하지 않고 예측 가능한 어떤 것이 우리는 좋다. 불안정한 변화는 감당하기 어렵다. 인간은 태어날 때부터 체내의 안정을 유지하려는 항상성(homeostasis)을 가지고 있다. 즉, 급격한 변화는 자연스러운 상태가 아니다.

기업은 100킬로의 속도로 치열한 세계적 경쟁을 하고 있다. 국가의 여러 문제를 막을 수 있는 대안으로 헤겔이 그 중요성을 높이 평가하는 시민단체는 90킬로의 속도로 변화하고 있다. 심지어 가족도 60킬로의 속도로, 가족형태, 이혼, 자녀양육 등 급속한 변화를 감내하고 있다. 그러나 학교는 10킬로의 느린 속도로 여전히 산업시대에나 맞는 공장식 체계로 사회와 기업의 변화를 못 따르고 있다. 교사들이 학생들을 교실에 감금하는 동안 그들의 눈과 귀, 마음은 사이버세계를 기웃거린다(『부의 미래』, 앨빈 토플러, 청림출판, 2006).

변화하기 어려운 개인에게 변화는 가장 혹독하다. 변화는 늘 '익숙한 것들과의 결별'을 뜻하기 때문에 그런 불편함과 불안감을 제대로 다룰 수 있어야 한다. 시대 변화는 통제할 수 없지만, 그 변화를 적극적으로 수용하고 주도적으로 활용한다면 엄청난 성과를 만들어낼 수 있다.

변화란 시간과 세상이란 대타자(大他者)와 자신이라는 동일성 사이의 균형을 잡아가는 끊임없는 과정이다. 그러므로 변화를 통해 우리가 얻으려고 하는 것은 삶 자체이다. 삶 속에서 세상을 대하고 나를 대하는 태도의 변화이다. 수치감과 무기력, 슬픔과 분노의 색깔로 뒤엉킨 곳을 떠나, 밝고 빛나는 곳을 향해 한 걸음만 옮겨라. 그리하여 스스로 밝고 빛나는 하나의 빛이 되어라. 변화는 바로 빛이 되는 과정이다(『낯선 곳에서의 아침』, 구본형, 생각의나무, 1999). 빛이 되는 첫 번째 과정이 빛을 보는 일, 즉 관광이다. 현실을 직시해야 한다. 그리고 그다음에 그 이면을 볼 줄 알아야 한다.

우리가 변화를 두려워하는 것은 자신이 모르는 것은 두렵기 때문이다. 그러나 역사에 존재하는 단 하나의 상수는 모든 것이 변한다는 것이다.

만물은 변화하고, 변화는 생명의 근본적인 존재방식임을 깨달아야 한다.

변화 자체가 우리의 일상이고 삶이다.

계속 같은 방향으로 나는 새를 맞히기는 쉬우나 방향을 바꾸는 새를 맞히기는 어렵다.

독일 실존주의 철학자 야스퍼스는 인간 존재는 '인간되어감'이라 했다. 이는 변화의 가능성이야말로 인간의 으뜸가는 특징임을 뜻한다. 제대로 된 변화, 행복한 인간이 되어감, 즉 변화란 행복의 실천 아니겠는가.

변화의 주체가 되는 것, 상황의 먹이가 되어 쫓기기 전에 자신이 상황을 주도하는 주인이 된다는 것이 변화의 핵심이다. 그 길은 껍데기를 버리고 진정한 자기 자신을 붙잡고 일어서야만 하는 자기존중과 애정이 필요한 대장정이다(『마흔세 살에 다시 시작하다』, 구본형, 휴머니스트, 2007).

"변화는 우리가 누군가를, 또는 무엇인가를 기다린다고 해서 찾아오는 게 아니다. 우리 자신이 우리가 기다리던 사람이고 우리가 바로 우리가 추구하는 변화다." 얼마 전 미국 최초의 흑인 대통령인 버락 오바마(Barack Obama)의 말이다.

참다운 감정은 자연적인 것이 아니라 만들어지는 것이다. 본능대로가 아니라 본능을 인내해서 근본이 바뀌어 깊은 곳에서 나오는 것이다.

꾸준한 변화야말로 개인과 집단의 장기적인 안정을 가져오는 근원이다.

행복한 인생의 비결은 변화를 우아하게 받아들이는 것이다. 행복을 누리려면 더 좋은 세계를 갈망하기보다는 우선 자신을 완전히 변화시켜 전혀 다른 존재가 되어야 한다.

행복은 소유나 조건이 아니다. 행복은 선택과 태도이다. 위에서 언급한 에머슨은 "이 세상은 우리가 마음먹기에 따라 지옥이 될 수도 있고 천국이 될 수도 있다"고 말했다. 사람들은 똑같은 사건을 저마다 다른 방식으로 인식하고 경험한다.

행복한 인생은 온전히 자신의 선택에 달려 있다. 행복하기로 결심하는 순간, 행복이 찾아온다. 희망을 갖기로 결심하는 순간, 절망은 저 멀리 사라진다. 내면의 열정을 따르면서 끊임없이 노력할 때 우리는 비로소 더 많은 행복을 찾을 수 있다.

행복은 늘 우리 곁에서 조용히 우리를 기다리고 있는 것이다. 그래서 행복해지기로 결심하고 행복을 찾는 사람만이 행복을 발견할 수 있다.

철학자 러셀은 이렇게 말한 바 있다. "진정으로 만족스러운 행복은 우리 능력을 최대한 발휘해서 우리가 사는 세상을 충분히 구현함으로써 가능해진다." 그것이 사르트르가 주장하는 '사회발전을 위한 참여' 앙가주망(engagement)이다.

이 세상에 공짜는 없다. 특히, 가치 있는 것은 비싼 대가를 치러야 한다. 너무 늦기 전에 진짜 자신의 삶을 살아야 한다. 언제나 새로움을 환영해야 한다.

미지근한 물에 점차 삶겨 죽어가는 개구리가 있다. 냄비 물속에 개구리를 넣어두고 서서히 가열하면 뛰어나올 수 있는데도 그 미지근함에 젖어 나오지 않고 결국 삶겨 죽는다는 이야기이다.

할리 데이비슨 광고 카피이다.

Someday.
I'll do it someday.
Monday, Tuesday, Wednesday, Thursday, Friday, Saturday, Sunday.
See? There is no Someday.
It's time to ride.

아는 것이 힘이 아니라 하는 것이 힘이다. 그래서 루소는 "생각만 하고 있는 인간은 타락한 동물이다"라고 말한 것이다.

메타노이아(metanoia), 예수가 공생애를 시작하면서 선포한 첫마디는 "회개하라, 천국이 가까이 왔다"이다(마태 4:17). 자신의 삶에 대한 깊은 성찰을 통해 자신의 생각과 말 그리고 행동을 근본적으로 바꾸는 것, 인간의 마음속 깊은 곳에 숨겨진 신의 DNA를 회복하기, 돌아오기이다.

"내가 진실로, 진실로 너에게 말한다. 누구든지 다시 태어나지 않으면, 하나님 나라를 볼 수 없다."(요한 3:3) 하나님의 나라는 다시 태어나는 자에게 보인다.

다시 태어난다는 것은 영적인 탄생과 깨달음, 즉 근본적인 변화이다. 그 극적인 표현이 부활이다. 순진하게 몸이 죽었다가 다시 태어나는 게 부활이 아니다. 메타포(metaphor)다. 얼마나 사람들이 못 알아들어서 답답했으면 '진실로, 진실로'라고 했을까?

우리는 자신의 편견과 습관이 만들어 놓은 골방에 갇혀 쳇바퀴 돌듯 제자리걸음을 하고 있다. 자신을 둘러싸고 있는 환경, 익숙한 세계를 넘어서야 한다. 자연의 모든 동·식물이 탄생과정에서 반드시 위대한 변신을 한다. 정확한 말인지 모르겠으나 징그러운 애벌레에서 아름다운 나비가 되기 위해서는 일곱 번의 고통스런 탈피를 해야 한다고 한다.

지금의 글로벌 무한경쟁시대에 오랫동안 생존하고 지속적으로 성공을 거두기는 어렵다. 그래서 지금은 역사상 그 어느 때보다 변화와 혁신이 강조되고 있다. 革新이란 가죽을 벗기는 아픔을 견뎌야 변화가 가능하다는 뜻이다.

세상은 환경변화에 적응하지 못하고 변하지 않는 모든 개체에 무자비하다. 인류 역사를 보더라도 안정은 예외적인 사건에 불과하다. 성장과 발전은 모두 불안정 속에서 진행된 변화와 혁신으로부터 비롯된 것이다.

톨스토이가 말했다. "세상을 바꾸려는 사람은 많지만 자기 자신을 바꾸려는 사람은 얼마 없다."

당위성에도 불구하고 변화와 혁신을 실행에 옮기기는 결코 쉽지 않다. 그것은 인간의 본능이 변화보다 안정을 희구하는 속성이 있기 때문이다.

생존을 위해서는 반드시 변화해야만 한다. 변화와 혁신 하면 즐거움과 행복 대신 스트레스, 어쩔 수 없이 끌려가기 같은 부정적 이미지가 먼저 떠오른다. "어째서 자유에는 피의 냄새가 섞여 있는가, 혁명은 왜 고독해야 하는 것인가, 혁명은 안 되고 나는 방만 바꿔버렸다"는 김수영의 시가 생각난다. 그게 우리의 자화상 아닌가?

미래의 어느 순간에도 지금 이 순간보다 변화의 속도나 강도가 줄어들 시기는 결코 오지 않을 것이다. 피할 수 없으면 즐겨야 한다. 소극적으로 변화에 끌려가기보다 차라리 변화 속에 몸을 던져 남보다 빨리 변화를 즐겨야 한다. 모두가 싫어하는 변화를 즐김으로써 그 속에서 행복을 찾는 것이 승리로 가는 지름길이다.

역사 속의 위인과 위대한 기업은 결코 편안함과 안정, 정상적인 것을 추구하지 않았다.

"Change(변화)의 g를 c로 바꿔보라. Chance(기회)가 되지 않는가? 변화 속에 반드시 기회가 숨어 있다. "비관론자는 모든 기회 속에서 어려움을 찾아내고 낙관론자는 모든 어려움 속에서 기회를 찾아낸다"는 2차 대전을 어려운 여건 속에서도 승리로 이끈 처칠의 말처럼, 낙관적이고 희망이 있는 사람에게 '변화는 곧 기회'가 된다(『행복경영』, 조영탁 · 정향숙, 김영사, 2007).

수만 년 이상 호모 사피엔스는 지구상 유일한 현생인류라고 한다. 가장 유연하고 환경의 변화에 가장 적응을 잘한 종이 계속 생존하고 번성했다. 오늘날 삶의 특징은 갑자기 예기치 않은 변화가 폭력적으로 생긴다는 것이다.

"군자는 사흘을 안 보면 눈을 부비고 봐야 한다"는 공자의 말처럼, 군자는 다름 아니라 끊임없이 변하는 존재이다. 변화는 발전의 전제조건이고 행복이란 변화하는 자에게 주어지는 과실이다. 삼성의 이건희 회장은 잘 나가는 삼성그룹의 회장이면서도 "마누라와 자식만 빼고 다 바꿔라"는 강한 경고를 삼성직원들에게 보낸다. 인생도 마찬가지이다. 늘 같은 노래, 같은 옷 취향, 같은 음식주문… 사소한 일상에서부터 새로이 변하고 도전하라(『돈보다 운을 벌어라』, 김승호, 쌤앤파커스, 2013).

> Everything changes but Nothing changes.(HERMES 광고 카피)

삶의 목적이 있어야 행복하다

헬렌 켈러는 말한다. "사람들은 맹인으로 태어난 것보다 더 불행한 것이 뭐냐고 비웃으며 나에게 물어온다. 그럴 때마다 나는 '시력은 있으나 비전이 없는 것'이라고 대답한다."

1세기 로마의 지도적 지성인인 세네카(Seneca)는 "어느 항구로 가야 할지 모르는 자에게는 좋은 바람이란 있을 수 없다"고 했다.

목표(Goal)와 목적(Purpose)은 혼용되어 쓰이지만 엄밀히는 목표는 목적이란 보이지 않는 것을 표현하는 가시적, 일시적인 것이나 목적은 오래가는, 보이지 않는 것이다. 여기서는 목표와 목적을 구분하지 않고 같이 사용코자 한다.

"네가 가는 모든 길을 든든히 하라. 좌편으로나 우편으로 치우치지 말고"(잠언 4:26)라는 말처럼 목적이 있고 초점이 맞춰진 삶만큼 강력한 것은 없다. 목적은 열정을 낳는다(『목적이 이끄는 삶』, 릭 워렌, 디모데, 2010). 그러나 우리는 대부분 본능이 이끄는 대로 살고 있다.

삶은 어쩌면 10단 기어가 있지만 한번도 그 기어를 바꾸지 않은 자전거와 같다. 중요한 것은 지금 우리가 어디에 있느냐가 아니라 어디로 가느냐이다.

노 젓는 법에서도 마찬가지이다. 배만 보고 저으면 제자리를 뱅뱅 맴돌기만 하지만 배를 보지 말고 가고자 하는 목적지를 보면서 배를 저으면 그리로 가게 된다.

손정의 소프트뱅크(soft bank) 회장은 비전의 중요성을 강조한다. "눈앞을 보기 때문에 멀미를 느끼는 것이다. 몇백 킬로미터 앞을 보라. 그곳은 잔잔한 물결처럼 평온하다."(『혼창통』, 이지훈, 쌤앤파커스, 2010).

집중하지 못하는 이유는 선택하지 못했기 때문이고, 선택하지 못하는 것은 무엇이 중요한지 모르기 때문이며, 무엇이 중요한지 모르는 것은 목적이 없기 때문이다. 결국 목적이 이끄는 삶을 살지 못하기 때문이다. 여기에서 중요하게 구분해야 할 것이 운명과 사명이다. 운명이 하늘의 섭리로써 강제적으로 부여한 삶의 근거로서 바꿀 수 없는 어떤 것이라면, 사명은 내 스스로 주체적으로 설정한 삶의 방향과 속도이다. 한마디로 나는, 혹은 우리는 이렇게 살겠다는 선언이다. 그게 목적이 이끄는 삶이다.

1999년, 세계적 전기 · 전자기업인 제너럴 일렉트릭(GE) 잭 웰치(Jack Welch) 회장이 한국을 방문했을 때 한 경영자가 이렇게 물었다. "세계에서 가장 존경받는 기업의 경영자로 선정된 비결이 무엇입니까?"

그러자 잭 웰치는 서슴없이 대답했다.

"딱 한 가지입니다. 나는 내가 어디로 가는지 알고 있고 GE의 전체 구성원도 내가 어디로 가는지 알고 있습니다."

'나는 내가 어디로 가는지 알고 있고'라는 말에는 경영자로서 10년, 20년 후의 미래 비전과 전략이 확실하다는 뜻이고, 'GE의 전체 구성원도 내가 어디로 가는지 알고 있습니다'라는 말은 기업의 비전을 30만 전 직원의 꿈과 열망으로 만들었다는 것을 의미한다.

비전은 기업의 나침반과 같다. 앞으로 나아가야 할 방향을 알려준다.

모든 구성원의 갈 곳이 정해졌는데(비전이 같은데) 회사가 어디로 가겠는가?(『행복경영』, 조영탁 · 정향숙, 김영사, 2007).

"사랑이 너희의 최고 목적이 되게 하라"(고린도 전서 14:1)라는 말처럼, 기독교의 목적지는 사랑의 실천이란 방법을 통해 천국에 가는 것이요, 불교의 목적지는 자비를 통한 극락이요, 유교의 목적지는 수신을 통한 지선(至善)이요, 도교의 목적지는 무위를 통한 자연이다.

우리의 인생은 공짜도, 정답도 없는 마라톤일지도 모른다. 그러나 행복한 삶을 위해서는 목표를 가져야 한다. 단, 즐거움과 의미를 동시에 줄 수 있는 목표를 정해서 추구해야 한다. 자신이 할 수 있는 최고(가장 중요한 것)를 발견하고 최선을 다하는 것이 행복이다. 가장 좋아하는 것을 가장 잘하는 것이다. 결국 행복이란 강한 의지와 적극적 행동의 결과이다.

'winner effect'는 도전해서 성공을 되풀이하면 인간의 뇌가 바뀌어 행복해진다는 것이고, 'loser effect'는 도전하지 않고 최선을 다하지 않음을 되풀이해서, 실패, 약해짐, 고통, 가난이 계속되는 프로세스이다.

행복한 사람은 자신만의 목표와 방향, 속도를 가지고 있다. 그리고 그 목표를 이루는 과정에서 행복을 느낀다. 우리는 종종 빨리 목적지에 도달하겠다는 조급함 때문에 과정 자체를 즐기지 못한다. 행복해지고 싶다면 자신에게 의미 있고 또 자신을 행복하게 만들어주는 일을 찾아야 한다. 동시에 그 과정을 즐기고 누리는 법도 배워야 한다. 그러지 않으면 지치거나 포기하게 된다.

목표를 향한 여행은 그 자체가 즐겁고 우리를 행복하게 해줄 수 있어야 한다.

개인적인 확신과 관심을 갖고 추구하는 목표를 자기일치적 목표라고 부른다.

어떤 목표가 자기일치적이 되기 위해서는 다른 사람이 부과한 것이 아니라 우리가 스스로 선택한 것이어야 한다. 또한 다른 사람에게 과시하기 위한 것이 아니라 우리 자신을 표현하고 싶은 욕망에서 나온 것이어야 한다.

목표를 정하고 분명하게 밝히면 목적지에 초점을 맞추고 그곳에 도착하는 방법을 발견하게 된다.

모든 시작과 창조 행위에는 하나의 기본적인 진리가 있다. 그것은 우리가 분명하게 목표를 선언하는 순간 신의 섭리 또한 움직인다는 사실이다.

1953년, 미국의 한 대학에서 졸업반 학생들을 대상으로 목표에 대한 조사를 실시했다. 그 결과 67퍼센트의 학생은 어떠한 목표도 설정한 적이 없다고 대답했고, 30퍼센트는 어렴풋하게 목표가 있긴 하지만 그것을 글로 쓰지는 않았다고 했으며 오직 3퍼센트만 자신의 목표를 글로 적어두었다고 대답했다. 물론 이들 학생은 학력, 재능, 지능 면에서 별다른 차이가 없었다.

20년 후, 그들은 과연 어떻게 성장했을까? 학창시절에 자신의 목표를 글로 적었던 3퍼센트의 학생이 축적한 재산은 나머지 97퍼센트의 학생이 축적한 것보다 훨씬 더 많았다고 한다. 목표의 유무, 목표를 단순히 머릿속으로만 생각하는 것 그리고 그 목표를 글로 적는 것이 결과적으로 이처럼 엄청난 차이를 낳았던 것이다(『행복경영』, 조영탁 · 정향숙, 김영사, 2007).

행복하고 싶은가? 그러면 아래의 소소한 것들을 실천하겠다는 목표를 가져라.

행복헌장 10계명

① 운동을 하라.

② 감사하라.
③ 대화를 나눠라.
④ 식물을 가꿔라.
⑤ 텔레비전 시청시간을 반으로 줄여라.
⑥ 미소를 지어라.
⑦ 전화하라.
⑧ 웃어라.
⑨ 매일 자신에게 작은 선물을 하라.
⑩ 친절해라.(위의 책)

브레이언 트레이시(Brian Tracy)는 자신의 저서『사업 성공의 길』에서 '인생의 100퍼센트 향상의 7단계'를 제시한다.

1단계 : 매일 아침 30~60분 동안 자기 분야에 대한 자료를 읽는다.
2단계 : 매일 아침 수첩에 주요 목표를 현재 시제로 다시 적는다.
3단계 : 매일 미리 계획을 세운다.
4단계 : 시간을 가장 효과적으로 활용하는 일에 집중한다.
5단계 : 이동하는 차에서 오디오 교육 프로그램을 듣는다.
6단계 : 항상 두 가지 질문을 한다.
첫째, "내가 훌륭하게 해냈는가?"
둘째, "지금과 다르게 할 수 있는 방법은 없을까?"
7단계 : 누구를 만나든 세상에서 가장 중요한 사람인 것처럼 최선을 다해 대한다.

늘 목표를 적어보고 그 목표를 달성할 수 있도록 노력해야 한다.
피터 드러커는 "모든 실패의 원인은 목표를 정하지 않고 행동하는 것이다"라고 말한다.

행복의 자기주도성

미국 '록음악의 전설, 우드스탁의 여신, The flower'로 불리며 로큰롤 명예의 전당에

1995년 헌액된 제니스 조플린(Janis Joplin)의 이야기이다. 제니스는 어렸을 때 참 못생겼다. 그래서 그녀가 다녔던 텍사스 대학에서는 '우리 학교에서 가장 못생긴 남학생'으로 선정되는 악몽이 아닌 살아 있는 경험도 하였다. 여자보고 남학생이라니 참으로 우스우면서도 잔인한 괴물들이다. 그녀는 반전과 저항의 시대인 60년대에 히피들의 우상이 되었다. 그리고 가수로도 엄청난 성공을 거두었다. 그러나 그녀는 무대를 내려오면 늘 못생겼다는 놀림과 외로움 속에서 살았다. 그러던 그녀에게 사랑하는 착한 남자가 생겼고 그들은 결혼을 약속했다. 그러나 결혼 전날 그녀는 헤로인 과다복용으로 자살하였다. 그녀는 행복을 스스로 만들 자신이 없었던 것이다. 그녀의 삶은 수많은 노래와 The Rose라는 영화로 만들어지기도 하였다.

우리는 자신도 모르는 사이에 '행복의 열쇠'를 다른 사람의 손에 맡긴 채 살아간다.

그러나 성숙한 사람은 그 열쇠를 절대 남에게 넘기지 않는다. 행복은 다른 사람이 아닌 바로 자신의 내면에서 시작된다. 그래서 이들은 남이 자신을 행복하게 해주기를 기대하지 않고 스스로 행복해짐으로써 주변까지도 행복하게 만든다.

'행복의 열쇠'를 다른 사람에게 맡기고 그가 자신을 행복하게 해주기를 바라는 것은 아무런 의지도 없는 머슴으로 사는 것이나 다름없다. 내가 행복하지 않으면 손해 보는 사람은 나 하나뿐이다.

'앓아누운 주인이 열 머슴 몫 한다'는 말이 있다. 주인처럼 생각하고 행동하는 것이 얼마나 무서운가를 짐작할 수 있다.

주인이 되고 나서 주인의식을 가지겠다고 생각하면 이미 늦다. 아니, 그런 머슴에겐 결코 주인의 자리가 돌아가지 않는다. 성공의 순서는 주인의식을 가지는 것에서 시작한다. 주인의 눈에는 해야 할 것이 눈에 들어오지만, 머슴의 눈에는 하지 못할 구실과 핑계만 머리를 맴돈다(『CEO의 습관』, 김성회, 페이퍼로드, 2006). 주인은 미래를 생각하지만 머슴은 오늘을 생각한다. 주인은 모든 전체 일을 자기 일이라 생각하고 머슴은 나의 일도 남에게 미룬다.

독립적 주체의 확립 없이 창의성은 불가능하다. 창의성은 주체가 대상을 외압 없이 독립적으로 대면했을 때만 가능하기 때문이다. 독립적 주체가 확립되었을 때만이 창의성과 같은 차원에서 작동되는 인격적 성숙, 미학적 삶, 행복, 자유 등도 가능하다. 이런 것들은 모두 '일반'이 아니라, '개별'로서의 자아에게만 확인되는 것들이기 때문이다. 일반명사가 아니라 고유명사로 존재할 때만 자기가 자기로 존재한다(『인간이 그리는 무늬』, 최진석, 소나무, 2013).

에드워드 데시(Edward Deci) 교수가 주장한 '자기 결정성 이론'은 핵심만 이야기하자면, 적극적인 자기주도성의 '내발적 동기'가 칭찬이나 금전적 보상 등 '외발적 동기'보다 우월하다는 것이다.

사람이 갖고 있는 3가지 기본적인 심리적 욕구는

① 자율성의 욕구 : 스스로가 자기 자신의 행위인 '원천'이고 싶어 하는 욕구

② 유능감의 욕구 : 자신을 둘러싼 환경에 효과적으로 관여해 유능함을 느끼고 싶은 욕구

③ 관계성의 욕구 : 다른 사람들과 연결돼 있고 싶다는 욕구이다.

궁형(宮刑)을 받았으나 포기하지 않고 역사책을 써서 오늘날의 중국을 만든, 사마천의 『사기』에 보면, "결단을 내리고 과감하게 행동하면 귀신도 방해하지 못한다(斷而敢行鬼神避之)"고 한다. 적극적이고 과감해야 한다. '행운의 여신은 여자이기 때문에 적극적이고 과감해야 그녀로부터 행운을 받을 수 있다'는 마키아벨리(Niccolo Machiavelli)의 말도 있지 않은가?

행복의 중요 요건 중 하나는 내 삶의 주인이 타인이 아닌 내 자신이어야 한다는 것이다. 그것을 자유라 한다. 프랑스의 철학자이자 정신분석학자인 라캉(Jacques Lacan)은 "우리는 타인의 욕망을 욕망한다"고 하였다. 우리가 너무 중요하게, 예민하게 받아들이는 타인의 시선에서 벗어나야 한다. 세상이 나를 어떻게 보느냐보다 내 눈에 보이는, 내 마음에 느껴지는 내게 더 가치를 두어야 한다.

실패한 사실이 부끄러운 게 아니라 능동적으로 주도적으로 도전하지 못한 게 치욕이다.

그 묘비명이 '우물쭈물하다 이럴 줄 알았지'라고 해서 진위논란을 벌인 버나드 쇼(Bernard Shaw)는 이렇게 말한 바 있다. "스스로 중요하게 여기는 어떤 목적을 위해 움직이는 것이야말로 진정한 삶의 기쁨이다."

Exodus라는 단어를 분석해 보면 ex는 '~로부터 밖으로', odus는 '모든 사람들이 가는 길'이란 뜻으로, 출애굽기(Exodus)는 '모든 사람들이 습관적으로 아무 생각 없이 가는 그 길에서 탈출해 자기만의 길을 찾아가라'는 명령이고 은유이다.

성경에 나오는 한 마리의 잃어버린 양의 비유(누가 15:4)도 잃어버린 게 아니라 스스

로 자기주도적으로 우리에서 나간 용기 있는 양에 비유한 것인지도 모른다. 내가 행복하지 않으면 손해 보는 사람은 나 하나뿐이다. 자신이 가야 할 길은 스스로 발견할 수밖에 없다.

자신이 가야 할 길을 온전히 발견하는 행위는 성인의 의무이자 우리가 행복해지는 유일한 길이다. 우리 앞에 놓인 각자의 길은 불안하고 두려운 여행이지만 어차피 가야 할 길이고 무엇이 기다리고 있을지 모르기 때문에 매력적인 길이기도 하다.

중요한 것은 다른 사람들의 기대에 맞추는 것이 아니라 내 자신의 가치와 소질에 부합하는 목적을 선택하는 것이다.

지속적인 행복을 얻으려면 원하는 목적지를 향해 가는 여행을 즐길 수 있어야 한다.

행복이란 내가 정한 산의 정상을 향해 꾸준히 올라가는 과정이다. 산의 정상은 멀고 험하다. 내 자유의지가 없으면 포기하고 내려오고만 싶어진다. 아니, 올라갈 생각조차 못한다.

기꺼이 받아들임

우리가 세상을 살다 보면 받아들이기 어렵고 이해하기 어려운 일이 생기기도 한다. 어쩌면 매일매일이 그런 일들의 연속이다.

몽테뉴가 『수상록』 마지막 장에서 설명했듯이, 삶을 사는 기술은 역경에 처할 때 그것에 어떤 의미를 부여하느냐에 달려 있다. 우리는 피할 수 없는 것이면 그 아픔을 참고 감내하는 법을 배워야 한다. 우리의 삶은 달콤하고 부드럽고 아름다운 음색뿐 아니라 서로 조화하지 않는 것으로도 구성된다. 만약에 어느 한 음색만을 좋아한다면 어떤 노래를 부를 수 있겠는가? 음악가는 많은 음색을 활용하여 조화를 일궈낼 줄 알아야 한다. 요리사도 마찬가지일 것이다. 쓴맛, 단맛, 매운맛, 신맛 등 다양한 맛과 여러 가지 영양소를 고려한 식재료들로 어우러진 풍성한 맛을 한 그릇에 담아내야 한다.

니체는 우리로 하여금 "행복하다고 느끼게 한다고 해서 모두가 유익한 것은 아니다. 그리고 우리를 아프게 만드는 것들이라고 해서 모두가 나쁜 것은 아닐 것"이라고 말한다. 완성이란, 고통을 피함으로써 달성되는 것이 아니고, 고통의 역할을 "선한 무엇인가를 이루는 과정에서 겪는 자연스럽고 또 피할 수 없는 단계"로 인정함으로써만 가능한 것이라고 그는 말한다.

세상에는 두 종류의 일이 있다. 하나는 바꿀 수 있는 일이고 다른 하나는 바꿀 수 없는 일이다. 바꿀 수 없는 일을 바꾸려고 하는 것은 헛된 시도이며, 괴로움만 더해질 뿐이다. 행복해지고 싶다면 먼저 바꿀 수 없는 일들을 있는 그대로 받아들이고 자신의 힘으로 바꿀 수 있는 일들을 찾은 뒤 그것을 바꾸기 위해 꾸준히 노력해야 한다. 예를 들어 죽음을 생각해 보자. 우리의 소원 중에 제일 큰 것은 죽지 않는 것일 수 있다. 그래서 모든 것을 다 가진 진시황조차 불로초를 찾아 헤매었고 제주 서귀포 지명의 한 가지 설인 서복을 멀리 보내기조차 한 것이다. 그래서 인간은 영원불멸의 신을 부러워한다. 그러나 반대로 신은 인간을 질투한다고 한다. 왜냐면 영원히 산다는 것은 사실 죽은 것과 별 차이가 없는 것이기 때문이다. 죽는다는 사실이 우리의 살아 있음을 드라마틱하게 하고 애틋하게 하기 때문이다.

노예 출신 철학자 에픽테토스는 이렇게 말한다.

"자신이 원하는 대로 일이 되어가기를 바라지 마라. 일이 일어나는 대로 받아들이라. 나쁜 것은 나쁜 것대로, 좋은 것은 좋은 것대로, 그때 그대의 삶은 순조롭고 마음은 평화로울 것이다."

삶에서 잃을 것은 아무것도 없다. 어떤 경우에도 난 이러이러한 것을 잃었다고 말할 것이 아니라 그것이 제자리로 돌아갔다고 생각해야 한다. 그러면 마음의 평화를 잃지 않을 것이다. 장자가 그의 부인이 죽었을 때 노래 부르고 춤추었다고 한다. 그러자 주위의 사람들이 부인이 죽었는데 어찌 노래 부르고 춤출 수 있느냐고 비난하자 "나의 부인은 그가 당연히 갈 곳으로 갔고 나로서는 어찌할 수 없는 일이며 자연스러운 일인데 슬퍼할 까닭이 없다"고 했단다.

지금의 예를 들면, 도시의 삶은 소음과의 전쟁이다. 특히 아파트의 층간소음은 이미 심각한 사회적인 이슈가 되었다. 아래층을 배려하지 않고 소음을 일으키는 사람은 양심의 문제이고 배려의 문제이지만, 아래층의 사람도 문제가 있기는 마찬가지이다.

소음은 결코 달가운 것은 아니지만 그렇다고 우리를 격노하게 만들 이유 또한 없는 것이다. 별 무리 없이 견뎌낼 수 있는 소음의 양은 그 사람의 성숙도와 비례한다. 자기 일에 집중하는 사람이라면 주변의 작은 일들은 잘 들어오지도 않는다.

『논어』 학이편에 불환인지불기지 환부지인야(不患人之不己知 患不知人也)라는 말이 나온다. '남이 자신을 알아주지 못함을 걱정하지 말고, 내가 남을 알지 못함을 걱정해야 한다'는 공자의 말이다. 자신보다 낫다고 생각하는 사람을 대상으로는 질시하고 투기하며 인정하지 못하는 경우가 있는데 그것은 가장 나쁜 행동이다. 그런 사람은 어떤 이가 큰 성취를 이루었는데, 나보다 나은 점이 보이지 않아 더 질투가 나는 경우도 있을 수 있다. 이때에는 그의 성취를 단지 운이나 과대포장의 결과로 여기지 말고, 오히려 그렇게 내 눈에 보잘것없어 보임에도 불구하고 그런 위치에 올라갈 수 있었던 그만의 장점이 무엇인지 발견조차 못하는 나의 안목에 문제가 있다는 생각을 하고, 그의 성취에 진심어린 축하를 보여야 한다. 이렇게 상대를 경외하고 선망하는 마음을 갖는 것이 바로 진정한 겸손이며, 이로써 타인의 마음을 움직일 수 있다는 사실을 기억해두자(『시골의사 박경철의 자기혁명』, 박경철, 리더스북, 2011).

우리들이 하는 일은 우리가 흔히 생각하는 것만큼 그렇게 대단한 것은 아니며, 우리가 성공하느냐 실패하느냐 하는 것 또한 그다지 중요한 일이 아니다. 자기중심의 사고에서 벗어나게 되면 인간의 에고라는 게 세상에서 그리 큰 부분을 차지하지 못한다는 것을 알게 된다.

독사과를 들고 있는 튜링의 동상

천재지만 불행한 삶과 바보라고 놀림받던 사람의 성공이야기 두 가지 상반되는 사례를 들어본다. 제2차 세계 대전의 승리를 이끈 우리가 잘 모르는 사례이다. 독일의 난공불락의 암호체계가 있었으니 에니그마(Enigma)이다. 이 암호체계를 풀 길이 없어 연합군은 속수무책으로 당할 수밖에 없었다. 그래서 영국의 천재들을 모아 극비리에 이 암호체계를 풀고자 하였고 결국 이것을 푼 천재가 앨런 튜링(Alan Turing)이다. 그는 최초의 컴퓨터인 콜로서스(Colossus)도 만들었으나 영국이 비밀로 부치는 통에 미국의 에니악(Eniac)에 공식적인 최초의 컴퓨터 자리를 내주게 된다. 그의 삶은 그의 천재성에도 불구하고 비극적이었는데, 하나는 그가 행한 일이 국가적 비밀업무였기 때문에 늘 감시와 배신의 의심 속에 살았던 것이고 또 하나는 그의 동성애 때문이었다. 결국 그는 청산가리를 사과에 주사하여 한입 베물고 죽었다. 그래서 우리가 잘 아는 미국 애플사의 로고가 한 입 베어 문 사과의 유래가 되었다고도 한다.

같은 영국의 대조적인 사례를 보자. 소년 앳킨슨은 둔해 보이는 생김새에, 말투와 행동도 어눌하기 그지없었다. 그의 식구들은 그가 분명히 지능이 낮거나 바보일 거라 생각했고, 학교 선생님들은 짓궂은 장난으로 수업 분위기를 흐리는 그를 처치 곤란한 골칫거리로 보았다.

그러나 그에게는 탁월한 재능이 한 가지 있었다. 바로 코미디 연기였다. 자신의 재능을 깨달은 앳킨슨은 그것을 더 갈고 닦기로 결심했다. 그는 틈날 때마다 재미있는 표정을 연습했고, 온갖 코미디 연기를 섭렵했다. 그가 바로 오늘날 영국의 대표적 코미디언 배우 로완 앳킨슨(Rowan Atkinson)이다. 그는 〈미스터 빈(Mr. Bean)〉으로 일약 스타덤에 올랐고 엄청난 부와 명예를 얻었다. 이처럼 사람은 누구나 자신만의 장점과 재능이 있다. 비록 지금 당장은 자기 자신에게 실망할 일밖에 없고 어려운 상황에 처했다 해도 괜찮다. 언젠가는 반드시 자신 안의 빛이 다른 사람의 눈에도 보일 날이 온다.

"빛의 사람 속에는 반드시 빛이 있나니 그 빛은 온 세상을 비추나니."(도마 24)

그의 일생에서 수많은 일화가 소개되는, 남북전쟁에서 승리해 연방을 지키고 노예를 해방시킨 미국의 에이브러햄 링컨(Abraham Lincoln)이 대중 앞에서 취임 연설을 할 때였다. 분위기가 한창 고양되었을 즈음, 링컨을 못마땅하게 생각하던 어떤 사람이 크게 소리쳤다.

"잊지 마시오, 링컨! 당신은 한낱 구두 수선공의 아들일 뿐이라는 사실을!"

장내는 일순간 침묵에 휩싸였다. 잠깐의 정적이 지나간 후, 사람들은 너무 심한 인신공격이 아니냐며 저마다 수군대기 시작했다. 그러나 정작 당사자인 링컨은 의연하게 말했다.

"그렇습니다. 저는 구두 수선공의 아들입니다. 안타깝게도 저의 아버지는 이미 세상을 떠나셨지만 만약 당신의 구두가 망가진다면 제가 고쳐드릴 수 있습니다. 하지만 죄송하게도 아버지가 하시는 것처럼 멋지게 고칠 수는 없을 것 같군요. 저의 아버지는 그만큼 훌륭한 분이셨습니다."

링컨의 대답에 감동한 사람들은 힘껏 박수를 쳤다.

자신의 불완전함을 용감하게 인정하고 솔직한 태도로 삶을 대할 때, 우리는 오히려 존중과 인정의 박수갈채를 받고 내면에서 우러나는 진정한 기쁨까지 얻을 수 있다. 인생에는 빛과 그림자가 끊임없이 교차한다. 만약 그림자가 없이 빛만 있다면 빛이 밝고 아름답다는 사실을 어떻게 알겠는가?(『느리게 더 느리게』, 장 샤오헝, 다연, 2014).

세상에 완벽한 사람은 없다. 그러니 먼저 부족한 자신을 인정하고, 단점에 집중해

아파하고 숨는 대신, 장점을 찾아보자. 그렇게 찾아낸 장점은 진정한 자부심의 크나큰 자본이 될 것이다.

인생에서 우리는 피치 못할 어려움을 당하게 된다. 솔로몬의 말처럼 '이것 또한 지나가리라(Soon it shall also come to pass)'와 '피할 수 없으면 즐겨라'의 태도가 바람직하다. 그리고 그러려면, Under-stand의 숨은 의미, 즉 아래에 서야, 겸손해야 이해할 수 있다. 금은 쓰레기통의 맨 아래에 있다고 한다. 태산은 어떤 흙도 가리지 않으며 바다가 깊은 이유는 모든 물줄기를 기꺼이 받아들였기 때문이다(『멀리 가려면 함께 가라』, 이종선, 갤리온, 2009).

생각의 구조조정

난치병인 크론병을 앓고 있는 의사 레이첼 나오미 레멘(Rachel Naomi Remen)은 『그대 만난 뒤 삶에 눈떴네』에서 "고통이나 슬픔처럼 감추고 싶은 마지막 한 조각까지도 삶의 선물로 받아들여야 그 조각으로 삶의 전체 그림이 완성된다"라고 얘기한다. 즉 인생이란 기쁨, 성공, 만족, 희망뿐만 아니라 슬픔, 실패, 불만, 좌절까지 모두 골고루 있어야 완성되는 조각 맞추기 퍼즐 같은 것이라는 것이다(『우리는 왜 죽음을 두려워할 필요 없는가』, 정현채, 비아북, 2018).

영화 「라이프 오브 파이」의 주인공 소년은 타고 가던 배가 침몰했으나 간신히 목숨은 건진다. 그러나 구명보트에 함께 탄 사나운 호랑이로부터 자신을 지키기 위해 고군분투해야만 했다. 몇 달 후 해변에 도착해 간신히 구조된 그는 만일 자신을 끊임없이 잡아먹으려 했던 호랑이가 없었다면 자신은 살아남지 못했을 것이라고 이야기한다. 외로움과 무기력에 빠져 삶을 포기했다면 생존해야 한다는 의지를 자기 내면에서 끌어내지 못했을 것이기 때문이다.

불교와 기독교는 그 종교의 발생지도 다르고 시대도 약간 차이가 나지만 비슷한 데가 참 많은 것을 발견할 수 있다. 그중에서도 세상의 세속적인 성공에 해당하는 것들에 대한 경고와 가진 자들의 겸손을 촉구하고, 없는 자, 병든 자들에 대한 따뜻한 위로의 내용이 특히 그러하다.

"하나님께서 세상의 미련한 것들을 택하사 지혜 있는 자들을 부끄럽게 하려 하시고 세상의 약한 것들을 택하사 강한 것들을 부끄럽게 하려 하시며 하나님께서 세상의 천한

것들과 멸시받는 것들, 없는 것들을 택하사 있는 것들을 폐하려 하시나니"(고린도전서 1:27~28)

행복에 관한 예수의 가르침은 '산상수훈'의 팔복으로 대표된다(마태 5~7장). 이것을 보면 우리의 생각이 얼마나 바뀌어야 하는지를 잘 느끼게 한다.

심령이 가난한 자는 복이 있나니
천국이 그들의 것임이요
애통하는 자는 복이 있나니
그들이 위로를 받을 것임이요(윤동주의 시, '팔복'도 읽어볼 것)
온유한 자는 복이 있나니
그들이 땅을 기업으로 받을 것임이요
의에 주리고 목마른 자는 복이 있나니
그들이 배부를 것임이요
긍휼히 여기는 자는 복이 있나니
그들이 긍휼히 여김을 받을 것임이요
마음이 청결한 자는 복이 있나니
그들이 하나님을 볼 것임이요
화평하게 하는 자는 복이 있나니
그들이 하나님의 아들이라 일컬음을 받을 것임이요
의를 위하여 박해를 받은 자는 복이 있나니
천국이 그들의 것임이라.

불교의 보왕삼매론(寶王三昧論)에 보면 행복이 거저 주어지는 것은 아니라는 것을 알 수 있다. 우리 일상의 시시콜콜한 불평을 확 뜯어고치려 한다.

몸에 병이 없기를 바라지 마라.
세상살이에 곤란함이 없기를 바라지 마라.
공부하는 데에 마음에 장애가 없기를 바라지 마라.
수행하는 데에 마(魔) 없기를 바라지 마라.

일을 계획하되 쉽게 되기를 바라지 마라.
친구를 사귀되 내가 이롭기를 바라지 마라.
남이 내 뜻대로 순종해 주기를 바라지 마라.
공덕을 베풀 때는 반대급부를 바라지 마라.
이익을 넘치게 바라지 마라.
억울함을 당할지라도 굳이 변명하려고 하지 마라.

공기 속에서 늘 숨쉬고 있는 사람이 공기의 고마움을 모르듯이 부모님 밑에서 늘 보살핌을 받고 있는 자녀는 부모님의 사랑을 모른다. 그것은 결핍되었을 때 느끼게 된다. 모든 종류의 결핍은 고통이고 불편함이지만 반대로 그것을 통해서 행복이 인지되는 것이다. 인지되지 않는 한 행복도 쾌락도 없는 것이다. 인지되는 한에서만 행복이 있는 것이라면 역설적으로 고통 또한 부정적으로만 볼 필요는 없다. 오히려 그것은 새로운 깨달음을 통해 스스로를 고양시키기 위한 반전의 계기가 될 수 있는 것이다. 연꽃이 늘 진흙 속에서 피어나듯, 진리는 늘 고통 속에서 발견되는 것이다. 만일 우리가 병에 걸리지 않는다면 어디가 아프지 않다면, 우리가 살아 있다는, 또는 동물이나 생물이라는 느낌을 받을 수 있을까? 좋은 일만 계속된다면 계속 기쁠 수 있을까?

호주 원주민들과 함께 살았던 한 백인 여의사 이야기다. 원주민들이 문명인들의 놀이를 경험해 보고 싶어 했다. 여의사는 달리기 놀이를 하자고 제안했다. 원주민들은 달리기를 잘 모르니 여의사는 그 규칙을 설명해 줘야 했다. 여러 명이 출발선에서 출발신호에 맞춰 동시에 힘껏 달려 결승 지점을 제일 먼저 통과하는 사람이 이기는 것이라고 아무리 설명을 해도 원주민들은 도통 이해하지를 못하고 그게 어떻게 놀이가 되느냐고 되물었다. 그들은 10명이 동시에 달려서 오직 한 사람만 이기고 나머지 9명을 패배자로 만드는 그 놀이를 왜 해야 하는 것인지? 왜 그 놀이가 재미있다는 것인지 모르겠다는 것이었다(『이야기 테라피』, 이시스, 이야기나무, 2012).

내가 중심이 되는 동시에 너 또한 중심이 되어 균형을 이루는 것이 중요하다. 내가 이기는 것은 일시적 쾌감이지만 모두가 승리하는 것이 행복이다. 다른 사람들을 패배시키고 나만 행복하고자 하는 마음은 결국 나도 불행하게 만든다. 이기적 자아를 없애야 한다. 불교의 無我, 유교의 無私, 장자의 오상아(吾喪我), 샤먼의 축귀(逐鬼, exorcism)가 결국은 그것이다. 내 안의 악마는 다른 게 아니라 이기적 나인 것이다. 세상의 모든 행복은 남을 위한 마음에서 오고, 세상의 모든 불행은 '나만 행복하면 돼' '나만 아니면 돼' 하는 이기심에서 온다.

진정하고 지속적인 행복은 우리가 세계를 향한 시선을 바꾸는 즉시 가능해진다.

행복하다는 것은 자신이 영위하는 삶을 사랑하는 것이며 남에게 도움이 되는 삶이다.

유대인 여성으로 1943년 아우슈비츠에서 29세에 사망한 에티 힐레숨(Etty Hillesum)의 글이다.

"내면의 고귀한 삶을 가진 사람에게는 수용소 철책의 어느 쪽에 서 있는지는 사실 그다지 중요하지 않다."

얼마나 성숙한 사람의 말인가. 고통과 불행을 혼돈하지 말자.

역설처럼 보일지도 모르겠으나, 우리는 고통스러워하면서도 동시에 행복할 수 있다. 고통은 피할 수 없으나 불행은 그렇지 않다. 고통스럽지 않게 해달라고 기도할 것이 아니라 고통을 잘 견뎌 끝내 행복하게 해달라고 기도하고 마음먹어야 한다.

우리는 고통스러운 경험을 하면서도 지속적으로 행복할 수 있으며, 일시적이기만 하다면 그 경험은 우리를 특별히 불행하게 만들지 않는다. 고통도 행복도 개체로서, 주체로서 내가 갖는 특권이다.

그러므로 중요한 것은 고통에 의해 완전히 무너지거나 불행 속으로 침잠해 들어가도록 우리 자신을 방치하지 말아야 한다는 것이다(『행복을 철학하다』, 프레데릭 르누아르, 책담, 2014). 우리의 행복은 우리 삶의 조건들에 의해 결정되는 것이 아니라 우리가 그 환경을 해석하는 방식에 의해 결정되는 것이다. 상황에 대해 불평을 하는 것은 우리에게 도움이 되도록 그 상황을 개선하기보다는 그 상황의 희생물이 된다는 것을 뜻한다(『우리는 개보다 행복할까?』, 매트 와인스타인 · 루크바버, 아이북스, 2005).

3명의 벽돌공이 벽돌을 쌓고 있었다. 하지만 그들의 표정은 저마다 달랐다. 한 벽돌공은 "지금 무슨 일을 하고 있나요?"라는 질문에 "벽돌을 쌓고 있다"고 대답했고, 다른 벽돌공은 "돈을 벌고 있다"고 대답했고, 다른 벽돌공은 "나는 지금 아름다운 성당을 짓고 있는 중"이라고 대답했다(『혼창통』, 이지훈, 쌤앤파커스, 2010). 생각의 구조조정이 필요하다. 눈앞의 일시적인 일이 갖는 숨은, 깊은 의미를 생각해야 한다. 내가 이 일을 해서 얻는 이익이 아니라 기여와 참여에 대한 기쁨을 누려야 한다.

"우리의 道는 괴로운 뒤에 즐겁고 중생은 즐거운 후에 괴롭다.(吾道苦而後樂, 衆生樂而後苦)"라는 말이 있다. 고통 끝에 얻은 기쁨이라야 오래간다. 좋은 것만 하려 들면 나쁜 것이 찾아온다. 괴롭고 나서 즐거운 것은 운동이 그렇고 학문이 그렇다.

즐겁고 나서 괴로운 것은 주색잡기와 도박이 그렇다(『조심』, 정민, 김영사, 2014).

여성들은 아기를 출산할 때 신체적으로는 고통스러워하면서도 자기 자녀를 세상에 태어나게 한다는 생각으로 충만한 행복감을 맛본다.

쇼펜하우어는 『행복론』에서 "우리가 소유한 것(물질적 재화, 건강, 사회적 지위, 사랑 등)을 누군가가 우리에게서 빼앗아갈 경우에 갖게 될 시선으로 바라보라"고 충고했다. 왜냐하면 우리는 흔히 행운을 잃고 난 다음에야 비로소 그것이 행운이었음을 깨닫기 때문이다. 말하자면 '내가 저걸 가질 수 있다면?'에서 '내가 저걸 잃게 된다면?'으로 생각을 바꿔보라는 것이다. 나보다 더 잘나가는 사람들보다는 더 힘든 사람들을 바라보라. 행복이란 유동적인 상태이고 상대적인 것이다. 비교할 때도 남의 행복을 과대평가하는 경향이 있다.

소크라테스가 한 청년에게 말했다.

"우리는 이미 귀중한 것을 아주 많이 가지고 있네. 다만, 가지고 있을 때는 모르다가 잃어버리고 나서야 그 소중함을 깨닫게 될 뿐이지."

우리가 갖지 못한 것은 행복이 아니라 행복을 발견하는 눈이다.

다른 사람이 자신보다 행복해 보이는 이유는 무엇일까? 다른 사람의 불행은 축소해서 보지만 자신의 불행은 늘 확대해서 본다. 나의 약점과 남의 강점을 비교하기 때문이다. 그 이전에 나와 남의 구별이 있기 때문이다. 시선을 내 안으로 향해야 한다. 내가 가진 것에 감사해야 한다.

우리는 오래 살기를 바라지만 그것보다는 잘사는 법, 매순간을 영원처럼 충만하게 사는 법을 배워야 한다.

기독교, 도교 사상가들, 니체 등은 현자의 본보기를 노인에게서만 찾지 않고 오히려 아이에게서 찾았다. 아이의 천진난만함, 놀이 같은 생의 자발성, 마음으로부터의 자유, 요컨대 순수한 기쁨에 지혜가 있다. 아이에게는 매사가 단순하고 자명하다.

어린아이는 삶을 자기중심적으로 이기적으로 보지 않고, 있는 그대로 받아들이기 때문에 기쁨 속에서 산다. 그들은 생을 선물받은 그대로 받을 줄 알고 생이 다른 모습이기를 요구하지 않는다. 그런 태도는 우리 안에 갇혀 있는 생의 기쁨을 풀어놓는다. 인생이 사랑할 만한 것이 되려면 우리가 인생을 긍정해야만 한다(『철학, 기쁨을 길들이다』, 프레데릭 르누아르, 와이즈베리, 2016).

아이의 마음에 대한 좋은 책의 한 구절이다.

슬리퍼를 박박 문질러 닦고 있자니, 어린 딸애가 울더라는 겁니다. 왜 우느냐니까 딸애가 "그렇게 박박 문지르면 아프잖아?" 그러더라는 거예요. 저게 바로 천국에 들어가려면 반드시 지녀야 하는 '어린아이의 마음'이로구나 싶더군요(『무위당 장일순의 노자이야기』, 장일순, 삼인출판사, 2003). 현자와 성인은 모두 어린아이 같은 사람들이었다.

어린아이는 아니지만 어른도, 심지어 우리가 아는 역사적 위인도 태도가 같지는 않다.

괴테와 베토벤이 같이 산책하다 말 탄 귀족을 만났다. 베토벤은 뻣뻣이 인사를 받았으나, 괴테는 공손히 그 귀족에게 인사를 하였다. 베토벤이 괴테에게 '유럽 최고의 지성이 귀족이라고 무식한 놈에게 인사를 하느냐'고 비아냥거렸다. 그러자 괴테가 말하였다. 한 개인에게가 아니라 유럽의 질서를 존중한 것이라고.

『북회귀선』과 『남회귀선』의 저자 헨리 밀러(Henry Miller)의 발저넘, 사람의 목적지는 결코 어떤 장소가 아니라 사물을 보는 새로운 시각의 획득이다. 우리의 시각과 생각을 재조정하여야 한다. multi verse의 복잡한 세계의 의미연관을 보고 대응하려면 multi perspective 즉, 다관점의 유연성, 융통성이 중요하다.

유대인들의 지혜서 탈무드에 나오는 말이다.

"이 세상에서 가장 현명한 사람은 모두에게서 배우는 사람이다.
가장 강한 사람은 자기를 이기는 자다.
가장 부유한 사람은 자기가 가진 것에 만족하는 사람이고
모든 이들로부터 사랑받는 자는 겸손하고 남을 칭찬하는 사람이다.
하나님은 위대함을 신분이 아니라 섬김의 잣대로 측정한다.
불완전한 섬김이 최선의 의도보다 항상 낫다."

다이아몬드와 석탄은 똑같은 탄소(Carbon) 덩어리이다. 차이는 압력과 고온에 대한 견딤이다. 땅속에 묻혀 있는 탄소 덩어리에 불과한 석탄이 150만~200만 톤의 압력과 2000~3000도의 열기를 견뎌내면 이 세상에서 가장 강하고 아름다운 다이아몬드가 된다. 재료는 같아도 내용과 가치가 달라지는 것이다.

미국의 텔레비전 선교사로 유명한 로버트 슐러(Robert Schuller) 목사는 "불가능한 일이 존재하는 것이 아니라 불가능하다는 생각이 존재하는 것이다"라고 했다.

모든 사람에게는 약점이 있다. 또 약하게 만드는 불가항력적인 상황들이 있다. 약점은 죄도 악도 아니다. 도자기처럼 우리는 약하고 결점이 있으며 쉽게 깨진다. 약점이 있음을 우리가 안도해야 할 이유는 그것은 겸손함을 갖게 하며 관계의 중요성을 알게 한다. 겸손함이란 자기를 비하하는 것이 아니라 우리의 약점에 솔직한 것이다. 약함은 사랑스런 특성이다. 약함은 겸손함과 친밀감으로 가는 길이다. 겸손해야 믿을 수 있다.

스코틀랜드의 작가이면서 성공학의 고전인 『self-help』를 쓴 새무얼 스마일스(Samuel Smiles)는, 생각을 바꾸면 행동이 달라지고 행동을 바꾸면 습관이 달라지고 습관을 바꾸면 성격이 달라지고 성격을 바꾸면 운명이 달라진다"는 우리가 많이 들어본 말을 한다. 바뀌어야 한다. 힘들지만 바뀌어야 행복하다.

강자만이 살아남는 정글의 법칙에서 헤어나지 못하는 한 우리의 삶은 거칠고 메마른 것이 될 수밖에 없다. 앞에서 말한 궁형을 받은 사마천이 『사기』를 통해 역사 속에서 재기했듯이, 좌절했더라도 다시 나아갈 내 길을 찾아야 한다. 그리고 험난한 시대를 살아가는 방식 가운데 염두에 두어야 할 단어가 바로 '여유'다. 천천히 때를 기다릴 줄 아는 지혜이다. 기다리면서 능력을 쌓아가는 노력이다. 아무리 힘든 상황에서도 서두르지 않고 준비하는 자에게 우리는 때로 경외마저 느낀다(『사기 성공학–사마천에게 배우는 인생 경영 비법』, 김원중, 민음사, 2012).

베스트 원이 아니어도 온리 원의 진짜 자기 찾기, 다른 사람과의 경쟁에서 이기는 것보다 자신의 세계에서 자기답게 사는 것이 훨씬 멋지다. 온리 원이면 경쟁할 필요가 없다. 언제나 내가 1등이다. 즐기며 살 수 있다.

나의 불행은 세상의 칭찬과 비난에 울고 웃는 '가짜 나' 때문이다. 행복은 자신이 좋아하는 일을 하는 것이다. 행복은 내가 살아 있음을 느끼는 것이다.

즐거움은 밖에서 누가 갖다주는 것이 아니라 긍정적, 낙관적, 적극적, 감사하는 인생관을 지니고 스스로 만들어가야 한다.

긍정↔부정, 낙관↔비관, 적극↔소극, 감사↔불평

비관주의는 기분의 산물이고 낙관주의는 의지의 산물이다. 매사를 되는 대로 방관하는 사람은 모두 슬퍼지게 마련이다. 기분은 항상 나쁜 것이 보통이다. 그리고 모든 행복은 의지와 통제의 산물이다(『행복론』, 알랭, 집문당, 2015).

성공학의 대가인 나폴레온 힐(Napoleon Hill)은 이렇게 말했다. "사람과 사람 사이에는 아주 작은 차이가 존재한다. 그러나 이 작은 차이가 엄청난 격차를 만들어낸다. 여기서 작은 차이는 '마음가짐이 적극적인가, 소극적인가'이고, 엄청난 격차는 '성공하느냐 실패하느냐'다."(『노자처럼 이끌고 공자처럼 행하라』, 후웨이홍, 한스미디어, 2011)

삶 속에 숨은 기쁨과 미처 발견하지 못한 행복을 찾아낼 줄 알아야 한다. 대개의 경우, 우리는 행복하지 않아서가 아니라 행복을 발견하지 못해서 불행하다. 그 원인은 부정적, 비관적, 소극적, 불평하는 태도 탓이다. 생각을 구조조정해야 한다.

우리는 늙은이를 따돌리고 어린이를 무시하고 부자를 보면 도둑놈이라 생각하고 가난하다고 지금까지 뭐했지? 하며 한심하게 생각한다. 저보다 나이 많은 사람을 보면 경험과 경륜을 존경하고, 나이 어린 사람을 만나면 나보다 죄 없음을 생각하고 부자를 보면 남에게 베풀었으리라 짐작하고 나보다 가난한 자를 만나면 그의 영혼이 더 겸손하리라 생각하라(『하늘은 먼저 주는 자를 돕는다』, 조영탁, 행복에너지, 2013).

자동차회사 포드의 창설자인 헨리 포드(Henry Ford), 그에게 경영학의 아버지란 닉네임을 붙여주게 된 것은 컨베이어벨트 시스템을 이용한 자동차 대량생산방식을 창안했기 때문이다. 자동차 왕 헨리 포드는 과연 컨베이어벨트 시스템을 어떻게 창안했을까? 그가 아이디어를 얻은 것은 도살장에서였다. 돼지, 소가 조직적으로 해체되어 착착 옆 라인으로 옮겨가는 것을 본 그는 30분간 넋을 잃고 보았다고 한다. 그리고 바로 자신의 자동차회사에 득달같이 적용시킨 것이다. 도살장이 해체 콘셉트였다면, 자동차회사에선 조립의 방식으로 전환시켰다. 그가 적극적이고 능동적이지 않았으면, 그리고 현재에 최선을 다하지 않았으면 도살장의 일은 그냥 그곳의 일이었을 것이다. 과거만이 일이었을 것이다. 골프를 배울 때 공이 어디로 날아갈지는 보지 않는다. 다만 자신이 공을 치는 자세만 바로 하면 공은 제대로 날아가게 되어 있다는 것이다. 마찬가지로 과거-현재-미래는 이어져 있기 때문에 미래를 준비한다는 것은 현재를 충실히 살고 있다는 것과 통한다(『CEO의 습관』, 김성회, 페이퍼로드, 2006).

행복은 적극적이고 용감한 자들 편에 서 있다. 승리하면 변명할 필요가 없다. 그리고 적극적인 사람은 낯선 것과의 만남을 즐긴다. 만남은 나를 풍성하게 만들어준다. 다양하고 낯선 것들과의 만남을 위한 가장 좋은 방법이 여행이다. 그리고 낯선 것은 언제나 내게 새로운 질문을 던지고 문제의 해답을 찾는 힘을 준다. 동양철학에서 말하는 좋은 기운도 만남을 통해서 내게로 온다. 시간을 내는 여행이 어렵다면 전시회, 박람회, 공연장, 극장 등을 찾아가 보는 것도 바람직하다. 시골이라면 떠들썩한 장날 구경도 좋겠다.

행복은 사물을 바라보는 방식에 달려 있다. 관점의 구조조정이 필요하다.

비가 올 때 '오! 근사한 비네!'라고 불평하지 않고 감사하면 절대로 감기에 걸리지 않는다고 한다. 불행해지는 것은 어려운 것이 아니다. 어려운 일은 행복해지는 것이다. 희망이 있다는 것, 그것이 바로 행복하다는 것이다. 내게 불행한 일이 일어나도 결코 그것이 우주적인 의미를 가질 수는 없다. 따라서 '그까짓 것은 아무것도 아니다'라고 선언하면 더 이상 불행이 아니다.

처음에는 많이 힘들겠지만 도망가지 마라. 피하지 마라. 포기하지 마라.

열심히 노력해야 행복해진다

탈무드에 나오는 가장 인상 깊은 한 구절이다.

Let's please hope it works!

원어로는 Halway Sheyaamod!이다. 구체적으로 무슨 말이냐면,

현재의 창세 이전에 스물여섯 번의 시도가 있었으며…

그가 이 세상을 창조할 때 신은

'이루어지기를 바라노라' 하고 부르짖었다는 것이다.

전지전능하다는 신조차도 세계를 만드는 데 이렇게 애를 썼다.

이 세상에는 천재가 있다. 흔히 세계 3대 천재니, 어느 대학이 배출한 3대 천재니 하지만 확실한 건 에디슨의 말처럼 노력이 재능이다. 노력한 이들이 모두 성공한 것은 아니지만, 성공한 이들은 모두 노력한 이들이다(『내 인생에 힘이 되어준 한마디』, 정호승 산문집, 비채, 2006).

인간은 파르메니데스(Parmenides)의 말처럼 영원불멸(eternity and immortality)한 존재가 아니기 때문에 언제나 시간의 종속변수일 수밖에 없다. 한 번밖에 못 사는 존재이고 잠깐밖에 못 사는 존재가 인간이기 때문에 사람이 자기 것으로 귀하게 여길 만한 건 시간밖에 없다. 시간을 정복하기 위한 인간의 도전이 바로 노력이다.

백척간두진일보(百尺竿頭進一步)의 목숨을 건 도전과 노력이 없다면 어떻게 나니까 할 수 있는 사랑, 나니까 살아낼 수 있는 삶, 그리고 나니까 가능한 행복을 바랄 수 있겠는가? 한 번밖에 없는 자신의 삶을 자신의 스타일로 살아내야 한다. 이것이야말로 우리가 살아가는 목적이자 인문학이 추구하는 자유정신이다(『김수영을 위하여』, 강신주, 천년의상상, 2012).

타성을 거부하는 힘, 그것이 바로 꾸준한 노력이기도 하다. 노력하고 도전하는 정신이 우리들을 타성에서 벗어나 생기 있는 삶의 행복으로 이끌어가는 힘이 된다. 인간은 자유로운 행동에 있어서만 행복한 것이다. 행복이란 남에게 칭찬을 구하지 않은 사람들에게 오는 축복인 것이다. 우연에 의한 행복은 진짜 행복을 가져다주지 않는다. 우리 자신의 힘과 노력에 의한 행복만이 우리 것이 된다.

'Life is not about finding yourself, life is about creating yourself.'

중국의 CC-TV사옥, 서울대 미술관 등 세계적으로 유명한 건물을 설계한 램 쿨하스(Rem Koolhaas)의 작품인 워싱턴주 시애틀 도서관을 보기 위해서 갔을 때, 그 앞 기념품점에서 우연히 본 문구여서 참으로 좋다고 생각했는데 나중에 찾아보니 버나드 쇼의 명언이었다. 인생은 외부의 절대자 내지는 창조주가 만든 피조물로서 운명 지워진 섭리에 따라 움직이는 피노키오 같은 자기를 발견하는 것이 아니라 스스로가 자기를 새롭게 창조하고자 하는 노력인 것이다. 지금 여기에서 최선을 못하면 언제 어디서든 최선을 못한다.

체코출신 영국 극작가 톰 스토퍼드(Tom Stoppard)는 "모든 출구는 어딘가로 들어가는 입구다(Every exit is an entry somewhere). 끊임없는 노력이 연속이 인생이다"라고 말한다.

If you can dream it, you can do it.

디즈니월드 내부에 있는 미래도시 엡콧센터(Epcot Center) 입구에 걸려 있는 문구이다. 거꾸로 말하면 인간이란 아예 실현 불가능한 것은 처음부터 꿈꿀 수도 없다는 것이다. 화폐나 정보도 분명히 자본이지만, 인류 최대의 자본은 바로 이러한 상상력이며 상상한 것은, 노력한다면 이루어진다. 이것이 모든 창조와 성공의 근본이다. 묵묵히 노력해야 한다. 일확천금이나 로또 당첨 같은 '대박!'은 거의 불가능하니 기대하지 말아야 한다. 그저 노력에 의한 축적만이 성공과 행복을 가져온다.

진심으로 행복해지기 원한다면 적극적으로 노력해야 한다. 불행으로 가는 길은 쉽지만(아무것도 하지 않으면 된다), 행복으로 가는 길은 쉽지 않기 때문이다.

계속 행복하려면 성숙해야 하고 성숙의 잣대는 어려운 조건과 상황과 맥락의 변화에도 불구하고 노력하는가?로 요약되지 않을까?

많은 명언을 만들어낸 카네기(Andrew Carnegie)는, "운명이 당신에게 신 레몬을 준다면 그것을 달콤한 레모네이드로 만들어라"고 하였다. 주어진 것을 탓하지 말고 변화의 기적을 일으키는 노력을 해야 한다는 것이다.

말콤 글래드웰(Malcolm Gladwell)의 책 『아웃 라이어(Outliers)』에 보면, 베를린 뮤직 아카데미의 학생들을 대상으로 한 실험을 통해서 8,000시간을 연습한 학생과 1만 시간을 연습한 학생의 실력 차가 크더라는 연구결과를 BBC 과학매거진을 통해 발표했다. 핵심은 최소 1만 시간은 연습을 해야 뇌가 거기에 적응하고 한계를 넘어서게 된다는 것이다.

어떤 일을 할 때 스스로 감동할 수 있는 단계에 이르렀을 때 비로소 노력이라고 할 수 있다. 한국을 상징하는 호랑이에 제일 어울리는 외모를 가진 김연아를 만든 것은 한 번의 멋진 점프가 아니라, 천 번의 엉덩방아이다.

부처의 유언은 다음과 같다. "모든 형상은 덧없다. 부지런히 노력하라!"

몰입하기

조선시대의 대표적 방외인(方外人) 중의 한 명이자 열하일기로 유명한 박지원의 『허생전』에 보면, 밤낮없이 책만 읽는 허생을 보던 아내는 부아가 끓어 잔소리를 해대었다. 견디다 못한 허생이 책을 탁 덮고 자리에서 벌떡 일어난다. "안타깝다. 내 십년독서(十年讀書)가 이제 겨우 7년인데 나머지를 못 채우는구나."

십년독서는 옛 선비들의 꿈이다. 눈앞에 만 권의 책을 쌓아놓고 틀어박혀 한 10년 책만 읽으면 그것으로 세상 보는 안목이 훤히 열린다고 믿었다. 『노자』 47장의 不出戶知天下(구태여 밖에 나가지 않아도 세상 돌아가는 이치를 훤히 안다)의 단계가 되는 것이다. 십 년의 시간은 물리적으로 정한 시간이기보다 利·不利를 따지지 않은 채 조급한 마음을 내려놓고 몰두하는 상징적 시간이다. 이걸 배워 어디 써먹고 저걸 익혀 돈 벌

궁리 하지 않는 오직 독서를 위한 독서의 시간이다. 그 무목적의 온축 속에서 세상을 보는 안목이 터진다. 그런데도 사람들은 그다지 급하지 않은 명성만 다급하게 여긴다(『조심』, 정민, 김영사, 2014).

승부사들은 기회가 왔을 때, 모든 것을 건다. 모든 것을 걸어야 승부가 나기 때문이다. 올인은 하이 리스크, 하이 리턴(high risk, high return)의 세계에서 승부사들이 사용하는 일종의 필살기다(『오리진이 되라』, 강신장, 쌤앤파커스, 2010).

올인하듯, 무언가에 강하게 몰입한 사람들이 분명하게 체험할 수 있는 이런 상태를 조지프 캠벨(Joseph Campbell)은 『신화와 인생』에서 '희열'로 표현했고, 심리학자 매슬로는 '절정 경험'으로 정의했다.

무엇을 위해 열중하고 몰두할 때 인간은 위대해지고 자유인이 된다.

미하이 칙센트미하이(Mihaly Csikszentmihalyi)는 몰입의 상태에 들어가려면 목표와 분명한 목적의식을 가져야 한다고 설명한다. 목표는 시간이 지나면서 변할 수 있지만 우리가 뭔가를 하고 있는 동안에는 분명한 방향이 있어야 한다.

칙센트미하이가 말하는 몰입은 그 자체가 보상이 되는 경험에 열중하고 있는 상태를 의미한다. 몰입의 상태에서 우리는 그 경험과 하나가 되고, 행동과 인식이 하나가 된다.

칙센트미하이는 사람들이 일보다 여가활동을 선호한다고 말한다. 하지만 그는 또 다른 사실을 발견했다. 사람들이 실제로 집보다 직장에서 몰입을 더 자주 경험한다는 것이다(『해피어』, 탈 벤 샤하르, 위즈덤하우스, 2007).

우리가 그토록 바라는 행복과 성공 비결은 무엇일까? 그것은 바로 자신이 가장 좋아하는 일을 찾아서 그 일에 몰입하는 것이었다. 행복은 어떤 일에 완전히 몰입하는 경험에서 찾아온다. 한 가지에 일에 완전히 몰두하여 자기에 대한 의식조차 사라지고 시간과 공간에 대한 의식이 없어지는 상태를 '몰입(flow)'이라고 부른다. 마치 우리의 몸과 마음이 물 흐르듯 움직이기 때문에 '플로우'라는 이름을 붙인 것이다. 몰입은 '분명한 목표와 규칙'이 있는 활동을 할 때 경험하기 쉽다고 한다.

예를 들어, 악기를 연주하는 것에는 분명한 목표와 규칙이 존재한다. 운동경기도 마찬가지이다. 몰입을 경험하기 위해서는 그 일을 해낼 수 있는 실력이 필요하고, 그 일이 적정한 수준의 난이도를 가지고 있어야 한다.

수동적인 여가(예를 들면, TV시청, 핸드폰 쳐다보기, 낮잠 자기 등)는 좀처럼 몰입 경험을 가져다주지 않는다. 왜냐하면 그런 일에는 뚜렷한 목표나 절차가 존재하지 않고, 적절한 수준의 실력이나 난이도가 필요하지 않기 때문이다.

반면에 능동적인 여가(예를 들면, 운동을 하거나 악기나 그림을 배우거나, 산에 오르는 일 등)는 몰입 경험을 가져다줄 수 있다.

TV시청, 핸드폰 쳐다보기 등이 지나치면 오히려 무기력해지거나 더 피곤해진다.

몰입의 또 다른 정의는 '딴 생각을 하지 않는 것'이다. 사람들은 하루의 약 47%를 딴 생각을 하며 보낸다고 한다.

몰입 경험의 또 다른 특징은 '시간의 왜곡현상'이다. 몇 시간이 흘렀는데도 단 몇 분밖에 흐르지 않은 것으로 경험된다. 이처럼 몰입하면 시간에 대한 생각이 무뎌진다.

시간 압박이 있으면 우리는 즐거움을 경험하지 못한다.

행복은 자신에 대한 과도한 관심에서 벗어나는 것, 쓸데없는 딴 생각을 떨쳐버리는 것, 그리고 오로지 지금 이 순간에 집중하는 것이다(『행복교과서』, 서울대학교 행복연구센터, 주니어 김영사, 2011).

마음이 몸과 하나가 되는 것을 일러 삼매(三昧)라 한다. 불교에서는 선(禪)이라고 한다. 삼매에 들어 있는 동안은 시간과 공간이 사라지게 된다. 시간과 공간이란 사람이 만들어낸 개념에 불과하다. 즉 시간과 공간이란 내가 있고 상대가 있을 때 성립된다. 내가 있고 마주하는 상대가 있으면 공간이 성립되고 주체와 객체라고 하는 공간이 전제되어야 시간이 성립된다. 삼매가 되면 시간은 무한으로 늘려 쓸 수도 있지만, 또한 무한의 시간을 찰나로 줄여 쓸 수도 있다. 몸 컨디션이 좋을 때는 몇 킬로미터쯤 걷는 일이 문제되지 않지만, 지쳐 있을 때는 지척이 천 리이기도 한 것이 또한 공간이다. 몇십 년 살아 온 세월을 돌이켜보면 또한 하룻밤 꿈과 같은 게 삶이지 않던가(『공자와 떠나는 행복여행』, 김용남, 너울북, 2010)?

깨달음은 우연히 오는 것이 아니다. '불현듯 깨닫게' 되는 것(頓悟)이기는 하지만 우연의 산물은 아니다. 오래도록 어떤 일에 몰두한 사람에게만 찾아오는 갑작스런 선물일 뿐이다. 자신을 바꾸게 될 깨달음으로 우리를 몰고 가기 위해서는 자신에 몰두해 있어야 한다. 몰입은 신의 경지에 도달하는 것이다. 인간의 수많은 고통을 잊은 완전행복 상태인 것이다.

나누고 베풀기

고대 로마의 콜로세움은 사람과 사람, 사람과 맹수를 싸우게 하는 것을 즐기는 오락장이다. 어느 날 수많은 관중이 지켜보는 가운데 며칠 동안 굶주려서 사나워질 대로 사나워진 사자가 경기장으로 들어왔다. 경기장 한쪽 구석에는 한 죄수가 긴 창을 꽉 쥔 채 벌벌 떨고 있었다. 사자는 곧 죄수를 발견하고 맹렬하게 달려들었다. 그때, 이상한 일이 벌어졌다. 사자가 갑자기 킁킁대며 냄새를 맡더니 그의 주변을 빙빙 돌다가 옆에 얌전히 앉아버린 것이다. 콜로세움 안은 순간적으로 고요에 휩싸였다. 로마 황제도 깜짝 놀라 죄수를 불러 이유를 물었다.

"일 년 전쯤에 숲을 지나다가 다친 새끼 사자를 발견한 일이 있습니다. 저는 사자를 데려와 상처를 치료해 주고 숲으로 돌려보냈습니다. 그리고 오늘 아마도 그때의 그 사자를 다시 만난 것 같습니다."

죄수의 이야기에 황제는 깊은 감동을 받고 그를 석방했다. 그를 구원한 것은 과거에 그가 뿌렸던 선의의 씨앗이었다. 신이 인간을 창조할 때 두 개의 손을 주었다. 하나가 아니라 두 개나 준 데는 하나는 자신을 위해, 다른 하나는 남을 위해 쓰라는 깊은 의미가 담겨 있다(『느리게 더 느리게』, 장 샤오헝).

"낯선 이를 위해 시간, 돈, 보금자리를 내어주는 것은 신으로 하여금 자신에게 빚을 지게 하는 것과 같다."(『CEO의 습관』, 김성회, 페이퍼로드, 2006). 이것이 교통수단이 발달하지 않았고 자연의 무서움이 살아 있던 시절에도 여행이 가능하게 했던 호스피탈리티(hospitality) 정신의 유래인 것이다.

다른 사람들의 행복을 위해 행동함으로써 자신도 행복해진다.

보시는 불교에서 말하는 육바라밀의 제1덕목으로 다른 말로 자비심이다. 다른 존재에게 아낌없이 주는 것을 말한다. 그래서 우주를 살려내는 것이 사랑(布施)이다. 아무리 많은 보시를 해도 그걸 자랑하면 자랑하는 순간에 모두 없어지고 만다고 한다.

기독교에서도 마찬가지의 말을 한다. 자선을 베풀 때는 왼손이 하는 걸 오른손이 모르게 하라고 예수는 말했다. 그게 남 몰래 하라는 말이 아니라 저도 모르게 하라는 말이다. 의식함이 전혀 없이 습관화하라는 것이다. 사도 바울은 "주는 것이 받는 것보다 더 행복하다."(사도행전 20:35)고 하였다.

한비자는 다소 전략적이기는 하지만, "장차 취하고자 하면 반드시 내줘라(將欲取之必固與之)"고 하였다. 속된 말로 give and take이다.

내 욕심만 채우려고 하는 것은 소인이고 그렇게 되지도 않는다. 내가 행복해지는 가장 좋은 길은 남을 행복하게 하는 것이다. 지옥 속에서 나만 천국의 삶을 살 수는 없기 때문이다.

남을 도울수록 나 자신이 행복해지며, 내가 행복할수록 남을 도와주고 싶은 마음이 커지는 것이다. 행복은 밀폐된 자아의 사적 행복이 아니라 확대된 자아의 열린 행복으로 수렴되어야 한다.

자본주의시대에 돈으로 행복을 살 수 있는가에 대해서 사람들이 궁금해 한다. 답은 'Yes'이다. 나보다 주변 사람들을 위해서 돈을 쓰는 것, 그것이 돈으로 행복을 살 수 있는 좋은 길인 것이다.

마라톤을 하는 사람들은 처음에는 심한 고통을 느끼지만 어느 시점을 지나면 쾌감을 느낀다고 한다. 이 현상을 '러너스 하이(Runner's High)'라고 한다. 뇌에서 기분 좋은 물질이 분비되어 기분이 좋아지는 것이다. 그런데 최근 연구에 따르면 사람들은 누군가를 도울 때도 이런 기분 좋은 경험을 하게 된다고 한다. 이를 '헬퍼스 하이(Helper's High)'라고 한다(『행복교과서』, 서울대학교 행복연구센터, 주니어 김영사, 2011).

돈이 없으면 어떻게 나누고 베풀 수 있는가? 돈이 없다면 따뜻한 시선으로, 말 한마디로 위로해 줄 순 있다.

"그대가 가진 것이 많거든 대추야자나무처럼 아낌없이 주라. 그러나 가진 것이 없거든 삼나무처럼 자유인이 되라." 소로의 『월든』의 한 구절이다.

20세기 최대의 발견이라고 할 수 있는 『도마복음』에 나오는 말이다.

> 예수가 말하였다.
> 아버지의 나라는
> 음식 가득 항아리 하나 옮기는
> 아낙과도 같다.
> 멀리 집으로 길을 가는데
> 항아리의 손잡이는 부서지고
> 음식은 새어 아낙 뒤로

길을 따라오건만
아낙은 알지 못했다.
집에 당도하여
항아리를 내려놓으니
그게 비어 있음을
이내 알게 되었다.(도마복음 97)

여인은 먼 여행 끝에 집에 다다랐다. 하지만 항아리는 비어 있고, 자기 가족들과 자기가 먹으려고 고생해서 장만한 음식은 조금도 남아 있질 않았다. 예수는 이게 아버지의 나라, 천국의 모습이라 한다.

자기만 먹는 것, 축적하는 것, 그것은 결코 행복에 이르는 길이 아니다. 그것은 지옥, 죽음에 이르는 길이다. 오히려 내려놓고 비우고 희생하는 것, 생색내지 않고 모른 척 쌀 한 톨 나누기, 그것이 생명과 참 행복에 이르는 길이다. 제대로 돌아온 모습이란 이런 것이 아닐까? 말은 쉽지만 실행하기는 참으로 어렵다.

용서와 감사하기

용서가 상식적으로 타인을 위한 것으로 생각되므로 여기서는 자신을 위한 것을 주로 하자.

용서라는 것이 반드시 타인을 향하는 것은 아니다. 자신도 용서 못하는 사람이 타인을 용서해 줄 수는 없기 때문이다.

우리가 잘 알고 있는 성경의 말이 사실이라면, 유다와 베드로, 두 사람은 똑같이 스승 예수를 배반했다. 그런데 베드로는 수제자답게 교회의 반석이 되었고, 유다는 스스로 나무에 목매달아 자살을 했다. 그 차이는 무엇일까?

그것은 자신을 용서하지 않았기 때문이다.

베드로는 "새벽닭이 울기 전에 네가 나를 세 번 부인할 것이다."(요한 13:36)라는 예수의 말을 부인했으나 결국 그렇게 했다. 그러나 그는 통곡과 회개 끝에 자신의 잘못을 스스로 용서하고, 그 용서를 바탕으로 무서운 박해 가운데서도 스승의 말을 열심히 전했다. 그러다가 처형당하게 되자 "나는 스승을 배반한 자이니 십자가에 거꾸로 못박혀 죽겠다"고 자청하는 용기 있는 죽음을 선택했다.

자신을 용서하지 않으면 고통받게 된다. 자신을 용서하지 않으면 좌절하게 되고 자신을 버리게 된다. 용서는 타인을 향한 것 같지만 사실은 나를 위한 것이다.

거리의 많은 노숙자들이 노숙자가 되는 데에는 우리 사회의 정치 · 경제를 포함한 구조적인 문제가 주원인이기도 하겠지만, 결국은 스스로 자신을 버리고 상처를 주었기 때문에 노숙자가 된 것이라고 생각해볼 수도 있다.

잘못의 주체가 나일 경우에는 그런 잘못을 저지른 나 자신에 대하여, 잘못의 주체가 남일 경우엔 그 사람을 미워한 나 자신을 위하여 먼저 용서를 청해야 한다(『내 인생에 힘이 되어준 한마디』, 정호승 산문집, 비채, 2006).

자신에 대한 용서야말로 모든 용서의 출발점이기 때문이다. 용감한 사람만이 용서할 수 있다. 약한 사람은 벌할 수도 없다. 그러므로 용서는 약한 사람한테는 해당되지도 않는다.

잠언에 보면 "노하기를 더디하는 것이 사람의 슬기요, 허물을 용서하는 것이 자기의 영광이라."(잠언 19:11) "노하기를 더디 하는 자는 용사보다 낫고, 자기의 마음을 다스리는 자는 성을 빼앗는 자보다 나으니라"(잠언 16:32)고 하였다.

제2차 세계대전 당시 독일의 라벤스부르크에 있었던 한 수용소에서 9만 6,000여 명의 어린이와 여성들이 희생되었다. 이 수용소의 상황은 열악했다. 상상조차 할 수 없을 정도로 끔찍한 이곳에서 아래의 기도문이 발견되었다.

주님,
좋은 뜻을 지니고 있는 사람들만 기억하지 마시고
악의를 품고 있는 사람들도 기억하소서.
하지만 저들이 저희에게 준 고통만을 기억하지 마시고
그 고통으로 인해 저희가 얻게 된 열매인
저희의 우정, 겸손함과 용기, 관대함
그리고 이 모든 고통을 통해 성장한
저희 마음의 위대함도
생각하소서.

> 그리하여 마지막 심판날에
> 저희가 맺은 이 모든
> 열매들이 저희에게 고통을
> 준 그 사람들을 위한 용서의
> 제물이 되게 하소서.

용서는 가해자에게만 최고의 선물이 아니라 피해자일지도 모르는 우리가 우리 자신에게 줄 수 있는 최고의 선물이다. 분노와 증오 때문에 복수심만 가득한 마음은 가장 불행한 마음이다. 진정 행복해지고 싶다면 나와 너를 용서해야만 한다.

'Forgiveness(용서)'라는 단어를 글자 그대로 풀어보면 누군가를 'for 위하여 giveness 주는 것'이다. 용서는 가해자를 위하기 이전에, 바로 나 자신을 위해서 주는 것이다.

부처님 말씀에 따르면 "분노에 차 있는 것은 마치 뜨거운 석탄을 누군가에게 던지기 위해 손에 쥐고 있는 것과 같다." 뜨거운 석탄을 계속 쥐고 있으면 어떻게 될까? 내 손이 먼저 화상을 입고 고통을 당하게 된다.

남아공의 넬슨 만델라 대통령이 취임식에 자신이 27년간 수감되어 있었던 감옥의(그를 괴롭히던) 간수 세 명을 초대했다. 어떻게 그들을 용서할 수 있었는가?라는 질문을 받고 만델라 대통령은 이렇게 말했다.

"감옥 문을 나가는 순간, 나는 그 사람들을 계속 미워한다면 여전히 감옥에 갇혀 있게 된다는 사실을 깨달았다."(『행복교과서』, 서울대학교 행복연구센터, 주니어 김영사, 2011).

상대를 용서하는 것은 자기 스스로 덕을 쌓는 일이다.

마음에 조금 들지 않는다고 해서 왕래를 끊으면 이 사회에서 살아남을 수 없다. 긴 안목을 가지고 둥글게 원만하게 살아야 한다. 무릇 큰일을 하려는 사람은 남에게 관대하게 대해야 한다(『후흑』, 한스미디어, 판후이성, 2007).

행복해지려면 감사에 눈을 떠야 한다. 많이 가졌다고 행복해지는 것이 아니라 감사하는 사람만이 행복할 수 있다. 행복은 소유의 크기가 아니라 감사의 크기에 비례한다. 감사하는 사람은 행복하다. 감사가 바로 행복의 문을 여는 열쇠이기 때문이다.

탈무드에, "세상에서 가장 지혜로운 사람은 배우는 사람이고, 세상에서 가장 행복한 사람은 감사하며 사는 사람이다"라고 씌어 있다.

선진국의 사람들은 오히려 인간관계에서 비롯한 소외감과 소유의 비교에서 오는 상대적 빈곤감 때문에 불행을 더욱 심하게 느낀다고 한다.

행복은 없는 것에 관심을 가지는 것이 아니라 있는 것에 자족하는 것이다. 있는 것을 소중하게 여기고 감사하는 사람이 행복한 인생을 살게 된다. 내가 가지지 않은 것에 대한 불평이, 내가 가지고 있는 것에 대한 감사로 변할 때 비로소 행복한 인생이 되는 것이다.

정호승 산문집, 『내 인생에 힘이 되어준 한마디』에 나오는 한 구절이다.

> 제 삶에서 가장 결핍된 것은 감사하는 마음이었습니다.
> 제 영혼이 이렇게 빈곤한 까닭은 그동안 감사할 줄 몰랐기 때문이었습니다.
> 무엇보다도 감사한 것은 하루하루 평범한 일상을 지금까지 포기할 만큼 지치지 않고 건강하게 살아온 일입니다.
> 작은 일에서 감사함을 느끼지 못하면 큰일에서도 감사함을 느끼지 못합니다.
> 자꾸 감사하면 자꾸 감사할 일이 생깁니다.
> 사랑하는 사람은 볼 때마다 예쁜 구석을 자꾸 찾아낼 수 있듯이 감사 또한 그렇습니다.

가깝고도 먼 나라 일본의 전자제품을 세계적인 수준으로 끌어올린 마스시다 고노스케(松下幸之助)는 경영의 신이라 불리는, 일본인이 가장 존경하는 경영인이다. 그에게는 유명한 일화가 많은데 그중에서도 우리에게 가장 잘 알려진 것이 자신이 성공한 세 가지 이유이다.

"나는 하느님이 주신 세 가지 은혜 덕분에 성공할 수 있었다.

첫째, 집이 몹시 가난해서 구두닦이, 신문팔이 등 수없는 고생을 하였고, 이를 통해 세상을 살아가는 데 필요한 경험을 얻을 수 있었다.

둘째, 태어났을 때부터 몸이 몹시 약해서 항상 운동에 힘써서 늙어도 건강할 수 있었다.

셋째, 초등학교도 못 나왔기 때문에 세상 모든 사람들을 스승 삼아 열심히 배우는 일을 게을리할 수 없었다."

누가 이 말을 듣고 자신의 환경을 탓할 수 있을까?(『이기는 습관』, 전옥표, 쌤앤파커스, 2007).

미국의 한 사례이다. 미국에서 가장 낮은 계층은 '흑인이면서 여자'라고들 한다. 그 중에서도, 사생아로 태어난 한 흑인 소녀는 할머니의 손에 매질을 당하며 지독한 가난 속에서 자랐다. 삼촌의 성폭행으로 열네 살에 미혼모가 됐고 마약과 알코올로 얼룩진 청소년기를 보냈다. 그녀는 스트레스 때문에 매우 뚱뚱했으며, 살고자 하는 의지도 약했다. 그러나 현재 그녀는 전 세계 시청자를 울리고 웃기는 사람이 됐다. 그리고 미국인이 가장 존경하는 여성이 되었다. 미국의 차기 대통령 후보로 거론되기도 한다. 그녀가 바로 토크쇼의 여왕 '오프라 윈프리(Oprah Winfrey)'이다.

힘들고 어려웠던 유년기를 보냈던 그녀가 이렇듯 성공할 수 있었던 힘은 무엇이었을까? 그것은 바로 '감사 일기'였다. 오프라 윈프리는 매우 바쁜 하루 중에도 감사한 일을 찾아 감사 일기장에 적는 습관을 갖고 있었다.

"오늘도 거뜬하게 잠자리에서 일어날 수 있어서 감사합니다." "오늘 눈부신 파란 하늘을 보게 해주셔서 감사합니다." "오늘 아침 맛있는 토스트를 먹게 해주셔서 감사합니다." 등 매우 특별하지 않은 일상적인 것들에 대한 감사가 그녀를 힘든 시기에서 이겨낼 수 있게 해준 힘이 되었던 것이다(『오프라 윈프리의 특별한 지혜』, 집사재, 2005).

사소한 것조차 소중하게 여기고 감사하는 것에는 이와 같이 인생을 바꾸는 엄청난 힘이 존재한다.

슈바이처 박사 또한 "인생의 성공 비밀은 감사이다"라고 가르치고 있다. 성공한 사람들의 인생을 분석한 후에 한 학자가 내린 결론도 그들의 인생은 '성공 이야기'가 아니라 '감사 이야기'라는 것이다. 행복은 당연한 것을 놀라운 것으로 받아들이는 것이다.

불평도 습관이다. 불평하는 사람은 항상 불평한다. 부정적인 사람의 눈에는 장미꽃의 가시만 보인다. 감사가 행복해지는 연습이라면, 불평은 불행해지는 연습이다. 세상의 좋은 기운이 얼씬도 하지 않기 때문이다.

처음 광야에서 하나님이 주시는 만나를 받아먹었을 때 이스라엘 사람들은 그 맛이 "꿀 섞은 과자 같다"(출애굽기 16:31)고 감사했는데, 나중에는 힘든 광야 생활에 금방 지쳐 똑같은 만나를 받아먹으면서, "기름 섞인 과자 맛 같다"(민수기 11:8)며 투덜거렸다.

결국 불평인생을 살 것인가, 감사인생을 살 것인가는 우리의 선택에 달렸다.

성경에 "항상 기뻐하라, 쉬지 말고 기도하라, 범사에 감사하라"고 하였다(데살로니가전서 5:16~18).

사탄은 매일 우리의 귀에 대고 이렇게 속삭인다. "항상 낙심하라! 쉬지 말고 원망하라! 범사에 불평하라! 이는 너희를 향한 사탄의 뜻이니라."

감사는 하나님의 뜻이고 불평은 사탄의 뜻이다. 그리고 감사를 택하든 불평을 택하든 그것은 우리의 자유다. 그러나 결과는 판이하게 다르다. 같은 환경이지만 감사하기로 작정한 사람의 삶은 행복하다. 반대로 불평하기로 작정한 사람의 인생은 불행하다(『행복의 문을 여는 열쇠, 평생감사』, 전광, 생명의말씀사, 2007).

내가 당연하게 누리고 있는 것들이 누군가에는 절실한 감사의 대상이 될 수 있다. 철학자 칸트도 '감사하지 않는 것이야말로 악의 본질'이라고 말했다.

여행과 행복의 인문학 행복편

배움과 행복한 공동체 만들기

배워야 행복할 수 있다

리처드 바크(Richard Bach)의 소설 『갈매기의 꿈』에는 이런 구절이 나온다. "우리가 이 세계에서 배운 것을 통해서 우리의 다음 세계를 선택한다는 말일세. 아무것도 배우지 않는다면, 다음 세계도 지금과 똑같은 것일 수밖에 없지. 현재와 똑같은 한계들과, 극복해야 할 무거운 짐에 짓눌리는!"

우리는 왜 배워야 하나? 성공하기 위해서? 돈 벌기 위해서? 물론 부정할 수는 없지만 무엇보다도 행복하기 위해서는, 잘 살기 위해서는, 좋은 기회를 찾기 위해서는 제대로 선택하기 위해, 효과적으로 행동하기 위해서 많은 것을 알아야 하기 때문에 배우는 것이다. 우리가 인간으로서 행복하기 위해서는 무엇보다도 사람다워야 한다. 사람답다는 것은 다른 모든 존재들과 달리 사유하는 능력을 가졌다는 것이다. 따라서 사람의 사유능력의 잠재성을 최대한 발현하는 것이 가장 큰 행복이라고 할 수 있는 것이다. 이것을 그리스인들은 덕(arete)이라고 불렀다. 인간다움, 인간의 훌륭함, 영혼의 힘 등으로 바꿔 말할 수 있다. '만물의 근원은 수'라는 말로 유명한 자연철학자 피타고라스(Pythagoras)는 "마음과 덕의 관계는 몸과 건강의 관계와 같다"고 하였다. 소피스트의 아버지라 불리는 고르기아스(Gorgias)는 "아무것도 존재하지 않는다. 존재한다 하더라도 알 수 없다. 설령 알 수 있다 하더라도 전달할 수 없다"는 유명한 허무주의적 명제를 남겼다. 그리고 이것은 그 후 플라톤 등 서양철학과 모든 학문의 도전 대상이 되었다. 우리 모두가 배워야 하는 분발의 계기를 만든 말이다. 출처는 알 수 없으나 오래전에 들은 이야기이다. 미국 양로원에서 노인들을 대상으로 설문조사를 하였단다. 다시 젊어진다면 하고 싶은 것이 무엇인가?

노인들의 대답 중 가장 많이 나온 것 세 가지를 들면 다음과 같다.

Learn more
Love more
Challenge more

미술사에서 최초의 근대화가라 불리는 고야(Francisco Goya)의 나이 78세에 그린 말년작(1824년) Aun Aprendo라는 그림이 있다. 영어로는 I'm still learning이라는 뜻이다. 지팡이가 하나도 아니고 두 개의 지팡이를 짚고 배우기 위해 걸어가는 노년 화가의 모습이 눈물겹다.

Aun Aprendo

동양사상에서는 사람의 종류(수준)에 대하여 다음과 같이 나눈다.

중용(中庸)에,
성인은 나면서부터 알고(生而知之)
현명한 사람은 배워서 알고(學而知之)
보통사람은 애를 써서 안다(困而知之)고 하였다.

불교에서는 이와 비슷하게 사람을 배움이 필요한 정도, 배움을 감당할 정도에 따라 上根機, 中根機, 下根機로 나눈다.

공자도 논어 계씨편에서 "태어나면서부터 아는 자는 상등이고, 배워서 아는 자는 그 다음이고, 깨우치는 데 부족함이 있지만 배우는 자가 또 그다음이다. 그런데 부족한데도 배우지 않으면 백성 중에서도 하등이다(孔子曰, 生而知之者 上也, 學而知之者 次也, 困而學之又其次也, 困而不學 民斯爲下矣)"라고 말한다.

플라톤의 행운은 소크라테스에게서 배울 수 있는 특권을 가진 것이라고 한다.

그의 제자 아리스토텔레스는 그 유명한 "한 마리의 제비가 왔다고 해서 봄이 온 것이 아니다"라고 말한다. 그가 말하려는 것은 덕은(혹은 선은) 끊임없는 자신의 의지를 통한 배움으로 획득되는 것이라는 것이다. 그래서 그는 습관의 중요성을 이야기한다. 거저 주어지는 것이 덕이 아니므로 극단으로 치닫지 않는 중용과, 성급함과 경솔하지 않은 신중함을 늘 염두에 두면서 노력해야 배움을 통한 행복이 안전히 내 것이 될 수 있다고 한다. 그는 그렇게 해서 도달할 수 있는 최고의 선, 최고의 목적은 행복이라고 했다.

"사람은 백지상태로 태어난다"고 존 로크(John Locke)는 tabula rasa를 말한다. 배움의 중요성과 필요성을 일깨우는 서양사람들의 생각을 대표하는 것이다.

프롬(E. Fromm)은 "교육의 목적은 젊은이로 하여금 그의 가능성을 깨닫게 하는 것이어야 한다"고 한다. 교육은 지식의 전달에 그쳐서는 안 된다. 인간표피를 뚫고 진동해야 한다. 그러나 우리의 교육 현실은 우리를 행복하고 현명하게 만드는 것이 아니라 머리에 뭔가를 담는 것이었다.

많은 사람들이, 타인이 만들어놓은 획일화된 도그마와 지식을 강제로 암기하는 것이 교육이라고 착각한다. 그러나 '교육'이란 이 편안한 세계가 결국 나 자신을 질식시키는 '알'이라는 사실을 깨닫도록 유도하는 자극이다. 그리고 나로 하여금 이 알을 깨도록 용기를 주는 알 밖의 어미 노릇을 해야 한다. 줄탁동시(啐啄同時)이다. 자신이 알고 있는 세계가 편협하다는 것을 깨닫고 그것으로부터 탈출해 다른 여러 세계를 경험하는 것이야말로 교육의 핵심이다. 교육이란 또한 본래 자신도 모르게 내면에 숨어 있는 능력을 밖으로 e-끌어내는 ducation 행위다. 그것은 자신이 처한 자연적인 환경과 운명의 부족함을 절실하게 알아차려, 자신을 용감하게 행동하게——실천하게——하는 것이어야 한다.

교육은 한 개인이 문명화하는 과정이다. 배움을 통해 개인은 더 먼 인류의 시대와 만나게 된다. 이것은 시간 여행이기도 하고 또한 구체적 공간 체험이기도 하다. 융(C. G. Jung)의 원경험이다. 이런 과정을 거쳐 동물의 세계에서 문명화된 인간의 세계로 진입하게 된다(『낯선 곳에서의 아침』, 구본형, 생각의나무, 1999).

교육은 새로운 기술을 배우고 좋은 직업을 보장하지만 행복에 이르는 데도 핵심적인 역할을 해야 한다. 그러기 위해서 교육은 변화와 즐거움을 주는 것이어야 하고, 선생과 학생의 만남은 서로 유익해야 한다.

Edutainment라는 말이 유행이다. education과 entertainment를 합친 말이다. 배움이 즐거워야 한다는 말이다. 우리의 교육에서 가장 부족한 부분이다.

배움의 대상이 외부적 사물이 아니라 내 본성으로 전환되면, 배움은 내 본성을 고양하는 즐거운 일인 동시에 배움을 통해 고양된 내 본성은 일체의 외부 사물을 즐겁게 바라볼 수 있는 경지에 이르게 되는 것이다. 여기서 배움과 즐거움이 하나가 되는 특수한 관계가 성립하게 된다. 즐거움이란 말로 표현할 수 없는 체득의 대상, 인간이 스스로 도달해야 할 일종의 경지이다(『동양사상과 탈현대의 여가』, 홍승표 외, 계명대, 2006). 배움이 진정한 배움이 되기 위해서는 배움 자체가 즐거워야 한다. 즐겁지 않은 배움은 배움이 아니다. 최상의 즐거움은 사유와 행위가 일치하는 진리와 하나 된 즐거움이다. 즐거워하지 못하는 것은 사사로움이 있어서다. 사욕을 이기면 즐거워진다.

제대로 된 성인이 되기 위한 노력 그 전부가 배움이다. 선한 자기본성을 회복하기 위한 일체의 노력이 배움이다. 즐거움은 대립을 넘어선 곳, 하나 된 곳에 있다. 그곳에 도달하고자 하는 노력이 배움이고 교육이다. 그 안내자가 스승이다.

스승은 인생이라는 여행길 위에서 최선을 다하도록 나를 촉구하는 존재다. 스승은 우리에게 지식을 주고, 우리를 동물에서 인간으로 자라날 수 있도록 해준다. 멘토란, 스스로 운명을 개척하려는 자에게만 찾아오는 스승이며 '생각하게 만드는 사람'이다(『심연』, 배철현, 21세기북스, 2018). 멘토는 부화뇌동하는 우리로 하여금 반드시 이루어야 할 본연의 임무를 잊지 않도록 끊임없이 상기시키고 촉구한다.

참된 스승 판별법이 있다면 자기를 위해 가르치는가 배우는 사람을 위해 가르치는가?가 기준이 될 것이다. 가르침이란 자기가 자라는 것이다. 자기가 자라지 못하고 남을 가르칠 수는 없기 때문이다." 『춘추(春秋)』 학기(學記)에 보면 공자가 "교학상장(教學相長)"이란 말을 하는데, 스승과 제자가 함께 자란다는 것이다. 때로는 제자가 스승을 가르치기도 하는 법이다. 청출어람(青出於藍)이 그것이다. 누가 더 낫느냐의 문제가 아니어도 가르치고 배우면 많은 것을 서로 느끼게 되고 상생효과가 있기 마련이다. 그리고 누군가를 가르칠 때 비로소 제대로 배울 수 있다. '반면교사(反面教師)'라는 말, 즉 도리에 어긋난 길을 걷는 사람을 보고는 나는 저러지 말아야겠다고 배우는 것이다. 그러니 모두가 다 '스승'이 되는 거다. 제자란, 스승 뒷자리에 거하여 배운다 해서 제(弟, 아우)고, 스승을 좇아 깨달음이 난다 해서 자(子, 자식)다(『기독교인이 읽는 금강경』, 이현주, 샨티, 2006).

20세기 최고의 형이상학 이론가인 화이트헤드(Alfred Whitehead)의 『교육의 목적(The aims of Education)』의 교육에 관한 한 구절이다.

> What we should aim of producing is men who possess both culture and expert knowledge in some special direction. Their expert knowledge will give them the ground to start from, and their culture will lead them as deep as philosophy and as high as art. Culture is activity of thought, and receptiveness to beauty and human feeling.

화이트헤드는 "평범한 교사는 말하고, 좋은 선생은 설명하고, 훌륭한 선생은 모범을 보이고, 위대한 스승은 영감을 준다"는 멋진 말을 했다. 좋은 제자였고 훌륭한 선생이었기에 할 수 있는 말이다.

훌륭한 스승 같은 책은 고전이고, 훌륭한 스승은 살아 있는 고전과 같다.

행복한 공동체 만들기

우리보다 현명한 나는 없다. 이제 우리 사회의 문제는 모두 경계가 모호한 복잡계의 문제여서 모두가 힘을 합쳐야 풀 수 있다. 논어(論語)에서도 사람이 힘을 합치면 태산도 움직일 수 있다고 하였다(人心齊 泰山移).

진정한 성장은 고립되어서는, 개인적으로는 이루어지지 않는다. 성숙은 관계와 공동체를 통해서 이루어진다. 공동체의 개념은 이제는 전통적인 공동체인 가정, 회사, 지역사회뿐만 아니라 눈에 보이지 않는 인연까지도 포함하는 것일 수 있다. 공동체 감각은 타인을 친구로 생각하고 그곳을 자신이 있을 곳이라 느끼는 것이다. 그리고 공동체에 대한 소속감은 가만히 있다고 생기는 것이 아니라 공동체에 적극적으로 공헌해야만 생기는 것이다.

안토니오 네그리(Antonio Negri)와 마이클 하트(Michael Heart)는 그들의 공동저작인『제국』과『공동체』에서 '~이다, ~가 되다가 아니라, ~할 수 있다'라는, 즉 만들어지는 주체에서 스스로 만들어 나가는 주체, 자율적 주체의 성립과 그런 주체들의 협동으로만이 좋은 공동체는 만들어진다고 한다. 자율적 주체는 스스로 자각하고 그런 주체들끼리 협동하고 기존의 훈육장치들(언론, 학교, 제도 등)과 투쟁하면서 공동체는 발전한다고 말한다. 사르트르는 앙가주망(engagement)을 지식인의 최고덕목으로 꼽는다. 지식인들은 대체적으로 현실참여적이라기보다는 냉소적이라는 말이다. 공동체의 현실에 산 너머 불구경하듯 하면서 비판하고 비웃지 말고 참여해서 개선하란 말이다. 마르크스의 묘비명이 "철학은 세상을 해석하는 것이 아니라 그것을 변혁시키는 것이다"라는 것도 같은 의미이다.

공동체를 뜻하는 community란 원시시대에는 동굴이, 농경시대에는 우물이, 문명시대에 들어서는 동양에서는 학교가, 서양에서는 교회가 그 중심이 되었다.

공동체와 소통을 뜻하는 영어 커뮤니티와 커뮤니케이션은 어원이 같은데, 모두 라틴어 코뮤니스(communis)에서 비롯되었다. 공동의 것을 함께 만들고 나눈다는 의미다.

이 공동체의 중심에는 사람들 간의 소통, 즉 대화가 있다. 공동체는 대화 없이 발전할 수 없으며, 대화 수준으로 공동체의 수준을 가늠할 수 있다.

구약성경에 나오는 출애굽 공동체의 지향점인 '젖과 꿀이 흐르는 땅'은 비옥한 땅을 가리키는 것이 아니라 모두가 행복하고 자기 삶의 주체가 되어 사는 나라에 대한 은유일 것이다.

건국 문서에서 노골적으로 행복을 찬양한 나라는 미국밖에 없다. 물론 독립선언서가 인정한 것은 행복을 '추구할' 권리뿐이다. 인간은 행복을 추구하는 존재이지 행복을 소유할 수 있는 존재는 아니라는 것이다(『행복은 철학이다』, 에이나버렝겟, 꽃삽, 2009). 그리고 프랭클린(Benjamin Franklin)이 말했듯이, 행복을 붙잡는 것은 국가가 나서서 할 일이 아니라 우리 각자가 알아서 할 일이다.

미국인들이 행복을 추구하는 방법 중 하나가 바로 이사나 이민이다. 사실 미국은 잠시도 가만히 있지 못하는 기질을 바탕으로 설립된 나라이다. 애당초 미국으로 넘어온 순례자들은 어딘가 다른 곳에서 행복을 찾으려 했던 난민들이 아니었던가? 우리가 그토록 떠받드는 '개척정신'이란 더 행복한 곳을 찾으려는 노마디즘적 갈망이다.

실제적으로 미국에서는 행복한 사람이 거의 없지만, 모두들 끊임없이 행복에 관한 이야기를 한다고 한다. 반면에 행복에 대하여 말하는 사람은 없지만 대다수가 행복한 나라가 부탄이다. 부탄은 샹그릴라(Shangri-La)와 가장 흡사한 나라이다. 정부는 국민행복지수를 공식적으로 채택하고 있다. 국민행복지수란 경제적인 대차대조표 대신 국민들의 행복도를 기준으로 나라의 발전도를 측정하려는 정책을 말한다.

부탄에서는 무생물이라는 것이 존재하지 않는다. 모든 것에 영혼이 스며들어 있다고 그들은 생각한다. 부탄사람들의 범신론(살아 있는 모든 것은 신이다)적 유심론(존재하는 것은 모두 정신을 가지고 있다)적 사고는 그들의 정신수준이 얼마나 높은가를 보여주는 것이다. 낮은 정신수준은 다른 정신을 보았을 때 그저 물질로 지각할 뿐이다. 부탄 사람들에게 행복은 집단적인 노력을 뜻한다. '개인적인 행복'이라는 말은 그들에게 전혀 말이 되지 않는다. "모든 행복은 관계 속에 있어요"라고 그들은 말한다(『행복의 지도』, 에릭 와이너, 웅진지식하우스, 2008).

미시간대 교수이며 정치학자인 론 잉글하트(Ron Englehart)는 민주주의가 사람을 행복하게 해주는 것이 아니라 행복한 사람들이 민주주의를 수립할 확률이 훨씬 더 높다고 한다. 행복은 관계인데, 중요한 건 신뢰이다. 정부와 제도에 대한 신뢰뿐만 아니라 이웃에 대한 신뢰도 필요하다.

어쨌든 좋은 삶, 행복한 삶의 중요한 요소 중 하나는 자기보다 큰 어떤 것에 유대감을 느끼며 자신이 독립된 작은 점이 아니라 그보다 훨씬 더 큰 어떤 것의 일부임을 깨닫는 것이다.

행복 연구가인 로버트 디너(Robert Dinner)의 조사에 의하면, 캘커타의 빈민들이 캘리포니아의 빈민들보다 더 행복한 것으로 드러났다. 캘커타의 노숙자들이 비록 물질적인 부라는 측면에서는 가진 게 거의 없을지라도 가족, 친구들과 사회적으로 강한 유대를 맺고 있기 때문이라고 주장한다. 인도에는 진정한 의미의 노숙자는 없다고 한다. 그들에게 살 집이 없는지는 몰라도, 공동체가 없는 것은 아니다(위의 책).

마르크스나 엥겔스가 자기들은 과학적 사회주의(Scientific Socialism)라 하면서, 18세기 계몽사상의 흐름 중 하나인 푸리에(Charles Fourier), 생시몽(Saint Simon), 오언(Robert Owen) 등을 묶어 공상적 사회주의(Utopian Socialism)라는 이름을 붙였다. 그들 공상적 사회주의자들은 근대 개인중심의 정치사상이 부르주아의 특정계급의 이익에 초점을 맞추어서 인간의 공동체적 삶의 방식을 말살시켰다고 주장하였다. 지금도 그 주장이 해당되거나 더 심화되었다고 할 수 있다. 그에 대한 해결책으로 18세기 말 영국의 제러미 벤담(Jeremy Bentham)은 그의 대표작 『도덕과 입법의 원리 서설』에서 그 유명한 '최대 다수의 최대 행복'이 최고 선이라고 하였다. 그것은 민주주의에 의한 대중 다수의 행복을 의미한다.

좋은 공동체를 만드는 데 가장 중요한 것은 리더십과 멤버십인데, "사자가 이끄는 양떼가 양이 이끄는 사자떼를 이긴다"는 말을 들으면 리더십이 더 중요한 것 같다(『누가 이길까』, 캔 블리자드, 베이직북스, 2017).

플라톤은 민주정을 선호하지는 않았다. 철인왕이 다스리는 왕정, 소수의 현명한 자들이 정치하는 귀족정을 선호하였다. 민주정은 우민화의 위험 때문에 참주정(폭력적 독재정) 바로 위로 취급하였을 뿐이다. 캐나다의 행복 연구가 존 헬리웰(John Helliwell) UBC(University of British Columbia) 명예교수는 2019년 유엔이 발간하는 「세계행복보고서』에서, "정부의 질이 국민들의 행복도를 결정하는 가장 중요한 변수"라고 믿는다(정부의 질이 한국은 54위다). 토크빌(Alexis de Tocqueville)은 "국민은 그들의 수준에 맞는 정부를 가진다"고 하여서 좋은 리더십은 결국 좋은 멤버십에서 나온다는 명언을 하였다. 그렇다면 행복한 공동체를 만들기 위해서는 어떤 리더가 있어야 할까?

흔히 듣는 재미있고 공감할 만한 말이다.

> 삼류 리더는 재산을 남긴다.
> 이류 리더는 명성을 남긴다.
> 일류 리더는 정신을 남긴다.
> 평범한 자는 아무것도 남기지 않으며,
> 교만한 자는 후유증과 갈등을 남긴다.

동양고전 속의 기본적인 리더가 생각해야 할 덕목은 이런 것이 아닐까 한다.

『도덕경』 제8장에, 최고의 선은 물과 같다. 물은 만물을 이롭게 하나 더불어 다투지 않고, 모두가 싫어하는 곳에 거할 줄 안다. 그래서 도와 가장 가깝다(上善若水, 水善利萬物而不爭, 處衆人之所惡, 故幾於道).

같은 책 66장에, 백성 위에 서고자 한다면 반드시 말을 겸손히 해야 한다. 백성보다 앞서고자 한다면 반드시 몸을 뒤에 두어야 한다(是以欲上民, 必以言下之, 欲先民, 必以身後之).

도가의 책뿐 아니라 유가의 책도 비슷한 말을 한다.

『논어』 12편 안연에, 군자의 덕은 바람과 같고 소인의 덕은 풀과 같다. 바람이 불면, 풀은 바람에 따라 드러눕기 마련이다(君子之德風, 小人之德草, 草上之風).

15편 위령공에는, 군자는 책임을 자기에게서 구하고 소인은 책임을 남에게 돌린다. (君子求諸己, 小人求諸人)고 한다.

우리 정부들은 문제가 생기면 늘 이전 정부 탓이라고 한다. 참으로 안쓰럽다. 그래서 우리의 공동체가 각박하고 늘 내편과 네편으로 나뉘는 것이다.

미국의 저명한 소설가이자 강연자인 지그 지글러(Zig Ziglar)는 "행동하는 사람 2%가 행동하지 않는 사람 98%를 지배한다"고 한다. 리더는 입으로 말하는 사람이 아니라 삶으로 증명하는 사람이다. 리더는 사람들을 감탄하게 만드는 연설가가 아니라 일어나 행동하게 만드는 능력자여야 한다(『사람이 모이는 리더, 사람이 떠나는 리더』, 정영진, 리더북스, 2006). 리더십(Leadership)이란 Ship(배)을 Lead(리드)해서 항구까지 도달하게 하는 능력을 의미하는 것이 아니겠는가?

행동하였으면 성과를 내야 한다. 경영학의 구루(스승이라는 인도어) 피터 드러커(Peter Drucker)는 "리더십의 본질은 성과에 달려 있다"고 하였다. 이순신 장군이 아무리 뛰어난 리더십을 발휘했다고 한들, 임진왜란에서 혁혁한 공을 세우지 않았다면 위대한 장군, 리더로 우리 역사 속에 기억될 수 있을까? 세종대왕이 아무리 백성을 사랑했다고 한들 훈민정음 같은 업적을 남기지 않았다면 위대한 임금으로 존경받을 수 있을까? 리더십은 결국 탁월한 성과창출로 귀결된다.

행동해서 결과적으로 성과를 내는 것이 리더의 과제라면 그 태도도 중요하다.

펀 경영 등 수많은 일화를 뿌린 사우스웨스트 항공의 회장인 허브 켈러허(Herb Kelleher)는 일요일 새벽 3시에 회사 청소부 휴게실에 들어가 도넛을 나눠주고 그들과 함께 비행기를 청소하기도 했다. 리더가 조직 구성원에게 헌신적으로 봉사할 때 리더의 비전은 조직 구성원의 소원이 된다. 자신을 낮춰 부하직원을 존중하고 섬기는 리더를 '서번트(servant) 리더'라고 부른다. 위대한 리더가 되고 싶다면 섬기는 리더가 되어야 한다(『행복경영』, 조영탁 · 정향숙, 김영사, 2007).

리더십 발휘는 전적으로 팔로워를 통해 실현된다. 따라서 내 역량개발보다 팔로워를 이해하고 적을 만들지 말고 관계를 돈독히 하는 것이 필수적이다(『톰 피터스(Tom Peters) 에센셜 리더십』, 21세기북스, 2006).

사람들은 두 가지 이유 중 하나로 리더가 되고 싶어 한다. 대단한 일을 하고 싶거나 대단한 사람이 되기 위해서. 알다시피 감투를 쓰고 싶어 '리더'가 된 사람이 너무도 많다. 그런 사람들이 공동체의 적이다. 역설적이지만 최고의 리더들은 양심을 지키기 위해 감투를 뿌리치기 때문에 대개는 공식 리더의 자리에 있지 않다. 리더십은 위치나 권력이 아니라 스스로가 만들어낸 권위에 바탕을 두어 공동체의 멤버들이 자발적으로 받아들이는 영향력에서 나온다. 맴버들에 대한 헌신과 봉사, 희생이 감동을 낳고 그 감동이 영향력을 만든다. 구성원들의 자발적 관심을 끌어 공동체에 좋은 영향을 미칠 수만 있다면 그래서 어떤 긍정적 변화를 가져온다면 그 사람이야말로 직함에 상관없이 리더다(『리더십 에센스』, 필 도라도, 해냄, 2008). 그런 사람들이 많은 사회가 행복한 공동체이다.

인터넷에서 본 작자가 정확하지 않은 시 한 편으로 마무리지으려 한다.

그럼에도 불구하고

사람들은 때로 믿을 수 없고 앞뒤가 맞지 않고
자기중심적이다
그럼에도 불구하고 그들을 용서하라

당신이 친절을 베풀면 사람들은 당신에게 숨은 의도가 있다고 비난할 것이다
그럼에도 불구하고 친절을 베풀어라

당신이 어떤 일에 성공하면
몇 명의 가짜 친구와 몇 명의 진짜 적을 갖게 될 것이다
그럼에도 불구하고 성공하라

당신이 정직하고 솔직하면 상처받기 쉬울 것이다
그럼에도 불구하고 정직하고 솔직하라

오늘 당신이 하는 좋은 일이 내일이면 잊혀질 것이다
그럼에도 불구하고 좋은 일을 하라

가장 큰 생각을 갖고 있는 가장 위대한 사람일지라도
가장 좁은 생각을 가진 작은 사람의 총에 쓰러질 수 있다
그럼에도 불구하고 위대한 생각을 하라

사람들은 약자에게 동정을 베풀면서도 강자만을 따른다
그럼에도 불구하고 소수의 약자를 위해 싸우라

당신이 몇 년을 걸려 세운 것이 하룻밤 사이에 무너질 수도 있다
그럼에도 불구하고 다시 일으켜 세우라

당신이 가진 최고의 것을 세상과 나누라
언제나 부족해 보일지라도
그럼에도 불구하고 최고의 것을 세상에 주라

당신이 마음의 평화와 행복을 발견하면
사람들은 질투를 느낄 것이다.
그럼에도 불구하고 평화롭고 행복하라

저자약력

신동주

한양대 관광학과에서 박사학위를 받고 강원(개발)연구원에서 책임연구원, 연구위원으로 일했음
지역관광개발, 여행철학 및 인문학에 관심이 있고 강원대 관광학과 교수로 재직 중임
지역관광개발론 외 다수의 저서와 한국의 전통관광사상으로서의 풍류에 관한 연구 등의 논문을 씀

여행과 행복의 인문학

2020년 2월 15일 초판 1쇄 인쇄
2020년 2월 20일 초판 1쇄 발행

지은이 신동주
펴낸이 진욱상
펴낸곳 (주)백산출판사
교 정 성인숙
본문디자인 구효숙
표지디자인 오정은

저자와의 합의하에 인지첩부 생략

등 록 2017년 5월 29일 제406-2017-000058호
주 소 경기도 파주시 회동길 370(백산빌딩 3층)
전 화 02-914-1621(代)
팩 스 031-955-9911
이메일 edit@ibaeksan.kr
홈페이지 www.ibaeksan.kr

ISBN 979-11-90323-63-5 03800
값 15,000원

* 파본은 구입하신 서점에서 교환해 드립니다.
* 저작권법에 의해 보호를 받는 저작물이므로 무단전재와 복제를 금합니다.
이를 위반시 5년 이하의 징역 또는 5천만원 이하의 벌금에 처하거나 이를 병과할 수 있습니다.